로버트 미들코프 Robert Middlekauff

캘리포니아 대학교 버클리 캠퍼스의 프레스턴 호치키스 미국
사 명예 교수였다. 옥스퍼드 대학에서 함스워드 미국사 교수
를 지냈고 헌팅턴 도서관, 아트 갤러리, 식물원의 이사를 지
냈다. 저서로는『고대인과 자명한 이치Ancients and Axioms』,
『벤자민 프랭클린과 그의 적들Benjamin Franklin and His
Enemies』,『워싱턴의 혁명: 미국 최초 리더의 자질 Washington's
Revolution:The Making of America's First Leader』등이 있다.
『위대한 대의 Glorious Cause』로 1983년 퓰리처상 역사 부문 최
종 후보에 올랐다.

KB020399

이종인

고려대학교 영어영문학과를 졸업하고 한국 브리태니커 편집국
장과 성균관대학교 전문 번역가 양성과정 겸임교수를 지냈다.
주로 인문사회과학 분야의 교양서를 번역했고 최근에는 현대
영미 작가들의 소설을 번역하고 있다. 지은 책으로『살면서 마
주한 고전』,『번역은 글쓰기다』등이 있으며, 옮긴 책으로『숨
결이 바람 될 때』,『호모 루덴스』,『중세의 가을』,『로마제국 쇠망
사』등 다수가 있다.

미국인 이야기 3

일러두기

1. 이 책은 원서 The Glorious Cause를 3권으로 나눠서 펴냈습니다.
2. 저자의 원주는 1, 2, 3으로 표기하여 본문의 마지막 부분에 실어두었고, 옮긴이 주와 편집자 주는 본문 안에 추가했습니다.
3. 독자의 이해를 돕기 위해 원서에는 없는 도판과 지도를 추가했습니다.
4. 외국의 인명, 지명은 국립국어원 어문 규정의 외래어 표기법을 따랐습니다. 다만 관용적으로 굳어 진 일부 용어는 예외를 두었습니다.
5. 길이의 단위를 원서에서는 마일을 사용했으나 국내 실정에 맞게 미터나 킬로미터로 환산하여 옮겼 습니다.

The Glorious Cause: The American Revolution,
1763-1789, revised and expanded edition

Copyright © 1982, 2005 by Oxford University Press, Inc.
Korean Translation copyright © 2022 by Sahoipyoungnon Publishing Co., Inc.
All rights reserved.

This Korean edition published in arrangement with Oxford University Press, Inc. through Eric Yang Agency, Seoul.

이 책의 한국어판 저작권은 에릭양 에이전시를 통해 저작권자와 독점 계약한 ㈜사회평론에 있습니다. 저작권법에 의해 한국 내에서 보호를 받는 저작물이므로 무단 전재 및 복제를 금합니다.

미국인 이야기

건국의 진통

1780~1789

로버트 미들코프 지음

이종인 옮김

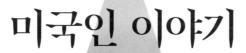

3

THE GLORIOUS CAUSE
THE AMERICAN REVOLUTION

사회평론

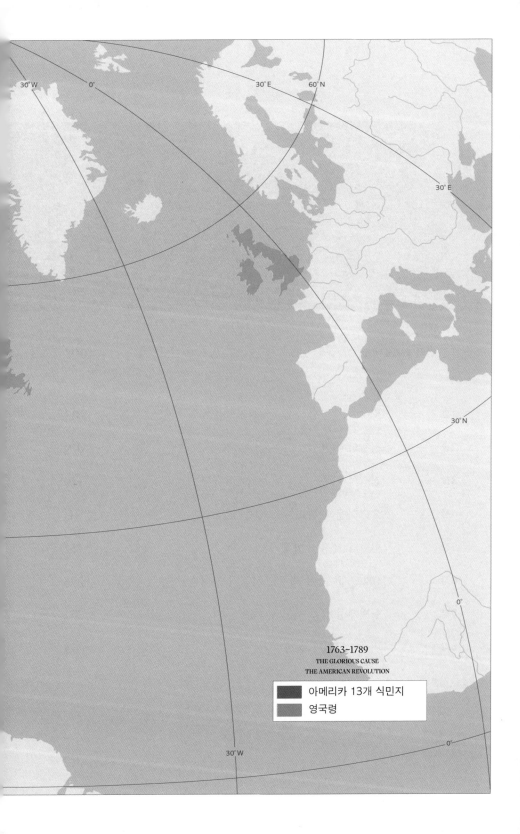

1763~1789
THE GLORIOUS CAUSE
THE AMERICAN REVOLUTION

■ 아메리카 13개 식민지
■ 영국령

차례

한국 독자들에게

자유와 개인의 권리를 다룬 이 책이 한국어로 번역되어, 그런 가치들에 대한 신념이 확고한 한국 독자들이 읽을 수 있게 되어 매우 기쁩니다. 미국 혁명은 전 세계 모든 사람을 위해 자유와 계몽의 원칙을 확립했으며, 그 가치들의 중요성을 때때로 받아들이지 않으려는 곳에서 그 가치를 옹호하는 데 얼마나 많은 노력이 필요한지를 보여준 사례였습니다. 한국 독자에게 미국 혁명은 한국인이 자유와 정의로운 정치체제를 위해 기울여온 노력과 유사한 좋은 사례가 될 것입니다.

이 책은 형식이나 내용에서 하나의 이야기입니다. 좀 더 자세히 말하면, 아메리카 식민지 사람들이 유럽의 거대한 제국을 상대로 벌인 혁명의 의도와 목적을 풀이한 책입니다. 식민지인들이 처음 행동에 나섰을 때, 그들은 대영제국 내에서 자신들이 누렸던 자치권을 보호받기를 원했을 뿐 전쟁을 할 생각은 아니었습니다. 13개 식민지 주들은 자신들이 군주제 정부의 통치를 받는다는 것을 알았으나 그 통치가 대체로 관대한 것이어서 기꺼이 받아들였습니다. 하지만 1763년에 들어 영국이 이러한 통치 제도를 바꾸려 하자 문제가 발생했습니다. 식민지인들은 그전 2세기 동안 사실상의 자치정부를 운영해왔습니다. 그들은 독립 국가의 국민은 아니었지만 자유민이었습니다. 이런 방식을 기꺼이 받아들였으므로, 그들은 거의 200년 동안 대서양 건너 5000킬로미터나 떨어진 나라의 왕과 의회에 동맹의식을 느껴왔던 것입니다.

대영제국에 맞서는 혁명은 한 무리의 음모자들이 조심스럽게 설계한 음모의 결과로 발생한 것이 아닙니다. 그 혁명은 모든 사람을 놀라게 했습니다. 영국 정부가 식민지의 통치권을 아메리카 식민지 주민들의 손에서 빼앗아 본국 정부, 즉 영국 왕과 영국 의회에 넘겨주려는 책동에 식민지인들이 강하게 반발하면서 혁명이 시작됐습니다.

1775년의 렉싱턴과 콩코드 전투로 시작된 독립 전쟁은 이미 그 10년 전부터 전운이 감돌았습니다. 대륙군과 민병대 복무를 통해 아메리카 주민들이 전쟁에 기여한 노력은 13개 주의 각급 제도들에 큰 영향을 미쳤습니다. 더욱 극적이고 심오한 영향은 정치적 권리와 헌법적 권리에 대한 정의를 분명하게 정립했다는 것입니다. 전쟁 전의 저항운동과 아주 복잡한 양상으로 전개된 전쟁 그 자체가 가져온 결과들은 1787년에 미국 헌법을 제정하면서 그 파급 효과가 절정에 달했습니다. 1763~1789년의 전 기간은 미국의 독립 선언서와 헌법제정에 항구불변의 기준들을 제시했습니다.

독립 선언서에서 주장했듯이, 자유와 평등을 주장한 혁명과 그 혁명의 결과로 수립된 아메리카 공화국은 전 세계 정부에 아주 심오하고도 중요한 교훈을 주었습니다. 주지하다시피, 현대의 세계는 독재정부를 만들어내는 전쟁들에 익숙합니다. 그러나 미국의 사례는 비록 모든 면에서 아무런 결점이 없다고 말할 수는 없지만, 그래도 온갖 실패를 바로잡을 수 있는 수단을 제공합니다. 《연방주의자 논집》의 첫 번째 논문은 그러한 도전을 이렇게 규정하고 있습니다.

"사람들은 종종 이 나라의 국민이 그들의 행동과 모범으로 다음과 같은 중요한 문제를 결정해야 한다고 말한다. 인간 사회는 깊은 생각과 선택을 통해 훌륭한 정부를 수립할 능력이 있는가, 없는가. 아니면 인간 사회는 그들의 정치적 제도를 언제나 우연과 폭력에 의존해야만 하는가."

이 글을 통해 저는 전통적 형식의 역사서를 썼다는 것을 분명하게 밝히고자 합니다. 이 책의 주제는 혁명, 입헌주의, 인권, 그리고 이런 것을 지키려고 싸워온 전쟁입니다. 미국 혁명의 스토리는 이야기체로 서술된 여러 사실을 넘어서는 심오한 의미를 보여줍니다. 이 책을 쓴 이유는 혁명의 사건들과 그 뒤에 있는 여러 상황을 재구성하면서, 그 과정에서 실제로 벌어진 사건들뿐만 아니라 그 내재적 이유를 설명하려는 것이었습니다.

이러한 재구성을 통해 혁명이 자유민부터 여성, 인디언, 흑인 등 자유롭지 못한 사람들에게까지, 아메리카의 모든 부류 사람들에게 미친 영향에 대해서도 언급했습니다. 이런 다양한 집단의 사람들은 저마다 나름대로 혁명의 전개에 일정한 역할을 했습니다. 이로써 이 책은 폭넓은 관점의 정치적, 정치체제적 스토리가 되었을 뿐만 아니라 사회사의 측면도 갖추게 되었습니다.

이제 이 책이 한국 독자들에게 특별한 의미로 다가서기를 바랍니다. 한국인은 미국인과 마찬가지로 도전과 변화가 가득한 혼란스러운 역사를 걸어왔습니다. 20세기에 들어와 한국인은 스스로의 힘으로 광범위한 정치적 자유를 쟁취하는 놀라운 저력을 발휘했습니다. 다른 나라 사람들도 그런 자력 쟁취를 높이 평가하고 있습니다. 따라서 미국인이 그와 유사한 체험을 한 역사가 한국 독자들에게 흥미롭고 가치 있는 사례가 되리라고 확신합니다.

2017년 5월

로버트 미들코프

도망치는 전쟁 1

아메리카 남부에 대한 영국의 기대가 결국 환상으로
남을 수밖에 없었던 까닭은 무엇이었을까.
영국은 지금까지 남부에서 치러진 주요 전투에서 중요한 승리를 거두었다.
그러나 전투에서는 승리했지만 영국군의 고통은 지속됐다.
굶주림이 만연했고, 정보는 항상 틀리거나 한발 늦었다.
남부 식민지인들의 협력은 저조했다. 이러한 상황에서
대륙군은 물러서기를 택했다. 영국군은 그들을 쫓았지만
그들에게 닿을 수 없었고, 점점 지쳐갔다.

노스캐롤라이나 진군에 실패하다

캠던 전투는 영국과 대륙회의 모두를 깜짝 놀라게 했다. 그 패배로 인해 아메리카 전역에 있는 애국파들의 사기는 떨어졌지만, 그래도 아메리카 비정규군의 습격과 매복 공격은 여전히 계속됐다. 캠던 전투가 이 잔혹한 전쟁에 별다른 영향을 미치지 못한다는 점에 대해 콘월리스와 휘하 장교들은 놀라움을 감추지 못했다. 전투가 끝난 지 2주 뒤, 콘월리스는 노스캐롤라이나로 곧 진격하겠다고 린턴에게 약속했다. 그는 힐즈버러에서 겨울을 보내려고, 주둔 지역에서 생산된 럼주, 소금, 밀가루, 거칠게 빻은 곡식 등을 비축할 창고를 세우겠다고 말했다. 하지만 이는 어디까지나 총사령관 클린턴이 체서피크에서 '양동 작전'을 해줄 때의 이야기였다. 클린턴의 협력이 없는 한 콘월리스는 북쪽으로 진격하는 것이 불가능하다고 생각했다. 클린턴의 그런 움직임이 있어야 게이츠 같은 아메리카 장군들 휘하의 병력이 남하하는 것을 막을 수 있었기 때문이다. 콘월리스는 게이츠의 출현에 깜짝 놀라 클린턴에게 왜 그런 움직임에 관해 자신에게 미리 알려주지 않았느냐고 은근히 따지는 내용의 편지를 보냈다. 캠던 전투에서 승리했는데도 불구하고 그가 불편함을 느끼는 또 다른 이유가 있었다. 노스캐롤라이나의 국왕파들이 게이츠가 접근해오고 있다는 정보를 사전에 알려주지 않기 때문이다. 캠던에서의 승리 이후에도 국왕파들은 곧바로 모습을 드러내지 않고 우호 관계를 천명하는 수준에 그쳤다. 이는 아주 미온적인 태도였다. 콘월리스가 총사령관 클린턴에게 말했던 것처럼, 어쨌든 그들은 "영국군이 승리하는 모습을 직접 보기 전까지는 봉기할 생각이 없는 것일까?"[1]

콘월리스는 클린턴의 양동작전이나 노스캐롤라이나 국왕파의 봉기가 있을 때까지 기다리지 않았다. 그는 캠던 전투 승리의 여운이 가라앉을 때쯤 다시 진격 준비를 시작했다. 9월 초 콘월리스는 필요한 물자를 끌어모았고, 마차를 이용해 물자를 열심히 날랐다. 9월 8일이 되자 콘월리스 군대는 샬럿으로 향했는데, 진격의 최종 목적지는 힐즈버러였다.[2]

2주 뒤인 9월 21일 아침, 때때로 토머스 섬터와 함께 작전을 펼쳤던 게릴라 부대의 윌리엄 데이비William Davie 대령은 콘월리스에게 캐롤라이나 사람들의 끈질긴 기질을 다시 보여주었다. 조지 행어George Hanger 소령이 지휘하는 국왕파 부대의 선발대는 그날 카토바 근처의 와합스 플랜테이션에서 휴식을 취하고 있었다. 행어는 상관인 콘월리스와 한 가지 면에서 비슷했다. 그는 영국군에 있는 한 명의 기병이 반란군 열

두 명만큼 가치가 있다는 착각을 하고 있었다. 유럽에서 발발한 여러 전쟁에 참여한 많은 영국군 장교처럼, 그는 어떤 부대를 지휘하든 그의 두뇌로 적을 압도할 수 있다고 생각했다. 행어는 데이비가 이끄는 150명의 병사가 근처에 있다는 것을 까맣게 몰랐지만, 데이비는 지역 민간인의 자세한 보고 덕분에 행어가 어디에 있는지 정확히 파악하고 있었다. 데이비는 행어를 공격해 영국군 부대를 완전히 박살냈다. 최소한 영국군 병사 15명이 전사했고 40명이 부상을 입었다. 데이비 측에서는 추격 중 한 명의 병사가 실수로 총알을 맞은 것 외에는 피해가 없었다.

콘월리스의 선봉은 9월 26일 샬럿에 도착했다. 지난 2주 동안 많은 병사들이 질병을 앓았고 탈턴도 여기에 포함됐다. 그는 수레에서 일어나지 못할 정도로 크게 앓았다. 탈턴을 대신한 조지 행어 소령은 와합스 플랜테이션에서와 거의 다를 바 없는 패배를 또다시 겪게 되었다. 이번에 행어는 샬럿 주변을 정찰하는 업무를 수행했으나, 부주의한 나머지 매복 공격을 받았다. 아메리카군의 데이비가 이끄는 소수의 게릴라들이 공격해오자 기병대는 당황해 엉망진창이 되었으나 경보병의 도움으로 간신히 살아났다.

영국군 병사들은 행군 일정만으로도 쉽게 지치고 다쳤다. 아메리카군의 기습으로 인한 손실과 병든 병사들로 인해 콘월리스는 샬럿에 일정 기간 머무르면서 부상병을 치료해주기로 했다. 그는 샬럿에 있는 동안 주변에서 어떤 일이 일어나는지 거의 알지 못했고, 패트릭 퍼거슨Patrick Ferguson 부대를 파견한 서쪽 지역에서 벌어진 일은 더더욱 알지 못했다. 퍼거슨 부대는 콘월리스 주력군이 받는 견제를 분산시키는 임무도 수행했지만, 그보다 더 중요한 임무는 국경 지역을 장악

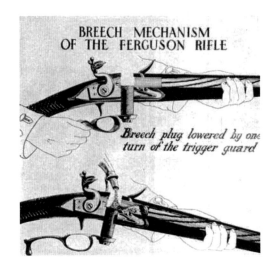

후미장전식 소총 패트릭 퍼거슨은 화약을 총구 뒤에 넣는 방식으로 기존 머스킷 총보다 장전을 더 빠르게 할 수 있는 소총을 개발했지만, 영국군은 이를 채택하지 않았다.

하는 것이었다.

　패트릭 퍼거슨은 7년 전쟁에 복무했던 유능한 스코틀랜드 군인이었다. 그는 기존 머스킷 총보다 장전하기 수월한 후미장전식 소총을 발명했는데, 영국군이 앞으로 100년 동안 휴대하게 될 어떤 총보다도 우수했다. 하지만 영국군은 머스킷 소총을 선호해 퍼거슨의 후장식 소총 도입을 비웃으며 퇴짜를 놓았기에 후장식 소총은 고작 200정밖에 생산되지 않았다. 퍼거슨은 소총을 발명하기보다는 군 생활을 더 좋아했기 때문에 자신이 자율적으로 통솔할 수 있는 부대의 지휘권을 얻기를 갈망했다. 퍼거슨은 꽤 오랜 군복무 경험에도 불구하고 번번이 진급의 기회를 놓쳐서 아메리카 남부의 군사작전에 합류했을 때 비로소 소령 계급을 달았다. 클린턴은 퍼거슨을 국왕파 민병대의 감찰관으로 지명했다. 퍼거슨은 감찰관으로 복무하며 많은 공훈을 세웠지만, 결국에는 자신과 영국군에 커다란 참사를 불러오고 말았다. 그

수훈과 참사는 공통된 이유에서 비롯했다. 아주 훌륭한 지성, 영국 장교의 관례를 철저히 고수하는 모습, 아직까지 자신의 가치를 상관에게 입증하지 못했다는 조급함 등이 그 이유였다.

퍼거슨이 뛰어난 지성을 지녔음은 분명하다. 그는 이미 아메리카에 오기 전부터 장교가 갖춰야 할 표준과 규칙에 정통한 모습을 보인바 있었다. 예를 들면 퍼거슨은 7년 전쟁 중에 적의 돌격을 받아 후퇴하던 중 권총집에서 빠져나간 권총을 회수하려고 적진 쪽으로 돌아간적이 있었다. 이런 무모하고 용기있는 행동을 통해 알 수 있듯이 그는 사소한 원칙의 준수부터, 무모하게 보이지만 전투에서 목숨을 아끼지 않는 결의까지 장교와 신사에게 요구되는 그 모든 규칙을 완벽하게 지켰다. 퍼거슨에게 용기만큼이나 이해력도 있었다는 점은 사우스캐롤라이나에서 그가 국왕파를 대했던 방식에서도 잘 드러난다. 국왕파는 자신들이 그다지 신뢰받고 있지 못하며 주력 부대의 보조 역할만한다고 생각하고 있었다. 하지만 퍼거슨은 그들을 배려했고 실제로 그들의 불만과 두려움에 귀를 기울였다. 국왕파가 퍼거슨에게 얼마나 충성했는지는 1780년 여름에 벌어진 일에서 확인할 수 있다. 퍼거슨의 지휘를 받은 국왕파는 나인티식스부터 노스캐롤라이나 경계 지역을 오가며 훌륭하게 적을 상대했다. 퍼거슨과 국왕파 민병대는 매 교전마다 승리하지는 못했지만, 여름이 끝나갈 때가 되자 사실상 사우스캐롤라이나 북서부에서 활동하던 게릴라들을 모조리 쫓아냈다.[3]

퍼거슨은 케인 크리크에서 조지프 맥도웰 대령의 비정규군과 소규모 접전을 벌여 승리함으로써 대령을 산 너머로 쫓아냈다. 그곳에는 이미 윌리엄 캠벨William Campbell, 아이작 셸비Isaac Shelby, 존 세비어John Savier 같은 아메리카군 지도자들이 피신해 있었다. 이들은 개척민 출신도 아니었고, 변방민들의 지도자는 더더욱 아니었다. 오히려 그들은 문벌과 재산을 자랑하는 가문 출신이었고, 높은 교육까지 받은 이들도 있었다. 버지니아 출신인 캠벨은 패트릭 헨리의 여동생과 결혼했다. 아이작 셸비는 메릴랜드 출신이었는데, 켄터키에서 이미 명성이 높았으며, 이후 켄터키주의 첫 주지사가 된다. 존 세비어는 태어날 때부터 버지니아인이었는데, 테네시에서 첫 주지사가 됨으로써 명성을 떨쳤다. 조지프 맥도웰은 버지니아에서 태어났지만 캐롤라이나 지역에서 명성을 쌓은 인물이었다. 그는 수년 전 노스캐롤라이나로 이주해 나중에는 대륙회의에 주 대표로 참석하기도 했다.⁴

이 사람들은 퍼거슨을 증오했고, 사우스캐롤라이나에서 쫓겨났다는 사실에 분노했다. 결국 그들은 퍼거슨이 무심결에 허풍을 떨며 실수하는 순간을 노려 권토중래의 기회를 잡았다. 영국군의 직업 장교들은 그런 허풍의 순간을 즐겼으며, 때로는 그것 때문에 나중에 후회하기도 했다. 9월 12일 퍼거슨의 병력은 길버턴에 도착했다. 퍼거슨이 그곳에서 조용히 머물렀더라면 지지자들을 더 얻거나 병력을 보강할 수 있었을지도 모른다. 하지만 그는 어떤 소규모 접전에서 붙잡은 셸비 가문의 사람을 하나 풀어주면서 반군에게 이런 메시지를 전했다. "국왕의 병사들과 맞서는 일을 그만두지 않으면 주동자들을 목매달아 죽이고 화포와 검으로 이 지역을 초토화하겠다." 이 위협은 식민지인에게 엄청난 도발이었고 대항군을 집결하도록 부추겼다. 2주도 되지 않아 약 800명의 식민지인들이 와토가강의 시카모어 여울에 모였고, 9월 26일 길버턴으로 진군했다. 행군 도중에는 무장한 인근 주민들이 가세해 병력은 점점 증가했다. 4일이 지나서야 엄청난 위협이 다가오고 있음을 깨달은 퍼거슨은 샬럿의 콘월리스에게로 퇴각하기 시작했다. 그가 적에 관한 정보를 더 확실히 알았더라면, 또한 자만심을 누르고 분별 있게 행동했더라면, 콘월리스 부대에 무사히 도착할 수 있었을 것이다.[5]

자만심은 전투에 대한 허세로 나타나고, 분별은 신중한 목소리로 나타난다. 10월 6일, 퍼거슨은 새벽 4시부터 약 25킬로미터를 행군한 뒤 병사들을 킹산 위로 파견했다. 그곳은 사우스캐롤라이나를 노스캐롤라이나와 분리하는 경계를 가로질러 난 25킬로미터의 능선 정점에 있었다. 거대한 소나무들로 뒤덮인 산은 남서쪽에서 북동쪽으로 550

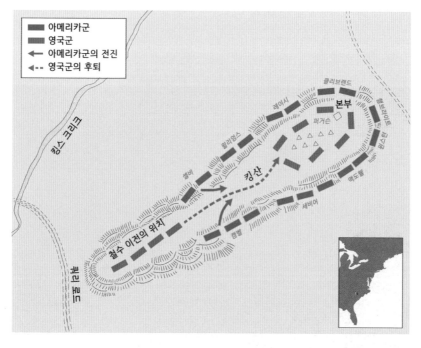

킹산 전투 아메리카군은 숲속 깊은 곳에서 치러진 전투에서 주변 지형을 활용해 영국군을 포위하고 승리를 거뒀다.

미터 정도 뻗어 있었고 주변의 땅을 내려다보고 있었다.

오후 3시가 지나고 얼마 후 산 너머 개척민들이 퍼거슨의 부대를 둘러쌌다. 뒤이은 전투 양상은 '구세계는 전략, 신세계는 개인주의'라는 신화에 부합하는 것이었다. 실제로 독립 전쟁 기간 동안에는 그런 전투가 몇 없었다. 아무튼 이 전투에서, 국왕파 민병대는 일제사격을 하며 총검 돌격을 했고, 아메리카인은 소나무에서 소나무 사이로 이동하며 장총으로 사격을 했다. 윌리엄 캠벨은 남서쪽 비탈진 곳에서 개인주의자들을 지휘했다. 캠벨의 병사들과 북서쪽 셸비의 병사들은 퍼거슨 부대의 초기 사격과 여러 총검 돌격을 받아 후퇴했다. 이후 그들은 산등성이로 재빠르게 물러났다. 한 시간이 조금 지나자 모든 상황은 종료됐다. 훌륭한 말을 타고 허망한 돌격을 이끌던 퍼거슨이 총

퍼거슨의 죽음 자만에 빠진 퍼거슨은 식민지인을 도발해 대항군을 집결시켰고, 킹산 전투에서 죽음을 맞았다.

에 맞아 말에서 떨어져 죽은 것이었다. 그의 시체 주변으로는 죽은 자들과 부상자들이 가득했다.

산 너머 개척자들은 이후 며칠 동안에 더 많은 사람을 죽였다. 앞으로 무슨 일이 생길지, 그에 관한 단서는 최후에 킹산의 승자들이 보인 행동으로 알 수 있었다. 그들은 부상자와 항복하려는 사람들에게 "용서하지 않는다"고 외치며 총을 쏘고 칼을 찔렀다. 며칠 뒤 세 명의 국왕파 민병대 장교를 포함해 목이 매달린 아홉 병사의 시체가 발견됐다. 앤서니 올레어Anthony Allaire 중위는 민병대 장교 세 명이 "로마인처럼 죽었다"는 논평을 남겼다. 적어도 그들은 단말마의 고통 없이 신속하게 죽었다. 일부 다치고 학대당하고 방치된 이들은 몹시 괴로워하며 천천히 죽어갔다. 다음 달이 되자 수백 명의 개척민이 도망쳤는데, 이는 산 너머 개척민의 통제력이 아주 약화됐음을 보여주는 증거였다. 산 너머 개척민은 압박받는 상황에서는 협력해 훌륭히 전투에 임했지만, 영국군의 압박이 사라지자 곧 오합지졸이 되고 말았다.

콘월리스는 며칠 뒤 국왕파 민병대에 대한 학살 소식을 들었다. 콘월리스는 알지 못했지만, 참사가 벌어진 것과 거의 동시에 나인티식스의 존 크루거John Cruger 중령은 자신이 대담해진 게릴라들에게 목 졸려 죽을 위험에 처했음을 느꼈다. 체로스의 제임스 소령은 10월 초에 담당 구역이 통제 불능이라고 서신을 보냈다. 해변에서는 아메리카군의 프랜시스 매리온Francis Marion호가 조지타운을 위협하고 있었다. 샬럿 주변의 국왕파들은 알아서 몸조심하며 침묵을 지켰다.⁶ 콘월리스는 현지 주민의 저항이 불가피한 상황임을 받아들이기로 했다. 힐즈버러의 보급창 건설은 기다려야 했고, 노스캐롤라이나에서는 철수해야만 했다. 그는 10월 14일에 철수해 29일에 캠던과 나인티식스의 중

간에 있는 윈즈버러에 도착했다.

영국군의 행군 자체도 끔찍했다. 콘월리스와 상당수의 병사들이 병을 앓아 마차에 실려갔기 때문이다. 마치 그런 비참한 퇴각이 아직은 충분히 나쁜 일이 아니라고 말해주는 것처럼, 그다음 달 윈즈버러에 도착한 소식은 더욱 참담했다. 아메리카군의 매리온호는 여러 차례 습격으로 찰스턴과의 교신을 방해했고, 이로 인해 내륙으로 들어오는 보급품 수송 행렬이 불가능하게 되었다. 아메리카군의 토머스 섬터는 유사한 방식으로 영국군의 불안감을 증폭시켰다. 가장 극적인 것은 11월 9일에 벌어진 존 위미스John Wemyss 소령과의 전투였다. 그는 브로드강의 피쉬댐 포드에서 위미스 소령과 200명의 정규군에게 유혈 전쟁터가 어떤 것인지를 보여주었다. 또한 11월 22일에는 타이거강 위 언덕에 있는 블랙스톡스 플랜테이션에서 영국군의 탈턴 부대와 싸워서 비겼다. 섬터는 이때 부상을 당해 더 이상 활동하지 못하게 되었지만, 불규칙한 게릴라전은 중단되지 않았다. 콘월리스의 병사들이 밤에 잠잘 때 적들의 기습 공격을 우려하며 어깨 너머를 바라보는 나날이 계속됐다.[7]

쫓는 자와 쫓기는 자, 카우펜스에서 격돌하다

대륙회의는 캠던에서 큰 낭패를 당했음을 보고받자, 남부의 병사들에게 새로운 사령관이 필요하다는 것을 즉시 깨달았다. 이 시점에서 대륙회의는 남부군을 맡을 사람을 찾는 일에 몹시 피곤함을 느꼈다. 아니면 지난번 군 지휘관 인사의 실패에 당황한 것일 수도 있었다. 1778년 봄 플로리다 동부를 침공했던 로버트 하우는 완전히 실패했고, 벤저민 링컨은 찰스턴에서 적에게 항복했으며, 호레이쇼 게이츠는 병사들을 내팽개친 채 캠던을 떠났다. 잘못된 지휘관 인사에서 교훈을 얻은 대륙회의는 워싱턴에게 새로운 사령관을 지명해달라고 요청했고 워싱턴은 병참감으로 3년 차를 보내던 너새니얼 그린을 추천했다.[8]

1780년 38세가 된 그린은 지난 1776년 11월 허드슨강의 워싱턴 요새를 방어해야 한다고 고집 부리다 낭패를 본 풋내기가 더 이상 아니었다. 그는 이제 아주 성숙하고 지혜로운 사람이 되어 있었다. 그때 이후 다양한 경험을 했고, 허드슨강 실패의 의미와 효용을 되돌아보며 많은 점을 배웠다. 훌륭하게 제몫을 해낸 트렌턴, 브랜디와인, 저먼타운, 몬머스, 뉴포트 등의 전투에서 그는 많은 교훈을 얻었다. 그린은 1778년 3월에 "역사에 이름을 남긴 병참감 얘기는 들어본 적이 없다"고 푸념하면서도, 병참감 보직을 받아들였다. 물론 그린 본인의 의사와 크게 동떨어지는 것이었다. 하지만 그린은 병참감 자리에 부임함으로써, 영광스러운 대의에 헌신하고 소임을 마다하지 않는 것이야말로 혁명 과정에서 필요한 일 임을 대내외에 입증했다.[9]

그린은 위대한 대의에 닿기 위해선 위대하지 않은 일도 해내야 한다는 것을 워싱턴에게서 배운 바 있었다. 이처럼 그는 워싱턴에게서 많은 점을 배웠지만, 그렇다고 그것들을 무비판적으

너새니얼 그린(1742~1786) 1780년 워싱턴은 병참감이던 너새니얼 그린을 대륙군의 남부 사령관으로 추천했다. 그린은 게릴라 전법으로 영국군의 진격을 막았다.

로 받아들이지는 않았다. 그린은 총사령관의 방식과 전략을 검토했으며, 도저히 흉내 낼 수 없는 것은 흉내를 포기하는 영민함도 보였다. 그는 이후 열 달 동안 군대가 반드시 온전하게 유지돼야 한다는 전제 아래 전쟁에 임하고자 했다. 워싱턴이 이미 잘 알고 있는 것처럼 군대가 곧 혁명 그 자체였기 때문이다. 주 정부는 군대의 정치적인 중요성을 전혀 이해하지 못했기에 군대에 대한 지원도 굼떴다. 이에 낙담한 그린은 버지니아 주지사인 토머스 제퍼슨에게 말했다. "모든 주가 정치적으로 존속하기 위해 의지할 대상은 군대 뿐입니다." [10]

이 말은 군대 지원이 미흡할 경우 남부 주들에 어떤 일이 생길지 노골적으로 불평하는 편지에서 나왔다. 그린의 이런 언사는 유별나게 민감한 제퍼슨을 불쾌하게 했을지도 모른다. 특히 그린이 전투복과 무기가 없는 파견대를 버지니아로 되돌려 보내자 제퍼슨은 분노했을 것이다. 그린은 직설적이었지만, 동시에 섬세한 면도 지녔다. 이는 그린의 빠른 대응과 적극적인 행동에서도 확인된다. 그는 남부의 군사적인 문제를 직관적으로 이해했다. 직관적이라고 한 이유는 그가 사령관으로 임명되기 전 남부의 전쟁을 체계적으로 연구하지 않았기 때문이다. 하지만 그린은 전쟁 수행과 관련해 직접적인 지식을 쌓기 전에 이미 전쟁 수행의 방식을 결정했다.[11]

그린의 전쟁에 관한 이해는 전술과 보급 지식에 바탕을 둔 것이었다. 그는 전쟁에서 사령관이라면 반드시 챙겨야 할 일반적인 사항들, 즉 부대를 움직이는 법, 무기 · 식량 · 탄약을 얻는 법 등의 문제를 오랜 시간 숙고했고, 병사들에 대한 고려도 놓치지 않았다. 그들의 기질과, 무엇보다도 그들이 전투에 임하려는 동기에 대해 깊이 생각했다. 그린은 다른 고위 장교들 대다수가 그런 것처럼 위대한 대의라는 말을 스스럼없이 언명했다. 그는 병사들 역시 그런 대의의 장엄함에 감동할 것이라고 생각했다. 그린은 실제로 총사령관 워싱턴보다 병사들의 헌신에 관해 더 잘 이해했을지도 모른다.

전쟁이 시작됐을 때, 워싱턴은 이상과 덕목에 무관심한 병사들을 보며 실망했다고 말했다. 그는 이런 병사들의 약점에 대해서 그들이 사회의 저급한 계층 출신이기 때문에 그렇다고 생각했고, 그들의 신통치 못한 전투 능력이 출신에서 비롯된 것이라고 믿었다. 18세기의 모든 군사 지도자처럼, 워싱턴은 병사들을 잘 훈련시키면 그들이 적극적으로 싸움에 임할 것이라고 기대했다. 그린은 워싱턴에는 못 미치는 가문 출신이었지만 자신을 평범한 사람들과는 다르다고 생각했고 보통 사람을 이해하고 적응시키는 작업에 더 많은 애정을 느꼈다.

노스캐롤라이나에 도착한 뒤 얼마 지나지 않아 그린은 이런 글을 남겼다. "자부심 또는 원칙이 군인을 만든다." 훌륭한 지도자는 그 두 가지를 모두 휘하 병사들에게 심어준다. 하지만 병사들이 헐벗거나 굶주리면 그런 감화는 전부 실패할 것이다. 병사들의 미덕과 공익에 관한 책임감은 일반 대중이 병사들을 아끼는 모습을 보여주지 않으면 유지될 수 없다. 그린은 이런 점을 직관적으로 파악하고 있었기 때문에, 샬럿의 비참한 군인들을 보고서 그들이 살아남으려면 주변 민간인을 약탈하는 수밖에 없고, 그렇게 되면 결코 자부심을 가질 수 없을 것이란 점을 단번에 간파했다. 배가 고픈 병사들은 전투에 들어서면 화약 냄새만 맡고서도 풀이 죽거나 탈주해버릴 터였다. 하지만 좋은 복장을 갖추고 잘 먹으며 알맞은 지휘를 받는다면, 병사들은 투지 있게 싸우는 훈련을 받을 수 있다.

18세기의 장군들은 20세기의 장군들보다 훨씬 자주 병사들 앞에 모습을 드러냈다. 전투에 돌입하면, 그들은 지휘소에 자리를 잡고서 명령을 내리며 몸소 본보기를 보였다. 하지만 그들은 다른 이들과 빈번히 글로 소통했다. 즉, 글에 능숙한 것이 말 위에 앉아 있는 것보다 더 중요할 때도 있었다. 독립 전쟁 중 대륙군 장군들은 편지를 통해 많은 민간인과 연락하면서, 병력, 자금, 그 외 사실상 필요한 모든 보급품을 요청했다. 그린은 통렬하고 박력 넘치는 글을 썼으나, 때로는 눈치 없게 보일 정도로 노골적이었다. 그의 편지에는 행군과 병참에 관한 내용이 많았지만, 가장 딱딱한 글이라고 해도 휘하 병사들과 그들의 관심사에서 멀어지는 일은 없었다. 이런 편지들은 필요에 따라 건조하게 느껴지기도 했지만, 글을 쓰는 사람이 활력 넘치고 강건한 사람이라는 느낌을 훌륭하게 전달했다. 그린에게는 말하고자 하는 내용을 격언처럼 요약하는 재능이 있었다. 특히 병참이나 전투 대형과 관련된 글을 쓸 때에는 더욱 그랬다. "자금은 전쟁의 원동력입니다." "좋은 정보는 군대의 혼입니다." "정보원은 군의 눈입니다." 등이 그런 예다. 또한 그린은 인간성에 대해서도 자주 언급했다.[12]

이런 멋진 말을 남긴 장군은 10월 15일에 워싱턴에게서 명령을 받자마자 남부로 출발했다. 그는 웨스트포인트로 소환돼 그곳에서 지휘권을 인수해 남하하던 중 필라델피아에 잠시 머물렀다. 그린은 대륙군을 지휘하는 비공식 규칙을 알고 있었다. 그는 이 일을 썩 좋아하지 않았지만 어쩔 수 없었다. 이것은 '일'이라기보다 구걸이라고 표현하는 게 더 나았다. 모든 대륙군 지휘관은 전투에서 성공하려면 거지 노릇을 해야 했다. 그린은 자신의 부대에 몹시 필요한 '원동력'인 자금과 보급품을 대륙회의에 요구하는 것으로 일을 시작했다. 그는 친구인 헨리 녹스로부터 포병대 지원을 약속받았지만, 도시 상인들은 전투복을 제공해달라는 그의 요청을 정중하게 거절했다. 그는 필라델피아를 떠난 뒤에도 이런 호소와 구걸의 방식을 계속 사용했다. 그리고 기회가 될 때마다 말과 글로 입법부 사람들과 주지사들에게 각종 지원을 호소했다.[13]

그린은 그들이 만장일치로 호의적인 반응을 보내줄 것이라는 기대를 애초에 하지 않았고, 실제로 그런 반응을 얻지도 못했다. 그는 끔찍한 문제들에 직면하리라는 것을 미리 알고서 남부 아메리카군의 지휘권을 인수했다. 사실 지난 넉 달 동안에 아메리카 2개 군이 패배해 박살이 났다는 것은 그런 참담한 상황을 잘 말해주었다. 그는 자신과 휘하 부대의 전망을 '참담함'이라는 한 단어로 요약했다.[14]

그린은 미리 각오하고 현지에 임했음에도 막상 눈앞에 좋지 못한 일들이 벌어지자 기세가 꺾였다. 11월 27일 힐즈버러에 도착한 그린은 병사들의 복장, 무장, 급식 상태가 최악인 점을 확인했다. 그린의 눈으로 볼 때 이곳에서 '병력'이라는 단어는 간신히 부대 꼴을 하고 있는 비참한 군상을 가리켰다. 실제로 병사들은 다수가 '헐벗거나' 허리에 거적이나 담요만을 두른 모습이었는데 그린은 이를 '인디언 같은 모습'이라고 했다. 즉 1400명의 어중이떠중이에 지나지 않았다. 그들에게 신발은 물론 필요한 거의 모든 보급품이 없거나 모자랐다. 당연하게도 그들에게는 싸우겠다는 기백이 전혀 없었다. 많은 병사들이 인근 농부들이나 마을 사람들을 약탈할 때만 힘을 냈다.

병사들도 문제였지만, 장교들은 더 심각했다. 그들은 캠던 전투의 패배로 자존감을 잃었고, 달아난 게이츠 장군을 경멸하며 비난했다. 그들 중 메릴랜드의 윌리엄 스몰우드는 남부군에 계속 근무하지 않을 생각이었다. 그는 새로운 남부군 지휘 계통 안에서 그린 다음인 폰 슈토이벤 장군보다 아래 계급에 배치됐기 때문이다. 스몰우드는 자신이 게이츠에 이어 남부 사령관 자리에 오르기를 기대했지만, 그린이 임명되자 대륙회의에 탄원을 넣어 자신의 임관 일자를 변경해 연공서열을 더 높여달라고 요청했다. 그린은 스몰우드가 대륙회의를 상대로 벌이려는 로비를 미친 짓이라고 생각했지만 그가 떠나는 것을 막을 수는 없었다. 실제로 그린은 스몰우드를 붙잡으려고 하지도 않았다. 스몰우드는 불평불만이 가득했고, 그런 태도는 그러지 않아도 이미 불만이 팽배한 아메리카 남부군의 상황을 더욱 어렵게 만들었다.[15]

그린은 12월 2일 샬럿의 대륙군 야영지에 도착했다. 게이츠는 그곳에서 자기 자신을 간신히 추스르는 것 이외에는 아무런 일도 하지 않고 있었다. 그린의 생각보다 훨씬 상태가 나빴던 야영지의 병사들은 막사를 짓고 있었다. 아직도 그들에게 힘이 남아 있다는 것을 보여주기 위한 행동이었지만, 그것이라도 하지 않았다면 그들의 절망이 더욱 깊어졌을 것이다. 그린은 그 작업에 대해 불만을 전혀 표시하지 않고 다음 날 지휘권을 인수했다. 그는 대륙회의로부터 캠던에서 게이츠가 보인 행동을 조사하는 청문회를 진행하라는 지시를 받았지만, 그 조사에 필요한 장관급 장교들이 주위에 없었으므로 청문회 건은 없던 일로 제쳐놓았다. 군사 재판에서 무죄를 받아 오명을 벗으려고 했던 게이츠는 결국 불만이 가득한 채 귀향했다.[16]

그린은 다음 달 내내 자신이 어떤 일을 떠맡았는지 깨닫게 되었다. 그는 노스캐롤라이나의 정계 상황을 알지 못했지만, 그곳의 정치판이 분열되어 있다는 사실을 금방 알게 되었다. 그린은 한 동료에게 노스캐롤라이나에는 세 '당파'가 있으며, 어느 당파도 상대를 선호하지 않는다고 말했다. 그린이 '당파'라고 한 것은 공식적인 조직이 아닌 야심에 찬 지도자들의 무리였다. 그 지도자들 중 하나로는 주 전쟁청을 이끌던 마틴Martin 대령이 있었다. 그는 소심한 성격 때문에 군대에서 쫓겨났다. 다른 두 명은 주지사와 그에 맞서는 으뜸가는 정적들이었다. 그린은 마틴과 "그 외의 모든 위대하고 굉장한 사람"을 상대하는 일이 기쁠 것도 없었지만 그렇다고 해서 낙담하지도 않았다. 그린은 절망에 빠지지 않았고 웃음을 띠며 그들을 정중하게 대했다. 그러면서 "초연한 오만과 짓궂은 겸양" 사이에서 적당한 균형을 취하기로 결심했다.[17]

이런 당파 분열보다 독립 전쟁에 더 큰 영향을 끼칠 분열은 휘그와 토리보수파 사이의 분열이었다. 두 집단 사이의 치열한 갈등은 그린에게 어찌나 깊은 인상을 남겼던지, 그는 습관적으로 그들에 관해 "야만적"이라고 말하곤 했다. 사우스캐롤라이나에서도 휘그와 국왕파의 갈등이 있었는데, 그린은 이들에 대해서도 야만적이라고 했다. 노스캐롤라이나에서 두 집단은 서로 죽이고 약탈했다. 그린은 이런 행위들이 정도를 벗어났으며, 현지의 풍속을 파괴하고 있다고 생각했다. 그는 캐롤라이나 전 지역에서 토리가 휘그보다 수적으로 우세하다는 주장을 펼쳤지만, 실제로는 휘그가 더 우세한 형세였다.[18]

그린의 입장에서 휘그는 거의 토리에 못지않게 불쾌한 집단이었다. 최소한 그들을 민병대에 소집했을 때에는 그러했다. 민병대가 된 그들은 전투를 제외한 모든 일에서 탐욕스러웠다. 그린은 친구인 조지프 리드Joseph Reed에게 말했다. "이집트의 메뚜기 떼처럼, 초록색이라면 뭐든 집어삼키더군." 특히 그린이 분개했던 점은 대륙회의가 민병대에게 봉급을 지불하고 있다는 것이었다. 대륙회의가 비용을 댔기 때문에, 노스캐롤라이나는 대륙군 연대를 지원하는 민병대의 모집을 선호했다. 그 결과 안정적인 정규군을 원하던 그린은 때로 믿음직스럽지 않은 민병대에 의지해야 했고, 심지어 그런 신병의 충원 없이 작전을 수행할 때가 많았다.[19]

그렇지만 그린은 토머스 섬터, 프랜시스 매리온, 앤드루 피켄스, 윌리엄 데이빗슨William Davidson 같은 게릴라 지휘관들에게는 불만이 없었다. 그들 대다수가 민병대에서 선출돼 비정규군을 이끌었지만, 우수한 지휘관이었다. 그린은 이들을 진심으로 높이 평가했다. 물론 그들의 부하 전반에게 약탈적 성향이 있음을 개탄한 것은 별개의 일이었다. 민병대는 정규군이 없는 상황에서 그린이 활용할 수 있는 유일한 자원이었다. 그는 민병대를 활용해 "도망치는 전쟁"을 계획했다. 이것은 자주 후퇴하는 그의 부대를 일컬어 그가 만들어낸 용어였다.[20]

이 전쟁에서 근간이 될 민병대를 잘 정비하기 위해 그린은 머리를 쥐어짜야 했다. 버지니아의 슈토이벤은 보급을 위해 최대한 열심히 일해야 했다. 버지니아 포병대 장교인 에드워드 캐링턴Edward Carrington 은 병참감 대행 업무를 맡는 데 동의했고, 유능한 노스캐롤라이나인 윌리엄 데이비는 식품담당관 임명을 받아들였다. 전투를 선호하는 지휘관으로서는 본능적으로 거부할 일이었지만 용단을 내린 것이었다. 그린은 장교들에게 독립 전쟁에 헌신할 것을 호소했고, '가진 자들', 즉 주 정부 관리, 상인, 농장주를 설득해 '가지지 못한 자들', 즉 남부군에게 자금과 보급품을 제공하도록 유도하는 제한적인 전략을 사용했다.[21]

다른 군대처럼 도망치는 군대도 스스로 할 수 있는 것이 있었다. 그들은 수송에 유용한 강을 정찰할 수 있었다. 도망자들이 추적자들로부터 달아나는 데는 그런 강이 훨씬 유용하다는 것이 증명됐다. 그린은 캐링턴, 코쉬추쉬코, 그 외의 다른 지휘관들을 파견해 강을 조사하도록 했다. 강의 어느 지점이 걸어서 건널 수 있는지 아는 것은 도망치는 군대에게 반드시 필요한 일이었다. 치고 빠지는 전투를 할 수 있기 때문이었다. 도망치는 군대는 대규모 대치전이나 일대일 전투에는 승산이 없었다. 그러니 치고 빠지는 전투를 하되, 도피 중 강을 건널 수 없는 지점에 갇히는 부주의한 일은 피해야 했다. 폭포 밑의 강은 깊었기에, 그린은 걸어서 건널 수 있는 얕은 강의 주변 지역을 전투 장소로 신중하게 선택했다.

사전에 파악했다 하더라도 그러한 정보에만 완전히 의존하는 것도 안 될 일이었다. 때로는 폭우가 여울을 깊게 했다. 예를 들면, 1781년 1월 초 피디강 수면은 폭우가 내린 뒤 30시간 동안 7.5미터 가까이 치솟았다. 비가 그치고 땅 위에 흐르는 빗물이 줄어들자 피디강의 수위는 빠르게 줄어들었다. 다른 곳도 마찬가지였다. 배는 이 지역에서 말 만큼이나 귀했기 때문에 수송선을 모으는 것도 그만큼 힘든 일이었다. 따라서 그린은 배를 만들어 바퀴를 달기로 했다. 말이 바퀴 달린 배를 강과 강 사이의 뭍에서 끌어당길 수 있었고, 그 뒤 강에 도달하면 병사들과 함께 그 배를 타고서 강을 건너갈 수 있었다.

그린은 본격적으로 군대를 편성하기 전 여러 부대로 나누기로 결심했다. 샬럿 야영지는 패배와 쇠퇴의 악취를 풍기고 있었고, 주변 지역에는 식량을 수급할 곳이 적었다. 남부군의 지휘권을 공고히 함과 동시에 병사들을 훈련하고 그들에게 희망을 주기 위해, 그린은 대다수의 병사를 피디 강변의 체로로 진군하게 하고, 대니얼 모건에게 메릴랜드와 버지니아 민병대, 윌리엄 워싱턴William Washington 대령의 기병대로 구성한 파견대를 주어 카토바강 서쪽으로 보냈다. 그곳에서 모건은 경계지에 있는 적을 괴롭힐 수 있었고, 피디강을 따라 진군하는 그린 부대보다 훨씬 더 잘 병사들을 먹일 수 있었다.

모든 전쟁 교본에서는 한데 뭉친 대규모의 부대를 나누지 말라고 경고한다. 적에게 각개격파를 당하기 쉽다는 것이 그 이유다. 하지만 그린은 그런 합리적인 규칙을 따라 행동할 수 없다는 입장이었다. 교본에 따라 움직이다가는 그와 휘하 병사들은 굶어 죽을 수도 있었다.

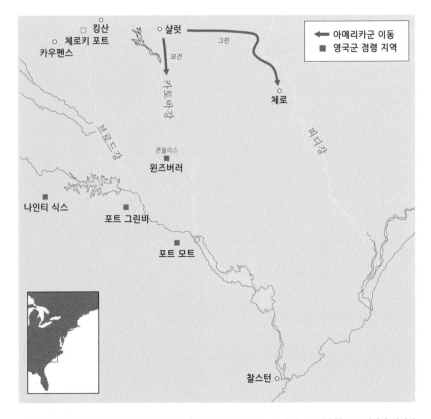

대륙군의 진군 너세니얼 그린은 아메리카군을 이끌고 샬럿 야영지에서 체로로 이동했고, 모건에게 파견대를 주어 카토바강 서쪽으로 보내 영국군을 견제했다.

게다가 모건에게 병사들을 주어 병력을 나누는 데에는 군사적인 이점도 있었다. 카토바강을 따라 진군한 모건은 나인티식스의 영국군 주둔지는 물론이고 그보다 작은 주둔지들도 위협했다. 만약 콘월리스가 모건을 뒤쫓기로 결정했다면 찰스턴이 노출될 터였고, 그린을 추적하기로 결정했다면 내륙이 평소보다 더 취약하게 될 터였다. 모건은 영국군의 그런 움직임에 대응해 콘월리스의 측면과 후면을 공격할 수 있을 터였다. 모건에게 파견대를 주어 보낸 것은 이 모든 가능성을 다 고려한 결과였다.[22]

콘월리스는 대륙군이 알아채지 못하는 사이에 윈즈버러에서 노스캐롤라이나로 다시 진격하려는 생각을 하고 있었다. 그는 사우스캐롤라이나와 현지에서 '끊임없이 계속되는 봉기', 그리고 현지의 무능한 국왕파 민병대에 질릴 대로 질려버린 상태였다. 첩보 파발마를 내보내도 목적지에 단 한 번도 도착하지 못했다는 점과, 매번 군수품 수송 행렬이 습격을 당한다는 점은 그야말로 맥이 빠지는 일이었다. 캠던에서 반란군을 물리치고 승리했어도 시민 사이에서 아무런 변화가 없는 모습을 보자 모든 것을 그만두고 싶은 심정이었다. 더구나 영국의 승전보를 알려서 이 지역민들을 국왕 편으로 돌리려 했지만, 반군 민병대가 번번이 소식을 차단함으로써 콘월리스의 의지를 상실케 했다.[23]

콘월리스는 사우스캐롤라이나에 평화를 정착시키는 일이 왜 그리 어려운지 이해하지 못했다. 이런 현상에 관한 그의 해석은 전통적인 영국 귀족의 편견을 고스란히 반영한 것이었다. 그는 영국군이 만만치 않은 적을 만난 것이 아니라, 악의적인 반란자들을 만난 것뿐이라고 생각했다. 게다가 영국 정규군이 현지에 등장해 권력이 영국 쪽으로 넘어갔음에도 국왕의 지지자들은 당당하게 앞에 나서지 않았다. 그들은 왜 나서려 하지 않는가? 콘월리스의 머리로는 반군에게 협박 당했다는 것 이외에 답을 내지 못했다. 찰스턴과 캠던에서 패배했음에도 반역자들은 살아남았다. 이는 노스캐롤라이나와 버지니아의 우군에게서 원조를 받았기 때문이다. 하지만 콘월리스는 반역의 기반이 북쪽의 지원과는 별개로 사우스캐롤라이나 그 자체에 존재한다는 점을 몰랐다. 그는 반란을 진압하라는 명령을 받은 영국군의 존재, 바로 그것이 오히려 반란을 부추긴다는 점을 진히 파악하지 못했다.

1월 초, 그린은 윈즈버러의 콘월리스에게서 서쪽으로 약 40킬로미터 떨어진 탈턴이 모건의 부대를 향해 진격했다는 소식을 듣고도 아무 걱정도 하지 않았다. 그는 크리스마스 다음 날 피디 강변의 체로에 있는 새로운 야영지에 도착했다. 그때 모건은 영국군의 서쪽 주둔지들을 위협할 만한 자리 근처에 있었다.

새해 초 탈턴은 콘월리스에게 함께 힘을 합쳐 킹산 근처에 모건을 몰아넣자고 제안했다. 콘월리스는 이에 동의하고 탈턴에게 추격을 허락했지만, 케이프피어에 프랑스군이 있다는 소문의 실체를 확인할 때까지 자신의 부대를 움직이는 것은 보류했다. 그러나 이는 헛소문이었고, 영국군은 북쪽으로의 새로운 원정에 맞게 군대를 새로 배치하기 시작했다. 지난 9월 아메리카군에서 영국군으로 넘어간 베네딕트 아놀드가 버지니아를 습격하는 원정대를 이끌었고, 10월에 뉴욕에서 배를 타고 2500명의 지원군을 이끌고 내려온 알렉산더 레슬리 장군은 1781년 1월 4일 캠던에 도착했다.[24]

콘월리스가 윈즈버러에서 천천히 몇 킬로미터를 진군할 동안, 탈턴과 모건은 사우스캐롤라이나 변경에서 쫓고 쫓기기를 반복했다. 모건은 1월 16일 티케티 크리크의 버스 밀스에서 약 19킬로미터 떨어진 해나스 카우펜스로 이동했다. 그는 브로드강의 체로키 포드에서 약 11킬로미터 떨어져 있었다. 탈턴은 이스터우드 숄스에서 패콜릿강을 건넜는데, 그곳은 모건이 부대를 주둔시킨 곳에서 아래쪽으로 겨우 약 10킬로미터 떨어져 있었다. 영국군 탈턴의 부대는 짐을 가볍게 하고 진군했지만, 모건의 대륙군 부대는 무거운 마차를 끌고 있었다. 탈턴이 가까이 다가붙는 상황에서 모건은 싸울 수밖에 없다고 생각했다. 도망쳤다가는 따라잡힐 것이 분명했다. 그는 여울이나 그 위에서 싸우는 것보다는 카우펜스에서 방어를 하는 것이 더 낫겠다고 판단했다.[25]

대니얼 모건은 1월 16일 밤 휘하 병사들과 오랜 시간을 보냈다. 그는 자신의 병사들과 여러 면에서 비슷했다. 물론 그는 대다수의 병사보다 나이가 많았지만 그들처럼 소탈하게 말했다. 직설적이고 거친 말은 늘 병사들의 마음을 사로잡았다. 모건은 모닥불을 오가며 자신의 작전 계획을 밝혔고, 자신과 병사들을 믿는다고 굳게 확신시켰다. 부대 배치에 관한 교본의 원칙을 아는 숙련된 전술가는 방어수단을 감안한다면 해나스 카우펜스를 선택하지 않았을 것이다. 18세기의 관례에 따르면, 카우펜스는 아무런 방어수단도 제공하지 않았다. 오히려 공격측이 수비 측을 포위할 수 있는 기회

대니얼 모건(1736~1802) 대륙군 지휘관으로 미국 독립 전쟁이 발발한 후 보스턴 포위전과 퀘백 전투에 참전하는 등 실전 경험이 풍부했다. 뛰어난 전술가로 카우펜스의 지형을 성공적으로 활용해 승리를 이끈다.

를 줄 뿐이었다. 카우펜스는 길이 약 450미터에 거의 같은 너비를 지닌 목초지였다. 목초지의 남쪽 끝에서 약 270미터 떨어진 곳에는 낮은 언덕이 하나 있었고, 그 뒤로 약 60~70미터 정도에 역시 낮은 언덕이 또 하나 솟아 있었다. 목초지에는 덤불은 별로 없었지만 소나무, 참나무, 히코리 나무가 산재해 있었다. 이곳은 그야말로 기병을 위한 장소였는데, 탈턴은 모건보다 3배 많은 기병을 거느리고 있었다. 그 뒤 얼마 지나지 않아 현장을 살펴본 영국군 장군 찰스 스테드먼Charles Stedman은 모건이 전술직 의도와는 맞지 않는 지형을 선택했다고 말했다. 양 측면이 열린 데다 기병에 취약했고 등 뒤의 브로드강이 퇴각을 가로막고 있다는 것이 그 이유였다. 모건은 나중에 카우펜스를 선택한 이유는 지형의 결점으로 인해 민병대가 싸우는 것 외에 다른 길이 없었기 때문이라고 밝혔다. 그들은 모두 왁스호스에서 탈주하려던 뷰포드Buford의 병사들에게 어떤 일이 벌어졌는지를 알고 있었다.[26]

카우펜스를 선택한 이유가 무엇이건, 모건은 지형을 잘 활용했다. 동틀 녘이 되기 전, 정찰병이 탈턴 부대가 이동 중이며 약 8킬로미터 밖에 떨어져 있지 않다고 보고했다. 탈턴은 병사들을 새벽 3시에 깨워 최대한 서둘러 진군을 개시했다. 그때 모건의 병사들은 이불 속에서 천천히 나와 아침을 먹고 진지에 자리를 잡고 있었다.

메릴랜드와 델라웨어의 정규군으로 구성된 주력은 더 높은 언덕의 중심에 배치됐고, 버지니아와 조지아의 민병대는 더 높은 언덕의 끝 부분에 늘어섰다. 다 합쳐 약 450명의 병사들이 이 수비 대형을 형성했다. 그들의 앞 140미터 지점에는 약 300명의 캐롤라이나 민병대가 270여 미터에 걸쳐 퍼져 있었다. 이들 앞에는 조지아와 노스캐롤라이나에서 온 150명의 소총수들이 나무 뒤에 쭈그리고 앉아 척후병 전선

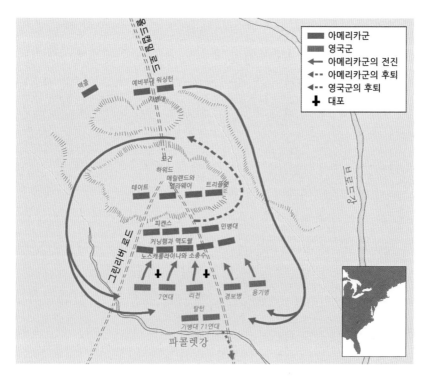

카우펜스 전투 모건이 지휘하는 아메리카군은 카우펜스에서 아군의 퇴로를 막는 배수의 진을 치고 결전에 임했다.

을 형성했다. 모건에게는 예비 병력이 많지 않았지만 모두 정예였다. 윌리엄 워싱턴 대령의 기병 80명과 조지아에서 온 45명의 기마 보병으로 구성된 예비 부대는 두 번째 언덕 뒤 보이지 않는 곳에 배치됐다.

탈턴의 병력은 500명이 조금 넘는 기병과 보병으로 구성된 본인의 부대와, 7왕립 퓨질리어 연대와 71고지 연대에서 보낸 각각의 대대, 17용기병 연대의 소규모 파견대, 왕립 포병대, 국왕과 민병대로 구성 됐다. 약 1100명인 탈턴의 병사들은 모건의 병사들보다 수적으로 약간 우세했다. 동틀 녘 이후 탈턴은 카우펜스로 진군했으며, 빠르게 공격 전선을 형성했다. 용기병들이 양 끝에, 왕립 퓨질리어 연대와 탈턴 부대 보병들, 경보병들이 그 사이에 자리를 잡았다. 200명의 기병과 고지 연대 병사들은 예비 병력으로 남았다. 바퀴가 아니라 길다란 막대에 위에 얹힌 약 1.3킬로그램의 '그래스호퍼' 대포 두 문은 전면에 병사들과 함께 배치됐다.

이 전선이 형성되자마자 탈턴은 앞으로 전진시켰다. 이때 대륙군 진지의 앞쪽 척후병들은 이미 준비를 마쳤고, 탈턴이 카우펜스에 처음 들어서서 진군을 명했던 15명의 기병을 사격으로 쓰러뜨렸다. 앤드루 피켄스가 지휘하는 두 번째 전선의 대륙군 민병대는 지휘관이 무엇을 기대하는지를 정확히 파악하고 끈기 있게 영국군을 기다렸다. 모건은 그들에게 위치를 사수하라고 요구하지 않았다. 대신 효율적인

그래스호퍼 캐논 사진에는 바퀴가 달려 있지만, 실제로 카우펜스 전투에서는 바퀴 없이 막대기로 대포를 고정해 사용했다.

일제사격을 두 번 한 뒤 언덕 뒤로 물러나 다시 한 번 그곳에서 전선을 형성하라고 지시했다. 그들은 탈턴의 병사들이 사정거리에 들어오자 첫 일제사격을 가하면서 임무를 완수했다. 그들은 1차 발사한 뒤 장전하고, 다시 2차 발사한 뒤 주력군의 좌측으로 물러났다. 이 과정에서 그들이 공격을 받지 않은 것은 아니었다. 영국군은 질서정연하지는 않았지만 빠르게 움직여 전체 전열의 맨 끝에 해당하는 오른쪽의 대륙군을 공격했다. 대륙군 민병대원들이 미처 대응하기도 전에, 총을 든 영국군 기병들은 민병대 사이에서 칼을 휘두르며 총을 쏘았다. 모건은 이에 대응해 알맞은 때 윌리엄 워싱턴의 기병을 보내 구원하게 했다. 대륙군 기병이 등장하자 영국군 용기병 연대의 병사들은 깜짝 놀라면서 몇 분 뒤 물러났다.

영국군의 주력 부대는 공격을 계속했다. 피켄스의 민병대가 가한 사

18세기 용기병의 모습 용기병은 총과 칼을 모두 지니고 다니며, 상황에 맞게 자유자재로 무기를 사용했다. 말을 타고 이동했기에 일반 보병보다 기동성과 공격력이 뛰어났다.

격으로 사상자가 많았지만, 그들은 여전히 대형을 유지하며 계속 진군했다. 하지만 영국군은 불쾌한 충격을 받게 되었다. 언덕을 따라 배치된 대륙군과 버지니아 민병대의 전선이 조금도 후퇴하지 않았다. 오히려 그들은 계속 총을 쏘아대며 영국군의 공격을 무너트리려고 했다.

탈턴은 이 상황에서 할 수 있는 유일한 선택을 했다. 예비 병력인 고지 연대 병사들에게 공격 전선에 합류하라고 명령했다. 남은 몇 백 미터를 진군해야 하는 고지 연대 병사들은 대륙군의 오른쪽을 노렸다. 반면 내륙군 주력을 지휘하는 존 이거 하워드John Eager Howard 장군은 몹시 우려하면서 이 상황을 지켜보았다. 장군은 영국군 고지 연대의 병사들이 대륙군 우측 너머로 산개하고 있다는 사실을 알아챘다. 만약 진군이 계속되면 아메리카군은 그들에게 포위당할 터였다. 측면을 포위하려는 적의 움직임을 예측한 하워드 장군은 맨 오른쪽의 병사들에게 급히 왼쪽으로 선회하라는 지시를 내렸다. 연병장에서 훈련한 이 복잡한 부대 이동을 적의 포화를 받는 민병대가 정확하게 실행하기란 아주 어려웠다. 당연히 혼란에 빠진 민병대는 급히 언덕 뒤로 후퇴하기 시작했다. 전투에서 뒤로 물러나는 행위보다 더 잘 전파되는 것은 없기에 공황 상태에서 도망치는 것 말고 아메리카군의 나머지 전선도 물러나기 시작했다. 모건은 이 광경을 보고 깜짝 놀라면서 하워드에게 지금 이 전선이 작전상 후퇴 중이냐고 물었다. 하워드는 병사들이 공황 상태는 아니며, 오히려 잘 통제되고 있다고 재치 있게 대답했다. 모건은 하워드의 말을 듣고 안심했으며, 이어 적에게 저항할 장소를 찾으려고 물러났다.

탈틴의 병사들 역시 대륙군 우측 진영이 무너지는 모습을 보았고, 그들이 달아나는 중이며 전열이 허물어져 일부는 이미 무질서한 상황이라고 확신했다. 따라서 그들은 너무도 많은 전우를 살해한 적에게 접근해 보복을 하고자 했다. 탈턴은 영국군의 거침없는 돌진에 현혹되어 익숙한 상황, 즉 대륙군의 공황 상태를 이용하려고 예비 병력인 자신의 부대까지 출전시켰다. 이때 대다수의 대륙군이 언덕의 반대쪽 경사면에 도착했지만 영국군 눈에는 보이지 않았다. 그 뒤 하워드와 모건은 병사들에게 몸을 돌려 사격하라고 지시를 내렸다. 그때 영국군은 약 45미터 떨어진 곳에서 언덕의 정상을 오르고 있었다. 이 사격으로 영국군은 엄청난 공포를 느끼며 무너졌고, 즉시 공격 대열이 허물어졌다. 이후 그들은 두 번째 언덕 뒤에 숨었다 나타난 윌리엄 워싱턴의 기병들에게 측면을 공격받았다. 피켄스의 민병대는 때맞춰 워

카우펜스 전투 모건은 당초 기마병의 활용이 효율적이지 않을 것으로 생각되었던 지형을 역으로 이용해 전술을 짜서 완승을 거두었다.

싱턴의 기병대와 하워드의 보병대 뒤에서 다시 나타나 공격을 퍼부었다. 몇 분 뒤 대륙군은 전투에서 승리했다. 하지만 영국군 고지 연대 병사들은 최소한 일부라도 부대를 온전히 유지하면서 굉장히 용맹하게 싸웠다. 그래스호퍼 대포를 운용하는 소규모 포대 병사들도 마찬가지였다.

독립 전쟁 기간 동안 영국군의 용맹은 빈번이 지도부의 결점을 극복했지만, 이번에는 그렇지 못했다. 고지 연대의 병사들은 전사하거나 항복했고, 포병들은 끝까지 곡사포를 지키다가 전사했다. 패배한 영국군은 곧 목숨을 구걸했다. 탈턴은 40명의 기병과 함께 퇴각했다. 후퇴한 그가 전장에 남긴 것은 100명의 전사자, 229명의 부상자, 적의 포로가 된 800명 이상의 병사, 7연대의 군기들, 두 문의 그래스호퍼 대포, 800개의 머스킷 총, 군용 행낭들, 말들, 탄약 등이었다.[27]

탈턴은 카우펜스에서 자신의 부대에 어떤 일이 벌어졌는지 결코 깨닫지 못했다. 그는 최소한 공개적으로는 자신이 엄청난 실수를 저질렀다는 사실을 인정하지 않았다. 아메리카군의 하워드 전선이 물러나면서 사격을 해온 건 '예상 밖의 일'이었으며, 이로 인해 병사들 사이에 '혼란'이 생겨났다는 점만 인정했다. 그러나 뒤이은 병사들의 공황 상태는 그를 당혹스럽게 했다. 탈턴은 전투를 복기하며 승자 못지않게 패자가 누리는 편벽된 방식의 해석을 내놓았다. 탈턴은 오른쪽에 자리잡은 기병대가 그 방면에서 제대로 공격하지 못한 것을 패배의 원인 중 하나로 꼽았다. 또한 그는 아주 이해하기 어려운 일련의 논평을 가하면서 "너무 넓게 전개된 전선" 탓도 했다. 이는 "식민지에서 우리 영국군이 늘 보이던 느슨한 전투 대형"의 전형적 사례라고 그는 생각했다.[28]

'느슨한'이라는 표현은 참으로 적절하지만, 탈턴은 이를 너무 편협하게 적용했다. 나중에 나온 찰스 스테드먼의 논평에 따르면, 그는 아군과 적군의 상황에 주의를 기울이지도 않고 마치 게릴라 지휘관처럼 앞뒤를 가리지 않고 돌격하려는 모습을 보였다. 공격은 전선이 아직 형성되기도 전에 시작됐다. 게다가 예비 부대인 71연대는 거의 1.6킬로미터 뒤처진 곳에서 짙은 관목 숲을 헤치고 전진하느라 애를 먹었다. 당시 전장에서 부상을 입은 청년 장교 로데릭 맥켄지Roderick Mackenzie 중위에게 이 공격은 '너무 이르고 혼돈스러우며 불규칙한 것'이었다. 그렇다고는 해도 대륙군 주력의 오른쪽이 물러서기 시작할 때 탈턴이 그 방향으로 예비 부대를 알맞은 때 투입했더라면 오히려 승리했을 수도 있었다. 그건 정말로 중요한 순간이었다. 하지만 영국군은 결단력이 부족했고 무질서했으며 시간을 늦췄기 때문에, 하워드의 아메리카군 병사들은 효율적으로 전선을 다시 형성할 수 있었다.[29]

종래의 군사적 기준에 따르면, 모건은 부적합한 장소를 선정했지만 비범한 성과를 올렸다. 그의 병사들은 고립된 목초지에서 달아날 곳이 없었다. 모건은 민병대의 탈주하는 성향을 충분히 알고 있었으므로 배수진을 치고 싸우는 결정을 내리는 것에 대해 고민했을지도 모른다. 어떤 생각을 했든 간에, 그는 이후 두 달 동안 다른 대륙군 지휘관들이 칭송하거나 흉내 내고자 하는 전술을 만들어냈다.

전투는 오전 10시가 조금 지났을 때까지 지속됐다. 모건과 휘하 병사들은 정오가 되자 포로와 함께 길 위에 있었다. 그는 탈턴의 병력을 물리쳤으니 콘월리스가 재빠르게 대응할 것으로 예상했다. 그는 승리의 쾌감을 맛보고 있다가 적의 대부대에 압도되고 싶지는 않았다. 하지만 포로는 아무래도 부담이었다. 모건은 며칠 뒤 그들을 대열에서 떼어내 버지니아 내륙의 포로수용소로 보냈다. 포로를 보낸 다음 날 모건은 리틀 브로드강을 건넜고, 3일 뒤 1월 21일에는 램사워스 밀에 서 리틀 카토바강을 건넜다. 그는 이틀 뒤 셰릴스 포드에서 다시 카토 바강을 건넜고, 그곳에서 병사들을 쉬게 했다.[30]

길포드에서 거둔 상처뿐인 승리

콘월리스는 카우펜스 전투기 벌어지던 날 레슬리를 기다리며 디키 크리크에 있었다. 다음 날 패배 소식을 들었고, 1월 19일 모건을 뒤쫓 기 위해 재빠르게 움직였다. 하지만 그는 엉뚱한 방향을 선택했고 전 혀 다른 길로 나아갔다. 그는 뒤쫓을 상대는 알았지만 어디로 가야 할 지 그 방향은 알지 못했다. 이는 남부 방면의 군사작전에서 영국군이 자주 겪은 정보의 부정확함 때문에 벌어진 일이었다. 콘월리스는 특 히 이런 점을 불쾌하게 생각했다. 적지에 들어온 그는 흔쾌히 정보를 돈으로 사려했지만 정보를 팔겠다는 이들은 적었다. 나인티식스를 빼앗기 위해 모건이 남쪽으로 향했을 수 있다고 생각하면서도, 콘월 리스는 북서쪽으로 진군하느라 하루를 헛되이 날렸다. 그는 실수를 발견하고 방향을 틀어 램사워스 밀로 향하는 길로 나아갔다. 좀 더 일찍 더 나은 정보를 얻어 빠르게 움직였다면, 모건을 따라잡을 수도 있었다.[31]

콘월리스가 램사워스 밀에 도착한 1월 25일, 모건이 카우펜스에서 승리했다는 소식이 피디 강변의 야영지에 주둔하던 너새니얼 그린에 게도 전해졌다. 그린은 즉시 콘월리스가 모건을 추적하리라는 것을 알았다. 또한 그는 영국군이 기병대를 떼어냈으며, 그들이 보급창으로부터 멀리 떨어져 있어서 공격에 취약할 것이라는 점도 알게 되었다. 이런 판단을 한 그는 즉시 모건과 합류하기로 결정했다. 합류를 위한 준비는 며칠이 걸리겠지만, 그린은 이동 준비를 재촉하며 당장에라도 행동에 나서려고 했다. 이틀 동안 자제한 그는 마구 지시를 쏟아냈다. 아이작 휴거Isaac Huger는 피디강에서 노스캐롤라이나의 솔즈버리로 부대를 이끌고 출발하고, 솔즈버리와 힐즈버러의 병참부는 비축물자와 포로를 버지니아로 옮길 준비를 했으며, 병참감 업무를 수행하는 캐링턴은 댄강에 배를 집결시켰다. 이후 그린은 소규모 호위대와 함께 전속력으로 내달리면서 모건을 찾아나섰다.[32]

그사이 콘월리스는 굉장히 다른 부류의 명령을 내렸다. 당시 대다수의 군대처럼, 그의 병력은 넘치는 짐과 비전투원을 대동하며 종대로 이동했다. 장교들은 보통 여러 훌륭한 제복, 식품, 와인, 갖가지 도구를 가지고 다녔다. 여기에는 때로 가구와 값비싼 접시, 유리 제품이 포함됐다. 또한 그들은 하인을 동반했으며 때로는 아내와 아이까지 데려왔다. 하지만 아내보다는 첩이나 첩의 자식을 데려오는 경우가 더 많았다. 콘월리스는 모건을 빠르게 쫓기 위해 휘하 부대에 짐을 줄이라고 명령했다. 이에 그들은 행낭과 텐트를 버리고 마차에 실린 대부분을 포기했으며 식품은 현지 조달하면서 살아갈 준비를 마쳤다. 1월 27일, 콘월리스는 병사들에게 추가로 120밀리리터의 럼주를 제공하라고 명령했다. 그 자리에서 전부 마실 수 없었던 병사들은 남은 럼주를 캐롤라이나 땅에 버렸다. 추격을 재개한 다음 날, 콘월리스는 병사들에게 우울한 소식을 전했다. 앞으로 럼주 제공이 "당분간 절대적으로 불가능하다"는 것이었다. 그는 여기에 더해 보급이 충분치 않으니 "인디언 옥수수를 빻거나 아니면 물에 흠뻑 적셔 갈아서 먹을

것"을 권했다.[33]

정말 필수적인 것만 남긴 부대에 럼주는 없었지만 여자와 아이들은 그래도 여전히 남아 있었다. 어쨌든 그들에게 중요한 것은 최근 폭우가 내려 둑을 넘치려고 하는 카토바강을 건너는 일이었다. 영국군은 2월 1일 비티스 포드의 얕은 상류 뒤에 있는 코완스 포드를 멋지게 건넜다. 카토바강에서 영국군이 건널 수 있는 장소는 네 군데였는데, 아메리카군의 모건은 윌리엄 데이빗슨 장군에게 노스캐롤라이나 민병대를 이끌고 그곳을 전부 지키게 했다. 하지만 데이빗슨 장군에게 주어진 병사는 300명뿐이었다. 그는 영국군이 강을 건너던 날 아침에 적은 병력으로 그들을 저지하려다 목숨을 잃었다. 바로 전날 모건과 합류한 그린은 인근의 태런츠 태번에서 민병대가 결집하기를 기다렸다. 하지만 영국군의 압도적인 힘에 위협을 느낀 많은 민병대원은 고향으로 도망쳤다.[34]

그린은 고지대였던 야드킨에 있는 트레이딩 포드로 모건을 먼저 보냈다. 2월 2일 밤, 적이 가까운 배후에서 압박했었음에도, 코쉬추쉬코가 결집시킨 배들이 아메리카군 병사들을 도강시켰다. 트레이딩 포드 근처에는 영국군의 선발대인 찰스 오하라Charles O'Hara가 이끄는 기병대가 있었는데, 오하라 부대는 대륙군의 후위를 따라잡은 뒤 물리쳤다. 하지만 영국군은 이런 성과에 별로 만족하지 못했다. 대륙군 후위는 본격적으로 싸움에 나선 것이 아니었기 때문이다. 오하라는 대륙군을 경멸하며 이런 글을 남겼다. "캐롤라이나인의 말로 하면 반역자들은 갈라져 여럿으로 흩어졌다. 즉, 도망친 것이다."[35]

다음 날 오후 콘월리스가 솔즈버리에 도착했다. 대륙군은 야드킨에서 고작 11킬로미터 떨어진 곳에서 휴식을 취하고 있었다. 강의 수위는 올라와 높아졌고, 영국군은 지친 데다 식량마저 거의 다 떨어진 상태였다. 그들은 이후 4일 동안 비가 내리는 가운데 진창에서 불편을 견디며 식량 징발대를 파견했다. 2월 8일, 콘월리스는 부대를 서쪽으로 움직여 셸로우 포드로 향했다. 그곳은 수심이 항상 얕아서 말과 사람이 걸어서 건널 수 있는 넓은 장소였다. 콘월리스는 자신의 부대가 대륙군으로부터 멀어지게 되면, 적이 그 기회를 틈타 하류를 건너서 버지니아의 안전을 지키는 최후의 장벽인 댄강으로 접근할 것이라는 생각은 전혀 하지 않았다. 오히려 그는 모건의 병력이 댄강을 걸어서 건너기 위해 반드시 서쪽으로 움직일 것이라고 생각했다. 자주 그랬듯이, 콘월리스가 얻은 정보는 잘못된 것이었다. 그 정보는 댄강의 하류로 멀리 내려가면 수심이 깊어 걸어서는 건널 수 없을뿐더러 배편도 마땅치 않다는 것이었는데, 물론 엉터리였다.

모건은 2월 4일 북쪽으로 진군하며 콘월리스의 기대에 부응하는 것처럼 보였다. 하지만 그는 이후 갑자기 동쪽으로 방향을 돌려 빠르게 이틀 만에 약 75킬로미터를 행군해 길포드 법원 청사에 도착했다. 모건은 그곳에서 휴거 및 그린의 명령으로 솔즈버리에서 떠났던 대륙군 주력 부대와 합류했다. 리의 부대도 거의 동시에 도착했다. 그린은 다시 한 번 아메리카군의 병력을 온전하게 하나로 집결시켰다.

몇 주 전, 그린은 모건에게 퇴각은 불쾌하지만 수치스러운 것은 아니라고 말했다. 하지만 이제 그는 퇴각은 너무나 불쾌해 그만둬야 한다고 결론을 내렸다. 그린은 콘월리스를 그다지 대단한 장군으로 보지 않았다. 콘월리스는 하급자인 탈턴처럼 공격을 밀어붙이는 기질의 소유자로서 충동적으로 행동하고 있었다. 그린은 충동적인 행동은 큰 대가를 치른다고 생각했다. 그러나 작전회의에 참가한 오토 윌리엄스,

휴거, 그리고 당시에 꽤나 지쳐보였던 모건은 그린의 주장에 동의하지 않았다. 그린이 이제 도망치는 건 그만두고 영국군을 상대로 1대 1로 싸워야 할 시간이 아니냐고 묻자 그들은 만장일치로 전면전을 거부했다. 그들의 의견은 확실히 옳았다. 그린의 휘하 병력은 지친 데다 복장과 무기의 상태도 좋지 않았다. 미세하기는 하지만 영국군은 수적으로도 우세했고, 훨씬 더 군기가 잡힌 군대였다.[36]

결국 작전회의에서 그린이 이끄는 대륙군은 계속 도주하기로 결정했다. 하지만 이번 도주는 그 이느 때보다도 위험했다. 세일럼의 콘월리스와 그곳에서 약 40킬로미터 떨어진 길포드 법원 청사의 그린 사이에는 강이 하나도 없었다. 이런 상황에서는 속도 못지않게 기만전술이 유용하기 때문에, 그린은 댄강의 상류에서 건너는 척하면서 콘월리스를 속일 생각이었다. 따라서 그는 오토 윌리엄스에게 최정예 보병과 기병 700명을 주며 콘월리스를 어윈스 페리에서 나오도록 유도하게 했다. 어윈스 페리는 일찍이 수완 좋은 캐링턴이 배를 모아 아메리카군 병력을 건너게 했던 곳이었다.

대륙군 내에서 과소평가를 받던 장교 중 하나였던 윌리엄스는 자신의 임무를 훌륭하게 해냈다. 콘월리스는 윌리엄스의 병력이 주력군의 선봉대라고 여겨 양동작전의 미끼를 물었다. 추격은 흥분되지만 지치는 일이었다. 4일 동안 탈턴과 오하라는 리의 부대로 구성된 후위를 물고 늘어졌다. 도로는 밤에는 절반쯤 얼어붙고 낮에는 비와 함께 녹아내려 진창이 되어버렸다. 또한 노스캐롤라이나 전역에서 그러하듯이, 영국군을 피해 달아나던 피난민들이 그 길을 더욱 엉망진창으로 만들어놓아 병사들의 신발이 헤어졌다. 도로가 얼마나 엉망이었던지 윌리엄스 병사들의 발바닥에서는 피가 흘러내렸고, 그 피가 길 위에 흔적을 남길 정도였다. 그린이 지나간 길에도 그런 피 흘린 흔적이 남았다. 2월 13일, 그린이 댄강을 건넜고 오토 윌리엄스도 바로 그 뒤를 따랐다. 모두가 무사히 강을 건넌 것이다. 콘월리스의 군대는 배도 없이 반대편 둑에 서서 적의 모습만 멍하니 바라보았다.

콘월리스는 왜 추격을 포기했을까? 설사 건널 수 있는 여울을 통해 댄강을 넘어 진격한다고 해도, 지겨운 추격이 반복될 것이 너무나 분명했기 때문이다. 그는 여러 정황을 감안해 추격을 지속하길 포기했다. 콘월리스는 로던이 인솔하도록 남겨둔 병사들과 보급품이 있는 캠던에서 무려 350여 킬로미터 떨어진 장소에 나와 있었다. 또한 적장 그린에게 응전을 강제할 수 있는 명쾌한 방법도 없었다. 휘하 병사들은 지쳤고 발도 아파했으며 빈번히 주린 배를 부여잡아야 했다. 거기에다가 지역 사람들은 그들을 따뜻하게 환영하거나 반기지도 않았다. 게다가 또 다른 위험한 가능성이 있었다. 만약 콘월리스가 그린을 추격해 버지니아 깊숙이 밀어붙이면 그린의 세력은 오히려 더욱 강해질 수도 있었다. 슈토이벤이 버지니아에서 이전부터 대륙군 부대를 집결시키고 있었기 때문이다.

댄강에 있어 봤자 변할 것은 없었기 때문에, 콘월리스는 천천히 군을 힐즈버러로 퇴각시켰다. 2월 20일, 그곳에서 그는 국왕에게 충성을 다하는 식민지인을 모집한다고 포고를 냈다. 포고에서는 지원자에게 무기와 10일 치 식량을 제공할 것이며, 함께 영국의 헌정질서를 복원하는 위대한 임무를 수행하게 될 것이라고 말했다. 포고문의 사본은 즉시 댄강 너머로 전해졌다. 그린은 얼마 후 그 포고문이 굉장히 호의적인 반응을 얻었으며, 엄청나게 많은 국왕파가 영국 군기 아래 모여하루 만에 7개 개별 중대가 만들어졌다는 보고를 받았다.

하지만 정작 그 포고문으로 인한 지원자는 얼마 되지 않았다. 콘월리스 휘하의 준장들 중 한 사람이었던 찰스 오하라는 이런 말을 남겼다. "아군은 그린을 추격한 일로 갈채를 받고 체면을 세울 수 있었다. 인근의 몇몇 식민지인이 나타나 우리를 바라보기는 했지만, 호기심이 채워지자 다시 고향으로 발걸음을 옮겼다." 고된 추격을 펼치던 오랜 기간 동안 영국군이 접수한 국왕파 지원자는 100명도 되지 않았다. 하지만 그린은 과장된 보고를 믿었고, 캐롤라이나가 영국 수중에 다시 떨어진다는 생각이 머릿속에 어른거렸다. 이 때문에 남부군 사령관은 국왕에 충성하는 현지 분위기를 약화시키려고 뭔가 해야겠다는 압박을 느꼈다. 이후 그린은 댄강 너머로 병사를 다시 파견했다. 처음에는 오토 윌리엄스에게 경보병 부대를 보냈고, 2월 23일에는 600명의 새로운 민병대를 받아 증원된 주력군을 댄강 너머로 보냈다.[37]

콘월리스는 4일 뒤 앨러먼스 크리크의 남쪽으로 병력을 보내 대응했다. 그곳은 동쪽으로는 힐즈버러와 연결된 길, 서쪽으로는 길포드와 솔즈버리에 연결된 길이 교차하는 곳이었다. 이후 2주 동안 양측은 앨러먼스와 호강 지류의 근처에 머물며 주의 깊게 작전에 맞춰 움직였다. 여러 차례 소규모 접전만 있을 뿐, 심각한 전투는 없었다. 콘월리스는 필사적으로 대규모 전투를 벌이고자 했다. 슈토이벤과 버지니아가 6주 동안만 가세하겠다고 약속한 400명의 대륙군과 1693명의 민병대, 그리고 노스캐롤라이나가 보낸 총 1060명의 민병대 2개 여단이 합류해 그린의 병력은 영국군보다 훨씬 규모가 커졌다. 그는 이제 전투를 해볼 만하다는 확신이 들었고, 3월 14일에 길포드 법원 청사로 진군했다. 그린은 자신이 선택한 장소에서 싸우려 했다.[38]

길포드 법원 청사는 언덕 위 작은 마을의 가장자리에 있었다. 청사

길포드 법원 청사 전투 재연행사 길포드 법원 청사 앞에서는 해마다 길포드 전투를 기념하는 재연행사가 열린다. 길포드 전투는 아메리카군이 남부의 주권을 다시 회복하는 계기가 된 전투였다.

아래 남서쪽으로 보이는 계곡은 솔즈버리에서 오는 험한 길인 그레이트 로드에 의해 끊겨 있었다. 청사 주변의 고지대는 나무를 쳐내 정리가 되었지만, 계곡 대부분에는 나무가 우거져 있었다. 길을 따라오는 적군은 두 개의 낮은 언덕으로 형성된 좁은 길을 통해 들어와야 했다. 계곡의 시작 부분에 자리한 길을 따라 맞은편 땅은 옥수수를 재배하는 개간지였다. 그곳의 동쪽으로는 두 개의 들판이 있었는데, 길에 인접한 들판과 다른 들판 사이에는 약 180미터 너비의 숲이 있었다. 계곡은 좁은 길부터 리틀 호스펜 크리크에 이르는 약 400미터 거리에서는 점점 가라앉다가 그곳에서 숲의 가장자리에 이르는 또 다른 400미터에서는 다시 솟아올랐다.[39]

장소 선택은 그린의 몫이었고, 전술은 대니얼 모건이 수립했다. 카우펜스의 모건처럼, 그린은 세 전선을 형성해 깊숙한 방어를 하기로 결심했다. 콘월리스의 병력은 탁 트인 들판의 북쪽 숲 가장자리를 따라 펼쳐진 아메리카군과 가장 먼저 충돌할 터였다. 아메리카군이 있는 곳까지 도착하려면 영국군은 계곡을 내려갔다가 대륙군의 사격에 노출된 채 경사를 기어 올라와야 했다. 그린은 일제사격으로 효과를 보기 위해 노스캐롤라이나 민병대 1000명을 길 양면에 배치했다. 그들의 오른쪽 측면에는 200명의 버지니아 소총수와 110명의 델라웨어 대륙군이 자리를 지켰다. 약 80명 규모의 윌리엄 워싱턴 대령이 이끄는 기병대가 그들의 뒤를 받쳤다. 맨 왼쪽에는 약 200명의 버지니아

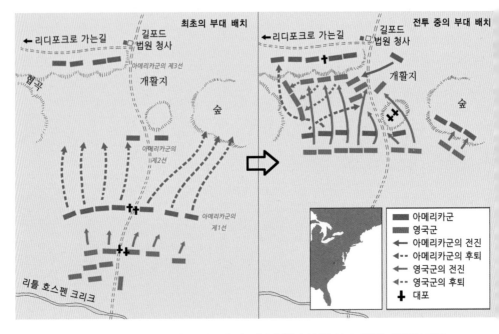

길포드 법원 청사 전투 그린이 이끄는 대륙군은 전투에서 패배했지만 콘월리스가 지휘하는 영국군도 큰 타격을 받았고 3일 후 윌밍턴으로 철수했다.

소총수와 150명의 헨리 리 부대가 있었다. 그 부대 절반은 기병, 나머지 절반은 보병이었다. 그린이 이 전선에 퇴각 전 두 번의 일제사격을 가하라고 요구했다. 길 중앙에는 약 550미터에서 약 730미터의 사정거리를 지닌 약 2.7킬로그램 포 두 문이 설치됐다.[40]

그린은 약 270미터 뒤에 두 번째 전선을 구축했다. 이 전열은 에드워드 스티븐스 준장과 로버트 로슨Robert Lawson 준장이 지휘하는 각각 600명의 버지니아 민병대로 구성된 2개 여단이었다. 길포드 법원 청사 전투와 관련해 역사가들은 이 두 민병대의 배치 장소에 의견이 엇갈리지만, 스티븐스의 병사들은 길의 오른쪽, 즉 서쪽에 있었던 것처럼 보인다. 이 전선은 모두 숲속에 있었다.

세 번째이자 주력이 있는 전선은 법원 청사 밑의 높고 탁 트인 땅에 배치됐다. 이 전선은 언덕을 올라올 때 북동쪽으로 살짝 선회하는 길의 오른쪽에 전부 배치됐다. 세 번째 전선은 지형 때문에 약간 비스듬한 각도로 두 번째 전선에서 약 460미터 내지 약 550미터 정도 뒤에 있게 되었다. 휴거 장군은 오른쪽에서 800명에 이르는 버지니아 대륙군을, 오토 윌리엄스는 왼쪽에서 600명이 조금 넘는 메릴랜드 대륙군을 지휘했다.

영국군은 새벽의 어둠을 뚫고 길포드로 약 19킬로미터를 진군했다. 전날 밀가루가 동이 나는 바람에 그들은 제대로 먹지도 못한 상태였다. 콘월리스는 몇 킬로미터 앞에 탈턴의 부대를 보냈는데, 이때가 오전 10시경이었다. 탈턴의 기병은 리의 기병과 격돌했다. 앞서 리는 그린에게 적이 접근한다는 경고를 전했다. 양측의 기병 여러 명이 이 짧은 격돌에서 부상을 입었으며, 탈턴은 한두 명의 포로를 잡았다. 포로들은 콘월리스에게 대륙군의 배치에 관해 아무것도 말해주지 못했다.

콘월리스는 길포드로 향하는 계곡에 들어왔을 때 그 앞의 지리에 대해 잘 알지 못했다. 물론 이전에 그곳을 들르기는 했지만, 그 장소와 관련해 기억나는 것은 그리 많지 않았다.[41]

대륙군의 첫 번째 전선에 배치된 6파운드 대포들은 영국군이 계곡으로 들어서자 포문을 열었다. 영국 포병대도 이에 대응해 발포했고, 콘월리스는 공격 전선을 형성했다. 그의 오른쪽엔 레슬리가 지휘하는 보스 연대, 71연대, 예비 병력으로 1위병대대가 있었고, 길 왼쪽으로는 웹스터가 지휘하는 23, 33연대가 근위 보병 연대 병사들의 지원을 받았으며, 오하라가 지휘하는 2위병대대는 예비 병력이었다. 예거 부대와 위병 경보병 부대는 왼쪽 숲에서 예비 병력으로 남아 있었고, 탈턴이 이끄는 부대 역시 길에서 예비 부대로 대기했다. 영국군은 다 합쳐 약 1900명이었다.[42]

노스캐롤라이나 민병대원들은 숲 가장자리 가로로 된 나무 울타리 뒤에 서서 영국 정규군이 북을 두드리고 파이프를 불며 앞으로 나서는 광경을 지켜보았다. 영국군 우측 진영은 레슬리의 지휘에 따라 먼저 움직였다. 콘월리스는 일제사격이 끝나는 것을 지켜본 뒤 오른쪽에서 먼저 공격을 시작해야겠다고 결심했다. 왼쪽보다 나무나 덤불이 그리 울창하지 않았기 때문이다. 노스캐롤라이나 민병대 지휘관은 적이 경사를 내려오고 개울을 건너 언덕으로 올라올 때까지 기다렸다. 영국군이 약 140미터 거리 안에 들어서자, 그는 일제사격을 명했다. 이 거리에서는 민병대의 소총이 충분히 위력을 발휘할 수 있었고, 그 결과 영국군 전열에 즉시 큰 구멍이 생겨났다. 이 장면을 본 한 사람은 영국 병사들의 전열이 "밀밭에서 추수하는 농부가 커다란 낫을 들고 지나가자 흩어지는 곡식 줄기처럼 보였다"고 했다. 71연대의 대위 한 사람은 인명의 살상에 대해 더욱 적나라하게 묘사하는 건조한 글을 남겼다. "고지 연대의 절반이 그 자리에서 쓰러졌다." 군기가 월등히 잡히고 자부심이 가득한 부대만이 그런 집중사격에서도 의연하게 공격을 계속 할 터였다.

레슬리는 진격 속도를 유지하라고 명령을 내렸고, 효율적인 사격이 가능하다고 생각한 거리까지 전열이 접근하자 진격을 멈추고 총을 겨눠 사격하라고 지시했다. 고지 연대 병사들은 명령을 받자 함성을 지르며 캐롤라이나 민병대에게 돌격했고, 머스킷 총에 총검을 부착해 적을 찌르며 앞으로 나아갔다. 캐롤라이나 민병대는 이 광경을 보고 공황 상태에 빠졌다. 부대를 이끌고 대륙군 좌측 진영에 있던 헨리 리는 나중에 캐롤라이나 민병대가 어찌나 도망을 가기 바빴는지 소총을 떨어뜨리고 배낭을 던지며 반합을 내버릴 정도였다는 글을 남겼다. 리는 도망치는 민병대를 막으려고 대형을 유지하지 않으면 총살하겠다고 위협했지만, 그들에게 들리는 것은 고지 연대 병사들의 무시무시한 함성뿐이었다. 캐롤라이나 민병대는 불굴의 적에 맞서느니 리의 말을 무시하면서 요행을 바라는 것이 더 낫다고 생각했다.[43]

길 오른쪽의 캐롤라이나 민병대원들은 이보다는 조금 더 오래 전선을 유지했다. 그들을 상대한 영국 지휘관 웹스터 중령은 레슬리가 진격한 이후 자신의 병사들을 전진시켰다. 우측 진영의 캐롤라이나 민병대들도 좌측 진영에 있던 동료처럼 인내심 있게 기다렸다가 좌측 진영과 동시에 사격을 가했다. 그래도 웹스터는 휘하 병사들에게 돌격하라고 명령하며 즉시 대응 사격을 지시했다. 대륙군이 다시 장전을 하기 전까지 그들의 전선에 도착해야 한다고 생각했기 때문이다. 왕립 웨일스 퓨질리어 연대의 부사관인 로저 램Roger Lamb은 이 행동에 관해 이렇게 말했다. "우리는 정연한 대오를 유지하고 재빨리 내달렸으며 무기를 겨눴다." 영국군은 캐롤라이나 민병대에 약 36미터까지 접근하면서 울타리에 소총을 올려놓은 대륙군 병사들을 볼 수 있었다. 그들은 "아주 훌륭하고 정확하게 정조준하고 있었다." 양측은 서로를 마주보며 잠시 멈췄다. 이어 23연대의 앞에서 말을 타고 있던 웹스터는 이렇게 소리쳤다. "용맹한 퓨질리어 병사들이여, 공격하라!" 이에 전열이 다시 움직였고, 양측에서 사격이 시작됐다. 그리고 마침내 대륙군이 "무너졌다." 하지만 램은 그들이 공황 상태에 빠지지는 않았다고 보고했다.[44]

이 시점까지의 교전 상황은 꽤 쉽게 재구성할 수 있다. 훗날 그리고 지금까지도 첫 번째 전선의 견고함에 대해서는 의견이 엇갈린다. 헨리 리는 몇 년 뒤에 쓴 회고록에서 캐롤라이나 민병대 때문에 전투에서 패배했다고 비난했다. 하지만 그 민병대의 탈주 진상이 무엇이든 간에 리의 그런 비난은 굉장히 부당한 것이었다. 법원 청사 근처에 자리를 잡아 너무 멀리 떨어져 첫 번째 전선을 자세히 지켜보지 못한 그린도 캐롤라이나 민병대를 굉장히 책망했다.[45]

램은 영국군이 첫 번째 전선을 제압한 후 숲에 들어갔을 때 그들의 작전이 들쑥날쑥하고 심지어 연결이 제대로 되지 않는 모습을 보였다고 글을 남겼다. 숲속의 빽빽한 덤불은 빈번히 시야를 차단했고, 더 나아가 전열을 고르게 유지할 수 없게 만들었다. 전투가 끝난 뒤 영국군은 총검을 활용하는 것이 거의 불가능했다고 불평했다. 진군하려는 병사들은 덤불에 엉키기 일쑤였고 나무 때문에 방향을 이리저리 바꿔야 했다. 이 때문에 그들은 총검 돌격을 제대로 행할 수 없었다고 했다. 반대로 대륙군의 두 번째 전선에 위치한 버지니아 민병대에게 이러한 지형은 적으로부터 자신들을 보호하고, 동시에 적에 대한 사격을 매우 쉽게 만들어주었다. 숲속에서 공격은 일련의 더 작은 공격과 돌격으로 이어졌다. 양측은 서로 측면에서 어떤 일이 벌어지는지를 정확하게 알지 못했다.[46]

전장의 맨 가장자리에서 상당히 격렬한 두 전투가 제각각 벌어지고 있었다. 대륙군 좌측 진영에 있던 리와 캠벨의 소총수들은 도망치는 캐롤라이나 민병대에 합류하지 않았다. 오히려 그들은 자신들을 뒤쫓는 영국군 전열에 측면사격을 가했다. 옆에 날아오는 총알들이 너무도 성가셨던 영국군 지휘관 레슬리는 예비 병력인 1위병대대에게 해당 대륙군을 정리하라고 명령했다. 위병들은 집요하게 싸웠지만 리와 캠벨을 대륙군 좌측 진영의 고지대에 몰아넣는 데에만 성공했다. 하지만 리와 캠벨은 전투의 승패가 결정될 때까지 사실상 고립된 채 싸우는 것 이외에는 아무런 영향도 주지 못했다. 대륙군 우측 진영에서는 대륙군 린치Lynch의 소총수와 윌리엄 워싱턴의 기병이 측면사격을 개시했다. 웹스터는 그들을 소탕하기 위해 전선을 움직였고, 이어 그때까지 활동이 없던 '예비 병력'인 예거 부대원들과 위병들을 투입했다. 비록 대륙군이 천천히 물러서며 무너지고 있었지만, 영국군의 좌측 진영은 안정됐다. 영국군 좌우 양측 진영의 밖으로 향하는 움직임은 상대적으로 중앙을 취약하게 했다. 이 부분을 채우기 위해 콘월리스는 오하라의 근위 보병들과 2위병대대를 동원했다.[47]

머지않아 두 번째 전선의 버지니아 민병대가 재편성된 영국군 중앙 진영의 공격을 받기 시작했다. 민병대의 한쪽을 지휘하던 스티븐스는 캠던에서의 수치심을 만회하고자 병사들과 함께 매우 결연한 자세로 싸우고 있었다. 숲속에서 벌어진 이 치열한 싸움에서, 콘월리스는 포로가 되거나 전사하기 일보 직전까지 갔다. 램이 용기병의 말에 올라타 병사들을 전진시키려는 콘윌리스의 모습—원래 타고 있던 콘윌리스의 말은 이미 총에 맞은 상태였기 때문에—을 곧바로 발견하긴 했지만, 나뭇가지와 덤불이 너무 심하게 우거진 탓에 콘윌리스는 잠시동안 혼란스런 전투 속에 고립돼 있었다. 램은 버지니아 민병대가 자리잡은 곳으로 돌진하려는 콘윌리스를 보고서 그의 말고삐를 재빨리 붙잡아 안전한 곳으로 피신시켰다. 벌과 총탄이 날아다니는 숲에서도 그나마 상대적으로 안전한 곳은 있기 마련이었다.[48]

영국군 좌측 진영에서 대륙군의 세 번째 전선을 처음으로 돌파한 것은 웹스터의 33연대 병사들이었다. 2위병대대가 곧 그들과 합류했고, 머지않아 대륙군 가장 왼쪽의 병사들과 개별적인 전투를 치르는 병사들 외에는 남지 않은 영국군 부대도 여기에 합류했다.[49]

대륙군의 세 번째 전선은 정규군으로 구성됐다. 오른쪽에는 2개의 버지니아 대륙군 연대, 바로 옆에는 메릴랜드 1연대와 2연대가 있었다. 이들 뒤로는 리디 포크 길이 있었고, 오른쪽에는 빽빽한 숲이, 왼쪽에는 그레이트 로드가 있었는데, 전혀 엄폐되지 않은 상태였다. 좌측에서는 그린이 6파운드 대포 두 문과 함께 머무르고 있었다. 길 건너 멀리 왼쪽에는 윌리엄 워싱턴의 기병들이 있었다. 이 기병들은 첫 번째 전선의 우측에서 힘겹게 전투를 하다가 그곳까지 밀려왔다. 이 부대 앞에는 협곡과 작은 도랑으로 이어지는 언덕이 있었다. 대륙군은 대체로 적당한 수비 위치를 차지하고 있었다.

세 번째 전선을 따라 벌어진 전투는 전장의 주도권을 영국군과 대륙군이 차례로 주고받는 치열한 양상으로 전개됐다. 웹스터의 경보병들과 33연대 병사들은 숲을 나서자마자 곧바로 최초의 공격을 가했다. 그들은 전투가 거의 끝났다고 믿고 추격에 열을 올리느라 또 다른 전선이 있다는 점을 예상하지 못했다. 메릴랜드와 버지니아 대륙군은 일제사격으로 그들을 쓰러뜨리고 총검 돌격을 가해 그들을 혼란스럽게 했다. 리와 후대 역사가들의 주장처럼, 아메리카 남부군 총사령관 그린이 이 순간에 전군을 투입했더라면 길포드 법원 청사 전투에서 승리했을 것이다. 하지만 그린은 이 급변과 반전이 거듭되는 혼란스러운 전투에 모든 것을 걸었다가 한 번에 모든 것을 잃어버리고 싶지는 않았다. 그는 그 자리를 지키는 것에 만족했다.

하지만 전선을 유지하는 것이 불가능하다는 사실이 곧 밝혀졌다. 근위 보병들의 지원을 받은 2위병대대가 앞으로 치고 나와 경험이 부족한 대륙군 전선의 메릴랜드 5연대를 몰아내자, 그들은 사격조차 하지 않고 도망쳤다. 대륙군은 윌리엄 워싱턴이 지휘하는 기병대의 행동으로 다소 기세를 회복했고, 이는 영국군의 치열한 공격으로 생긴 구멍을 막았다. 그러자 메릴랜드 1연대와 소규모 버지니아 파견대는 방향을 바꿔 영국군 위병들을 몰아내는 일에 집중했다. 위병들을 지휘하던 오하라는 다친 몸을 이끌고도 휘하 병사들이 동요하지 않게 중심을 잘 잡고 있었다. 퓨질리어 연대 병사들과 고지 연대 병사들은 곧 맹렬한 밀집대형의 싸움에 휘말리게 되었다. 싸움의 대부분은 백병전이었는데, 대륙군이 점차 승기를 잡았다. 이런 현기증 나는 육박전에서 최소한 그 순간만큼은 분명히 수적으로 불리했기 때문에, 콘월리스는 아군이 반드시 패배할 것이라고 생각하고 끔찍한 조치를 취했다. 그는 그레이트 로드와 전선 사이의 180미터에서 270미터 정도 되는 고지에 약 1.3킬로그램 대포 두 문을 가져오게 했다. 그리고 즉시 저 앞의 아군 위병 부대와 대륙군이 불안정하게 뒤엉킨 곳에 산탄을 발포하라고 명령했다. 근처에 누워 있던 오하라는 명령을 철회해 달라고 간청했지만, 콘월리스는 미동도 하지 않았다. 산탄이 발사됐고, 그 결과 아군 적군을 가리지 않고 병사들이 전사했다. 양측의 병사는 산탄이 발포되자 서로 간격이 벌어졌고, 영국군은 이 상황으로 이득을 보았다. 전투 대형을 유지하면서 총검 백병전을 벌인다면 영국군은 무적이었다. 그러나 대륙군의 숫자가 더 많은 상태에서 대열이 흐트러진 채로 같이 뒹굴면서 이득은 별로 없이 균형 잃은 싸움에 휘말렸던 것이다.[50]

서로 떨어진 양측은 전열을 다시 형성했다. 영국군은 더 효율적으로 전열을 복구하는 방법을 알고 있어서 빠르게 공격을 재개했다. 이 시점에서 그린은 더 이상의 전투를 포기하고 후퇴를 명령했다. 대포와 부상자는 버려졌다. 대포를 끌던 말들도 다쳤기 때문에, 대포를 빼내려고 하다가는 더 많은 인명이 희생될 수 있었다. 영국군 또한 도망치는 적을 추격하기에는 너무 많은 피해를 입은 상태였다. 그날 밤, 살아남은 자들은 감사의 기도를 올렸고 부상당한 자들은 18세기의 전투에서 늘 그랬듯이 피를 흘리며 고통을 받다가 숨을 거뒀다.

캐롤라이나 공방이 서서히 막을 내리다

콘월리스는 이틀 뒤 전투로 인한 부상자 대다수를 17대의 마차에 실었다. "각 마차는 최대 한도로 부상자를 수용했다." 그와 주력군은 3월 19일 부상자 마차의 뒤를 따라 크로스 크리크로 향했다. 그곳에는 스코틀랜드 고지 사람들의 공동체가 있었다. 콘월리스는 그곳에서 물자도 보급하고 줄어든 병력도 보충할 수 있기를 바랐다. 하지만 스코틀랜드인이 아무런 도움의 손길도 내밀지 않았기 때문에, 콘월리스는 다시 윌밍턴을 목적지로 행군을 재개했다. 그는 부대를 이끌고 다시 행군 길에 오르기보다는 크로스 크리크에 남아 있기를 희망했다. 하지만 식량이 필요하니 행군 이외에 다른 수가 없었다. 케이프피어강을 따라 나타나는 대륙군의 비정규군 때문에 수로로 윌밍턴에서 보급을 받기란 불가능했다. 그래서 콘월리스는 하릴없이 한 번 더 움직일 수밖에 없었다. 이때 그는 사우스캐롤라이나에서 속임수에 걸려드는 것을 두려워했고 그린을 쫓는 데 신물이 나 있었다. 그는 4월 7일 임무 수행이 가능한 1400명의 병사들과 함께 윌밍턴에 도착했다. 행군 도중에 많은 이들이 사망했는데, 사망자 명단에는 웹스터 중령의 이름도 올라 있었다.[51]

월밍턴에 도착하고 2주 뒤, 찰스 오하라는 이런 기록을 남겼다. "우리 군의 사기는 굉장히 떨어졌다." 틀림없이 그랬다. 나중에 길포드에서 싸웠던 승리가 "명예롭고" 심지어 "영광스럽기까지" 했지만 끔찍한 손실로 인해 별로 실익이 없었다고 했는데, 여러 사람이 그 의견에 공감했다. 콘월리스는 승리를 가볍게 평가하지는 않았지만, 그것을 오래 반추하지도 않았다.[52]

그는 오히려 앞으로 어떻게 해야 할지 깊이 생각했다. 그는 최근의 전쟁으로 캐롤라이나에 다수의 국왕파가 거주한다는 환상에서 깨어났다. 4월에도 여전히 캠던에 머무르는 로던의 병력이 가세하더라도 너새니얼 그린을 타도할 가능성은 아주 낮았다. 콘월리스는 무엇을 해야 할지 막막했다. 3월에 버지니아의 아놀드에게서 지휘권을 인수하고 일부 병력을 그곳으로 데려온 필립스 소장은 콘월리스와 막역한 관계였는데, 콘월리스는 그에게 보낸 편지에서 이렇게 말했다. "모험을 찾아 이 지역에서 행군하는 일에 이젠 넌더리가 났네." 그는 클린턴의 지시를 요청한 편지에서는 좀 더 조심스러운 모습을 보였다. 콘월리스는 편지에서 "여름에 계획했던 작전은 이제 오리무중의 상황이 되었다"고 자책하듯이 선언했지만, 그래도 나름대로 하나의 계획을 제시했다. 그 계획의 핵심은 "뉴욕을 포기하는 한이 있더라도 체서피크가 핵심 전장이 되어야 한다"는 비범한 것이었다. 이는 클린턴이 뉴욕을 포기하고 북부군을 버지니아로 데려와야 한다는 생각을 드러낸 것이었다. 그렇게 되면 콘월리스는 필립스에게 보낸 편지에서 드러낸 간절한 생각을 실천할 터였다. "전쟁의 목표가 확실해지고 우리가 만약 승리한다면 아메리카를 얻게 될지도 모르네." 체서피크가 중대한 곳이라는 추정, 단 한 번의 전투로 전쟁을 종결할 수 있다는 생각은 다시 한 번 콘월리스의 전략적 사고방식에 한계가 있음을 보여주었다. 지루하고 비참하고 값비싼 작전에 좌절했던 그는 계속해 아메리카 정복의 꿈을 꾸다 마침내 착각에 빠졌다. 아메리카군의 저항이 없었으므로, 콘월리스는 4월 25일 버지니아행 진군을 개시했다.[53]

너새니얼 그린의 병사들은 길포드 법원 청사 전투에서 어쩔 수 없이 물러났지만, 사기는 여전히 높았다. 가장 의욕이 넘치는 병사들은 민병대원들이었다. 복무 기간이 거의 만료돼 군복무를 더는 하지 않아도 되었다. 그린은 이를 지켜보며 냉소적으로 말했다. "아내와 애인에게 키스하러 고향으로 돌아가는군." 하지만 그런 민병대원들도 그린의 주장에는 공감했을지 모른다. "적은 며칠 전 전쟁터를 차지했지만, 우리는 승리를 얻었다. 그들은 영광을 얻었고, 우리는 이득을 취했다."[54]

그런 이점을 활용하는 문제는 뒤이은 몇 주 동안 곤란한 것이 되었다. 그린은 4월이 되자 사우스캐롤라이나로 진격해 적을 축출해야겠다고 결심했다. 콘월리스는 사우스캐롤라이나에서 멀리 떨어져 있었으므로 그곳의 휘하 부대가 느끼는 부담감을 잘 알지 못했다. 그린은 콘월리스가 자신을 따라 또다시 남하할 가능성이 별로 없다고 보았다. 그렇게 하면 노스캐롤라이나를 포기하는 게 되었기 때문이다. 또한 그린은 콘월리스가 노스캐롤라이나를 장악하기를 굉장히 바란다고 추정했다. 물론 이건 잘못된 생각이었다. 아무튼 콘월리스가 그린을 추격해 사우스캐롤라이나로 온다면 이득은 대륙군의 것이었다. 콘월리스의 병력은 지난 전투로 여전히 고통받았고, 피켄스·매리온·섬터 등 주력군을 돕는 아메리카의 게릴라 병력은 영국군에 더욱 깊은 고통을 안길 터였다. 그린은 콘월리스의 병력에 캠던에 있는 로던의 병력이 가세하는 걸 막고 싶었다. 4월 말, 콘월리스는 사우스캐롤라이나에 영국군 병력을 집중한다는 가능성을 아예 배제했다. 5월이 되자, 그린은 콘월리스가 버지니아로 향했다는 소식을 들었지만 별로 안심이 되지 않았다. 콘월리스와 필립스가 연합하면 영국군의 병력이 더욱 강해지기 때문이었다.[55]

캐롤라이나에서 떠나 버지니아에 집중하겠다는 콘월리스의 의중을 모른 채, 그린은 4월 7일 마치 윌밍턴으로 향하는 것처럼 케이프피어강을 건넜다. 영국군을 교란하기 위한 속임수를 보여준 다음 날, 그는 양동작전을 수행하는 부대에서 떨어져 나와 캠던으로 행군했다. 이것은 사우스캐롤라이나에서 영국군 축출을 목적으로 수행된 일련의 행동 중 하나였다. 서쪽에서는 피켄스가 나인티식스를 공격했고, 매리온과 리는 캠던 밑에서 합류해 샌티강의 왓슨 요새를 공격했다. 섬터는 캠던 근처에서 식량 공급 창고를 세운 뒤 휘하 게릴라들을 이끌고 주력군에 합류했다.

리와 매리온은 맡은 바 역할을 훌륭하게 해냈다. 왓슨 요새는 4월 23일에 함락됐다. 이 공격에서는 새로운 무기인 메이햄 타워가 처음으로 활용됐다. 이 병기의 이름은 발명자인 헤제키아 메이햄Hezekiah Maham을 따서 붙였다. 요새 근처에 세워진 높은 나무 단인 메이햄 타워 위에 서서 대륙군 소총수는 요새 벽에 배치된 적에게 화력을 퍼부었다. 비록 휘하 병력이 나인티식스의 방어 시설을 약화하기에는 터무니없이 소규모였지만, 피켄스 역시 나름대로 성과를 거두었다. 그는 영국군 주둔지 인근의 변방을 휩쓸었고, 그로 인해 수비 측은 완전히 고립됐다. 목표 달성에 실패한 지휘관은 그린밖에 없었다. 캠던 공략에 실패한 직후, 그는 이런 말을 남겼다. "캠던 근처에는 악령이 있는

메이햄 타워 헤제키아 메이햄은 탑의 꼭대기에서 사수가 사격을 가할 수 있는 메이햄 타워를 발명했다. 아메리카군이 왓슨 요새를 함락하는 데 처음 활용했다.

모양이다. 그 근처에서는 무슨 일을 하더라도 운이 따르지 않는다."[56]

캠던에 악령이 있는지 없는지는 알 수 없지만, 캠던 자체의 수비는 굉장히 잘 구축됐다. 그곳에는 1775년부터 아메리카에 파견된 야심차고 유능한 데다 노련한 지휘관인 프랜시스 로던 경이 버티고 있었다. 로던은 그린을 상대하기를 고대했는데, 그것은 그린도 마찬가지였다. 그린의 병사들이 도착하자 인근 사람들은 그들에게 기꺼이 도움을 베풀었다. 그린은 홉커크스힐에 자리를 잡았다. 그곳은 소나무로 덮이고 동쪽과 서쪽으로 뻗은 산등성이었으며, 캠던에서 북쪽으로 약 2.4킬로미터 떨어졌다. 캠던을 공격하는 것은 무모하다고 확신한 그린은 "적을 출격하도록 유도해야 한다"고 생각했다. 하지만 로던에게는 그럴 필요조차 없었다. 4월 25일 오전 나절에 본진에서 남동쪽으로 떨어져 있던 대륙군 초계병들은 로던의 병사들이 캠던에서 나오는 모습을 보고 깜짝 놀랐다. 산등성이의 끝에는 노스캐롤라이나 민병대의 지원을 받는 메릴랜드 대륙군 2개 연대가 있었고, 그 오른쪽에는 버지니아 대륙군 2개 연대가 있었다. 오토 윌리엄스는 대륙군의 좌측 진영, 아이작 휴거는 우측 진영을 지휘했다. 로던은 3개 연대를 전선에 내세우고 다른 3개 연대는 예비 병력으로 남겨둔 뒤, 남동쪽에서 아메리카군에 접근했다. 최정예 부대인 63연대는 공격 대형에서 가장 오른쪽에 있었다.[57]

그린의 병사들은 각자 위치를 잡고 있었고, 영국군이 다가오자 전투할 준비를 했다. 로던이 전위 부대를 굉장히 좁게 세웠기에 그린은 양쪽 측면을 포위해야겠다고 생각했다. 그린은 약 2.7킬로그램 포 세 문으로 로던의 병사를 향해 산탄을 발사한 뒤, 중앙에 있던 2개 연대를 보내 산등성이를 내려가게 했다. 버지니아 연대는 오른쪽, 메릴랜

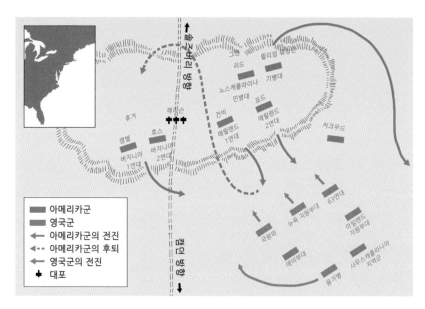

홉커크스힐 전투 아메리카군은 영국군을 공격하는 데 실패했다. 양측 모두 사상자를 낸 결과 영국군은 캠던에서 철수했다.

드 연대는 왼쪽을 맡았다. 동시에 양쪽 끝의 연대들도 영국군의 측면을 공격하기 위해 움직였다. 윌리엄 워싱턴의 기병대에는 우회해 영국군의 후방을 치라는 임무가 주어졌다.

영국군은 대륙군의 공격에 다소 놀랐지만, 결국 공격은 실패하고 말았다. 윌리엄 워싱턴의 기병대는 전투의 승패가 결정될 때까지 영국군의 후방을 공격하지 못했다. 캠던에서 나와 전투를 구경하던 영국군 병참부 장교들과 다른 비전투원들을 체포하는 데 시간을 허비했기 때문이다. 기병대의 늦장보다 전투에 더 결정적인 영향을 준 사건은 다음 두 가지였다. 첫째, 로던이 그린의 전선에 대응해 후방의 예비 병력을 불러들여 선봉의 전선을 두껍게 했다는 점이다. 이로 인해 영국군의 측면은 보호를 받았다. 둘째, 메릴랜드 1연대의 두 중대가 영국군의 사격에 쓰러졌다는 점이다. 연대 지휘관인 존 건비John Gunby 대령은 동요하는 두 중대를 추스를 때까지 나머지 네 중대에게 물러나라고 지시했다. 대령은 연대를 재편하는 데에는 성공했지만, 건비 병사들이 뒤로 달아나는 모습을 보고 왼쪽의 버지니아 연대는 불안한 마음에 사로잡혔다. 전투에서 가장 어려운 일은 겁먹고 달아나는 병사를 막는 것이다. 게다가 메릴랜드 5연대의 포드Ford 대령이 머스킷 탄환을 맞고 쓰러지자 도망치는 병사들을 막는 일은 사실상 불가능하게 되었다. 로던의 보병들은 대륙군의 전열에 난 구멍 속으로 마치 중력에 이끌리는 것처럼 빠져들었다. 하지만 영국군은 그린의 병사들을 전장에서 몰아내기만 했을 뿐 완전히 타도하지는 못했다.

전투가 끝날 때 유일하게 온전함을 유지한 부대는 대륙군 전열 우측 진영의 버지니아 연대였다. 그린은 몇 분 동안 마치 이등병처럼 우왕좌왕했지만, 포병들은 붙잡히기 직전에 가까스로 구출됐다. 전장에 늦게 나타난 워싱턴의 기병대는 맹렬한 후위 교란 작전을 수행했다. 로던은 3킬로미터 가까이 적을 쫓았지만 그다지 열성적이지는 않았다. 추격을 하면 빈번히 추격부대의 대형이 무너진다는 것을 알고 있었기 때문이다. 퇴각하는 그린의 병력은 질서정연하게 뒤로 물러났기 때문에 끈질기게 추격해오는 적의 시도를 잘 막아냈다. 어느 쪽도 큰 손실을 보지 않았지만, 어느 쪽도 이미 발생한 사상자들을 더 이상 감당할 수 있는 형편은 아니었다.

사우스캐롤라이나 내부에서 적을 축출하자는 그린의 나머지 계획은 이런 좌절의 시간을 보낸 뒤 빛을 보기 시작했다. 토머스 섬터는 주력군에 가세하라는 그린의 촉구를 거부하면서 독립적으로 작전을 수행하기로 마음먹었다. 이처럼 반항적이었지만, 섬터는 5월 10일 에디스토강의 노스 포드에 있는 오렌지버그를 점령함으로써 그린을 기쁘게 해주었다. 그곳의 주둔지와 작은 요새는 찰스턴과 캠던 사이의 중요한 연결 고리였다. 리와 매리온은 다음 날 콩가리강의 모트 요새를 점령했지만 쉽게 함락한 것은 아니었다. 그들은 소규모 포위 작전을 수행하면서 정규적인 접근 방법을 썼고, 마침내 적에게 가까이 다가가서 지친 적으로부터 항복을 받아냈다. 그러는 동안 피켄스는 어거스타로 빠르게 이동해 6월 5일 그 도시를 함락했다.

이런 공격 대부분이 시작되기 전, 로던은 캠던에서 철수하기로 결심했다. 홉커크스힐 전투를 치르고 뒤이은 며칠 동안 그는 그린을 함정에 몰아넣기를 바랐고, 실제로 소우니스 크리크에서 그린과 맞서게 되었다. 하지만 대륙군은 로던의 병사들이 공격하기에는 너무 힘든 곳에 있었고, 며칠 뒤 로던은 캠던을 떠나기로 결심했다. 로던은 오지의 주민이 자신을 향해 봉기하고 있다는 인상을 받았다. 병들고 다친 병사들이 가득한 그의 병력이 캠던을 비우기 시작한 2주 뒤인 5월 24일, 그는 콘윌리스에게 자신이 받은 인상을 편지로 전했다. 이때 로던은 전면전을 두려워했는데, 전투에서 큰 손실을 보면 찰스턴뿐만 아니라 내륙까지도 잃게 된다고 생각했기 때문이다. 그 뒤 며칠 동안에 벌어진 일은 로던의 생각을 전혀 바꾸지 못했으며, 샌티강을 따라 남부에서 진행되는 일은 너무 진전이 느려서 그를 더욱 심한 좌절에 빠트렸다. 샌티강을 따라 그가 겪은 경험은 노스캐롤라이나에서 콘윌리스가 겪은 경험과 똑같았다. 시무룩한 민간인은 로던 및 그의 병사들과 철저하게 거리를 유지했다. "샌티강에서 보낸 지 5일이 지나서야 겨우 지역민 하나가 제게 접근해왔습니다." 그는 콘윌리스에게 보내

는 편지에서 말했다. 식량과 우방은 드물었고, 오로지 봉기하려는 움직임만이 나타나고 있었다.[58]

로던은 존 크루거 중령에게 나인티식스에서 퇴각하라는 지시를 너무 늦게 내렸다. 그린의 군대가 로던의 메시지가 전달되기도 전에 그곳을 포위했기 때문이다. 그린은 리 휘하 부대의 도움을 받아 5월 22일 나인티식스 공성을 시작했다. 하지만 그곳의 수비는 막강했고, 뉴욕에서 온 국왕파인 크루거는 수비 시설을 활용하는 법을 잘 알고 있었다. 그는 500명가량의 병사로 그린의 정규군 1000명과 대적했다. 수적으로 불리했지만 크루거는 잘 버텼고, 6월 18일에는 적의 맹렬한 공격을 격퇴했다. 그린은 이틀 뒤 마지못해 공성을 끝냈다. 로던이 잉글랜드에서 온 새로운 3개 연대를 포함해 2000명의 병사를 이끌고 크루거를 구원하러 진군 중이라는 소식을 들었기 때문이다. 압도적인 병력을 상대할 수는 없는 노릇이었으므로, 그는 별수 없이 후퇴했다. 잠시 추격이 있었지만 그린이 워낙 빠르게 퇴각했고 여름의 고온도 견디기 힘들었기에, 로던은 나인티식스에서 남동쪽으로 약 50킬로미터 떨어진 이노리강에 이른 뒤 좌절해 더 이상의 추격을 포기했다.[59]

그린은 알지 못했지만, 그는 실제로는 캐롤라이나의 전쟁에서 승리했다. 7월의 대부분과 8월 내내 그는 샌티강의 고지대에서 야영했고 그곳에서 그린의 정규군도 휴식을 취했다. 민병대는 출입을 반복하다가 나가는 이들이 대부분이었다. 그린은 대륙회의에 군사적 지원이 없을 때의 우울한 전망을 적은 편지를 보내며 병력 증원을 위해 백방으로 뛰었다. 그동안 고된 군 생활로 건강을 해친 로던은 7월 영국으로 돌아갔다. 그의 후임으로 온 알렉산더 스튜어트Alexander Stewart 중령은 이제 남부 주에서 2개밖에 남지 않은 주요 주둔지인 찰스턴과 서배너를 장악하고 있었다.

그해가 가기 전 그린과 스튜어트는 중요한 전투를 한 번 더 벌였다. 9월 8일에 벌어진 유토 스프링스 전투였다. 유토 스프링스는 찰스턴에서 북서쪽으로 약 50킬로미터 떨어진 곳에 있었다. 교전 의욕을 일부러 감추고 조심스럽게 작전을 펼치던 그린은 그곳에서 스튜어트를 발견했다. 병력과 보급품이 아메리카군에 충원되고 영국군이 사우스캐롤라이나에서 통제력을 잃어가는 상황을 살펴보면서 그는 의욕이 솟구쳤다. 스튜어트를 물리치면, 찰스턴의 탈환은 물론 남부에서의 전쟁도 종식할 수 있었다.

그린은 2200명가량 되는 아메리카군의 움직임을 감출 수 있었다. 이는 영국군이 민간인의 협조를 전혀 받지 못했다는 사실을 말해준다. 스튜어트는 그의 부대가 정보 제공 등 민간인의 도움을 전혀 받지 못한다고 개탄했다. 정보의 부재가 너무나 심각해, 그는 그린에게서 갑작스러운 공격을 받게 되었다.

그린의 병력에는 리의 부대, 프랜시스 매리온의 게릴라, 캐롤라이나의 민병대·델라웨어·메릴랜드·버지니아·노스캐롤라이나에서 온 대륙군이 포함됐다. 늘 충직한 윌리엄 워싱턴 대령과 그의 기병대 역시 가세했다. 스튜어트의 병력은 대륙군과 거의 같은 수준이었다. 영국군은 정규군 3개 연대에 소속된 중대들, '아이리쉬 버프스Irish Buffs'라고 불리는 3연대에서 온 8개 중대, 존 크루거와 존 코핀John Coffin이 이끄는 국왕파 지역군으로 구성됐다.[60]

9월 8일 이른 아침, 그린의 부대는 버델스 플랜테이션을 떠나 11킬로미터 가량 떨어진 스튜어트의 야영지로 출발했다. 8시경에 존 암스트롱 소령이 이끄는 노스캐롤라이나 대륙군의 선봉대가 고구마를 캐러 온 소수의 영국군 병사들과 전투를 벌였다. 빵이 떨어진 영국군은 인근 들판에서 파낸 고구마를 대신 먹고 있었다. 아메리카군의 암스트롱은 고구마를 캐던 영국군 병사들과 얼마 안 되는 코핀의 엄호 기병들에게 큰 타격을 입혔지만, 기습의 기회는 잃게 되었다. 숫자가 분명하지 않은 적이 접근 중이라는 경고를 받은 스튜어트는 1개 대대를 전선의 가장 오른쪽에 배치했다. 그곳에는 샌티강 옆의 검은 껍질 참나무가 있었다. 이 나무는 덤불이 굉장히 질기고 두꺼워 기병의 돌격을 막아낼 수 있었다. 스튜어트는 남쪽으로 연대를 배치해 전선을 형성했다. 국왕파 대부분은 야영지 서쪽으로 약 90미터 떨어진 중앙 근처에 배치됐다.

그린은 전투 규칙에서 명하는 대로 전투 대형을 전개했다. 그래야 작전을 수행할 때 부대를 바라는 대로 쉽게 배치할 수 있기 때문이었다. 그는 민병대가 앞에 서고 정규군이 약 90미터 뒤에서 따라오는 2개의 두터운 전선을 구축했다. 그는 리의 부대를 우측에, 존 헨더슨John Henderson과 웨이드 햄턴Wade Hampton이 이끄는 게릴라 부대를 좌측에 배치했다. 두 군대는 고구마를 캐는 병사들이 돌파되고 난 지 약한 시간 정도가 지나서 충돌했다. 그린의 전열은 이때 고르게 형성되지 못했다. 나무와 빽빽한 덤불을 지나가야 했기 때문이다. 그럼에도 아메리카 민병대는 스튜어트의 병사들이 돌격해 중앙을 무너뜨리기 전까지 잘 싸웠다. 아메리카 전선의 중앙이 무너져도 양쪽 측면은 잘 버텼고, 그린은 노스캐롤라이나 대륙군을 무너진 곳에 보내며 대응했다. 이 병사들이 대륙군 전열을 복구했으나 영국군의 두 번째 공격으로 다시 무너졌다. 그러자 그린은 리처드 캠벨과 오토 윌리엄스가 이끄는 버지니아와 메릴랜드 정규군을 투입했다. 그들은 유럽 정규군처

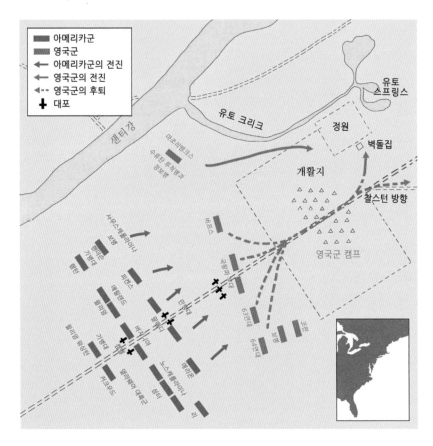

유토 스프링스 전투 대륙군은 영국군 진영을 공격하는데 성공했으나 이후 전열이 무너져 혼란에 휩싸인 가운데 영국군에 반격의 기회를 줬다.

럼 능숙하게 총검을 사용했는데, 그린은 이런 활기찬 모습을 보고 크게 만족했다. 그는 훗날 대륙회의에 제출한 보고서에서 두 연대를 크게 칭찬했다. "아군의 승리는 총검을 자유자재로 활용한 버지니아와 메릴랜드의 병사들, 즉 리 부대의 보병들과 커크우드Kirkwood 대위의 경보병들의 활약에 힘입은 바가 크다." 실제로 대륙군 정규병들의 돌격으로 영국군은 물러날 수밖에 없었고, 일부 부대는 전열이 크게 무너지면서 혼란스러운 모습을 보였다.[61]

하지만 몇 분 뒤 대륙군도 이런 무질서와 혼란을 겪게 되었다. 영국군을 쫓아 그들의 야영지로 들어간 대륙군은 이내 발걸음을 멈추고 약탈하기 시작했다. 대륙군은 물자 중에 럼주가 아주 많다는 것을 발견했다. 그들은 걸음을 멈추고 완전히 규율을 잊은 채 이곳저곳 기웃거리기 시작했다. 영국군 야영지의 북동쪽 끝에 있는, 방비가 철저한 커다란 벽돌집으로 계속해서 돌격하는 병사들은 얼마 되지 않았다. 대륙군은 이 집을 탈취하려다 계속 병사를 잃었고, 이로 인해 더욱 혼란스럽게 되었다. 이제 질서를 잘 유지하던 영국군 1개 대대가 위력을 발휘했다. 이 대대는 존 마조리뱅크스John Marjoribanks 소령이 지휘하고 있었다. 윌리엄 워싱턴과 웨이드 햄턴이 지휘하는 기병들의 공격에도, 이 대대는 단결된 모습을 보였다. 대륙군 기병들을 상당히 무너뜨린 뒤, 마조리뱅크스는 벽돌집 근처로 철수했다. 그곳에서 재편된 영국군 연대들의 도움을 받은 소령은 그 야영지에서 우왕좌왕하는 아메리카군 약탈자들을 몰아냈다. 메릴랜드 정규군 대대는 소령의 반격을 지연시켜서 아메리카군의 퇴각이 전투의 패배로 이어지는 것을 막았다. 사상자가 많았음에도 영국군은 진지를 지켰다.

캐롤라이나, 결국 도망쳤던 자들의 전리품으로 남다

영국군이 싸움터를 지키기는 했지만, 결국 캐롤라이나와 조지아를 잃을 수밖에 없었다. 스튜어트는 찰스턴으로 퇴각했다가 더 남쪽의 서배너로 물러났다. 이제 서배너에는 얼마 되지 않는 영국군이 남아

유토스프링스 전투 캐롤라이나를 둘러싼 공방의 마지막 전투로. 영국군은 결국 남부 지역인 캐롤라이나와 조지아를 잃고 버지니아로 이동했다.

있을 뿐이었다. 하지만 이 병사들은 너무 소수여서 별로 할 일이 없었고, 그리하여 전쟁이 끝날 때까지 가만히 기다리는 수밖에 없었다. 이제 남부 지방은 대륙군의 손에 넘어갔다.

1780년 찰스턴 함락 이후, 영국군 지휘관들은 남부로 전장을 옮기는 것을 상당히 희망이 있다고 생각했다. 하지만 그들은 승리 이후에 더 큰 문제와 직면해야 했다. 우선 그들은 국왕파의 지지가 있을 것이라고 추정하는 실수를 범했다. 설사 영국 왕에게 충성하는 자들이 있다고 하더라도, 영국군 장군들은 1776년 무어스 크리크 브리지와 찰스턴에서 패배한 뒤 남부 식민지를 등한시함으로써 스스로 기회를 차버렸다. 아치볼드 캠벨이 1779년 1월 서배너를 점령할 때까지 국왕파는 아무런 행동도 하지 않았다.

영국군이 다시 남부로 발길을 돌리기 전 몇 년 동안, 애국파 민병대들은 스스로 캐롤라이나와 조지아의 질서를 유지할 능력이 있음을 증명했다. 그들은 영국 왕에게 충성하는 분위기를 억제하는 임무를 질서유지 능력의 하나로 보았다. 그리고 대부분의 경우 애국파 민병대는 국왕파의 조직적 봉기 시도를 진압했다. 설사 진압이 되지 않는 경우에도 그들은 최소한 국왕파의 의지를 꺾어놓았다. 영국 정규군이 도착한 이후로도 애국파의 그런 임무는 계속됐다.

콘월리스는 국왕파의 지지가 없다는 점에 실망했다고 고백했다. 캐롤라이나인은 콘월리스에게 협조하지 않은 것은 물론이고 식량도 내놓지 않았다. 심지어 그들은 콘월리스나 그의 후임들에게 아메리카군의 동태에 관한 정보도 제공하지 않았다. 캐롤라이나인은 오히려 영국군의 정보병들을 습격했고, 보급품 수송 행렬을 공격했으며, 영국군을 지원하려는 왕당파 세력을 한꺼번에 제거했다.

뉴잉글랜드와 중부 식민지처럼, 남부 역시 대륙회의의 것이었다. 남부 민병대는 대다수의 북부 비정규군과 마찬가지로 대치전에서는 믿음직스럽지 못했지만, 국왕파 민병대와 싸울 때에는 무지막지할 정도로 유능했다. 적어도 두 가지 이유 때문에라도 그들은 그런 비정규 전투에서 훌륭하게 싸웠다. 첫째, 그들은 영광스러운 대의를 믿고 있었다. 둘째, 그들은 남부에 사는 대다수 평범한 사람들에게 지지를 받고 있었다.

너새니얼 그린은 캠던 전투 패배 후 끔찍했던 시기에는 이런 현실을 파악하지 못했을 것이다. 하지만 그는 군사적 기지와 풍부한 상상력으로 계속 전쟁을 해나갔고, 비록 세력이 약해 적에게서 도망치는 전쟁을 하고 있지만 결국 캐롤라이나 사람들의 지원을 받게 될 것이라고 생각했다. 현지 주민의 지원은 그리 풍성하지는 못했다. 남부 지방은 자원이 빈약한 데다 전쟁으로 황폐해졌기 때문이다. 하지만 그린이 '도망치는 전쟁'이라고 말한 전쟁을 계속할 만한 정도의 지원은 이루어졌다. 결국 도망치는 전쟁은 남부 저지대에서 승리를 얻어내는 수단이 되었다.

전쟁의 이면

독립 전쟁을 이해하기 위해서는 유명한 전투의 전개나
정치인들의 선택 말고도 전쟁의 다양한 층위를 살펴야 한다.
병사들을 전열에서 도망치지 않게 한 요인이 무엇이었는지, 보급과 병참,
그리고 의료 행위가 어떻게 이루어졌는지, 바다에서는 어떤 일이
일어났는지를 알아야 한다. 전쟁은 위에서부터의 통제를 따라 체계적으로
진행되지 않았다. 징집병, 보급감, 의사, 사략선의 선원들은 저마다
다른 이유로 전쟁에 참여했고 다양한 방식으로 대륙군의 승리에 기여했다.

대의를 위해 목숨을 바치다

콘월리스가 요크타운에서 항복하기 전, 사우스캐롤라이나주의 유토 스프링스에서 독립 전쟁의 마지막 작전이 전개됐다. 이 전투에서 아메리카인 500명 이상이 죽거나 다쳤다. 유토 스프링스로 진군했던 너새니얼 그린이 2200여 명의 병사를 이끌었던 것을 생각하면, 사상자는 4분의 1에 달했다. 이 전투 이후에도 전쟁이 2년 동안 지속되었기 때문에 더 많은 병사들이 전사하거나 끔찍한 상처를 입었다. 그다지 정확하지는 않지만, 사상자 관련 통계는 독립 전쟁에서 독립군 측의 사망자 비율이 미국 역사에서 발발했던 어떤 전쟁보다 높았다는 것을 알려준다. 단, 남북 전쟁은 예외다.[1]

아메리카인들은 왜 싸웠던 것일까? 옆에서 전우가 죽고 명백한 위험이 전장을 감돌았음에도 이들이 물러서지 않았던 이유는 무엇이었을까? 전투마다 구체적인 이유는 달랐다. 하지만 모든 전투에서 공통으로 나타났던 현상이 있었다. 전장에서 도망치면 위험에서 벗어날 수 있었음에도, 전투에 임한 병사들이 끝까지 자리를 지켰던 것이다.

물론 도망친 병사들도 있었다. 어떤 병사는 빠르게 도망치려고 머스킷 총과 배낭을 내던지기까지 했다. 하지만 대부분은 자리를 지켰다. 가장 중요했던 사례만 언급하더라도 브루클린, 킵스 베이, 화이트 플레인스, 브랜디와인, 저먼타운, 갬던, 홉커크스힐에서 대륙군 병사들은 사기가 하늘을 찌를 듯 높았다. 대륙군이 재앙을 겪었던 순간에도 대부분 병사들은 도망치지 않고 자리에 남아 싸웠다. 전사할 때까지 흔들리지 않았으며 후퇴하는 동안에도 끈질기게 저항했다.

주로 정규 대륙군이 용맹하게 싸웠다. 대다수의 전투에서 이들은 민병대보다 훨씬 나은 모습이었다. 따라서 독립 전쟁을 이해하기 위해서는 정규군의 동기와 이들이 민병대보다 우수했던 이유를 알아야 한다. 당시 사람들이 독립 혁명이 가져다주리라고 믿었던 것들이 바로 이 동기에 반영돼 있다.

죽음을 불사하는 정규군의 사기에 관해서는 여러 설명이 제시돼 왔지만, 이 중 몇 개는 무시해도 좋다. 예컨대 병사들이 장교를 두려워했기 때문에 전투에 적극적으로 임할 수밖에 없었다는 설명은 진지하게 받아들이지 않아도 된다. 프리드리히 대왕이 이야기했던 '이상적인 군대'에서는 이런 일이 가능했겠지만, 대륙군과 영국군은 이러한 군대와는 거리가 멀었다. 영국 병사는 대륙군 병사보다 더 전문적인 군인 정신을 지니고 있었다. 자신의 군사적 역량을 믿었으며, 전통 있는 부대에 속했다는 자신감을 가졌기 때문이었다. 영국군은 왕립 웨일스 퓨질리어, 블랙워치, 킹스 오운 등 용맹함으로 이름 높은 부대의 이름을 각 연대에 붙였다. 이 부대에 속한 장교들은 전투에서 비범할 정도로 용맹했으며 병사들이 자신들처럼 행동하기를 바랐다. 영국군 장교들은 대륙군 장교들보다 훨씬 더 가혹하게 병사를 훈련시켰고 전투에서 더 효율적으로 움직이도록 조련했다. 하지만 영국군 역시 프리드리히 대왕이 바람직하다고 생각했던 상관에 대한 공포를 병사들에게 심지는 않았다. 영국의 병사들은 직업군인으로서 기백, 용맹, 총검에 대한 신뢰를 갖도록 훈련받았고, 많은 경우 군인으로서의 자부심을 지니고 살았다. 하지만 장교를 두려워하지는 않았다.

당시 군대에 폭력과 강압이 없지는 않았다. 야영지에서 탈영한 병사들은 태형笞刑을 받았다. 하지만 폭력과 강압은 비효율적이었다. 탈영은 막을 수 있었을지라도, 포화가 쏟아지는 전장에서의 탈주까지 막지 못했다. 병사들이 전장에서 자리를 지킬 수 있게 해주었던 것은 조롱을 당할지도 모른다는 두려움과 밀집대형이었다. 18세기의 보병은 밀집대형을 형성해 전투에 돌입했고, 그런 대형 덕분에 장교들은 여러 병사를 한꺼번에 감독할 수 있었다. 장교들은 굼뜬 병사를 쳐낼 수 있었고, 몰래 숨거나 도망치는 병사를 총살하라고 명령할 수도 있었다.[2] 대륙군이 1776년 3월 도체스터 하이츠로 진격하기로 했을 때, 작전 도중 도망치는 병사를 "그 자리에서 총살"하라는 지시가 내려졌다.[3] 한 군목에 따르면, 병사들은 이런 독전督戰의 위협을 수긍했다.

워싱턴은 그해 말에 벌어진 브루클린 전투에서도 총살의 위협을 반복했다. 하지만 실제로 독전대를 전열 뒤에 배치하지는 않았다. 대니얼 모건은 너새니얼 그린에게 민병대 뒤에 독전대를 두라고 촉구했고, 길포드 법원 청사에서 그린은 실제로 그렇게 했다. 그러나 많은 병사를 일방적으로 독전하는 것이 가능하다고 생각하지 않았기 때문에 제멋대로 후퇴하는 병사를 총살하라는 명령은 실효성이 별로 없었다.[4]

술에 취한 채 전투에 돌입하는 전략은 확실히 많은 병사에게 매력적이었다. 진영에 상관없이 일부 병사들이 럼주를 마시고 무감각 상태에서 전투에 임했던 것은 틀림없다. 대륙군과 영국군 모두 길고 어려운 행군이나 전투 전야에는 병사들에게 럼주를 배급했다. "부대원에게 이례적인 럼주 허용량을 인가한다"는 식의 명령을 내리면서였다. 병사들은 대개 이때 120밀리리터 용량의 알 수 없는 주정분을 보급받았다. 럼주를 적절한 순간에 들이키면 두려움을 조금이나마 극복하고 용기를 얻을 수 있었다. 캠던에서는 배급이 가능한 럼주가 없었으므로 아메리카군의 게이츠와 휘하 장교들은 당밀을 대신 제공했다. 하지만 오토 윌리엄스에 따르면, 럼주의 지급은 별다른 효과가 없었다. 길포드 법원 청사에서 영국군은 엄청난 기백에만 의존해 훌륭하게 싸웠다. 병사들은 대부분의 상황에서 자기 자신과 전우 외에는 의지할 것이 없는 상태로 전투에 돌입했다.[5]

성령에 대한 믿음은 영국군보다 대륙군 병사들에게 더 큰 도움이 되었다. 병사들의 편지나 일기에는 하느님을 언급한 부분이 많이 보인다. '살아남을 수 있게 해줘서 감사를 드린다'는 내용이 흔히 발견된다. 병사들이 신앙 덕분에 적의 총탄을 맞아도 부상을 안 당할 수 있다는 황당한 생각을 했던 것은 아니다. 하지만 많은 병사가 독립 혁명의 영광스러운 대의를 신성한 것이라고 생각했다. 그들을 전장에 보낸 아메리카의 목사들이 기도를 통해 상기시켰던 것처럼, 그들이 수행하는 전쟁은 정당하고 신의 뜻에 걸맞았다.[6]

한편 다른 이들은 전투를 치르며 발생하는 더욱 즉각적인 이득을 좇았다. 죽은 적을 약탈하는 것이었다. 클린턴이 어두워진 뒤 퇴각한 몬머스 법원 청사 근처 들판에는 전사한 영국군 병사들이 이곳저곳에 나뒹굴었고, 대륙군 병사들은 전사한 적에 그치지 않고 목숨을 구하기 위해 달아난 민간인의 빈집까지 약탈했다. 병사들은 지나치게 노골적이고 거리낌이 없이 행동했다. 심지어 워싱턴이 병사들의 배낭을 확인하라는 지시를 내려야 할 정도였다. 유토 스프링스에서 대륙군은 영국군 천막을 뒤지다 승리할 수 있는 기회를 놓쳤다. 영국군은 제멋대로 약탈하는 대륙군 병사들로 인해 야영지가 무너지는 동안에 재빨리 부대를 재편해 반격에 나섰고, 일부 탐욕스러운 대륙군 병사들은 총을 맞고 죽었다. 하지만 약탈을 자행했던 병사들도 처음에는 어떤 소명의식이 있었기 때문에 전쟁에 참여했다. 그러나 그것이 그들을 전장에 뛰어 들거나, 치열한 격전 속에서 계속 버티게 해주지는 못했다.[7]

탁월한 지도력은 병사들이 죽음과 맞설 수 있도록 독려해주었다. 그러나 병사들은 지휘관에게 실망을 느꼈던 때에도 용맹하게 싸웠다. 그래도 장교가 용기를 내거나 상처를 무릅쓰고 전투를 이어가는 본보기를 보이면 병사들을 결집하는 데 도움이 되었다. 영국의 찰스 스테드먼 장군은 길포드 법원 청사에서 벌어졌던 전투에서 메이틀랜드Maitland 대위가 총에 맞아 낙오했지만 몇 분 뒤 상처를 묶고 다시 전투에 가세했다는 말을 전했다.[8] 콘월리스는 타고 있던 말이 총에 맞아 죽은 뒤에도 전투의 흐름을 유지하고자 앞으로 나아갔고, 이 모습을 본 부사관 램이 자부심을 느끼기도 했다.[9] 빗발치는 포화 속에서도 적 앞에 나선 조지 워싱턴의 모습은 휘하 병사들을 불안하게 했지만,

프린스턴 전투에서 그의 존재감은 굉장한 위력을 발휘했다. 워싱턴은 트렌턴을 공격하기 직전에 병사들 사이를 지나가며 조용히 "병사들이여, 장교들의 지시를 따르라"고 말했다. 이 말은 코네티컷주의 한 병사에게 깊은 인상을 남겼고, 이 병사는 50년 뒤 사망할 때까지도 이 일화를 기억하고 있었다.[10] 워싱턴은 한 명이었고, 콘월리스도 한 명이었다. 병사들 중 극히 일부만이 그들의 모습을 볼 수 있었기 때문에 영향력은 미미했다고 봐야 할 것이다. 전술적 방향의 책임은 초급 장교나 부사관들이 졌다. 그들은 병사들에게 필수적인 임무를 제시하고 그것을 수행하도록 설득하고 회유하고 강제해야 했다. 일반 병사들이 부사관들이나 초급 장교들에게 아낌없이 보냈던 찬사는 이 지휘관들이 병사들의 싸우려는 의지를 북돋는 데 중요한 역할을 했음을 보여준다. 하지만 그것이 왜 병사들이 싸우려 했는지를 설명해주지는 않는다.

이와 같은 논의는 군사적 리더십에 관한 것이다. 장군들에 관한 톨스토이의 경멸적인 의견에 완전히 동의하는 것은 아니다. 그는 장군들이 계획을 세워 명령을 내리더라도 전투의 결과에는 전혀 영향을 미치지 못한다고 말했다. 톨스토이는 장군들을 한껏 비판하며,《전쟁과 평화War and Peace》에서 역사가들이 혼돈 그 자체인 전투에 이성적인 질서를 부여하기 위해 장군들의 전략 등에 주목한다고 조롱했다. "우리는 서재에서 편안하게 앉아 지도를 펴고 어떤 작전을 검토할 수 있다. 그 지도는 특정한 지역에 포진한 두 진영의 모습과 병력의 수 등을 보여주며, 특정한 순간에 어떤 작전이 전개되는지도 보여준다. 하지만 우리가 그런 식으로 지도를 보며 상상하는 행동과 총사령관의 실제 행동은 전혀 다르다. 그는 우리처럼 숙고할 수 있는 처지가 아

니다. 어떤 일의 조건과 결과를 따져 노련하게 대응할 수 있는 상황이
절대로 아닌 것이다. 총사령관은 변화무쌍한 싸움터의 한복판에 있으
며, 따라서 느닷없이 발생하는 사건들이 전체 전장에서 가지는 의미
를 절대 알아보지 못한다."[11]

이 말은 맞다. 전투의 전반적인 의미는 역사가는 물론이고 전투의
참가자도 확실히 알 수 없다. 하지만 이러한 비난만으로는 사람들이
왜 독립 전쟁의 싸움터에서 도망치기보다 싸우기를 선택했는지 알 수
없다. 우리는 논의의 출발점을 다시 잡아야 한다. 앞서 군인들의 지도
력, 장교에 대한 공포, 종교적인 신념, 럼주의 힘 등의 요인과 병사들
이 전쟁에 참여했던 동기의 관계를 부정했으니, 이제 전장에서 다시
그 이유를 찾아볼 필요가 있다.

18세기 전장은 20세기 전장과 비교하면 병사들 사이에 친밀감이
매우 높았다. 당시 기준으로도 소규모였던 독립 전쟁의 교전에서는
특히 더 친밀한 분위기가 형성돼 있었다. 머스킷 총으로 적을 죽일 수
있는 사거리는 약 70미터에서 90미터 사이였고, 총검에 의존하는 데
다 대포도 별로 효과적이지 못했으니 근접전이 필수적인 환경이었다.
병사들이 적을 죽이려면 아주 가깝게 접근해야 했다. 이러한 조건은
병사들로 하여금 전장에서 무슨 일이 벌어지는지 알 수 있게 해주었
다. 적어도 무슨 일이 생길지 몰라 두려울 일은 없었다. 18세기 전장
은 20세기 전장보다는 인간미가 있는 편이었다. 적이 보이지 않고 포
화의 근원을 알 수 없는 20세기 전투와 달리, 18세기 전투에서는 적을
볼 수 있었고 때로는 접촉할 수도 있었다. 현대 전투에서는 적이 격렬
한 감정을 표출하는 모습을 볼 수 있는 일은 드물다. 18세기 보병 전
술에서 가장 바람직한 목표였던 총검 돌격은 병사들의 감정을 절정

으로 끌어올렸다. 총검 돌격을 하기 전, 대열에서 공격을 위해 앞으로 나아갈 때 병사들 사이에서는 긴장감과 불안감이 끓어올랐다. 그들은 이 행동의 목적을 알고 있었다. 전장의 맞은 편에서 두려움을 가지고 상대편의 움직임을 노려보았던 적들도 무엇이 곧 닥쳐올지 잘 알고 있었다. 돌격하라는 지시가 떨어지면 공격자들의 불안감은 분노와 광기로 변했고, 수비 측의 마음속에는 두려움과 때로는 절망감이 감돌았다.[12] 전투에서 도망친 아메리카 병사들 중 대부분은 적이 총검 돌격을 해온다는 것을 안 순간 도망치기 시작했고, 이 사실은 확실히 의미심장하다. 브랜디와인의 여러 부대와 캠던 및 길포드 법원 청사의 민병대들은 영국군의 총검 돌격에 바로 겁먹은 모습을 보였다. 그들은 현대 병사들처럼 적과 단절되어 있지 않았다. 모든 것이 분명하게 보였다. 번쩍이는 총검을 앞세우고 전진하는 상대의 전열은 더욱 잘 보였다.

적의 모습이 분명하게 보이는 것과 그렇지 않는 것 중 어느 편이 더 견디기 어려울까? 포격전을 벌이다 저먼타운에서 철수한 영국군을 뒤쫓던 대륙군은 안개가 가득 낀 전장에 들어서게 되었다. 대륙군과 영국군은 앞을 보지 못해 이곳저곳을 더듬으며 현대전과 비슷한 조건에서 싸우게 되었다. 중대한 순간에 적은 보이지 않았고, 무슨 일이 벌어졌고 어떤 일이 닥쳐올지 몰랐던 대륙군은 공포에 휩싸였다. 그들은 적은 물론 아군도 볼 수 없었다. 아군을 보지 못한다는 것이 특히 중요했다. 20세기 전쟁사학자 S. L. A. 마셜Marshall은 그의 책《포화에 맞선 사람들Men Against Fire》에서 특수한 전투 상황에서 병사들을 견디게 하는 것은 전우에게 느끼는 동료의식이라고 말했다.[13]

아메리카 전장에 깃들어 있던 친밀감 덕분에 병사들은 끈끈한 전우

길포드 법원 청사 전투의 대륙군 대륙군은 서로 어깨를 맞닿은 대형으로 전우애를 북돋우며 영국군에 맞서 대열을 유지했다.

애를 느낄 수 있었다. 전장이 좁았던 탓도 있지만, 방금 살펴보았듯 더 중요한 요인이 있었다. 병사들은 적의 움직임이 잘 보이는 조건에서 싸웠다. 동시에 옆에 있는 전우들의 얼굴을 볼 수 있었다. 병사들은 서로를 마주보면서 소통했고 심리적으로 안정감을 느꼈다.

18세기의 보병 전술은 병사들에게 밀집대형으로 움직이고 사격하게 했다. 이 과정에서 병사들은 서로 이야기를 나누고 정보를 전달하며 편안한 느낌을 받을 수 있었다. 전열이 제대로 형성되면 진군하고 사격하는 보병들은 서로 어깨를 맞대고 부비는 상태를 유지하게 된다. 양옆의 전우와 신체적으로 맞닿은 채 전투에 임했던 병사들은 이러한 유대에서 큰 위안을 받았다. 영국군은 밀집 3대형으로 머스킷 총을 발사했는데, 이때에도 신체 접촉이 있었다. 제1열의 병사들은 오른쪽 무릎을 대고 쭈그리고 앉았으며, 제2열의 병사들은 왼쪽 다리를 제1열의 병사 오른쪽 다리 안에 두고 섰다. 제3열의 병사들은 제2열의 병사들과 똑같은 자세를 취했다.

이 자세는 '걸어 잠그기'라는 의미심장한 용어로 불렸다. 이 대형은 굉장히 밀집된 형태여서 오히려 부정확한 사격을 유도한다고 장교들의 비판을 받기도 했다. 제1열은 제2열이 가깝다는 것을 의식하고 아주 낮게 사격했으며, 제3열은 높게 사격하라는 요청에 공중에 총알을 '뿌리는' 경향이 있었다. 비판적인 장교들에 따르면, 제2열만이 신중하게 겨눠 사격했다. 사격의 부정확함에 대한 비판이 얼마나 사실에

밀집대형을 이룬 영국군 제일 앞 1열의 병사는 앉고 2열의 병사는 그 뒤에 바짝 선 형태로, 이 밀집대형은 '걸어 잠그기'라고도 불렸다.

가까운지 알 수 없지만, 밀집대형의 병사들이 진지 사수에서 훌륭한 성과를 거두었다는 것만은 분명하다. 한편, 제3열의 병사들이 부정확하게 사격했다는 언급은 병사들이 혼란스러운 상황에서도 앞에 있는 전우의 안전을 염두에 두고 있었다는 것을 말해준다. 전우애가 특별히 발휘된 사안이다.[14]

독립 전쟁 기간 중 영국군과 대륙군의 병사들은 포화가 쏟아질 때 '기백'을 갖고 '훌륭한 처신'을 하며 싸우는 것에 대해 자주 말했다. 때로 이런 관용구들은 지극히 위험한 상황에서 대담하게 군공을 올리는 것을 의미했다. 하지만 그보다는 전열이 무너지거나 무질서한 상황이 닥쳤을 때, 흔들리지 않고 무너진 대열을 메우는 등 전열 재편에 기여하는 경우에 더욱 자주 사용됐다. 1781년 7월 초, 앤서니 웨인 휘하의 대륙군은 버지니아의 그린스프링에서 콘월리스에게 유인당해 제임스강을 건넜다가 압도적인 전력의 적을 만났다. 웨인은 바로 자신이 실수했다는 것을 깨닫고 함정에서 벗어나려 했다. 웨인의 선택은 기습이 시작되기 전 서둘러 퇴각하는 것이 아니었다. 그는 오히려 전열을 정비해 공격에 나서기로 했다. 대륙군이 매우 불리한 상황이었지만, 보병대의 활약으로 부대는 습격에서 벗어날 수 있었다. 이때 적을 물리친 평범한 병사들에게는 다음과 같은 평가가 내려졌다. "우리 병사들은 엄청난 기백과 용맹으로 훌륭하게 처신했다. 보병대는 자주 무너졌지만, 명령이 떨어지자마자 결집하고 전열을 유지했다."[15]

영국군의 기습을 받고 병사들은 이리저리 흩어졌지만 웨인의 명령이 내려지고는 재빨리 전투 대형을 갖추었다. 이는 병사들의 기백을 시험하는 무대였고, 그들은 군기가 잡힌 전열을 유지한 덕분에 시험을 통과할 수 있었다. 이와 달리, 캠던에서는 전투가 시작되자마자 민병대가 붕괴했는데, 개방적인 전투 대형이 병사들을 도망치게 하는 요인이 되었다. 게이츠는 버지니아 민병대를 맨 왼쪽에 배치하면서 이 부대의 역량에 맞지 않게 너무 넓은 지역을 지켜내게 했다. 민병대는 병사의 간격이 적어도 1.5미터는 떨어진 채 전투에 임했다. 간격이 너무 넓었기에 병사들은 고립감을 느꼈다. 사격의 소음과 열기가 고립감을 심화했다. 이러한 감정은 적에게 노출됐을 때 극에 달했다. 전열이 너무 넓게 펼쳐진 데다 뒤에서 그들을 지원하는 병사들도 없었던 것이다.[16]

밀집대형의 병사들은 이러한 고립감에 빠지지 않고 서로를 안심시켰다. 영국군은 전투에서 옆의 전우와 대화를 하며 서로를 격려했다. 공격을 견디거나 돌격하거나 사격할 때는 '함성'이 반드시 등장했다. 대륙군은 그들보다는 덜 이야기하고 격려했던 것으로 보인다. 하지만 그들도 영국군의 전투 문화를 흉내 내려고 했다는 증거가 있다. 교전이 성공적으로 마무리됐을 때 서로 격려하고 환호하는 것은 흔한 일이었다. 영국군은 렉싱턴에서 서로 격려하며 콩코드로 진군했으나 후퇴하다가 길에서 식민지인의 대응사격을 받아 쓰러졌다. 할렘 하이츠에서 대륙군이 내지른 격려의 함성은 당연한 행동이었다. 1776년에는 연패를 거듭하느라 그런 즐거운 소리를 내지를 수 있는 기회가 드물었기 때문이다.[17]

아메리카 민병대는 버티고 싸우는 일을 잘하지 못했고, 때로는 끔찍한 참사를 빚기도 했다. 하지만 치명적인 일제사격에도 온전히 대형을 유지한 민병대 부대들도 있었다. 벙커힐의 뉴잉글랜드 민병대는 영국군의 격렬한 일제사격을 버텨낸 것으로 유명했다. 이 사격은 영국군의 베테랑 장교들이 '유럽에서 목격했던 것들과 비교해서도 가장 격렬했다'고 평가한 것이었다. 로던 경은 그 상황에서 수비 측이 보루 근처에서 버티고 있었다는 것은 극히 드문 일이라고 말했다.[18] 어쨌든 뉴잉글랜드 민병대는 보루를 지켜냈다. 그들은 프린스턴 전투에서도 흔들리지 않았다. 이에 못지않게 군건했던 필라델피아 민병대를 이끈 찰스 윌슨 필Charles Willson Peale은 뉴잉글랜드 민병대에 관해 이렇게 말했다. "머리 주위로 탄환이 갖가지 소리를 내며 날아다니는 상황에서도 그들은 가장 먼저 반듯하게 전열을 구축하고서 공격을 버텨냈다."[19]

이 민병대들은 다른 민병대와 무엇이 달랐을까? 다른 병사들이 모두 도망칠 때, 왜 그들은 군건하게 버티면서 싸웠는가? 답은 친밀한

전선으로 나가는 아메리카 민병대 뉴잉글랜드와 필라델피아 지역의 민병대는 서로 잘 아는 마을 사람들이라 단결력이 강했고 거친 전황에서도 전열을 유지했다.

인간관계에 있다. 뉴잉글랜드와 필라델피아 민병대, 그 외에 단결력을 갖춘 다른 부대의 병사들은 서로 아주 가까웠다. 그들은 서로를 잘 알았고, 서로에게 증명할 무언가를 가지고 있었으며, 서로 보호해야 할 '도의道義'를 지니고 있었다. 그들은 독립 전쟁이 터지기 이전부터 이런저런 방식으로 상당히 긴 시간을 함께 보내왔다. 대부분이 적어도 몇 년은 함께 지낸 사이였다. 그들의 부대는 작은 도시와 마을의 사람들로 구성됐다. 그러니 입대 전부터 알고 지냈고 일부는 평생을 함께 한 사이였다.[20]

다른 곳, 특히 아직 정착한 지 얼마 되지 않은 남부 식민지의 부대는 보통 서로 알지 못하는 사람들로 구성됐다. 농부, 농부의 아들, 농장 노동자, 장인, 새로운 이주민 등. 후대의 전쟁에서 빈번히 사용된 용어로 말하자면, 그들은 '방랑자'들의 무리였다. 그들은 서로에게 애착이 없었고, 거의 알지도 못했다. 전열 속에 밀착 상태로 함께 있어도, 전장은 공허하고 외로운 곳이었다. 개인적인 유대의 결여, 개개인의 지방색 차이, 미흡한 훈련과 불완전한 규율이 결합되면서, 적의 포화를 받으면 전열이 붕괴되는 결과로 이어졌다.[21]

아메리카 민병대는 고향에 가까울수록 더 잘 싸운다는 것이 종래의 상식이었다. 다른 고장이 아닌 자신의 고향을 위해 싸우는 것이기 때문이었다. 하지만 고향에 가까우면 주의가 산만해져 전의가 약해질 수도 있었다. 얼마 멀지 않은 곳에 고향과 안전함이 있는데도, 전사할지도 모르는 전투에 뛰어들어야 한다는 아이러니한 감정 때문이었다. 거의 모든 대륙군 장군은 민병대에는 탈주하는 성향이 있다고 말했다. 설사 탈주하지 않더라도 집과 부대를 허락도 없이 들락날락하는 경우가 많았다.

역설적이게도, 참전한 모든 아메리카인 중에서 민병대원들이 독립의 이상과 목적을 가장 잘 실천했다. 독립이 가져다줄 것으로 보였던 가치를 직접 실행하고자 한 것이었다. 그들은 독립 선언을 하기 오래전부터 자립했고, 적어도 개인적인 자유를 만끽했다. 그들은 본능적으로 평등을 믿었고, 지휘관인 장교를 스스로 선택하기를 주장하는 등 평등을 실천하기도 했다. 민병대원들은 자신을 자유인이라고 생각했기 때문에 원하는 만큼 짧게 복무했고, 마음 내킬 때 야영지를 떠났으며, 다른 이에게 지시받는 것을 꺼렸다. 특히 도망치지 말고 싸우라는 상관의 명령을 매우 경멸했다. 자유로운 사회에 속했던 민병대원들은 군대의 규율에 저항했다. 개인의 자유를 중시했기 때문에 군대라는 모델에서의 '지배 집단'도 증오할 수밖에 없었다. 그들은 지배 집단의 부속물이 아니었고, 결국 회의적인 태도로 마지못해 지시를 따랐다. 예를 들어, 민병대는 전황이 좋았던 카우펜스 전투에서는 아주 잘 싸웠지만, 전황이 나빴던 캠던 전투에서는 싸우려는 시도조차 하지 않았다. 캠던에서 그들은 그린이 말한 것처럼 '통제 불능'이었다.[22] 민병대에게는 전투에서 지정된 행동을 하도록 통제하는 규칙이 부족했다. 군인으로서의 전문적인 작업 기준이 마련되어 있지 않았던 것이다. 군인으로서의 자부심도 부족했다. 민병대원들은 내킬 때마다 부대를 멋대로 오가고 총소리가 재미있다는 이유로 난데없이 총을 쏘아보곤 했다. 정규 대륙군은 이 모습을 보고 자주 짜증을 냈고 민병대 대다수를 믿을 수 없는 존재라고 생각했다.

영국 정규군은 아메리카의 민병대와 정반대의 모습이었다. 그들은 사회에서 철저하게 격리됐고 강도 높은 규율을 유지하면서 엄청난 훈련을 받았다. 영국군이 추구했던 가치는 대개 군대의 가치 그 이상도 그 이하도 아니었다. 확실히 영국군 장교들은 어떤 면에서 병사들과 굉장히 달랐다. 장교들은 한 사람의 신사로서 왕에게 충성하고 명예와 영광을 위해 싸운다고 생각했다. 그래서 그에 걸맞은 행동 방식과 기준을 실천하는 모습을 보였다.

왕에 대한 충성을 사명으로 삼았던 영국군 장교들은 전쟁의 공포로부터 초연하고자 했다. 그들이 싸우지 않았다는 뜻은 아니다. 장교들은 전투와 위험을 추구했지만, 죽이고 죽는 끔찍한 일에서 초연하려고 했다. 따라서 전투 결과 나온 긴 사상자의 목록은 길포드 법원 청사에서처럼 "명예롭고 영광스러운 것"으로 여겨질 수 있었고, 카우펜스에서처럼 "영국군에게 불명예"일 수도 있었다. 이는 찰스 스테드먼이 남긴 말이다. 전투와 사격은 "활기차고" "빠르며" 때로는 "맹렬했지만," 가끔은 "어려운 일"이었다. 전투는 대수롭지 않게 묘사되기도 했다. 가령 할렘 하이츠의 일은 로던 경에게 "어리석은 일"이었다. 영국군 장교들은 병사들에게 명확히 지시했고 허튼소리는 일절 하지 않았다. 하우 장군이 간결하게 요구한 "제군의 총검을 바라보라"는 말은 직업군인에게 기대하는 높은 기준을 잘 요약해준다.[23]

영국군 장교들과 병사들 사이에 거리가 있었음에도, 그들은 전투에서 서로에게 굉장한 지지와 격려를 보냈다. 보통 그들은 세심하게 부대 배치를 마친 뒤 북과 파이프로 병사들의 사기를 끌어올렸다. 그들은 이야기를 나누고, 소리를 지르며, 환호하고, '함성'을 지르며 총검 돌격이나 사격을 하는 등 이런 행위를 통해 같은 경험을 함께하고 있음을 느꼈다. 벙커힐과 그 후 벌어진 전투에서 나타났듯이, 영국군은 적의 일제사격을 받을 때에도 서로에게 "전진! 전진!"이라는 격려의 말을 건네며 전열을 유지했다.[24] 끔찍한 패배를 당하면 당연히 기가 꺾였지만, 그래도 그들은 거의 언제나 각 연대를 중심으로 전투 능력과 사기를 유지했다. 길포드 법원 청사에서처럼 큰 피해를 입었을 때에도, 영국군은 곧 자부심을 회복하고 다음 전투에서 훌륭하게 싸웠다. 끔찍하게 고통받았던 요크타운에서도 영국군의 대열은 무너질 기미를 보이지 않았다.

아메리카의 정규군인 대륙군은 영국군만큼 정비되지 않았다. 하지만 적어도 몬머스 법원 전투 이후로는 거의 영국군 못지않게 인상적으로 포화를 견뎌내곤 했다. 그들은 두려워하지 않고 인내했다. 패배하고 퇴각하더라도, 다시 함께 뭉쳐서 공격을 시도했다. 이런 자질, 즉 인내와 끈기는 많은 사람에게 존경받았다. 1778년 워싱턴의 참모 존 로렌스는 대륙군을 지휘하고 싶어 안달했다. 로렌스는 이렇게까지 말했다. "저 몹시 지친 소중한 대륙군 병사들을 제가 얼마나 아끼는지 모르실 겁니다. 저들의 인내심은 후손에게도 숭앙받을 것이며, 흘렸던 피는 영광을 불러올 것입니다."[25] 사우스캐롤라이나의 상류층 출신인 로렌스가 이런 말을 했다는 것은 놀라운 일이다. 그는 상류층이 결코 아니었던 병사들에게 찬사를 바쳤다. 전쟁이 길어지면서 가난하거나 재산이 없는 대륙군 병사의 수가 점점 늘어났다. 대다수는 돈을 내고 군복무를 면제받은 상류층을 대신해 입대한 사람들이었다. 입대 보상금과 전쟁이 끝나고 나서 받게 될 토지를 위해 입대한 사람도 많았다. 하지만 이들도 부대에서 시간을 보내면서 독립의 이상을 받아들이게 되었다. 대륙군을 훈련했던 폰 슈토이벤은 이들이 한 가지 측면에서 유럽군과 다르다는 것을 발견했다. 대륙군 병사들은 어떤 일을 할 때 그 일을 하는 이유를 알고 싶어 했다. 장교의 지시를 그대로 실천하는 유럽 병사들과 달리, 명령의 이유를 스스로 납득했을 때에야 지시를

실행했던 것이다.[26]

대륙군 장교들은 영국군 장교들의 방식을 흉내 냈고, 품위 있는 모습을 보이고자 했다. 하지만 자주 실패했고, 자신들이 미흡하다는 불안감을 과도하게 명예에 집착하는 방식으로 떨쳐내려 했다. 그들은 영국군 장교들처럼 전투를 서술할 때 일부러 신사의 어휘를 사용하면서 과장된 태도를 보였다.

대부분의 대륙군 병사는 장교들이 내뱉는 세련된 어휘를 이해하지 못했다. 병사들은 직접 겪은 전투 경험을 직설적으로 표현하는 것을 선호했다. 그들은 전투의 끔찍한 모습을 완곡하게 표현할 수 있는 말을 알지 못했다. 1776년 9월, 뉴욕에 있던 이등병 데이비드 하우David How는 일기에 이런 글을 남겼다. "아이작 파울스Isaac Fowls는 오늘 아침 머리에 포탄을 맞았다." 부사관인 토머스 매카티Thomas McCarty는 1777년 2월 뉴브런즈윅 근처에서 영국군 징발대와 대륙군 보병대 사이에 일어났던 전투에 관해 이렇게 보고했다. "우리는 적을 공격했고, 총탄은 우박처럼 날아다녔다. 15분 동안 교전했던 우리는 패배해 후퇴했다." 이후 전장을 살펴본 결과 영국군이 뒤처진 대륙군 부상자를 죽인 것으로 드러났다. "영국군은 머스킷 총으로 넓적다리나 다리에 상처를 입은 우리 병사들의 머리를 쳐부수고, 총검으로 마구 살을 베어 체처럼 만들었다. 지독하게 야만적인 행위였다." 코네티컷주에서 온 병사인 엘리샤 보스트윅Elisha Bostwick은 화이트플레인스에서 총알과 포탄을 맞고 불구가 된 전우들을 목격했다. 그는 이때 받은 충격을 평생 안고 살았다. "포탄 한 발이 떨어져 내 바로 옆에 있던 영스Youngs 중위의 소대원들이 모두 죽었다. 포탄은 건장하고 육중하던 스미스Smith의 머리를 날려버렸다. 바웰스Bowels 맞은편의 테일러Taylor도 머리가 날아갔고, 우리 중대의 부사관 개럿Garret도 엉덩이를 맞아 엉덩이뼈가 전부 박살났다. 스미스와 테일러의 시신은 그 자리에 버려졌다. 개럿은 실려갔지만 그날 죽었다. 아아, 지금 와서 생각해보면 얼마나 끔찍한가! 약 30미터의 거리 안에 팔과 다리, 총, 배낭이 모두 한 무더기가 되어 뒤죽박죽인 상태로 엉켜 있었다." [27]

대륙군의 심리적, 도덕적 위상은 아메리카 민병대와 영국 직업군인의 중간쯤에 해당됐다. 그들은 1777년부터 3년 혹은 전쟁 기간 내내 복무했고, 긴 복무 기간을 보내며 더 많은 기술을 익히고 노련해질 수 있었다. 그렇다고 전장에서 두려움을 느끼지 않았다는 말은 아니다. 전투에서 경험을 쌓는다고 위험에 무신경해지지는 않는다. 장기적이고 극단적인 피로로 이미 죽은 몸같아지지 않는 한 말이다. 단, 노련한 부대는 경험 없는 부대보다 더 효율적으로 두려움에 대처하는 법을 안다. 생사고락을 함께한 전우에게 의지할 수 있기 때문에 대범하게 두려움을 마주했던 것이다.

1779년에서 1780년으로 넘어가는 겨울, 대륙군은 전우 외에는 의지할 곳이 없는 상황에 있었다. 이 군인들이 보여주었던 정신은 이후 아메리카에서 널리 숭앙됐다. 그들은 '규율에 대한 복종' [28], 피로를 견뎌내는 인내심, 모든 고통과 궁핍함에 대처하는 능력 등을 보여주었다. 당해 겨울 모리스타운에서 벌어졌던 일을 생각하면, 이 병사들은 치열한 싸움 끝에 씁쓸하게 체념해버릴 수도 있었다. 병사들은 가혹한 추위와 굶주림 속에서 버림받았다는 생각에 괴로워하고 있었다. 병사들은 건강과 체온을 지키기 위해 식량과 의복을 지급받고 싶어 했지만, 대륙군에게 지급된 보급품은 많지 않았다. 고통이 언제 끝날지 모르는 상태에서 병사들의 불만은 더욱 깊어졌다. 하지만 병사들은 겨울을 나면서 불만을 일종의 순교와 같은 감정으로 승화시켰다. '영광스러운 대의'를 위해 목숨을 바치는 순교자가 되겠다고 다짐했던 것이다. 그들은 독립의 이상을 준수하며, 독립이 실현될 순간까지 임무를 완수하겠다고 결심했다. 도시나 마을에 사는 민간인이 그런 일을 위해 목숨을 바칠 일은 없을 것이기 때문이었다.[29]

따라서 정규 대륙군은 민병대와 다른 방식으로 독립 전쟁의 '대의'를 추구했다. 독립 전쟁이 끝나기 전 4년 동안 대륙군은 민병대보다 의사 표현을 자제하고 덜 독립적인 모습이었지만, 내의를 위해 목숨을 바쳤던 것이다. 그들은 독립 전쟁에서 아메리카가 추구하는 목적을 자신의 것으로 받아들이는 데 더욱 진보한 모습을 보였다. 고립되고 등한시된다고 느끼면서도 자신들이 민병대보다 더 애국적이라고 생각하게 되었다. 물론 그렇다고 해서 그들이 민병대보다 더 아메리카적인 것은 아니었다.

대륙군이 느낀 감정의 원천은 참으로 흥미롭다. 또한 이 원천은 대륙군이 받아들인 엄격한 직업윤리를 강화하는 일에도 한몫했다. 민병대보다 더 긴 복무 기간, 장교들이 건네는 인정과 존경, 비상근 병사들에 대한 경멸을 바탕으로 대륙군은 천천히 유연성과 자긍심을 키워나갔다. 나라는 군부대 내에 있는 그들을 무시했을지도 모른다. 나라는 그들로 하여금 배를 곯게 하고 추위를 견디지 못해 등이 굳게 하고 거적을 덮어쓰게 했을지도 모른다. 하지만 그들은 전투에 임할 때 적에게 무시를 당하고 싶지 않았다. 전투에서 대륙군은 도덕적이고 전문적인 군인이고자 했고, 같은 가치를 추구하는 전우들과 함께 싸웠다.

이 복잡한 태도는 겉보기와는 다른 의미를 지녔다. 민병대와 대륙군의 전투 성과만 놓고 보았을 때에는 독립의 대원칙이 그다지 영향력이 없었던 것으로 보인다. 만약 대원칙이 영향을 미쳤다 해도, 주로 민병대 측에서 나타났으리라고 생각된다. 민병대 병사들은 자연권에 몰두해 상비군에 대한 깊고 끊임없는 불신을 보였고 참전하려는 의지도 강하지 않았는데, 독립의 대원칙이 오히려 전투 의지를 꺾은 것으로 보이기 쉬웠다. 그렇지만 민병대와 달리, 가난하고 가지지 못한 이들로 구성된 대륙군은 점점 전문적이고 정치에 무관심한 영국군 보병대를 닮아가면서 더 훌륭하게 싸우는 군대가 되었다.

이런 결론은 부분적으로는 왜곡됐다. 일부 아메리카인이 독립의 원칙에 헌신했고, 그로 인해 전장에서 믿을 수 없는 존재가 되었다는 역설은 어떤 측면에서는 사실에 가깝다. 그럼에도 원칙에 대한 헌신은 여전히 그들을 전장으로 이끄는 데 도움을 주었다. 총사령관인 조지 워싱턴은 그들의 영광스러운 대의 덕분에 독립 전쟁이 자유민 대 용병의 싸움이 되었다는 점을 줄곧 휘하 병사들에게 상기시켰다. 1776년에 그가 말한 것처럼, 그들은 '자유의 축복'을 위해 싸우고 있었다. 남자답게 처신하지 않으면 자유는 사라지고 그 자리에 종속이 들어서게 될 터였다.[30] 남자답게 처신하라는 주문은 공허한 것이 아니었다. 20세기 사람들은 이런 단어들을 들으면 얼굴을 붉힐지도 모르지만, 18세기에는 자유를 위한 용기, 명예, 용맹 등으로 남자다움을 규정했다. 하지만 독립 전쟁 시기에 이 단어들은 전장에서 용맹하게 싸우는 병사들의 모습에 깃들어 있었고, 전투에서 중요한 역할을 했다. 군대에서 전문적인 군인으로 거듭나던 병사들에게 전투는 어떤 교육적인 효과가 있는 것처럼 보였다. 아마 그중 어떤 이들은 군대에서 배우는 것과 전쟁의 목적에 대해 숙고해보곤 했을 것이다.

일단 전쟁의 목적이 병사들에게 매우 가치가 있는 것으로 받아들여

져야 했음을 이해해야 한다. 생사의 갈림길에서 싸웠던 병사들은 일상에서는 겪어보지 못했던 경험을 했다. 눈앞의 적을 죽여야 했고, 때로는 자신이 죽을 수도 있었다. 이러한 비일상적 경험을 견디기 위해서는 목적이 제시돼야 했다. 그러나 전쟁이 아무리 삶, 자유, 행복 추구권 등을 위한 싸움으로 규정된다고 해도, 전투의 경험은 자연스럽게 느껴지지 않았다.

하지만 다른 측면도 고려해야 한다. 전쟁의 경험은 매우 비일상적인 것이었지만, 어떤 요소는 선생 이진에도 겪어본 것이었다. 18세기의 사람들이 '공적인 믿음에 부응하는 것과 개인의 자유'라고 일컬었던, 공적 책임감과 사적인 욕구 중 어느 것을 선택하느냐의 문제는 민간인들도 항상 대면하던 문제였다. 전쟁의 목적은 병사들이 전장에서 수행하는 특정한 행위들과 결합돼 큰 효과를 냈다. 전투에서 미덕은 개인의 자유, 나아가 개인의 목숨을 다른 이를 위해 희생하는 것이었다. 병사들은 싸울 때마다 집단과 자유 사이에서 선택을 내려야 했다. 싸워야 하는가, 아니면 도망쳐야 하는가? 그들은 선택이 죽음과 삶을 결정한다는 것을 알았다. 돈을 받고 대신 입대했던 하인, 견습공, 가난한 자들은 이 선택을 내리기 앞서 도덕적인 고민을 할 필요가 없었을지도 모른다. 그들은 지금껏 개인의 자유를 제대로 누려보지 못한 사람들이었다. 하지만 18세기의 신분 질서가 만들어낸 계략에 빠져 입대하게 된 이들조차 도덕적 고민을 피할 수 없었다. 병사들은 밀집대형에 끼어서 전우들과 어깨를 맞댔고, 자신에게도 미덕을 실천할 기회가 생겼다는 사실을 깨달았다. 대열을 유지하는 것만으로도 그들은 전우와 명예를 지킬 수 있었다. 반면 전투에서 도망치는 것은 개인의 안위만을 지키는 것이었다.

토머스 페인이 말한 것처럼 전투는 이런 식으로 병사들의 성품과 영혼을 시험했다. 그 시험에서 많은 병사가 죽었다. 일부 병사들은 시험이 잔인하다고 생각했다. 그렇지만 "영광스럽다"고 말한 이들도 있었다. 이런 인식의 차이는 독립 전쟁에서 병사이면서 동시에 아메리카인이 된다는 게 얼마나 힘든지를 잘 보여준다. 그때 이후 이 문제는 결코 쉽지 않았다.

병참과 보급에서 이중고를 겪은 대륙군

갓 들어온 신병들은 군대에 쉽게 적응하지 못했다. 군대는 사람, 이상한 규칙, 새로운 일과가 기묘하게 결합된 곳이었기 때문이다. 메릴랜드의 한 농장에서 온 신병에 대해 생각해보자. 그는 징집 할당량을 채워야 했던 지역 관리의 설득에 넘어갔을 것이다. 지역 관리는 농장에서 임금을 받고 일하던 신병에게 입대 보상금 10달러와 3년 복무를 마치면 받게 될 100에이커 땅을 약속했다.

아나폴리스 근처의 신병 교육대에 도착한 신병은 주력군이 있는 펜실베이니아로 곧 출발할 것이라는 말을 들었다. 대륙군 장교들은 영국군 하우 장군의 의도가 무엇인지 추측하느라고 정신이 없었다. 장교들은 그런 고차원적 문제로 고민했으나, 신병에게는 다른 해야 할 일이 있었다. 다른 병사들과 어울리는 일이었다. 신병은 그들이 모두 같은 이유로 군에 지원한 것이 아니라는 점을 알게 되었다. 입대 사유뿐만 아니라 조건도 달랐다. 사실 군은 여러 부류의 부대로 구성됐다. 민병대는 대개 기껏해야 몇 개월 정도만 복무했는데, 그 기원은 영국의 무장 허용 규정English Assize of Arms에 있었다. 좀 더 직접적인 원인을 말하자면, 독립 전쟁 훨씬 이전에 민병대 복무를 의무로 하고 각 마을에게 감독권을 부여한 법을 들 수 있다. 현실적으로 모든 사람이 민병대로 복무하지 않았지만, 군복무가 의무라는 생각은 널리 퍼졌다. 그리하여 대륙회의가 1775년 6월에 대륙군을 창설했을 때 민병대는 그 주축이 되었다.

대륙회의는 뉴잉글랜드 지역의 주들에서 온 민병대를 정규군으로 편성했다. 이어 모든 주에게 정규군 혹은 민병대를 징집해달라고 요청했다. 주들이 지역 부대의 경비를 계속 지급하는 대신, 대륙회의는 대륙군의 신병 모집과 복무에 들어가는 비용을 담당했다. 이 체계는 각 주에서 병사를 모집하기 위한 경쟁을 불러일으켰고, 그 대가로 부

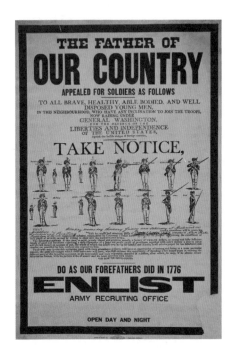

대륙회의의 병사 모집 포스터 대륙회의와 각 주 정부는 입대 보상금을 지급하고 복무 후 토지 지급을 조건으로 신병을 모집했다.

패한 군인들이 나타나고 군대의 사기가 낮아졌다. 경쟁은 병사들을 모아 와서 대륙회의의 보상금을 따내는 형태로 진행됐다. 대륙회의와 각 주가 서로 이기려고 경쟁을 벌이자 보상금 철새들이 나타났고, 그들은 여러 번 입대를 되풀이하면서 보상금만 챙기고 탈주해버렸다. 이런 관행 때문에 정직한 병사들은 동요했는데, 특히 유감스럽게도 낮은 보상금으로 복무하게 된 병사는 자신이 2배로 속았다는 생각을 하게 되었다.

메릴랜드의 저 신병이 부대에 도착했을 때, 베테랑들은 그가 받은 보상금이 얼마인지 물어보았을 것이다. 신병은 다른 이들처럼 속았다는 느낌을 받았고, 입대 보상금이 올라갈수록 불만을 품게 되었다. 워싱턴은 초창기에 입대를 결정한 이들에게만 1회에 한해 100달러의 보상금을 추가로 지불하자고 대륙회의에 촉구하며 병사들을 진정시키려고 했다. 대륙회의는 워싱턴의 제안을 미루더니 1779년이 돼서야 관련 법안을 통과시켰다.[31]

하지만 폭등한 보상금을 지급해도 대륙군과 민병대 연대의 인원수를 채울 수가 없었다. 대륙회의는 1776년이 되자마자 이미 복무 중인 민병대를 재편해 27개 대륙군 연대를 만들었다. 같은 해 9월, 롱아일랜드에서 아메리카군이 대패한 이후 대륙회의는 88개 대대의 모집을 인가했고, 12월이 되자 추가로 16개 대대의 모집을 승인했다. 이런 부대 할당량은 채워지지 않았다. 1779년에 80개의 연대 모집을 승인하는 주요 개편이 있었지만 다음 해가 되자 그 숫자는 58개 연대로 줄어들었다.

우리의 신병은 이런 계획에 대해 거의 아는 바가 없었다. 그는 동료들이 대부분 징병 계획이 발표될 때마다 모집되었거나 '징발'되었다는 것을 알아차렸다. 주들은 각 지역에서 징병관을 임명했는데, 이 징병관들은 지역의 권위를 십분 활용했다. 이 때문에 징집된 사람이 대체자를 군대로 보내는 것이 가능했다. 대체자를 고용하는 것은 매우 흔한 일이었다. 뉴햄프셔주의 에핑에서는 할당 인원 전부가 인근 마을에서 온 대체자로 채워진 일도 있었다. 자연히 이 결과로 현역 복무자 중 가난한 사람들과 재산이 없는 사람들의 숫자가 갈수록 더 많아지게 되었다.

메릴랜드의 신병을 포함해 이런 가난한 신병들은 식량, 의복, 급료 따위가 제대로 지급될 것이라고 기대하지 않았다. 실제로 보급품은 제대로 지급되지 않았다. 대륙회의는 병사들에게 매일 고기, 채소, 빵을 충분히 배급해야 한다는 생각을 갖고 있었다. 이 훌륭한 생각은 전쟁 대부분을 치르는 동안 그저 생각에 그쳤다. 병사들은 자주 굶주렸고 거의 헐벗은 상태로 돌아다녔다. 신발 없는 병사들이 포지 계곡에 남긴 핏자국 어린 행군로行軍路는 이후에 펼쳐진 군사작전에서도 자주 등장했다. 1779년과 1780년 사이의 겨울에 모리스타운에서 병사들이 겪은 굶주림은 포지 계곡보다 훨씬 심했다. 병사들은 그곳에서 전쟁 기간 중 가장 심한 추위를 겪었는데, 이것과 비교하면 포지 계곡의 추위는 오히려 봄날 같았다. 겨울이 시작된 지 얼마 지나지 않았을 때, 에버니저 헌팅턴Ebenezer Huntington 중령은 고통받는 병사들을 보고 이런 글을 남겼다. "불쌍한 친구들, 나는 저들을 보면 가슴이 멘다. 저들에게 감사하는 마음이 없는 우리나라를 저주한다." 그는 추위와 굶주림이 더 심해진 1월에는 틀림없이 이 저주를 다시 입가에 떠올렸을 것이다.[32]

메릴랜드 병사들은 물론 부대 하사관들도 군의 보급이 어떻게 처리되는지 거의 알지 못했지만, 보급망이 어쨌든 대륙회의로부터 시작된다는 것 정도는 알고 있었다. 설사 모른다고 하더라도 곧 알게 될 터였다. 군에서 보급과 관련한 대다수의 문제가 대륙회의의 잘못이라고 말하고 다녔기 때문이다. 전쟁이 끝나기 전에도 아메리카인 대다수는 군대의 이런 주장에 동의했다.

1775년 6월 대륙군을 창설하고 나서 얼마 뒤 대륙회의는 병참부와 식품부를 설립하고 군대가 필요로 하는 보급품을 공급하는 일을 맡게 했다. 이 기구들은 영국군의 비슷한 체계에서 힌트를 얻었는데, 비슷하면서도 다른 점이 있었다. 영국 의회는 한참 전부터 보급에 관한 업무 전반을 재무부에 넘겼다. 그들은 아메리카의 영국군이 필요로 하는 모든 물자를 계약의 형태로 조달했다. 하지만 다른 문제에 신경을 쏟고 있던 재무부는 식민장관, 전쟁장관, 아메리카의 식품부 등과 협력을 해야 했다. 이 기구들과 나중의 해군청은 런던 상인들 및 그들의 대리인과 협약을 맺고 식량, 의복, 연료, 사료 등을 아메리카로 보냈다.[33]

영국은 상당한 어려움을 뚫고 이런 일들을 해냈다. 그중에서도 가장 큰 장애물은 먼 거리였다. 대서양을 건너려면 장기 항해가 불가피했기 때문에 재무부는 멀리 앞을 내다보며 계획해야 했다. 그렇지만 실수도 있었다. 예를 들면 헨리 클린턴은 1779년과 1780년에 병사들이 굶주림으로 쓰러질지도 모른다는 생각으로 번민한 적이 있었다. 때로 식량을 실은 배가 엉뚱한 항구로 가는 일도 있었다. 영국군이 필라델피아를 떠난 뒤, 코크에서 온 두 종군 상인은 델라웨어강을 통해서 필라델피아에 진입했다. 물론 그들은 거기서 배를 곯던 이들이 영국군이 아니라 대륙군이었다는 사실은 까맣게 모르고 있었다.[34]

영국군은 먼 거리와 소통 문제를 극복할 수 있는 방편을 마련해두고 있었다. 우선 영국 정부는 오랫동안 군대의 지원 업무를 해왔다. 담당하는 업무의 범위가 넓기 때문에 심한 부담을 느꼈을지 모르지만, 그들에게는 대응할 수 있는 기구와 경험이 있었다. 그들은 쇠고기부터 머스킷 총 탄환에 이르기까지 수천 명에게 필요한 모든 것을 담당하는 체계를 급히 만들지 않아도 되었다. 부처, 대행사, 기록, 지급 수단, 조달, 배급 등 온갖 업무를 담당하는 기관을 새로 만들지 않아도 되었다. 영국군은 이미 그러한 제도를 확립하고 있었다.

대륙회의는 그렇지 않아도 수많은 문제에 마주한 상태로 병참 체계를 처음부터 세워야 했다. 그들은 부대를 편성해 전쟁 중인 지역에 군대라고 부르기 의심스러운 부대를 파견해야 했고, 다른 한편으로는 부대에 보급품을 팔아 수익을 내고자 했다. 군대 안팎에서 이 보급 체계에 종사한 사람들은 사실상 아무런 경험이 없거나, 있더라도 '큰 기관에서 일한 적이 없었다. 그러면서도 대륙회의는 병사들의 수요를 만족시키려고 했으나, 정작 병사들은 큰 조직과 복잡한 절차를 탐탁지 않게 생각했다.

식품감인 코네티컷 출신 조지프 트럼불은 좋은 출발을 했다. 그는 코네티컷주의 군대에서도 비슷한 일을 했던 상인이었다. 트럼불은 대륙군이 보스턴 공성을 하는 동안 주로 코네티컷 주에 의존하여 보급품을 공급했다. 전쟁 첫해에는 뉴잉글랜드 지방의 식량 재고가 충분했기 때문에, 트럼불은 주둔하는 대륙군의 배를 채우는 데 큰 어려움을 겪지 않았다. 하지만 첫 번째 군사작전 이후로는 배급이 그다지 수월하지 않았고, 병사들은 부족한 식사로 자주 배를 곯으며 힘들어 했다. 어떤 때에는 거의 아사 직전까지 가기도 했다.[35]

펜실베이니아 출신 토머스 미플린은 병참감으로 처음부터 어려움을 겪긴 했지만 1777년까지 그의 부서는 큰 문제를 겪지 않았다. 미플린은 조지 워싱턴의 지명으로, 1775년 8월부터 병참감 업무를 맡았다. 그가 대륙회의에서 받은 책무 중에는 보급뿐만 아니라 군수 작전 책임도 있었다. 영국의 병참감도 대개는 부대의 이동 작전까지 담당했다. 대륙회의는 그가 대륙군에서 똑같은 임무를 수행하도록 결정을 내렸고, 미플린은 군대가 지나가는 도로와

토머스 미플린(1744~1800) 필라델피아 출신의 상인이자 정치인으로 독립전쟁에서 병참감으로 복무하며 군수 이동 작전을 책임졌다.

다리의 관리, 대륙군 야영지 배치와 건설, 마차, 마차를 끄는 말, 배의 공급과 관리 등을 담당하게 되었다. 그러나 미플린은 보스턴에서 영국군이 떠나고 얼마 후 병참감 업무에서 물러났다. 후임자 스테판 모일런Stephan Moylan은 석 달만 업무를 맡았는데, 대륙회의가 미플린을 설득해 9월에 다시 복직시켰기 때문이다.[36]

대륙회의는 입법부가 자신이 제정한 법이 실패하는 모습을 지켜보듯이 군수물자의 보급이 실패하는 것을 바라보았다. 그들은 보급 실패가 조직에 흠이 있어서 생긴 문제라고 보았다. 그들은 조직의 단순함이 보급 실패로 연결되었다고 확신하고 조직 체계를 더욱 복잡하게 만들기 시작했다. 제도를 더 복잡하게 만든다는 것은 더 많은 부처와 인원이 필요하다는 것이었고, 그것은 일 처리를 더욱 번거롭게 만들었다.

대륙회의는 이후 4년 동안 이와 같은 노선을 따라 움직이는 경향을 보였다. 그들은 1777년 6월에 식품감들의 업무를 구매 담당과 배급 담당으로 나누었다. 업무 분담의 요구가 계속됐고 적절한 방식으로 업무를 나누었다는 점에서 이치에 맞는 조치였다. 대륙회의는 두 식품감이 서로 잘 논의해 일을 처리하고 총사령관인 워싱턴의 지시에도 잘 대응할 것이라고 생각했다. 식품감들은 대개 대륙회의의 기대에 부응하는 모습을 보였지만, 때로는 혼란스런 모습도 보였다. 최종 상급자인 대륙회의가 서로 다른 목소리로 지시를 내렸기 때문이다.[37]

대부분의 문제는 절차의 모호함보다는 식품감들이 관직을 통해 이득을 챙겨서는 안 된다는 대륙회의의 분명하고 굳은 신념 때문에 일어났다. 조지프 트럼블은 1775년에 코네티컷이 식품부의 임명권자일 때 식품감을 맡았다. 그와 그의 대리인들은 식품을 사는 데 드는 전체 비용의 1.5퍼센트를 수수료로 받을 것으로 기대했다. 이런 기대는 충분히 식품부 내에서 이익 지향적인 행동을 야기했을 수 있다. 마찬가지로 대륙회의가 식품부에서 일부러 더 비싼 물품을 살 것을 우려해, 조직 개편을 통해 트럼블과 그의 대리인들에게 수수료 대신 급여를 지급한 것도 이해할 만하다. 트럼블은 실망감을 느끼고 개편 이후 두 달 만에 자리에서 물러났다. 그리하여 트럼블이 맡았던 직무의 절반, 즉 배급 담당 식품감은 찰스 스튜어트Charles Stewart가 맡게 되었다. 당연히 그도 예전에 있던 장려책을 누리지 못했다. 스튜어트는 요크타운 전투 이후까지 이 보직을 수행했다. 트럼블의 대리인 중 한 사람이었던 윌리엄 뷰캐넌은 1778년 3월까지 구매 담당 식품감을 맡았다. 다음 달인 4월에 또 다른 트럼블의 대리인인 제레미아 워즈워스Jeremiah Wadsworth가 그 직무를 맡았고, 1780년 1월 1일까지 재직했다. 최후의 구매 담당 식품감은 이프라임 블레인Ephraim Blaine이었는데, 1781년 말 해당 직위가 폐지될 때까지 재직했다.[38]

바통을 이어가며 재직한 그들은 때로는 틀림없이 진짜 머스킷 총을 가지고 전장에 나가고 싶었을 것이다. 이 장교들은 참모였기에 일선 지휘관보다는 서열이 낮았으며, 온갖 부류의 공격을 받았다. 식품감을 사직한 상태였던 트럼불은 조직 개편을 실행했던 대륙회의에게 책임을 돌렸다. 그는 대륙회의 때문에 직무 수행을 하는 것이 불가능했다고 말했다. 워싱턴에게 보내는 편지에서 트럼불은 부처의 장이라면 직원과 업무의 통제가 가능해야 하는데 대륙회의가 통제권을 빼앗아갔다고 했다. "이런 체제에서는 반드시 모든 부처와 끊임없이 충돌하게 될 겁니다. 지속적으로 곤란해지는 건 물론이죠. 보급에 관해 비난이라도 있으면 증인들과 함께 대륙회의에 참석해서 고발자들에게 반박해야 하는 일이 밥 먹듯이 터져 나오게 될 겁니다." 트럼불은 구매와 배급으로 부처를 나누는 일은 불필요하게 옥상옥屋上屋을 만드는 것이며, 둘로 나뉜 식품부는 반드시 망할 것이라고 주장했다. 그의 주장이 전적으로 옳았던 것은 아니다. 트럼불은 자신의 사임을 해명하는 과정에서 솔직하지 못했다. 줄어든 권위만큼이나 수수료를 받지 못하게 한 대륙회의의 조치가 그를 괴롭혔던 사실을 말하지 않았던 것이다.[39]

대륙회의가 식품부의 수수료 징수를 금지했던 것은 공화국의 이상에 비춰 양심의 가책을 느꼈기 때문이었다. 대륙회의의 의원들은 식품감들과 그들의 대리인들이 받는 급여가 지나치게 높다고 생각했다. 1775년에 존 애덤스는 그들을 보고 "사치스럽다"고 말했다. 대륙회의는 보급품을 늘리면서도 비용은 억제하기를 바랐다. 또한 국고를 보존하면서도 보급 통제는 개선해 군부대의 전력을 강화하기를 바랐다. 1777년 재편으로 인해, 식품부는 자세한 구매 기록을 남겨야 했다. 식품감들은 군대 물자로 무엇이 요구되는지 어떠한 의혹도 남겨서는 안되었고 기록을 자세히 작성해야 했다. 그들은 장부, 청구서 2부, 영수증, 수입, 일지를 남겼다. 구매 대리인은 매번 구매 기록을 기재한 일지를 가지고 있어야 했고, 장부의 균일성을 위해 각 페이지를 10열로 나눠 각 구매 행위의 완전한 내역이 기재되도록 신경 써야 했다. 가축을 구매할 경우 '수, 색, 암수 구분'을 적어야 했으며, 추가로 그보다 더 많은 명세를 기록하기도 했다. 식품감들은 당연히 이런 요구를 번거롭게 여기며 못마땅하게 생각했다. 하지만 공익 수호에 단호했던 대륙회의는 군수 체계에서 부패가 일어날 가능성이 높다고 생각했다. 까다로운 절차는 부패를 막기 위해 꼭 필요한 것이었다.[40]

대륙회의는 식품부보다 병참부에 더 큰 관심을 기울였다. 병참감은 더 어려운 직무를 수행해야 했다. 보급품을 구매하고 수송하는 임무 외에도 작전 책임까지 맡고 있었기 때문이다. 초대 병참감이었던 토머스 미플린은 굉장히 유능했지만, 상부의 무리한 요청이 너무 많아 효율적으로 대응할 수 없었다. 그는 1777년 대부분을 대륙회의와 밀접하게 지내며 임무 재편과 병력 보충을 담당하며 보냈다. 미플린이 해당 업무를 보는 동안 그의 부처는 사달이 났다. 많은 연구자는 이 시기 병참부가 와해된 책임이 대륙회의에 있다고 판단한다. 실제로 대륙회의는 어떤 점에서는 그런 비판을 받을 만했다. 대륙회의는 1777년에 전쟁 내내 지속되는 관행을 만들었다. 보급품을 운송하는 데 사용되는 마차와 그것을 끌고 가는 동물들의 이용료를 시장가보다 낮게 책정한 것이다. 당연히 상인들과 말과 소를 부리는 사람들은 병참 장교들과 함께 일하기를 꺼렸다. 다른 쪽과 일하면 더 많은 돈을 챙길 수 있었기 때문이다. 1777년에 나타난 보급선의 붕괴는 배급의 위기에서 비롯되었다는 것이 밝혀졌다.[41]

대륙회의는 부패를 감시해야 한다는 의지 때문에 때때로 상황을 더 악화시키곤 했다. 불만이 접수되면 대륙회의의 위원회가 조사에 나섰고, 이런 조사 때문에 관련 업무를 지연시키거나 일시적으로 마비시켰다. 최종 책임자는 대륙회의였지만, 병참 업무는 지휘 계통이 분명하지 않았다. 현장에서 병참 장교들은 대륙회의보다는 군 지휘부의 명령을 따랐지만, 자금에 관계되는 일들은 대륙회의에게서 직접 명령을 받아야 했다. 이는 종종 군부대에 재앙과 다를 바 없는 상황을 가져왔다.

간단하게 말하면, 대륙회의는 보급 업무가 어떤 것인지 몰랐다. 이러한 무능은 상급 지휘관들과 대륙회의 의원들에게서 흔히 발견됐고, 보급 실패의 근본적인 원인이었다. 그들에게 재정, 보급, 관리는 모두 미지의 영역이었다. 이 문제를 해결하기 위해 대륙회의와 군 수뇌부는 조직을 확대 개편했고, 이런 식의 개편에 늘 따라오는 손실과 실수가 발생했다.

대륙회의에는 불안정한 공공 재정이라는 문제가 있었다. 안정적인 재원이 없었으므로 대륙회의는 자금을 마련할 다양한 방책을 찾아야 했다. 하지만 어떤 것도 만족스러운 결과를 내지 못했다.

대륙회의가 보급 문제에서 큰 실수를 저지르기는 했지만, 병참감과 그의 대리인들을 제약한 것은 실수라고 할 수 없다. 이들은 전쟁 대부분 동안 보급품 구매에 사용된 전체 금액의 1퍼센트를 수수료로 챙겨서 나눠 가졌다. 1778년 3월 미플린에 뒤이어 병참감이 된 너새니얼 그린이 1년 동안 재직한 뒤 "여기서 생긴 수익은 내 재산에 큰 도움이 되었다"고 인정할 정도였다. 다만 그린이 돈보다 명예를 더 갈망하는 사람이었다는 것을 고려할 필요가 있다. 그는 병참감에 임명된 것이 "군인으로서 치욕"이며 "역사적으로 병참감에 대해 중요하게 이야기하는 사람이 없으며, 특히 그가 훌륭한 작전을 세웠다고 말하는 것은 들어본 적도 없다"고 말했다. 그린의 말은 약간 틀렸다고 할 수 있다. 사람들이 병참감에 대해 자주 이야기했기 때문이다. 다만 그 이야기들이 좋지 않은 것이었을 뿐이다. 그린은 병참감으로서 유능하게 일을 처리했지만, 재직 기간 내내 자신의 업무가 불명예스런 것이라고 한탄했다.[42]

대륙군의 뉴욕 철수 직후인 1776년 말, 대륙회의는 병참부의 업무 부담을 줄이기 위해 두 가지 중요한 변화를 꾀했다. 첫째는 대륙회의의 위원회 중 하나인 전쟁청 산하에 신설된 피혁 조달부였다. 이 부서는 병사들에게 신발을 보급하는 임무를 맡았다. 이것은 힘든 일이었다. 왜냐하면 가죽 가격이 폭등한 데다, 대륙군이 여러 지역으로 이동하면서 전투했기 때문이다.[43]

대륙회의가 이보다 더 중요하게 생각한 또 다른 개혁은 군대에 의복을 제공하는 독립된 피복 조달부를 설립하는 것이었다. 제임스 미즈James Mease가 피복감으로 부임했다. 그가 일을 어떻게 처리했는지는 충분한 옷을 지급받지 못해 병에 걸린 병사들이 자신이 '미즈 병'에 걸렸다고 불평했다는 일화에서 짐작할 수 있다. 필라델피아의 상인인 미즈는 피복감으로 지명받기 위해 총사령관 워싱턴에게 끊임없이 아첨했다. 그는 이런 말까지 했다. "신께서는 어떤 경우에라도 각하의 장래 성공을 보장하셨을 겁니다. 세우신 공이 있는데요! 그리하여 각하의 기대에 부합되는 성공을 거두게 될 거라고, 저는 확신합니다."
몇 달 뒤, 미즈는 기분이 상한 워싱턴 앞으로 불려가 어떤 대륙군 연대가 왜 붉은 군복을 입고 있는지 설명하라는 질책을 들었다. 그런 질책은 특별한 경우였다. 대부분 그는 군복의 색깔에는 상관없이, 왜 군복이 부족한지만 설명하면 되었기 때문이다. 워싱턴은 군복이 부족한 것을 전부 미즈의 무능 탓으로 돌릴 수 없다는 것을 알았지만, 그렇다고 그의 책임을 무시할 수는 없었기 때문에 1778년 8월 미즈의 해임을 요청했다. 대륙회의는 해임을 미루다가 다음 해 7월에야 결정을 내렸다.[44]

미즈는 속된 말로 만만한 공격 상대가 되었지만, 워싱턴의 인내심이 바닥을 친 뒤에도 상당 기간 자리를 지킬 수 있었다. 일선 지휘관들은 미즈에게 지독히 비판적이었다. 하지만 그들도 책임이 없었던 것은 아니다. 사실상 가능할 때마다 보급품을 횡령했기 때문이다. 보급품은 농촌 지역에서 주력 부대로 수송돼야 했다. 그런데 보급품 수송 행렬을 함부로 대하는 분위기가 만연해 있었다. 특별 임무를 받고 떠나는 주의 지휘관들과 부대는 보급품 수송 행렬이 보이면 마차를 정지시키고 그들이 필요하거나 바라는 것을 마음대로 가져갔다. 그들은 그런 행동을 자연스럽게 합리화했다. 이 보급품은 군대가 쓰라고 제공된 것이고 나라를 지키는 자신들이 가져가는 것이니 그게 그거 아니냐는 논리였다. 장교도 군의 일부였고 그들 역시 궁했다. 워싱턴 사령부의 정보 본부는 각 부대의 필요량을 산출해서 우선 순위를 결정했지만, 현장에서 이러한 계산이 적용되는 일은 없었다.

대륙회의는 신용을 지키기 위해 무질서한 보급 방식에 계속 질서를 부여하려고 했다. 1779년 말, 대륙회의는 과거 절차의 상당 부분을 폐기하고 주 정부들이 직접 군수품을 공급하도록 조치했다. 1779년 12월, 대륙회의는 각 주에서 자금뿐만 아니라 '특정 보급품'까지 징발하도록 했다. 각 주에서는 이 결의를 준수하려고 했지만, 성공하는 때보다 실패하는 때가 더 많았다. 1780년에 실시된 이 계획은 고르지 못한 결과를 낳았다. 주 정부들이 보급품을 모을 수 있는 경우라도 그러했다. 남부 주들이 쇠고기, 밀가루, 사료를 뉴욕에 있는 워싱턴의 군대 등에 전하는 일은 굉장히 어려웠다. 재무감인 로버트 모리스는 1781년에 보급 문제를 담당하게 되었을 때, 이런 곤경을 파악하고 있었다. 그는 보급품이 멀리서 올 경우에 보급품을 그냥 팔아버리고 그 돈으로 부대와 가까운 곳에서 식량과 의복을 구입하게 하는 등 어려운 상황에서도 임기응변의 노력을 다했다. 그 덕분에 시간과 운송비가 절약되기도 했다.[45]

모리스가 재무감에 임명된 1781년 6월, 대륙회의의 지시로 보급품을 조달했던 주들은 어려움에 봉착했다. 어떤 주들은 보급 작전의 일환으로 조달 대행사를 설립했고, 때로는 그들에게 시민이 판매를 거부하는 물품에 대한 강제 징발권을 부여했다. 그런 주들의 시민들, 예컨대 뉴저지주의 시민은 애국심이 부족해서가 아니라 대행사의 지불 방식이 마음에 들지 않았기 때문에 이러한 방식을 거부했다. 그들은 힘들게 만든 물품들을 현금이 아니라 일종의 증서와 교환하기를 꺼렸다. 그런 종이 쪼가리를 받는다는 것은 상품을 거저 주는 것과 마찬가지였다. 당연히 시민은 항의했고, 주 정부는 양보하기 시작했다. 뉴저지주의 구매 감독관들과 군郡 청부업자들은 1781년 6월에 권위를 크게 잃었고, 곧 보급품을 징발하는 일은 완전히 중단됐다. 보급품 조달 기구가 설립된 다른 주들에서는 이미 훨씬 전부터 시민에게 재산을

'팔라고' 강제하는 시도가 폐기됐다.[46]

　주들은 곧 징발 활동 대부분을 그만두었지만, 군대는 그렇지 않았다. 워싱턴의 세심한 지도 아래, 징발은 최후의 수단으로 활용됐다. 워싱턴은 비군사 조직의 보급 작전 실패에 염증을 느꼈지만, 군에 의한 강제 징발의 위험도 잘 알고 있었다. 비록 군대의 물품 조달이 '비참하다'고 말하기는 했어도, 워싱턴은 민심을 잃게 되는 수단은 최대한 피하려고 했다.[47]

　대륙회의에 의해 임명된 가장 유능하고 재치 넘치는 재무감이었던 로버트 모리스는 보급 체계를 혁신하기 위해 노력했다. 모리스는 부유한 필라델피아 상인이었고, 그 도시뿐만 아니라 전국적으로 재계의 인맥을 두루 알고 있었다. 대륙회의는 그에게 모든 부류의 보급품을 조달할 수 있는 권한을 부여하면서도, 군대의 병참 장교들과 식품 장교들을 해고하지는 않았다. 모리스는 대륙회의의 폭넓은 지원으로 상당한 권력을 갖게 되었다. 그는 업자들과 납품계약을 맺을 수 있었고, 대륙회의의 재원을 활용해 계약 대금을 지불할 수도 있었다. 1781년부터 대륙회의의 재정은 프랑스에서 거액을 차용함으로써 일시적으로 보충되었는데, 이 덕분에 모리스는 업무 수행상의 확실한 이점을 갖게 되었다. 그는 자신의 권한을 잘 활용했다. 때로는 다소 즉흥적으로 활용하는 면도 있었지만, 독립 전쟁 최

로버트 모리스(1734~1806) 독립 전쟁에서 재정지원을 확보하는 재무감으로 복무하며 보급 체계를 혁신하기 위해 노력했다.

후의 대규모 군사작전까지 확실하게 보급을 책임졌다. 콘윌리스를 함정에 빠뜨렸던 요크타운 전투 말이다.[48]

하지만 결국 무형의 자산이 조직 또는 체계만큼이나 군대를 유지하는 데 큰 역할을 했다고 봐야 할 것이다. 대륙군은 배급이 모자라는데도 살아남아 싸우려는 의지를 보였고, 기꺼이 고통을 감내하고 희생하려 했으며, 부적절한 것을 적절한 것으로 만들었고, 동료들의 실패를 만회했다. 대륙군은 내부와 외부에서 벌어진 최악의 상황을 잘 이겨냈다. 그 무형의 자산은 결코 패배하지 않겠다는 의지였다.

전쟁 속 전쟁, 대륙군의 의료 지원

독립 혁명 이전까지 아메리카 식민지는 의료 기술에 그다지 많은 투자를 하지 않았다. 아메리카의 의술은 탁월하지도 명성이 높지도 않았다. 투자와 관심의 부족은 아마도 대륙회의로 하여금 병사들의 건강을 챙기는 일에 충분히 신경 쓰지 못하게 했을 것이다. 이유가 무엇이든, 대륙회의는 군대를 창설한 1775년 7월 말로부터 한 달이 다 지나갈 때까지 병원부의 설립을 고려조차 하지 않았다. 이와 같은 대륙회의의 무관심이 병원부 내부의 결속을 강화시키지도 않았다. 대륙회의가 병원부의 책임자로 임명한 이들은 외부의 방해요인 없이도 스스로 문제가 될 수 있다는 것을 보여주었다. 환자와 부상병들이 오히려 병원부를 딱하게 여길 정도였다.

초대 의무감이자 수석 외과의였던 벤저민 처치는 대륙회의가 병원부를 설치하기 이전부터 보스턴 인근에 주둔하던 뉴잉글랜드 부대에서 의료 봉사를 하고 있었다. 대륙회의는 자연스레 그를 의무감으로 임명하였다. 하지만 안타깝게도 처치는 반역자였다. 그가 수년 전부터 영국의 게이지 장군에게 자신을 팔았다는 것은 분명해 보인다. 갑자기 부유하고 호화로운 삶을 누리게 되었기 때문이다. 처치가 7월 의무감으로 지명되었을 때, 대륙회의 그 누구도 처치의 반역 혐의에 대해 알지 못했다. 그리고 9월까지 이 상황은 계속됐다. 1775년 여름 동안 대륙회의는 자신이 병원 조직에 대해 무지하다는 것을 여러 차례 증명했다. 대표적인 것이 연대의 군의관들에게 전선의 야전병원 팀과 종합병원이 서로 밀접하게 연계해 더 많은 일을 해내라고 촉구한 것이었다.[49]

종합병원이 무슨 일을 하는지 명확하지 않은 것처럼, 종합병원과 연대 군의관의 관계 또한 명확하지 않았다. 그러니 외부인인 대륙회의가 이들의 관계를 명확하게 알지 못하는 것은 너무나 당연했다. 기관장과 외과의들 모두 늘 자신이 대륙회의가 의도한 바를 완벽하게 이해한다고 주장했다. 하지만 그들의 관계가 어때야 하는지에 관해서는 의견이 일치하지 않았다.

이런 혼란이 공식화되기 전에, 군대는 처치의 반역 사실을 알고 그를 구속했다. 이때가 1775년 9월이었고, 대륙회의는 10월에 존 모건을 후임으로 임명했다. 하지만 모건은 11월 말이 될 때까지 케임브리지에 도착하지 못했다.[50]

존 모건(1735~1789) 대륙회의가 임명한 두 번째 의무감으로 보스턴의 군 병원을 관리했으나, 연대 군의관들을 지휘하는 데 어려움을 겪었다.

모건은 준비한 것이 많지 않았다. 처치는 의무감으로서 그다지 나쁘지 않았으나 썩 잘한 것도 아니었다. 특히 조직 체계가 확립되지 않아 모건을 곤란하게 만들었고, 결국 그는 의료 임무를 제대로 수행할 수 없었다. 모건이 처음 겪은 곤경은 바로 연대 군의관들이었다. 이 곤경은 그가 1777년 1월 의무감을 그만둘 때까지 지속됐으며, 후임인 윌리엄 쉬펜William Shippen도 1781년 1월 그 자리에서 물러날 때까지 똑같은 어려움을 겪었다. 하지만 쉬펜의 후임이 된 존 코크런John Cochran은 병원부 지휘관 중에서 가장 훌륭한 성과를 냈고, 연대들을 일부 통제하는 데에도 성과를 거뒀다. 그는 독립 전쟁이 끝날 때까지 자신의 역할을 충실히 수행했다.

연대 군의관들은 종합병원과 책임자들을 어떻게 다루어야 하는지에 대해 분명한 생각을 갖고 있었다. 필요할 때를 제외하고는 가능한 한 냉담한 관계를 유지하는 것이었다. 그들은 종합병원을 자신들에게 음식, 도구, 약품, 붕대를 제공해주는 보급소로 활용하고자 했다. 이런 생각에도 일리는 있었다. 병사들은 종합병원보다는 연대 내의 야전병원을 선호했다. 연대의 시설은 늘 더 작고, 아마도 더 위생적이고, 전우들과 더 가까이 있었다. 연대장이나 주 의회가 지명한 연대 군의관이 대개 유명한 의사이기도 했다.

그러나 의무감은 상황을 다르게 보았다. 그의 사적인 입장은 모호했지만, 대륙회의는 의무감과 그의 참모들에게 야전병원을 사찰하고 환자를 종합병원으로 옮길 권한을 부여했다. 워싱턴은 모건에게 연대 군의관과 그 보좌들을 검토해 적합성 여부를 판단하는 권한을 부여함으로써 그의 입지를 강화해주었지만, 이 조치로 모건은 굉장히 힘든 상황을 겪었다. 군이 보스턴을 떠나 뉴욕으로 향할 때 연대 군의관들은 모건의 인사고과를 거북하게 생각했고, 모건은 곧 연대 군의관에 대한 적합성 판단 작업을 그만두고 말았다.

연대 병원과 종합병원 외과의들 사이의 긴장은 코크런이 의무감을 맡을 때까지 완화되지 않았다. 대륙회의는 1777년 초 모건을 의무감에서 물러나게 했고, 후임인 윌리엄 쉬펜은 1781년 초 스스로 물러났다. 두 의무감과 북부의 새뮤얼 스트링어Samuel Stringer는 대륙회의와 군에게 배신감을 느꼈다. 사실 쉬펜은 뻔뻔하게도 모건을 끌어내리는 일에 공모했다. 모건은 이에 벤저민 러쉬Benjamin Rush의 도움을 받아 쉬펜이 사임하도록 압력을 가했다. 쉬펜은 재임 중에 군법회의에 넘겨졌고, 무죄를 선고받기는 했지만 명성에는 이미 커다란 금이 간 상태였다.

병원부 내에서 벌어진, 이런 전쟁 속 전쟁으로 인해 몇 년 동안 병사들은 조잡한 의료 지원을 받아야 했다. 의무감들이 병사들의 건강 관리를 얼마나 망쳐놓았는지는 알 길이 없지만, 병원부의 조직은 전쟁이 끝날 때까지도 허약한 상태에 머물렀다. 다만, 제도가 당시의 기준으로 완벽하게 정비되었다고 하더라도 병사들에게 제공된 실제 의료 서비스는 여전히 미흡했을 것이다. 그 당시 아메리카에는 의사나 의학적 지식이 충분하지 않았기 때문이다. 최근의 추정으로는 독립전쟁이 시작되었을 때 아메리카에는 다양한 부류의 의사들이 약 3500명 정도 있었다고 한다. 이 수치에는 명성 높은 의사들뿐만 아니라 돌팔이, 환자를 치료하는 법을 서투르게 배운 사람, 다른 직종에서 일했던 많은 사람도 포함됐다. 의사 학위를 가진 이들은 400명도 채 되지 않았다.

이런 잡다한 집단을 일반화해 기술하는 것은 불가능하지만, 그들이 질병과 치료에 관해 어떤 이론을 공유하고 있었을 확률은 지극히 낮다. 정식 의사조차 증상과 질병을 구분하지 못하는 18세기의 낡은 지식을 여전히 믿고 있었을 것이다. 천연두, 매독, 결핵과 같은 질병은 당시의 의사들에게 병으로 인식되지 못했다. 의사들은 표면적으로 관찰이 가능한 몸 상태, 즉 발열, 설사와 이질, 수종 같은 증상만을 진단하고 치료했다. 이런 치료의 이면에는 발열 같은 증상들을 질병의 결과가 아니라 인체가 정상적으로 작동하지 못하는 하나의 상태로 보는 인식이 깔려 있었다. 하지만 시간이 지나며 일부 의사들은 질병이 객관적으로 존재한다는 것을 확실히 깨달았다. 환자들을 치료하면서 한 가지 약이 어떤 증상의 집합에는 효과가 있지만 다른 증상의 집합에는 효과가 없다는 점을 파악했던 것이다. 이 경험을 통해 의사들은 두 가지 다른 질병이 증상의 배후에 있다고 추론하게 되었다.[51]

하지만 의사들은 이 추론을 모든 질병은 하나의 근본적인 원인에서 비롯된다는 낡은 믿음과 결합시켰다. 가장 흔한 가설은 몸 안에 있는 여러 종류의 체액 중 특정한 것이 과도하거나 불충분하게 되면 병이 생긴다는 것이었다. 이 이론에 근거한 진단은 피를 방혈하고 하제를 써서 변을 빼내며 땀을 흘리도록 하는 것이었다. 과도한 체액의 양을 줄이고, 식사와 약을 통해 필요한 체액의 양을 늘리기 위함이었다. 당시의 치료법은 이런 식의 진단을 따랐다. 병의 근본적인 원인을 추정했던 또 다른 가설은 화학적 불균형 이론이었다. 이 이론에서는 체액에 산성과 알칼리성이 부적절하게 섞여 있기 때문에 병이 생긴다고 보았다. 이와 관련된 치료법도 앞의 치료법과 대동소이했다.[52]

이런 이론을 거의 알지 못했던 병사들과 달리 장교들과 연대 군의관들은 건강과 약품에 관한 이와 같은 '구전 지식'을 알고 있었다. 하지만 가장 기본적인 지식을 모르고 있었다. 대륙군의 상부에서 내려온 지시로 판단해볼 때, 장교들과 연대 군의관들은 청결함이 신앙만큼이나 중요하다는 것을 몰랐던 듯하다. 고향에서 떠나온 대륙군 병사들은 혼잡한 부대 내에 쌓인 오물을 신경 쓰지 않았다. 신경을 썼다고 하더라도 깨끗이 치우라는 기본적인 원칙을 따르지 않았다. 전쟁 내내 병사들은 변소 구덩이를 사용하라는 지시를 무시했다. 대소변이 마려우면 아무 때나 아무 곳에서나 임의대로 해결했다. 그리고 음식 찌꺼기, 썩은 고기와 쓰레기를 야영지 이곳저곳에 흩뿌렸다. 대륙군에게 진정으로 필요했던 것은 침구로 쓰던 짚을 새것으로 바꾸고 목욕을 하라는 지시였다. 반면, 군생활과 관련된 모든 사항이 전문적이었던 영국군은 야영지를 항상 깨끗하게 정비했기 때문에 대륙군보다는 질병에 덜 걸렸다.

이질은 전쟁 내내 대륙군을 괴롭혔다. 스스로 만든 불결한 환경도 원인이었지만, 조리를 청결하게 하지 않은 것도 문제였다. 제빵소가 있었지만 병사들은 주로 스스로 음식을 만들어 먹었다. 식단은 물량이 충분히 확보되면 기름진 고기와 빵을 먹을 수 있었지만, 전반적으로 군대는 식단의 불균형보다는 식량의 부족으로 더 많은 고통을 받았다.

유능한 장교들은 건강한 부대 생활을 위해 조치할 수 있는 일은 다 했다. 워싱턴은 위생 관리, 식단, 목욕, 그 외에 병사들이 건강한 상태로 전투에 돌입할 수 있도록 지휘관이 관심 기울여야 할 사항 등을 지시함으로써 병영생활의 기준을 세웠다. 예를 들어 최악의 겨울을 보냈던 포지 계곡에서, 워싱턴은 부대 숙소를 청결하게 유지하라고 지시했다. 부대에서는 일반적으로 탄약통의 화약을 태우면 매일 막사 안의 공기를 정화시킬 수 있다고 생각했다. 화약이 부족할 경우에는 소량의 타르를 대신 쓰기도 했다. 병사들은 매일 천막을 걷어 주변의 땅을 청소했다. 워싱턴과 그린은 병사들에게 짧은 시간 내에 적당히 목욕을 하라고 권했다. 하지만 야전군 연대 내에는 너무 오래 물에 들어가 있으면 몸이 약해진다는 전설이 전해오고 있었다.[53]

훌륭한 초급 장교들과 부사관들은 휘하 병사들의 건강을 지키기 위해 많은 노력을 기울였다. 춥고 배고프던 병사들을 위해 불을 지펴주던 한 코네티컷 부사관의 일화는 독립 전쟁이 끝나고 50년이 지난 뒤에도 그의 부하 병사가 기억할 정도였다. 지휘나 부대 응급처치에 관한 교범에서는 이런 종류의 일을 하라고 지시하지 않았지만, 틀림없이 병사들의 건강에는 도움이 되었다. 필라델피아 민병대에서 대위로 복무하던 찰스 윌슨 필은 프린스턴 전투가 벌어진 이틀 뒤 중대가 먹을 아침을 준비하기 위해 쇠고기와 감자를 찾으러 다녔다. 그의 병사들은 식량을 찾아낼 수 없을 정도로 지쳐서 먹지도 않고 잠에 빠진 상태였다. 필 본인도 기진맥진했지만 이내 무기력을 떨쳐버리고 서머싯 법원 청사 근처의 집들을 돌아다니며 병사들을 먹일 식량을 모았다. 며칠 뒤 필은 빌리 하버스톡Billy Haverstock 소위가 병들자 그를 책임지게 되었다. 필은 그에게 설탕을 먹였지만 차도가 없었다. 그는 열이 나는 환자가 먹는 구토제인 '크로 크윈Crochwin 박사의 구토제'를 소위에게 먹였다. 하버스톡 소위의 병을 적어놓은 필의 마지막 일기에서, 그는 오랜 관습에 따라 소위에게 안티몬과 질산칼륨의 혼합인 토주석吐酒石을 먹였다고 말했다. 일반적인 복용량의 2배에 해당하는 양이었지만, 어쨌든 이 치료법으로 하버스톡은 위기를 넘길 수 있었다.[54]

설사 공인 받은 의사가 하버스톡을 치료했다고 하더라도 확실히 치료된다는 보장은 없었다. 의사도 비전문가처럼 구전 지식을 따랐기 때문이다. 하지만 약의 활용은 더 창의적일 수 있었다. 의사들은 환자의 피를 빼는 것을 선호했는데, 이는 위험한 치료법이었다. 방혈하지 않는 경우에는 하제를 써서 변을 빼게 하거나 땀을 흘리게 하는 방법을 사용했다. 하지만 이는 부대 내에서 대륙군 병사들을 괴롭힌 이질, 말라리아, 발진티푸스, 장티푸스, 폐렴, 천연두 등의 질병을 치료하는 방법이 아니었다. 다친 병사들은 군의관이 진료를 할 수 있을 때면 그에게 치료를 받았다. 군의관들은 다친 병사들의 피를 뺐는데, 늘 치명적인 결과를 낳지는 않았다. 연대 군의관의 동료로 대륙군 병원부에 들어온 제임스 대처James Thacher 박사는 상급자인 유스티스Eustis 박사가 한때 어깨와 폐의 '위험한 상처'를 방혈로 치료했다고 보고했다. 유스티스 박사는 상처 부위를 거즈로 닦아내면서 "폐를 관통한 상처를 치료하려면 환자가 극도로 피를 흘려야 한다고 말하며 반복해 엄청난 피를 뽑아냈다." 제임스 대처는 보고서에서 그 다친 병사는 회복되었으며, 치료법이 효과 있었다고 생각했다.[55]

군의관들에게 최고의 지침은 존 존스John Jones 박사가 저술한 《상처 및 골절 치료에 관한 명백하고 간략하며 실용적인 논평》이었다. 이 책은 조금 다른 방식을 옹호했다.[56] 존스는 뉴욕의 킹스칼리지에서 수술과 교수를 맡고 있었다. 그는 1751년에 랭스 대학에서 의학 학위를 받았고, 얼마 지나지 않아 프렌치-인디언 전쟁에 참가했다. 존스는 머스킷 총에 의해 상처를 입었을 경우 총탄을 적출하고 지혈을 하라고 조언했다. 존스의 책에서는 상처를 여러 범주로 나누었는데, 각 범주에는 고유한 치료법이 있었다. 다만 존스 박사는 모든 상처를 치료할 때 상처를 깨끗이 닦아내고 세심하게 치료해야 한다고 강조했다. 그는 수술의 한계를 알고 있었다. 예를 들면 다친 병사에게 절단 수술을 하면 "몸 상태가 약해진다"고 말하기도 했다.

존스 박사의 처방이 어떤 영향을 미쳤든 간에, 상처 치료법은 가장 중요하면서도 힘든 문제였다. 심한 부상을 입고도 살아남은 병사들은 행운도 따랐고 건강한 신체 덕을 보았다. 대다수의 군의관은 환자에게 최선을 다하려고 애썼다. 하지만 대륙군은 약, 붕대, 간호사, 식량 등 물자가 부족했고, 군의관이 '최선'을 다한다고 해도 죽음을 막지는 못했다.

워싱턴, 천연두에 예방 접종으로 맞서다

어떤 상처나 질병보다도 천연두로 얻은 장애는 가장 우려되는 문제였다. 실제로 천연두는 18세기의 사람들을 섬뜩하게 했다. 전투로 인해 병사들은 상처를 입었고, 때로는 평생 장애를 안고 살아야 했다. 물론 전사하기도 했다. 전투는 두려운 일이었지만, 대륙군의 일부는 그보다도 천연두를 더 두려워했다.

상처는 치료하고 붕대로 묶으면 된다는 합의가 있었지만, 천연두의 대처 방안에는 그런 합의가 없었다. 병에 걸린 사람을 격리하거나 접종을 맞게 하는 등의 방법으로 대처하고 있었다. 한편, 병사들의 감염을 막기 위해 결단을 내려야 했던 워싱턴 장군은 천연두 문제에 관해 누구보다도 잘 알고 있었다.

그의 형 로렌스는 폐를 망가트리던 병을 낫게 하기 위해 바베이도스로 요양을 갔고, 워싱턴도 동행했다. 바베이도스에서 지내던 워싱턴은 1751년 천연두에 감염됐다. 로렌스 워싱턴은 18세기에는 폐병, 현대에는 폐결핵으로 불리는 병을 앓고 있었다. 결국 그는 낫지 못하고

천연두 백신에 대한 만평 1802년의 이 삽화는 당시 대중이 천연두 백신 접종을 두려워했음을 잘 보여준다. 워싱턴은 이런 두려움을 알고 있었으나, 천연두로 군 전체가 무너지는 것을 막기 위해 병사들에게 백신 접종을 명령한다.

1752년에 사망했다. 조지 워싱턴은 병마를 이겨냈지만,[57] 천연두를 겪은 일은 잊지 못했다. 그가 1775년 보스턴 외곽에서 군대를 이끌 때 엄격할 정도로 천연두에 민감했던 것은 과거에 겪은 일 때문이었다. 천연두는 보스턴 인근은 물론이고 많은 주변 마을에도 나돌았다. 보스턴에는 약 1만 3000명의 민간인이 살고 있었는데, 1775년 초 전쟁이 발발하고 공성으로 시내에 갇힌 신세가 되자 수천 명이 도시에서 달아났다. 천연두는 남은 민간인에게 퍼졌고, 그들은 병에 속수무책으로 당했다.

천연두는 아메리카 식민지에서 오래되고 익숙한 질병이었다. 뉴잉글랜드 지방 사람들은 18세기 초에 접종 또는 인두 접종을 통해 정면으로 천연두와 맞섰다. 훌륭한 개신교 목사인 코튼 매더는 1721년에 보스턴의 의사 자브디엘 보일스턴Zabdiel Boylston을 설득해 원하는 사람들에게 접종을 하자고 했다. 마을에는 천연두가 급속히 확산되고 있었는데, 확산을 막기 위해 선택한, 전에 시도하지 않았던 그 방법은 곧 빗발치는 비난의 화살을 받았다. 그 이유를 이해하는 것은 그다지 어렵지 않았다. 접종은 팔이나 손 등 신체를 절개한 뒤 감염된 물질인 고름을 집어넣는 것이었다. 물론 이 농즙은 천연두를 앓는 사람의 고름집에서 추출했다. 예방접종을 맞은 사람은 며칠 뒤 천연두를 앓았지만, 놀랍게도 자연적으로 천연두를 앓았을 때보다 덜 심각한 증상을 보였다. 1721년에 접종을 두고 벌어진 소동은 충분히 이해할 수 있는 현상이었다. 하지만 코튼 매더는 자신의 집 창문을 뚫고 들어온 폭탄을 보고서 접종 반대자가 아주 극단적인 방식으로 불만을 표출했다고 생각했다.[58]

보스턴에서 처음으로 시도된 이후, 접종을 받는 사람들은 몇 년 동안 천천히 늘어났다. 하지만 접종은 자주 비난을 받았고, 식민지의 도시와 마을은 접종을 금지하기도 했다. 독립 전쟁이 시작되기 전 몇 년 동안, 아메리카 사람들은 천연두와 그 치료법에 대해 예전보다 더 많은 것을 알게 되었다. 천연두가 급속히 확산되는 것을 막기 위해 지역사회는 격리를 시행했고, 일부는 수정된 형태의 접종을 시도하기도 했다. 의학 지식은 점차 피접종자는 고름을 넣기 전에 미리 준비를 해야 한다는 쪽으로 결론을 내리고 있었다. 그 준비란 특식을 먹고 천연두에 걸리지 않은 사람들로부터 격리돼야 한다는 것이었다. 접종을 통해 천연두에 감염된 사람들이 자연적으로 감염된 사람들보다 훨씬 덜 앓는다는 것은 18세기 중반에 인정됐다. 격리와 검역을 결합해 실시할 때조차도 접종은 여전히 논란의 대상이었다. 때로는 위험하다고 증명되기도 했다. 워싱턴이 보스턴의 접종 역사를 알았다는 증거는 없지만, 틀림없이 그 소식을 부분적으로라도 들었을 것이다.[59]

1775년에 보스턴에서 천연두 문제에 직면한 워싱턴은 어떤 선택을 내릴지 고심했다. 병사들에게 접종을 받게 할지, 아니면 격리를 명할지를 속히 판단해야 했다. 워싱턴 휘하의 대다수 병사는 천연두를 앓은 적이 없었기 때문에, 접종을 선택하면 다수의 병사를 일시적으로 격리시켜야 했다. 이는 공성의 위력을 감소시킬 위험이 있었다. 접종한 이들은 때로 심하게 앓을 때가 있었는데, 이렇게 되면 전투는 불가능했다. 적이 알아채지 못하게 단계적으로 신중하게 접종을 하면 위험을 줄일 수 있었다. 하지만 피접종자를 필요한 것보다 일찍 부대에 복귀시키는 실수를 할 경우 보스턴 주변에 밀집 전선을 펼치며 야영하는 병사들에게 병을 옮길 위험이 있었다. 결국 워싱턴은 접종을 하지 않기로 했다. 그는 자연적으로 천연두에 걸린 병사들과 보스턴에서 도망쳐 전선으로 들어온 민간인 중 천연두에 걸린 자만 격리했다. 워싱턴의 빈틈없는 조치는 성공을 거두었다. 그의 병사들 대다수는 천연두에 걸리지 않았다.[60]

1777년 1월, 뉴저지주 모리스타운에서 워싱턴은 이전과 다른 결정을 내려야 했다. 휘하 병사들 사이에 천연두 감염이 심각했는데, 이는 다른 대륙군 병력도 마찬가지였다. 워싱턴은 이로 인해 군대가 무력해질 것을 걱정했다. 그는 접종이 이전에 전해 들은 반발을 일으키리라는 것을 알았다. 그런 반발 사례 중 하나로는 1776년 8월의 일이 있었다. 워싱턴은 코네티컷 주지사인 조너선 트럼불에게서 이런 말을 들었다. "접종이란 거, 참 해로운 겁니다. 제때 억누르지 못하면 우리 군의 작전에도 치명적일 것이고, 그렇게 되면 나라가 위태로워질 수 있습니다."[61] 하지만 워싱턴은 다른 위협에 대처하는 것이 더 중요하다고 보았다. 천연두로 군 전체가 무너지는 사태였다. 따라서 그는 천연두에 걸리지 않은 병사들에게 곧바로 접종을 받으라는 명령을 내렸다. 물론 워싱턴은 신중하게 접종 과정을 관리했다. 천연두에 걸린 병사들은 격리됐고, 새로 접종을 받은 병사들도 따로 격리됐다.

워싱턴 휘하의 신병은 보통 필라델피아를 거쳐서 들어왔는데, 그곳에서는 천연두가 흔했기 때문에 천연두에 걸린 채로 모리스타운으로 들어왔을 가능성이 컸다. 따라서 워싱턴은 의무감이자 수석 외과의였던 윌리엄 쉬펜에게 모리스타운에서 보내는 신병들은 사전에 전부 접종을 마치고 오라고 지시했다. 천연두 보균자일지도 모르는 병사들은 갈아입을 의복을 받을 때까지 도시 밖에 머물렀다. 그들은 "가능할 경우" 새 옷을 받았지만, 그렇지 않을 경우 "잘 세탁되어 건조되고 소독 처리된" 헌 옷을 받았다.[62]

1777년 시작된 접종은 다음 해 포지 계곡의 야영지에 있을 때에도 잘 시행됐다. 대륙회의의 의료 위원회는 접종을 허가했다. 이 중요한 조치는 영국에서 공부한 의학 박사인 벤저민 러쉬가 위원회의 의장을 맡았기 때문에 가능했다. 곧 접종이 큰 규모의 부대에 실시됐다. 대부분의 경우 접종을 받은 병사들은 주요 야영지로 향했다. 1777년, 버지니아의 최소 3개 야영지, 메릴랜드의 1개 야영지, 뉴욕의 2개 야영지, 코네티컷의 1개 야영지에서 수천 명의 병사들이 접종을 받았다.[63]

워싱턴의 방침은 효과를 보았고 접종한 거의 모든 병사가 살아남았지만, 불행하게도 그는 포지 계곡에 자리를 잡은 이후 다시 천연두 문제에 대처해야 했다. 워싱턴은 약 3000명에서 4000명의 병사들이 천연두 접종을 받아야 한다고 추정했다. 베테랑들은 이미 접종을 받았지만, 최근에 모집한 신병들은 그렇지 못했다. 군대는 불안할 정도로 재편성 비율이 높았기 때문에 접종이 필요한 병사들이 빠르게 늘었다는 것은 그다지 놀라운 일은 아니었다. 병사들은 포지 계곡에서의 군대 생활은 접종이 아니더라도 힘들었지만, 천연두는 겨울 숙영에 심각한 위협이었다. 이때는 군 지도부도 접종의 효험을 확신했기 때문에 병원부가 접종 작업을 진행하는 데 많은 시간이 걸리지 않았다. 포지 계곡의 다른 열악한 조건들도 잘 견뎌냈던 것처럼, 혹독한 접종도 이겨냈다. 워싱턴이 영국군과 싸우기 위해 말뚝을 뽑고 뉴욕으로 출발하라고 명령을 내렸을 때, 그들의 몸은 이미 준비된 상태였다.

후대의 관점에서는 접종으로 천연두에 대처한 것이 군대의 붕괴를 막았다고 쉽게 결론을 내릴 수 있다. 예방접종은 고통스러운 것으로 보였고 실제로도 그랬지만, 실시하지 않았더라면 많은 인명 피해가 생겼을 것이다. 접종 덕분에 대륙군은 건강하게 살아남았고 자연히 전투력도 유지할 수 있었다. 워싱턴 장군의 의료 방침이 없었더라면 불가능했을 일이었다.

대륙군 해군을 이끌고 영국 본토를 공격한 존스

아메리카의 해군은 군사작전에서 아무런 역할을 하지 못했다. 독립전쟁으로 해군이 창설됐지만, 큰 힘을 가진 세력이 되지 못한 까닭이었다. 강한 해군을 키울 수 있는 재정도 없었을뿐더러, 영국 해군과 동등한 해군이 필요하다는 확신 역시 없었다.

해전은 대륙군 해군이 창설되기 전부터 있었다. 렉싱턴과 콩코드 전투가 일어나기 몇 주 전 해전이 처음 발발했다. 보스턴에서 북동쪽으로 약 482킬로미터 떨어진 메인 주의 작은 항구인 마키어즈에서 벌어진 전투였다. 마키어즈의 시민들은 6월부터 전쟁에 휘말렸다. 이 메인 주의 애국자들은 해당 전투에서 영국 해군의 범선 마가레타호를 포획했다. 이 영국 배는 젊은 장교 후보생이 지휘했는데, 그는 '자유의 기둥'을 철거하지 않으면 마을에 포격하겠다고 협박했다. 그는 곧바로 그 위협을 재고했으나, 격분한 마키어즈 시민을 달래기에는 너무 늦었다. 무장을 한 시민들은 마가레타호와 같이 있던 2개의 범선을 포획했고, 영국의 장교 후보생은 이 과정에서 전사했다.[64]

독립 전쟁 첫해에 나타난 애국 선원들의 이런 행동은 대부분 영국 해군의 전함이 아니라 무장하지 않은 영국 상선을 공격 대상으로 삼았다. 거의 모든 영국 해군의 전함은 중무장이 된 데다 항해 능력도 뛰어나 아메리카인이 공격할 만한 대상이 아니었다. 매사추세츠주 작은 항구들에서 온 사략선 선장들은 보스턴의 영국군에게 탄약과 보급품을 전달하는 상선을 주로 노려서 아주 훌륭한 성과를 올렸다. 전쟁 첫해에 그들은 총 55척의 배를 나포했다.

조지 워싱턴은 사략선의 선장들에게 나포 임무를 맡겼다. 그는 전쟁에서 대결했던 영국 지휘관 중 그 누구보다도 바다에서 육지로 움직이는 해상 작전에 더 많은 관심을 기울였다. 하지만 워싱턴에게는 함대가 없었기 때문에 바다를 활용하려는 그의 전략적 사고는 실제 군사작전에 반영될 수 없었다. 프랑스가 전쟁에 개입하기 전까지 워싱턴에게는 함대를 얻을 수 있는 가능성조차 없었다.

워싱턴은 해양에서 영국군에 대응하기 위해 가능한 모든 노력을 다했다. 아메리카의 해안에는 작은 만들이 곳곳에 위치했고 항구들도 많이 들어서 있었다. 작은 범선과 브리그, 슬루프, 스쿠너를 움직일 수 있는 선원들과 조선공도 많았다. 독립 전쟁이 발발하기 하루 전날까지 영국 국기를 달고 항해하게 될 상선들의 최소 3분의 1은 아메리카의 조선소에서 만들고 있었다. 아메리카의 숲은 선체와 갑판을 만들 참나무, 돛대를 만들 소나무를 제공했다. 돛과 밧줄도 아메리카 현지에서 제작됐다.

바다에서는 영국 상선을 공격하는 것이 가장 효과적이다. 그렇게 되면 보스턴을 포위 중인 적군의 보급을 방해할 뿐만 아니라 빈약한 대륙군의 무기와 탄약 상태도 개선할 수 있었다. 하지만 워싱턴이 대륙군에 처음으로 편입시킨 78톤 범선 해나호는 이 두 가지 목적 중 어느 것도 달성하지 못했다. 1776년 8월에 해나호가 대륙군에 처음으로 선보였을 때 지휘를 맡은 사람은 마블헤드에서 온 뱃사람인 니콜슨 브로턴Nicholson Broughton이었다. 그는 영국군의 배로 보인다는 평계를 대며 아메리카인이 소유한 배를 나포하는 습관이 있었다. 브로턴은 그와 비슷한 성향을 지닌 존 셀먼John Selman 대령과 함께 노바스코샤로 항해를 떠났다. 이 노련한 두 뱃사람은 작은 마을인 샬럿타운을 약탈하고 지도자 여러 명을 납치해 케임브리지에 있는 워싱턴의 본부로 자랑스럽게 데려왔다. 워싱턴은 그들의 행동에 크게 당황하면서, 납치된 사람들을 풀어준 뒤 12월 말에 자신이 임명한 두 사람과의 계약을 조용히 해지했다.[65]

전쟁에서 한몫을 잡으려던 뱃사람들은 브로턴과 셀먼만이 아니었다. 많은 사략선은 이런저런 평계를 대며 아메리카인의 배를 나포했다. 보스턴의 영국군에게 보급품을 제공하는 배가 아니라 사적인 업무를 보는 영국 상선까지 나포하기도 했다.

하지만 많은 선장은 대륙군 전체의 이익을 위해 봉사했다. 그중 한 사람은 리호의 존 맨리John Manrey였다. 11월 말, 그는 영국군의 배를 나포해 워싱턴과 보스턴에서 공성을 진행 중인 대륙군을 기쁘게 했다. 맨리는 군수품을 싣고 보스턴으로 향하는 250톤의 범선 낸시호를 제압했다. 그 안에는 총검이 장착된 2000개의 머스킷 총, 칼집, 탄약 꽂을대, 31톤의 머스킷 탄환, 부싯돌이 든 가방, 탄약 상자, 13인치 박격포 하나, 300개의 포단 등이 실려 있었다. 얼마 뒤 워싱턴은 맨리를 준장으로 임명한 뒤 매사추세츠 해역을 순찰하는 범선들의 지휘를 맡겼다.

독립 선언 이전에, 나포선과 그 안의 화물을 처리하는 일로 워싱턴과 사략선의 선원들은 미묘한 문제를 겪었다. 1775년과 1776년 초에는 독립 선언을 하지 않고 영국과 평화롭게 분쟁을 해결할 가능성이 남아 있었다. 따라서 포획한 물품을 어떻게 팔지에 관한 문제가 생길 수밖에 없었다. 하지만 이 물건들을 이전의 식민지법에 따라 해사법원에서 팔 수는 없었다. 아메리카인들이 영국인들에게서 약탈한 물건을 영국인들이 만든 법에 따라 처분하는 것은 불가능했다. 영국인들이 이를 이해하고 공감하기를 바랄 수는 없었기 때문이다. 결국 영국과 화해를 하든 말든, 그들은 당분간 영국의 자산을 보관하고 포로를 붙들고 있어야 했다. 그렇다면 대체 누가 포획물에 관한 권한을 가지고 있는가? 대륙회의의 책임인가, 아니면 지역 해사법원의 책임인가? 결국 매사추세츠 지역회의가 도움의 손길을 내밀었다. 그들은 새로운 해사법원을 설립해 나포선과 그 화물을 처리하는 체계적인 절차를 수립했다.

이렇게 매사추세츠주가 나선 것은 대륙회의가 재빠르게 대응하지 못했기 때문이었다. 그들은 독립 선언을 작성하는 문제에서 그랬던 것처럼 해군 정책을 개선하는 데에도 굼뜬 모습을 보였다. 전쟁을 개시한 다음 해 내내, 대륙회의는 해전은 각 주의 소관 업무가 되어야만 한다고 말했다. 이에 여러 주가 영국 수송선을 공격할 무장선을 갖추는 계획을 승인했다. 1775년 가을이 되자 여러 주에서 소규모의 조선 계획을 세웠다. 워싱턴도 보스턴의 해역을 정찰할 6척의 무장선을 만들었다. 대륙회의는 11월에 해역 방위를 위한 4척의 배를 투입하라고 지시한 뒤 나포선에서 얻은 물품을 처분하기 위한 방침을 만들기 시작했다. 그해 말이 되자, 대륙회의는 해군에서 쓸 13척의 프리깃 범선을 만들라고 지시했다.

대륙회의는 자체 함선과 각 주의 함선이 아메리카 상선을 공격하는 영국 배와 영국군에 보급하려는 배만을 공격하게 했다. 그들은 영국 의회의 금지법 소식을 듣기 전까지는 자체적인 금지법을 통과시키는 것도 꺼렸다. 1776년에 대륙회의가 독립을 선언하는 쪽으로 방향을 선회하면서 아메리카의 해전도 전면전의 양상을 띠기 시작했다.

대륙회의는 위원회 방식이 전쟁을 수행하는 가장 유용한 도구라고 생각했다. 따라서 그들은 1775년 11월 상선도 무장 순양함처럼 무장을 갖추어야 한다고 최초로 지시를 내리면서 그 임무를 해군 위원회에 맡겼다. 대륙회의의 야심과 해군 구축 계획이 팽창하는 동안, 산하 행정위원회 역시 함께 팽창했다. 해군 위원회는 다음 해 초 행정 개편에 휘말려 해양 위원회로 재편됐다. 1777년과 1781년 사이에 실질적으로 함대를 구축하는 사업의 대부분은 동부의 해군청에서 맡았다. 매사추세츠, 코네티컷, 로드아일랜드 3개 주의 인원으로 구성된 이 부처는 배에 병사들을 배치하는 예비 작업을 했다. 보스턴에 있는 동부 해군청은 대륙회의의 지시를 수행하면서도 대륙회의의 방식에서 벗어나려고 했다. 그들은 배와 병사의 획득이라는 두 부문에서 놀라울 정도로 성공을 거두었다. 하지만 대륙회의는 동부의 성과에 불만을 품었고, 그 지역의 주들이 관련 사업을 통제한다는 점을 특히 못마땅하게 여겼다. 그리하여 대륙회의는 1779년 말 해군 본부 위원회를 설립해서 해군을 총괄하게 했다.

영국의 해군 본부 위원회를 본뜬 이 부처에는 대륙회의의 대표들은 물론 대륙회의에 속하지 않은 사람들도 있었다. 이 부처가 유지되던 짧은 기간 동안, 뉴욕에서 온 대륙회의의 전 의원이자 상인인 프랜시스 루이스Francis Lewis와 로드아일랜드주의 대표인 윌리엄 엘러리가 대부분의 일을 도맡아 했다. 이 두 사람은 대륙회의가 인가한 프리깃 범선들의 숫자를 늘리려고 했으며 동시에 해군을 지원해달라고 대륙회의를 설득했다. 하지만 대륙회의는 해군에 별 관심을 갖지 않았고 공공자금을 다른 곳에 썼다.

해군은 서서히 위축됐다. 1780년 여름, 대륙회의는 얼마 남지 않은 프리깃 범선의 관리를 워싱턴 장군에게 맡겼다. 이는 프랑스의 테르네Ternay 제독에게 실질적인 관리를 맡기겠다는 뜻이었다. 테르네는 1780년 초 로샹보Rochambeau 장군과 그의 병사들을 대서양 너머 뉴포트로 데려온 프랑스 제독이었다. 해당 프리깃 범선들은 1781년에 해군 본부 위원회의 소관에서 벗어나 재무감인 로버트 모리스의 관리 아래에 들어왔다. 이러한 업무 이관으로 해군이 강력한 함대를 얻을 가능성은 사라졌다. 모리스에게는 당장 씨름해야 할 그보다 더 중요한 문제가 있었다. 또한 그는 1781년의 대다수 사람들과 마찬가지로 해군이 그다지 필요하다고 보지 않았다.

독립 전쟁에서 대륙군 해군이 실패한 이유는 이런 초기 해군의 역사에서 비롯됐다. 알프레드 데이어 머핸Alfred Thayer Mahan 대령은 사략선의 공격을 '순항 전쟁'이라고 했고, 이로 인한 성과도 있었다. 사략 행위는 영국군의 보급을 어렵게 하고 워싱턴의 병사들이 활용할 무기와 물품을 포획하는 중요한 역할을 했다. 하지만 그와는 별개로 바다에서 아메리카 군대가 올린 전과는 보잘것없었다.

대륙군 해군 정규군도 상선을 공격하는 것이 주 임무였다. 하지만 한 지휘관은 그보다 더 큰일을 해냈다. 영국인들에게 아메리카인들이 영국 본토의 해안 도시와 마을을 파괴할 것이라는 공포를 심어준 것이다. 그 지휘관은 놀라운 용기와 담력을 자랑한 스코틀랜드 출신 존 폴 존스John Paul Jones였다.[66]

존스는 갤로웨이 영주가 통치하는 커크빈의 아비글랜드에서 존 폴이란 이름으로 태어났다. 존스라는 성은 아메리카에 온 이후 스스로 붙였다. 1747년에 태어난 그는 열세 살 때 고향을 떠났다. 1761년에는 솔웨이 건너편의 잉글랜드 항구인 화이트헤이븐의 상선주 밑에서 견습생으로 일했다. 그는 프렌드십호에서 사환으로 일하며 선원으로서의 위대한 경력을 쌓기 시작했다. 프렌드십호는 이후 3년 동안 잉글랜드와 버지니아를 오갔는데, 보통 서인도제도에서 멈춰 럼주와 설탕을 싣고 버지니아로 향한 뒤 담배나, 때로는 판재板材와 선철銑鐵을 싣고 화이트헤이븐으로 돌아왔다.

존 폴의 상선주는 1764년에 파산했고, 견습생들은 회사를 떠났다. 폴은 이후 3년 동안 노예선에서 일했다. 노예 무역은 잔인한 일이었기에 폴은 자메이카의 킹스턴에서 해고를 당했을 때 오히려 안도의 한

숨을 내쉬었다. 그는 1768년에 스코틀랜드 배를 타고 고향으로 갔다. 이 항해에서 선장과 항해사가 모두 죽었는데, 갑판에는 항해를 지속할 수 있는 사람이 폴뿐이었다. 어려운 상황이었지만, 그는 안전하게 배를 이끌고 고향으로 돌아왔다.

그의 선박 조종술과 지휘 능력을 알아보고 흡족해했던 선주는 그를 다른 배의 선장으로 임명했다. 폴은 고작 스물하나였지만 또래 청년의 여린 모습 같은 것을 전혀 찾아볼 수 없는 남자였다. 1769년 배를 타고 외항을 나간 그는 배의 목수인 멍고 맥스웰Mungo Maxwell에게 아홉 갈래 채찍을 휘둘러 구타했다. 맥스웰은 서인도제도의 토바고섬에 도착한 뒤 배에서 떠나 폴을 고소했다. 맥스웰은 고소가 기각되자 실망해 고향으로 떠났다. 그는 평소 아주 건강했으나 항해 도중에 병에 걸려 사망했다. 이에 고향으로 돌아온 폴은 판사에게 체포됐다. 맥스웰의 아버지가 그를 아들을 죽인 살인자라고 고발했기 때문이다. 폴은 토바고섬에 가서 판사로부터 채찍질이 멍고 맥스웰의 죽음과 무관하다는 진술서를 받아오고 나서야 겨우 혐의를 벗었다.

1773년의 사고는 훨씬 더 심각했다. 상선의 선장이었던 폴은 토바고섬에 도착하자 선원들의 폭동에 직면했다. 그는 주모자를 칼로 찔러 죽이고 배에서 도망쳐 섬을 벗어나 북아메리카 본토로 향했다. 그는 1775년 여름에 필라델피아에 도착했다. 반란 중인 도시였지만, 그에게는 토바고 섬보다는 훨씬 안전한 곳이었다.

노스캐롤라이나 출신의 대륙회의 의원인 조지프 휴즈Joseph Hewes는 필라델피아로 향하는 폴의 편의를 봐주었다. 폴은 토바고섬에서 도망칠 때 자신의 정체를 숨기기 위해 존스라는 이름을 붙이고서 휴즈를 만났다. 일자리를 구하는 선원, 특히 대륙군 해군을 지휘하기를 바라는 선원에게 조지프 휴즈보다 더 나은 친구는 없었다. 해양 위원회의 의장이었던 휴즈가 대륙군 해군 장교를 선발하고 있었기 때문이다.

존스는 지휘권을 바랐다. 그는 연합 식민지의 대의를 위해 싸우고자 했다. 아메리카에 머문 몇 달 동안 존스는 자유의 원칙을 지지하게 되었고, 계속해서 그 원칙을 가슴속에 소중하게 품고 다녔다. 1775년 12월 초, 그는 대륙군 함선인 앨프레드호의 갑판사관으로 임명됐다.

앨프레드호는 이후 몇 달 동안 상당한 성과를 냈고, 존스 역시 훌륭하게 제 역할을 해냈다. 1776년 5월, 그는 임시로 대령 직위를 받아 범선인 프로비던스호를 지휘하게 되었다. 존스는 프로비던스호에서 열심히 활동하면서 많은 배를 나포했고, 기회가 보이면 적의 함선과 전투를 벌이기도 했다. 존스의 활약은 대륙회의에 점차 깊은 인상을 남겼다.

대륙회의는 그를 눈여겨보다가 1777년 6월 존스에게 슬루프형 포함砲艦 레인저호의 지휘를 맡겼다. 존스는 이어 프랑스 해역으로 가서 또 다른 배를 동시에 지휘하면서 영국 해역 주변의 적 상선을 공격하라는 지시를 받았다. 그는 여름에 대서양을 건너 낭트의 심해 항구인 팽뵈프에 정박했다. 존 폴 존스가 단순히 영국 상인만 노리는 사람이 아니라는 것은 얼마 지나지 않아 분명해졌다. 그는 더 큰 목표를 세우고 있었다. 그것은 바로 영국의 항구를 공격해 영국 해군을 묶어두는 것이었다. 1778년 4월 수리를 마친 레인저호는 브레스트에 있었고, 존스는 만반의 준비를 갖춘 상태였다. 아일랜드해로 향한 그는 화이트헤이븐을 공격하기로 결정했다. 다년간의 항해로 해역과 지리에 익숙한 항구였다. 4월 23일 이른 아침, 그는 배들로 북적이는 항구에 들어섰다. 존스는 소규모의 상륙 부대를 보내 석탄선에 불을 질렀다. 불

레인저호의 이동 경로 존 폴 존스는 대륙군 해군을 이끌고 프랑스 항구에서 출발해 영국 본토를 공격했다.

길이 크게 번지지는 않았으나 마을 사람들은 깜짝 놀라면서 흥분해서 궐기했다. 존스에게는 모인 군중을 효율적으로 처리할 수 있는 방법이 없었다. 군중이 무장하지 않았고 전투 부대에게 물리적인 피해를 입히기 힘들어 보였지만, 많은 군중을 상대하기란 여전히 벅찬 일이었다.

존스는 이어 레인저호를 이끌고 솔웨이만을 가로질러 셀커크Selkirk 백작을 납치하기 위해 세인트매리스섬으로 향했다. 이번에도 아침나절이었다. 상륙 부대가 백작의 집으로 갔지만 마침 그가 집에 없었기 때문에, 그들은 할 수 없이 집의 은제품만 챙겨 떠났다. 하지만 다음 날 레인저호는 더 중요한 일을 해냈다. 벨파스트만에서 충돌한 잘 무장된 슬루프형 포함 드레이크호를 포획한 것이다. 드레이크호는 두 시간 동안 효율적으로 싸웠지만, 레인저호는 그보다 더 효율적으로 싸웠다. 적선의 선장은 머리에 총을 맞아 즉사했고, 장교들은 큰 부상을 당했다.

5월 8일이 되자, 존스는 레인저호를 이끌고 무사히 브레스트로 돌아왔다. 그 항해는 영국 항구 또는 무역에 큰 손실을 입히지는 못했지만 눈부신 성공을 거두었다. 레인저호의 공격이 영국 해군의 전함 배치에 변화를 가져왔다는 증거는 없지만, 존스가 영국의 자존심과 영혼에 가한 일격으로 영국인은 엄청난 심리적 상처를 받았다. 영국 신문들은 폴 존스의 기습을 대서특필하며 분노의 함성을 내질렀고, 그를 추격해 쓰러트리지 못한 무능한 영국 해군을 경멸하며 투덜거렸다.

그 뒤 파리에서 울려 퍼진 환호는 대단했다. 레인저호의 항해로 프랑스 사회에서 존스는 유명해졌고, 프랑스 정부는 기뻐했으며, 프랑스 숙녀들은 그에게 마음을 빼앗겼다. 존스는 더 큰 배인 듀라스호를 지휘하게 되었는데, 곧 벤저민 프랭클린에게 경의를 표하며 배 이름을 본험 리처드로 변경했다.

존 폴 존스는 끈기도 대단하고 영리한 사람이었지만, 그 외의 다른 특징을 드러내기도 했다. 그는 늘 야심찬 사람이었다. 이 당시 존스에게서 뭔가 비범한 자질을 발견한 존 애덤스는 그가 "대륙군 해군 중 가장 야심차고 흥미로운 장교이며, 과묵하고 수완도 뛰어나며 포부도 크다"고 말했다. 애덤스는 존스에게서 뜻밖의 것을 기대했다. "그에게서는 기행과 변칙을 기대할 수 있다. 그건 그의 특성인데, 눈빛을 보면 알 수 있다. 그의 목소리는 부드럽고 조용하며 낮으나, 눈은 매섭고 사나우면서도 부드럽다." 애덤스는 상류사회에서 존스의 모습을 보고 그의 목소리를 들었다. 그는 전투 중인 배에 타본 적이 없어서인지 존스가 "부드럽고 조용하며 작은" 목소리를 가지고 있다고 설명했다. 하지만 눈에 관해서는 애덤스의 말이 옳았다. 존스의 눈은 예리했

존 폴 존스(1747~1792) 장 앙투앙 호우던이 제작한 존 폴 존스의 흉상(왼쪽)과 찰스 윌슨 필이 그린 초상(오른쪽). 미국 해군 지휘관이었던 존스는 영국 본토를 공략한 활약으로 '미 해군의 아버지'라 불린다.

고 사나움으로 이글거렸다. 호우던Houdon의 흉상과 찰스 윌슨 필의 초상화가 증명하듯이, 야성적이고 무서운 눈이었다. 존스의 눈은 견고하고 우뚝한 코와 균형이 잘 잡힌 턱과 함께 얼굴에 강한 인상을 주었다. 이런 사나운 눈은 거친 이들을 통솔하는 지휘관에게 중요한 것이었고, 때로는 반란을 일으킨 자들도 겁먹게 했다. 존스는 165센티미터 정도의 크지 않은 체격이었지만, 몸에 군살이 없고 건장했다. 그가 내뿜는 사나운 분위기는 나약한 이들을 주눅 들게 했다.[67]

이 강인하고 재기 넘치는 지휘관은 영국 제도에 최대한 많은 피해를 입히겠다는 생각으로, 1779년 8월 14일에 그루아 정박소에서 7척의 배를 이끌고 출항했다. 그의 기함 본험 리처드호는 약 900톤이나 나가는 큰 배였다. 본험 리처드호는 좀 낡았고 많은 돛이 달려 있어서 속력을 내지 못했지만, 존스가 무장을 갖춘 뒤에는 전투에서 맹렬한 포화를 내뿜을 수 있었다. 본험 리처드호는 6문의 약 8킬로그램 포, 28문의 약 5킬로그램 포를 싣고 있었고, 이 중 16문은 새것이었다. 그리고 6문의 약 4킬로그램 포를 갖추었다. 그가 지휘한 배들 중 둘은 프리깃 범선이었고, 콜베트함(소형 호위함)과 커터(소형 보트)는 각각 한 척이었으며, 나머지 두 척은 사략선이었다. 존스의 소함대가 외해로 나간 지 얼마 지나지 않아 사략선 둘은 독자적으로 행동하기 시작했다. 존스는 놀라지 않았다. 사략선이 자기 이익을 위해 명령을 거부하리라는 것을 예상했기 때문이다. 그는 휘하의 모든 이들이 자신의 명령에 즉각적으로 복종할 것이라고 기대하지 않았다. 사략선의 선장은 전부 프랑스인이었고, 대륙군 해군 지휘관인 존스를 은근히 질투했을 수도 있었다. 그중 하나인 프리깃 범선 얼라이언스호의 선장 피에르 랑데Pierre Landais는 존스를 혐오했다. 기록에서 랑데는 절반쯤 미친 사람으로 나타난다. 이 항해에서 그는 완전한 미치광이 또는 반역자가 될 운명이었다.

존스의 소함대는 느긋한 속도로 아일랜드 해변 남서쪽으로 나아간 뒤 북쪽으로 방향을 돌렸다. 8월 24일, 랑데는 본험 리처드호로 건너와 존스에게 자기 마음 내키는 대로 배를 운영할 것이라고 말했다. 며칠 뒤 커터인 서프호가 사라졌다. 해안을 정찰하러 보낸 여러 작은 배를 찾아보라는 명령을 받고 떠난 그 배는 길을 잃었고 결국 프랑스로 돌아갈 수밖에 없었다.

그렇다고 모든 게 틀어진 것은 아니었다. 존스의 소함대는 해안을 따라 나아가며 여러 배를 나포했다. 9월 3일, 존스는 오크니제도 북쪽에서 다시 남쪽으로 방향을 틀었다. 스코틀랜드의 동쪽 해안에 있는 포스만에서 약간 떨어진 곳에서, 존스는 에든버러의 항구 도시인 리스에 상륙 부대를 보내기로 결심했다. 일단 상륙하면 화공火攻으로 리스를 위협해 거액을 요구하려는 속셈이었다. 시 당국은 존스의 함대가 나타나자 겁에 질렸지만, 갑자기 불어닥친 돌풍이 존스의 함대를 만 밖으로 밀어냈다. 결국 존스는 매수금買收金을 받지 못하고 물러났다. 설사 그 뒤에 더 이상 사건이 벌어지지 않았더라도, 존스의 항해는 성공으로 간주되었을 것이다. 전리품을 얻었고, 영국 본토에 공포를 안겨주었으며, 영국 해군성이 해군을 보내 자신의 함대를 헛되이 쫓게 했기 때문이다.

그러나 그 이후 발생한 일은 다른 어떤 것보다도 중요했다. 9월 23일, 요크셔 해안의 플램버러곶 인근 해역에 있던 본험 리처드호는 미국 해군의 역사에서 손꼽는 위대한 전투를 벌였다. 그날 오후 중반경, 존스의 함대는 프리깃 범선 세라피스호—44문의 대포를 가졌다고 여겨졌만 실제로는 50문을 지니고 있었다—와 슬루프형 포함 카운티스 오브 스카버러호—20문의 대포를 탑재했다—가 호위하는 큰 호송 선단을 보게 되었다. 새롭게 밑바닥에 동판을 댄 세라피스호는 영국의 용맹하고 능숙한 장교인 리처드 피어슨Richard Pearson 대령이 지휘하고 있었다.

존스는 상선을 공격하려면 먼저 호위함을 물리쳐야 한다고 판단했다. 바람은 그다지 불지 않았고, 포격 범위에 가까워지기 전 이미 해가 저물고 있었다. 얼라이언스호는 존스가 "전투 대형을 갖추라"고 보낸 신호를 무시했다. 경무장을 한 작은 배인 콜베트함 벤전스호도 마찬가지로 신호를 무시했다. 프리깃 범선인 팔라스호 역시 존스의 신호를 무시하려는 듯했다. 적에게 돌진하기보다는 오히려 멀어지는 모습을 보였기 때문이다. 하지만 팔라스호는 방향을 돌려 카운티스 오브

본험 리처드호와 세라피스호의 전투 1779년 아메리카의 본험 리처드호가 영국의 세라피스호에 맞서 승리한 전투로 영국인들에게 큰 충격을 주었다.

스카버러호를 상대했다. 본험 리처드호는 자신보다 더 중무장을 한 세라피스호를 혼자서 상대하게 되었다.

해상 전투를 시작했을 때 두 배는 같은 방향에 있었다. 적선은 본험 리처드호의 우현 뱃머리에서 약간 떨어진 곳에 있었다. 전투 초반에 본험 리처드호의 낡은 약 8킬로그램 포 두 문이 폭발해 해당 포를 운용하는 병사들은 물론 다른 포 대원들도 끔찍한 피해를 입었다. 이런 일이 발생하자, 존스는 전투에서 승리하려면 세라피스호에 올라 백병전을 펼쳐야 한다고 생각했다. 본험 리처드호는 포의 폭발 사고 이전에도 화력에서 열세였다. 남은 약 8킬로그램 포 4문을 사용하는 것도 위험했기 때문에, 일제 포격을 교환하면 패배할 수밖에 없었다. 본험 리처드호가 조금 더 민첩했더라면, 수완 좋은 뱃사람인 존스가 빠르게 적의 맹렬한 포격에서 도망치면서 28문의 약 5킬로그램 포로 세라피스호에 포격을 가했을 것이다. 하지만 그 배는 민첩하지 못했고, 난타전을 하면 그대로 격침될 수밖에 없었다. 이와 대조적으로 피어슨 대령은 존스가 예상했던 방식으로 작전을 펼쳤다. 본험 리처드호와 거리를 유지하며 우월한 화력으로 공격했던 것이다.

8킬로그램가량 포들이 폭발한 직후, 존스는 세라피스호의 우현 배 뒷부분에 판자를 대려고 했다. 그의 배는 능숙한 선박 조종으로 적선 가까이 붙었다. 이에 존스의 병사들은 적선으로 옮겨 탔지만 영국 선원들은 그들을 도로 몰아냈다. 이후 피어슨은 배를 움직여 본험 리처드호의 뱃머리에 걸치고자 했다. 그러면 존스는 제1사장(斜檣, 이물에서 앞으로 돌출된 둥근 재목)을 세라피스호 배 뒷부분에 걸칠 수밖에 없기 때문이었다. 이때 피어슨은 존스에게 항복하라고 했고, 존스는 위엄 있게 말했다. "나는 아직 전투를 시작하지도 않았소."

두 배가 중간 돛에 바람을 가득 채우고 앞으로 나아가면서 더 복잡한 항해술을 발휘했다. 두 배는 물러나기도 하고 빠르게 앞서기도 했으며(세라피스호의 경우), 또는 이쪽저쪽으로 느릿느릿 움직이기도 했다(본험 리처드호의 경우). 그러다 중대한 시점이 다가왔다. 세라피스호의 제1사장이 본험 리처드호의 삭구를 들이받은 것이다. 이어 적선 우현의 닻이 본험 리처드호의 우현 뱃머리에 붙잡혔다. 두 배는 이제 서로 맞물리게 되었다. 우현과 우현을 맞댄 그들은 총격전을 벌였다. 갑판 아래의 대포 화력에서는 세라피스호가 우세했다. 그들의 포열은 본험 리처드호에 심각한 피해를 입혔다. 하지만 갑판과 중간 돛에서는 본험 리처드호가 명백히 우위였다. 존스의 프랑스 해병들은 머스킷 총으로 매우 효과적인 사격을 했고, 그들 위의 돛대에 매달린 대륙군 선원들 역시 사격과 함께 세라피스호로 폭탄을 던졌다. 오래지 않아 세라피스호 갑판 위에는 죽은 자들이 가득했고, 그 아래에서 포열을 운용하던 병사들도 위에서 날아오는 총알과 수류탄에 점차 무너졌다. 대륙군은 점점 세라피스호의 중간 돛을 향해 나아갔다.

두 배에는 여러 차례 불이 붙었고, 불을 끄느라 사격의 강도가 떨어졌다. 그러던 중 세라피스호는 끔찍한 일격을 맞았다. 본험 리처드호에서 용맹하기로 소문난 선원인 윌리엄 해밀턴William Hamilton이 폭탄을 세라피스호의 한 해치를 통해 탄약통 쪽으로 던지자 엄청난 폭발이 일어나 최소 20명이 사망하고 많은 병사들이 다쳤다. 이 폭발은 피어슨 대령의 결의를 무너트린 것으로 보인다. 아니면 상황이 이대로 진행된다면 대장大檣이 부서질 것이라는 전망이 그를 겁먹게 했을 것이다. 존스는 약 4킬로그램짜리 함포를 적함의 대장에 발포하라는 지시를 내리고 자신 역시 포를 하나 맡아 발사했다.

밤은 깊어 10시 30분이 되었고, 본험 리처드호에는 물이 차올랐다. 존스의 선원들은 많은 것을 잃었다. 하지만 그들의 선장은 깃발을 내리려고 하지 않았다. 휘하 병사들이 항복을 간청해도 존스는 듣지 않았다. 침몰 위험은 없었지만 세라피스호의 선원들 상태 역시 본험 리처드호에 비해 크게 나을 것이 없었다. 피어슨 대령은 유혈이 낭자한 휘하 병사들을 보고서 용기를 잃었고, 결국 배의 깃발을 내렸다.

존 폴 존스는 적선에 싸움을 걸어, 용기와 기백, 행운으로 승리를 얻어냈다. 비록 그가 세라피스호와 가깝게 붙기를 간절히 바라기는 했어도 막상 백병전을 벌일 수 있던 것은 우연한 일이었다. 반면 세라피스호에게도 운은 따랐다. 저녁이 되자 얼라이언스호의 피에르 랑데가 지휘관을 배신하고 영국군 쪽에 붙었기 때문이다. 그로 인해 본험 리처드호는 가까운 곳에서 세 방향으로 공격을 받게 되었다. 하지만 존스는 그 공격은 물론 세라피스호의 모든 공격을 용감하게 받아냈다.

양쪽 모두 심각한 사상자가 나왔다. 본험 리처드호에서는 선원 322명 중 150명의 사상자가 나왔고, 세라피스호에서는 약 100명이 전사하고 68명이 다쳤다. 전투가 벌어지고 나서 이틀 뒤, 존스는 본험 리처드호를 포기했다. 배는 오래되고 규모도 거대했지만, 도저히 복구할 길이 없었다. 존스는 깃발을 세라피스호로 옮겨갔고, 카운티스 오브 스카버러호를 포획한 팔라스호와 합류해 우방 해역으로 나아갔다.

9월 23일에 성취한 위업은 존스의 경력에서 가장 빛나는 것이었다. 그는 다음 해 12월에 찬사를 보내는 프랑스를 뒤로 하고 유럽에서 떠나 열광적으로 환영하는 조국으로 돌아왔다. 아메리카는 영웅을 필요로 했고, 존 폴 존스는 위대한 영웅이 되기에 부족함이 없었다.

전쟁의 외부

전쟁의 외부에도 전쟁을 함께 겪어낸 사람들이 있었다.
전쟁으로 파괴된 도시와 농촌에 살았던 민간인들은 군인들과는
다른 방식으로 '위대한 대의'를 추구했다. 특히 여성들은 외로움과 불안감을
견뎌내면서 전쟁에 나선 남성들을 대신해 가정의 일상을 유지해야 했다.
전쟁은 사회의 구조를 완전히 바꾸지는 못했지만,
전쟁을 함께 경험한 사람들에게 공통의 기억을 남겼다.
한편 국왕파, 흑인, 인디언 등 '위대한 대의'를 추구했던
혁명군과 동화되지 못했던 이들은 민간인과 여성들보다
더 전쟁의 바깥에 머물러야 했다.

파괴된 건물과 남겨진 여성들

　바다에서 일어난 일이 선원에게, 땅에서 일어난 일이 육군에게 영향을 미치는 것처럼, 민간인은 앞서 말한 모든 일에서 영향을 받았다. 전쟁의 '이면'은 '외부', 즉 전쟁을 지속하는 민간 사회에도 영향을 미쳤다. 전쟁의 이면과 외부를 구별하는 것은 어느 정도는 기만적이고, 더 나아가 엉뚱한 것이기도 하다. 민간인들은 보급품을 제공하고 군대의 물자를 운반하는 등 전쟁에 직접 참여했다. 길 안내와 지형 정찰을 수행하기도 했으며, 흑인 노예와 백인 자유민이 함께 참호를 팠다. 군부대를 따라다니며 세탁과 간호 등의 업무를 수행한 사람도 있었다. 전쟁 기간 동안 이와 같은 민간의 참여는 크게 증가했다.

　전쟁이 일으킨 물리적 파괴는 아메리카인을 고통스럽게 했다. 1775

년 4월에 벌어진 전쟁의 첫 전투에서 콩코드의 일부가 잿더미로 변했다. 두 달 뒤 벙커힐 전투에서는 영국군의 포격으로 매사추세츠주 찰스타운 거의 전부가 파괴됐다. 전쟁은 7년 동안 계속됐고 아메리카 전역의 마을과 도시에서 무수히 많은 건물이 자취를 감추었다. 전쟁 초기에 상대적으로 피해가 적었던 사우스캐롤라이나와 조지아도 전쟁이 후기에 접어들면서 황폐해졌다. 영국군과 대륙군이 곡물과 가축을 약탈하고 농장 건물을 철거해 장작으로 사용했기 때문이다. 군대의 약탈은 특히 서부에서 빈번하게 발생했다. 동부의 경우, 사우스캐롤라이나의 찰스턴이 1780년 5월에 영국군 장군 클린턴에 의해 함락되기 직전에 심각한 피해를 입었다.[1]

전쟁이 끝나갈 무렵, 워싱턴과 로샹보가 콘월리스를 요크타운으로 몰아넣자, 클린턴은 베네딕트 아놀드에게 코네티컷 해안을 공격하라고 지시했다. 버지니아에서 임무를 수행하는 대륙군의 주의를 돌리기 위해서였다. 코네티컷 해안에 거주하던 시민들은 무슨 일이 닥칠지 잘 알고 있었다. 영국군의 윌리엄 트라이언 장군이 1777년과 1779년에 해안 지역을 공격했던 것을 기억하고 있었기 때문이다. 1777년, 트라이언은 코네티컷주의 내륙 마을이었던 댄버리까지 진격해 19채의 집과 20군데의 상점을 불태웠다. 2년 뒤에는 해안에 위치한 페어필드에서 마을의 절반에 해당하는 200동이 넘는 건물을 파괴했다. 페어필드를 완전히 태워버린 트라이언은 사흘 뒤 노워크를 무너뜨리는 작업에 돌입했다. 일부 저항이 있었지만, 그는 마을 대부분을 파괴하는 데 성공했다. 1781년 9월에 클린턴의 지시를 받아 코네티컷 해안을 공격한 베네딕트 아놀드는 트라이언의 선례를 충실하게 따랐다. 아놀드가 가장 심각한 피해를 입힌 마을은 템즈강 입구의 뉴런던과 그로턴이었

영국군의 파괴 영국군은 1777년부터 1781년까지 아메리카 해안 지역인 댄버리, 노워크, 페어필드, 뉴런던, 그로턴 등을 공격하고 마을을 불태웠다.

다. 그로턴 근처의 그리즈월드 요새에 주둔하고 있던 코네티컷 민병대가 아놀드의 진격을 늦추면서 200여 명의 영국군을 사살했지만 결국 항복했다. 큰 피해를 입은 영국군은 항복한 민병대 수비대의 대다수를 죽이며 보복했다. 변명의 여지가 없는 '학살'이었다. 이 학살은 심지어 부상당한 민병대를 충분히 학대한 다음에 자행됐다. 민병대의 패배 이후 그로턴의 건물 대다수가 피해를 입었지만, 이는 뉴런던이 입은 피해에 비하면 가벼운 것이었다. 뉴런던은 가옥, 상점, 창고, 헛간, 교회, 법원, 부두 등 대다수의 건물이 남김없이 타버렸으며, 심지어 항구에 정박해 있던 배까지 잿더미가 되었다.[2]

파괴의 아픔보다는 덜 극적이었지만, 전쟁이 불러온 또 다른 슬픔

그리즈월드 요새 민병대의 저항 그로 턴 근처의 그리즈월드 요새에는 민병 대가 장창으로 영국군 장교 윌리엄 몽 고메리를 살해하는 장면을 담은 기념 비가 세워져 있다. 민병대는 200여 명 의 영국군을 사살하며 저항했지만 요 새는 결국 함락당했다.

이 있었다. 사랑하는 사람이 전투에서 싸우는 동안 홀로 집을 지켜야 하는 외로움이었다. 주로 여자들이 이러한 외로움을 이겨내야 했다. 나아가 그들은 남은 가족의 단합을 걱정해야 했다. 외로움에 사무치 거나 답답함과 불안으로 우울한 날이 자주 계속됐다. 사라 호지킨스 Sarah Hodgkins가 전쟁에 나간 남편 조지프Joseph에게 보낸 편지는 이러한 감정을 잘 보여준다.[3]

전쟁이 나기 전 호지킨스 부부는 매사추세츠주의 입스위치에서 살 고 있었다. 1775년에 조지프는 32세, 사라는 25세였다. 전쟁이 시작됐 을 때 그들에게는 아이가 둘 있었다. 첫째 딸은 1773년, 둘째 아들은 1775년 3월에 태어났다. 이 외에도 조지프가 전 부인에게서 얻은 다 섯 명의 아이가 있었다. 1775년 4월, 전쟁의 시작을 알린 렉싱턴 전투 가 끝나고, 조지프 호지킨스가 속한 민병대는 보스턴을 포위 공격하는 병력에 합류했다. 그렇게 부부의 시련은 1779년 6월 조지프가 제대할 때까지 지속됐다.

사라 호지킨스는 자신의 외로움과 남편을 걱정하는 마음을 숨기지 않았다. 1775년 추수감사절에, 그녀는 하루하루가 "외롭고 답답하다"고 고백했다. 사라는 몇 주 뒤 거의 자기 연민에 빠지게 되었다. "날마다 당신이 오기를 기다려요. 아무것에나 의지하고 싶지는 않지만 곤경과 실망 말고는 의지할 수 있는 것이 없어요." 그녀는 이후 3년 동안 끊임없이 "보고 싶어요"라는 말을 전했다. 남편이 전쟁에서 살아남지 못할까봐 너무나 걱정됐다.[4]

아내의 고백을 보고 조지프 호지킨스의 사기가 떨어지는 일은 없었다. 편지를 읽고 괴롭기는 했지만 결국 그것도 아내의 사랑 표현이었으므로 위안이 되었다. 사라는 공개적으로 남편을 향한 사랑을 표현했지만, 편지의 어조는 사무적이었다. 서로 함께 있고 싶다는 추신 부분은 비록 사무적이기는 하지만 가슴을 뭉클하게 한다. "당신의 지휘관인 웨이드Wade 대위님께도 안부를 전해주세요. 제가 이런 추운 밤이면 그분의 '룸메이트'와 함께 있기를 바란다는 말도 전해주세요." 조지프는 답장에 이렇게 써서 보냈다. "웨이드 대위님께 안부를 전해드렸소. 룸메이트를 당신한테 보내는 건 안 된다고 하시는구려. 하지만 그렇게 되기를 진심으로 바라겠소."[5]

집에서 전해오는 소식은 조지프에게 늘 환영을 받았다. 사라 호지킨스는 아이들, 친척, 입스위치에 관한 짧고 재미난 이야기를 편지로 전했다. 특히 외로울 때면 그녀는 남편에게 아이들과 함께 홀로 있다고 말하는 것을 주저하지 않았다. "거의 여섯 달이 다 되어가는 예쁜 아기와 함께 있지만 보여줄 아버지가 없네요." 또한 그녀는 조지프가

1776년에 다시 복무를 하려고 하자 명확히 반대 의사를 밝혔다. 하지만 그는 아내의 항의에도 거의 3년을 더 복무했다.[6]

남편을 향한 사랑은 조지프의 복무 기간 동안 사라 호지킨스를 지탱해주는 힘이었다. 그 사랑은 그녀의 신앙 속에 있었다. 그녀는 신의 섭리로 자신과 남편이 곤경을 이겨내고 행복에 다다를 수 있다고 생각했고, 이 세상에서 그것이 가능하지 않다면 적어도 내세에서라도 그렇게 될 것으로 생각했다. 남편에게 보내는 편지에서도 말했지만, 사라는 소시프가 곤경을 겪거나 피로할 때를 생각하면 "마음이 아프다"고 했다. 신과 신의 계획에 대한 사라의 믿음은 그녀에게 심적 안정을 안겨주었다. 그녀는 이런 말을 남기기도 했다.

"제가 할 수 있는 일이라고는 당신을 오로지 신의 처분에 맡기는 것뿐이에요. 우리가 그분을 제대로 믿는다면 그분께서는 우리를 변함없이 지켜주실 테니까요."[7]

사라 호지킨스는 남편과 떨어져 있어야 하는 세월을 잘 견뎠고, 1779년 6월에 조지프는 집으로 돌아왔다. 그는 떨어진 시간 동안 사라가 느꼈던 감정에 공감했다. 하지만 조지프는 다른 병사들과 마찬가지로 '위대한 대의'를 위해 싸웠고 아내에게도 자신이 싸우는 이유를 설명하려 했다. 이 대의는 그가 복무하며 겪는 고통과 상처를 통해 그에게 더욱 간절하게 다가왔다.

어쨌든 사라 호지킨스가 집에서 영국 병사들을 마주하는 일은 생기지 않았다. 약탈자들에게 소와 곡식을 잃지도 않았으며, 병사들이 집을 방화하거나 뜰의 과일나무 또는 농장의 울타리나 헛간을 부수어 장작으로 쓰는 일도 없었다. 물론 남편의 목숨을 걱정하며 많은 시간을 보냈지만 적어도 그녀는 적이 그녀의 재산을 빼앗아가리라는 걱정은 하지 않았다.

하지만 다른 여성들이 처한 상황은 더 불안했다. 메리 피쉬 실리먼 Mary Fish Silliman은 계속되는 영국군의 상륙작전에 고통받아야 했던 코네티컷 페어필드에 살고 있었다. 그녀는 남편인 골드 셀렉 실리먼Gold Selleck Silliman이 영국군에게 납치될 것이라는 두려움을 안고 살았다. 1779년 5월의 어느 늦은 밤, 그녀의 남편은 영국군에게 납치됐다.[8] 부부가 침대에 누워 있을 때 갑자기 국왕파 무리가 집에 들이닥친 것이었다. 당시 골드는 코네티컷 민병대의 준장이었는데, 그는 1780년 봄까지 뉴욕의 영국군에 잡혀 있다가 국왕파 판사인 대법관 토머스 존스와 교환되어 귀향했다.

메리 피쉬 실리먼은 영국과 전쟁을 시작할 당시에는 그다지 열성적인 애국자가 아니었다. 1736년 코네티컷 스토닝턴에서 레베카 피쉬Rebecca Fish와 회중교회 목사인 조지프 피쉬Joseph Fish의 딸로 태어난 그녀는 1차 대륙회의가 열렸을 때 아이 넷을 둔 가정주부였다. 누군가 그녀에게 대륙회의에서 돌린 결의안 사본을 주었고, 그것을 읽는 동안 영국과 아메리카 사이의 갈등에 점점 흥미를 갖게 되었다. 신학 사상과 정치적인 태도에서 보수적이었던 메리의 아버지는 그녀의 위기 각성에 상당한 영향을 미쳤다. 피쉬 목사는 30년 전 뉴잉글랜드 지역을 강타한 대각성 운동에 반대했고, 대영제국의 식민지라는 위상에 늘 자부심을 갖고 있었다. 그는 위기가 닥친 1760년대에는 가족에게 그다지 많은 말을 하지 않았다. 하지만 영국 정부가 아메리카의 자치권을 크게 제약하는 강압법을 제정하자 오랜 기간 충성심을 지켜온 그도 반발할 수밖에 없었다. 조지프 피쉬는 1774년 봄 딸 메리에게 쓴 편지에서 영국과 조지 3세가 아메리카 식민지를 노예 취급하려 한다며 우려를 표시했다.

강압법과 1차 대륙회의가 열리는 세월 동안, 메리 피쉬 노이즈Mary Fish Noyes는 남편과 아이들의 간질 문제와 씨름하느라 정신이 없었다. 메리는 결국 1767년에 과부가 되었다. 그녀는 선천적으로 차분하고 내성적이어서 화를 내거나 격정적으로 감정을 폭발시키지 않았다. 따라서 대륙회의가 보이콧이나 수입 거부 요청을 했을 때 이에 응하지도 않았다. 그녀의 전기 작가들에 따르면 그녀는 차 마시는 것을 그만두는 것 외에 따로 한 일은 없었다. 하지만 당시에는 그녀가 그 이상으로 할 수 있는 일도 없었다.

메리 피쉬는 1775년에 골드 셀렉 실리먼과 재혼했다. 렉싱턴 전투가 벌어진 몇 달 뒤였다. 전쟁 전 변호사이자 홀아비였던 골드는 전쟁이 터진 뒤 코네티컷 민병대에서 대령으로 복무했고 곧 준장으로 진급했다. 대영對英 위기의 초반에 골드는 다른 식민지인들과 마찬가지로 영국의 처사에 반감이 있었고, '붉은 군복을 입은 신사들'에게 주저 없이 불만을 표출했다. 그때까지만 해도 메리는 남편의 분노에 공감하지 못했을지도 모른다. 하지만 남편이 참전했던 화이트플레인스의 전투 이후에 그녀는 달라졌다. 남편의 코트 주머니에서 옷을 뚫고 들어온 머스킷 총 탄환을 발견했기 때문이다. 자칫하면 남편이 죽거나 다쳤을지도 모르는 이 단순하지만 극적인 사건으로 인해 메리는 영국

메리 피쉬 실리먼 아메리카 독립 전쟁 시기의 고난을 극복한 대표적인 여성으로 그녀의 삶은 TV영화 「메리 실리언의 전쟁」으로 제작됐다. 재혼 전 이름은 메리 피쉬 노이즈다.

에 단호히 저항하게 되었다. 메리는 자신만의 조용한 방식으로 아메리카의 애국자가 되었다. 1779년 거친 국왕파 약탈자들이 남편을 납치하자 메리의 애국심은 더욱 굳건해졌다. 실리먼이 1780년에 풀려났을 때, 메리는 이제 더 이상 원상회복은 불가능하다고 결론을 내렸다. 그녀는 뉴잉글랜드인이면서 동시에 자유로운 아메리카인으로 거듭났다.

매사추세츠 민병대에서 복무하고 이후 대륙군이 된 네이선 피터스Nathan Peters 대위의 아내 로이스 크래리 피터스Lois Crary Peters는 메리 피쉬 실리먼보다 더 힘든 삶을 살았다. 그녀의 남편은 렉싱턴과 콩코드에서 전투가 벌어졌다는 소식이 들리자마자 참전했다. 5년 전 결혼한 그녀는 스물다섯이었고 슬하에 돌이 가까운 아들 윌리엄William이 있었다. 피터스 가족은 코네티컷의 프레스턴에 살았는데, 남편 네이선은 말안장鞍裝 판매로 생계를 꾸렸다. 남편이 참전한 뒤로 로이스 피터스는 홀로 안장을 만들었고 이 일이 자신의 '직업'이 되었다고 이야기했다. 로이스는 힘든 나날을 보내야 했다. 안장을 만들 가죽이 희귀한 것도 문제였지만, 전쟁이 발발한 이후 몇 달 동안은 남편이 이웃들에게 빌려줬던 돈을 돌려받지 못해 골머리가 썩었다. 전쟁으로 인한 불안정한 상황 때문에 식민지의 많은 사람이 빚을 갚지 않으려고 했기 때문이었다. 남편에게 보내는 편지에서 로이스 피터스는 빚 상환을 미루는 사람들에 대해 이렇게 쏘아붙였다. "그런 사람들은 빚을 갚게 한 다음에 목매달아 죽여야 해요."⁹

남편과 아버지가 군대로 떠난 대다수의 가정은 돈이 없어서 궁핍하게 지내야 했다. 로이스 피터스 역시 마찬가지였지만, 그녀는 대처할 수 있는 방법을 찾았다. 남편의 안장 제작 사업을 이어가면서 자신과 아이들의 옷을 만들었고, 소를 키우면서 치즈를 만들었던 것이다. 또한 그녀는 직접 만든 셔츠와 양말을 남편에게 보냈다. 때로는 치즈를 보내기도 했고, 적어도 한 번 이상 사과주가 담긴 술통을 보냈다. 반대로 네이선은 그녀에게 돈을 보내줬다.

돈을 벌고 쓰는 것에 관해 로이스 피터스가 어떤 걱정을 했건 그녀에게 가장 중요한 것은 가족을 지키는 것이었다. 그녀는 남편인 네이선, 어린 아들 윌리엄, 네이선이 보스턴 외곽의 군대와 함께 있을 때 태어난 딸 샐리Sally 등 가족 걱정을 많이 했다. 그녀가 이겨내야 했던 감정은 주로 외로움과 우울함이었다. 로이스는 이러한 감정에 잘 대처하는 편이었다. 하지만 그녀는 네이선에게 보내는 편지에서 의심이 많고 분별력이 없는 친구들의 말을 전하기도 했다. "사람들이 당신이 군에 들어간 이후 변했다고 말하더군요. 집에 있는 가족에게 신경을 쓰지 않는다고요. 저는 그게 사실이 아니기를 바라요." 새포드Safford는 네이선 피터스가 뉴욕에 있을 때 간간이 로이스 피터스의 편지를 그에게 전달하던 파발꾼이었는데, 그가 어느 날 로이스 피터스에게 이런 말을 전했다. "뉴욕에 있는 군대에 관해 썩 좋지 못한 이야기가 나돌아요. 영내에 매춘부들이 있는데, 그곳에 있는 군인들 거의 전부가 수은 중독이라고 하더라고요." 이 파발꾼은 성병 치료 때문에 병사들이 수은에 중독되었다고 말했다. 이 소식에 관해 편지를 받은 네이선 피터스는 즉각 자신이 외도를 했다는 혐의를 부인했다. 이에 로이스는 이런 편지를 보냈다. "그런 이야기를 진지하게 생각한 적은 단 한 번도 없어요. 새포드 씨가 전한 군대 이야기는 제게 조금도 문제가 되지 않아요."[10]

로이스 피터스가 남편의 행동에 아무런 불안을 느끼지 않았다고 볼 수는 없다. 그녀는 때로 절박하게 외롭기도 했다. 하지만 그녀는 독립을 위해 헌신하는 남편과 늘 함께하고 있었다. 전쟁의 소식이 천천히 도착할 때마다, 그녀는 자주 남편이 여전히 살아 있는지를 걱정했다. 워싱턴의 군대가 1776년 가을에 뉴저지를 가로질러 패주할 때, 로이스는 자신의 걱정을 글로 털어놓았다.

> 지금 제게 단 하나의 위안거리는 우리 사랑의 증표인 저 작고 소중한 아이들입니다. 아이들을 볼 때마다 저는 그이를 떠올려요. 하지만 저는 남편이라는 행복을 스스로 거부해야 합니다. 저는 영광스러운 대의가 남편을 부르면 품에서 그 행복을 떠나보내야 한다고 말했을 겁니다. 아아, 조국이여, 제 사랑을 용서하세요. 남편을 조국보다 더 생각하는 이 영혼의 고뇌를 용서하세요.[11]

표면적으로 사라 호지킨스, 메리 피쉬 실리먼, 로이스 피터스, 그리고 비슷한 처지에 있던 여성들은 독립 전쟁의 주역이 아니라 보조역이었던 것처럼 보인다. 여성들이 자신의 희생과 자립적인 생활을 직접 선택한 것이 아니라, 전쟁이 그것을 강요했다고 비춰지는 것이다. 이 주장은 완전히 틀린 것은 아니지만 독립을 쟁취하는 데 많은 여성이 능동적인 역할을 했다는 점을 간과하고 있다. 독립하기 한참 전에도 여성들은 솔선수범해 결단력 있는 행동에 나섰다.

여성들은 영국에 대항하는 소비자 운동에 적극적으로 참여했다. 독립 전쟁이 일어나기 전 몇 년 동안 차 같은 영국제 상품 또는 원자재에 대한 보이콧이 있었고, 아메리카 식민지는 영국산 상품의 수입 거부를 결의했다. 여성들은 이와 같은 상황에서 적극적으로 활동했다.

애국여성협회 영국 신문은 1774년경 노스캐롤라이나 여성들이 영국 정부에 대한 반대 성명을 받고 있는 모습을 조롱하는 만평을 실었다.

여성들은 개별적인 소비자일 뿐만 아니라 가계의 소비 경향을 결정하는 주체였기에, 소비자 운동에서 중요한 위치에 있었기 때문이다. 영국이 톤젠드 법을 제정했을 때 아메리카인들은 "절약해 나라를 구하자"라는 유명한 구호를 앞세워 저항했다. 이 구호는 남자들뿐만 아니라 여자들의 관심도 끌어들였다. 식민지의 여러 도시에서 금지된 영국 상품을 소비하지 말자며 자발적으로 작성된 성명서에는 남성과 여성의 이름이 고르게 담겨 있었다. 1767년, 1768년, 1773년, 1774년 차에는 '사악한', '유해한'이라는 수식어가 따라붙었다.[12]

전쟁이 시작된 뒤 여성들의 행동력이 아메리카의 저항운동에 더욱 중요하게 작용했다.[13] 아메리카는 가내수공업에 크게 의존했는데, 특

아메리카 혁명 중 여성의 역할 아메리카 여성들은 영국산 직물을 거부하고 손수 실을 잣고 천을 생산했다. 손으로 직접 짠 옷을 입는 것은 검소함과 미덕, 아메리카의 독립 의지를 상징했다.

히 실을 잣고 모직 옷을 만드는 일은 대부분 가내수공업이었다. 대부분의 장소에서 털실은 즉시 쓸 수 있게 공급됐다. 손으로 짠 옷을 입는 것은 위대한 대의의 상징으로 받아들여졌다. 1차 대륙회의에서 요청한 검소함과 미덕을 실천한다는 인식이 있었기 때문이다. 도시의 여자들은 스스로 방적 협회를 만들고 신문에 그것을 광고했다. 때때로 그들은 그 이상의 일을 하기도 했다. 필라델피아에서 여성들은 워싱턴 장군의 군대를 위해 셔츠를 만들기도 했다. 많은 마을에서 여성들은 발 벗고 나서 특정한 법규를 집행하면서 존재감을 과시했다. 특히 물품 사재기꾼이나 보이콧 합의서를 위반한 사람들을 적발하기 위해 노력했다. 애비게일 애덤스는 1777년에 벌어진 그런 일에 관해서 보고했다. 설탕과 커피는 전쟁 도중 부족한 물품이었는데, 보스턴의 여자들은 그 물품 배급을 단속하는 행동에 나섰다. 애덤스의 보고서는 일부 여성들이 설탕과 커피를 '다량으로 숨긴' 상인들을 어떻게 공격했는지 묘사하고 있다.

마을에서는 몇 주 동안 소란스러운 일이 많았다. 몇몇 사람이 개업한 일부 상점에서 시장에 커피와 설탕을 내놓으며 파운드 단위로 팔았다. 소문으로는 한 저명하고 부유하며 인색한 독신 상인이 자기 가게에 커피가 가득 담긴 큰 통을 들여놓고 위원회에 파운드당 6실링 아래로는 팔 수 없다는 말을 했다고 한다. 그러자 많은 여자들이 짐수레를 가지고 모여서 그 상인의 창고로 가서 열쇠를 요구했다. 일부는 여자들이 100명이라고 하고, 또는 그 이상이라고도 했다. 그는 열쇠를 내놓지 않았다. 그러자 한 여자가 그의 목덜미를 휘어잡고 수레 위에 내동댕이쳐서 올려놓았다. 이어 여자들이 수레를 뒤집어 상인을 쓰러뜨리자 상인은 도망칠 데가 없다는 것을 발견하고 열쇠를 내놓았고, 여자들은 창고 문을 열고서 커피를 꺼내 수레에 싣고서 유유히 사라졌다.[14]

대다수 여성은 이런 극적인 방식으로 행동할 필요는 없다고 생각했지만, 때로는 보스턴의 여자들 못지 않은 기세로 저주의 말을 퍼부었다. 헤센 장군과 결혼한 남작 부인인 리데젤 부인은 10대 아메리카 소녀가 이렇게 소리 지르는 말을 들었다. "아아, 영국 왕이 여기 있다면, 그자의 몸을 조각조각 내어 심장을 꺼내 잘라낸 뒤 이 석탄 위에 올려놓고 구워서 먹어버리고 싶다!"[15] 이 놀라운 감정의 분출을 들었을 때, 남작 부인은 대륙군의 포로였다. 남편 리데젤 백작과 버고인 장군의 병사들과 함께 포로가 된 직후였던 것이다. 항복한 영국군과 헤센의 용병 군대는 항복의 조건에 따라 뉴욕에서 버지니아 내륙으로 이동했다. 세 딸과 함께 있던 남작 부인은 영국군의 패배는 꿈에도 생각하지 못했기 때문에 이런 모욕을 당할 거라고는 상상조차 하지 못했다. 포로들은 버지니아로 이동하는 중에 막말을 들었고 식사도 제대로 하지 못했다. 보스턴의 몇몇 여자들은 남작 부인이 지나가자 그녀에게 침을 뱉었다. 하지만 남작 부인이 가장 견디기 힘들었던 일은 보스턴 남부에서 일어났다. 그녀는 딸들에게 먹일 음식을 여러 번 사려고 했지만, 매번 딱 잘라 거절당했다.

리데젤 부인은 엄밀히 말하면 종군 민간인이었다. 18세기 군대는 민간인 포로 외에도 늘 많은 여자를 동반하고 움직였다. 병사들의 아내, 친구, 매춘부 등이었는데, 모든 여자는 어떤 면에서 거의 매번 성적인 위안 이상의 서비스를 제공했다. 여자들은 세탁과 옷 수선을 했으며, 식사를 가져오거나 조리했고, 병들거나 다친 병사들을 간호했다. 이외에도 그들은 다양한 도움을 제공했다. 물론 대륙군은 종종 군대에서 여자를 찾기 힘든 시기를 보내야 했다. 워싱턴이 그런 관행을 싫어했고, 하찮은 일로 옥신각신하는 여자들이 군대의 사기를 떨어뜨리는 것을 혐오했기 때문이다. 하지만 영내에서 여자들을 완전히 몰아낼 수는 없었고, 대다수 병사는 틀림없이 그것을 반겼을 것이다.

독립 전쟁 시기 여성의 경험을 종합적으로 분석하는 것은 쉽지 않다. 이 책에서는 몇몇 사례만 제시했을 뿐이다. 여성들의 경험은 이보다 훨씬 더 넓은 범위에 분포해 있으며, 그 경험들이 여성의 삶에 어떤 영향을 미쳤는지는 분명하게 드러나지 않는다. 하지만 전쟁을 겪은 세대에 속한 여성들이 애국파이건 국왕파이건 간에 이전에는 할 수 없었던 경험을 했다는 것은 분명하다. 이 혼돈의 시기에 여성들은 남자들이 모든 것을 통제하지 못하는 경우 자신의 삶이 어떻게 달라지는지를 조금이나마 엿볼 수 있었다. 특히 상대적으로 생존의 위협으로부터 벗어나 있던 중산층과 상류층 여성들은 전쟁 이전에는 알지 못했던 자유를 누렸다. 남편과 아버지가 군대와 정부에서 복무하기 위해 떠난 집을 직접 운영해야 했기 때문이다. 남자들이 집에 머무를 수 있었던 가정에서도 전쟁과 위기는 새로운 분위기를 불러일으켰다. 자유와 독립을 요구하는 정치적 분위기가 '남성뿐만 아니라 여성도 자유의 축복을 누려야 한다'는 생각을 부추겼기 때문이다. 하지만 이러한 가능성을 직접 주장했던 여성은 많지 않았다. 애비게일 애덤스가 남편인 존 퀸시 애덤스에게 조언했고 애덤스가 의회에서 "우리는 숙녀들을 기억해야 한다"고 발언했지만, 의회는 그의 말을 경청하지 않았다.

일상이 된 민간인 약탈

남녀 불문하고 전쟁에 영향을 받지 않고 자신들의 삶을 살았던 민간인도 있었다. 1776년 하우 장군이 거느리는 영국군이 보스턴을 떠나 아주 먼 곳으로 가버리자, 매사추세츠의 민간인들은 상당히 평온한 삶을 살게 되었다. 그런 평온하고 어느 정도 안전했던 삶도 군대가 진군하거나 야영을 할 때면 사라졌다. 전쟁 내내 흔했던 풍문은 독일에서 온 헤센 용병들이 가장 무섭다는 것이었다. 1776년 말에 하우가 워싱턴을 쫓아 뉴저지를 건너자 민간인 사이에서는 독일 병사들에 대한 깊은 증오가 생겨났다. 독일 병사들이 동맹인 영국군 병사들보다 더 심한 악행을 저질렀던 것은 아니지만, '외국인'이고 기이한 외국어를 말한다는 이유로 깊은 혐오의 대상이 되었다.

18세기의 군대는 민간인을 온건하게 대하지 않았다. 하우의 영국 병사들과 독일 병사들은 당시의 관습대로 행동했다. 그들은 초대도 받지 않은 채 민간인의 집에 불쑥 들어가 챙길 수 있는 것은 모두 챙겼다. 식량, 옷, 그 외 손 댈 수 있는 것을 모두 약탈해갔다. 겨울 추위를 견디기 힘들었기 때문에, 병사들이 땔감을 얻기 위해 울타리를 뜯거나 건물을 부수는 것은 흔한 일이었다.

전쟁 내내 약탈을 계속하는 것은 영국군뿐만이 아니었다. 워싱턴의 병사들은 1778년에 포지 계곡에서 끔찍한 굶주림과 추위를 견뎌야 했고 1779년에서 1780년으로 넘어가는 겨울에는 뉴저지의 모리스타운에서 그보다 더 심한 고통을 감내해야 했다. 이런 시기에 인근 민간인을 약탈하려는 유혹을 물리치는 것은 쉽지 않은 일이었다. 그렇지만 변명이 허용되지 않은 경우도 많았다. 1778년 6월 말 몬머스 법원 청사 근처에서의 일이 대표적이었다. 이 지역에 살던 민간인은 두 군대가 충돌하자 도망쳤는데, 전투가 끝난 뒤 대륙군 병사들은 그들의 집에 침입해 보이는 것은 몽땅 가지고 나왔다. 이에 분노한 워싱턴 장군은 약탈한 병사들을 색출하라고 지시했고, 그제야 병사들의 악행이 중단됐다.

워싱턴 장군은 전쟁 기간 동안 여러 번 약탈을 금지하는 명령을 내려야 했다. 영국군 사령관인 하우와 클린턴은 물론 그들의 참모들도 워싱턴과 같은 약탈 금지 지시를 내렸다. 양군은 실제로 군복을 입었든 입지 않았든 약탈자들을 무겁게 처벌했다. 군의관인 제임스 대처는 일기를 꼼꼼히 작성했는데, 그의 일기에는 1778년에 올버니 근처에서 거주민의 물건을 강탈하고 그들을 죽인 병사들이 교수형을 당했다는 내용이 나온다. 대처는 이 잔인한 약탈자들을 '악당'이라고 불렀고, 그가 느낀 증오는 양쪽 군의 많은 이들이 공감했다.[16] 하지만 민간인의 물건을 강탈하고 그들을 죽이는 병사들은 전쟁 내내 나타났다.

민간인은 양쪽 군의 병사들 외에도 그들과 함께 다니거나 그들의 영향력 아래 사는 사람들에 대해서도 두려움을 느꼈다. 대다수가 숙녀였던 양쪽 군의 종군 민간인 아내와 일부 아내가 아닌 여자들 역시 민간인을 대상으로 갖가지 범죄를 저질렀다. 이 여자들은 보통 장교들과 병사들에게 유용한 서비스를 제공했다. 그들은 옷을 세탁했고, 요리를 만들었으며, 병들거나 다친 병사들을 간호했고, 그 외에 다른 부류의 편의를 제공하기도 했다. 하지만 그들이 늘 병사들에게만 관심을 쏟은 것은 아니었다. 뭔가를 훔칠 기회가 생기면 그 기회를 제멋대로 활용했다. 1781년 4월 너새니얼 그린의 군대에 속한 여러 종군 민간인은 병사들이 사우스캐롤라이나의 검 습지 야영지 근처 민가를 불태우는 일에 가담했다. 이에 그린은 약탈하다가 발각되는 자들은 처형하겠다고 위협했다. 1778년 6월 워싱턴 휘하 연대에 '속한' 여자들은 뉴저지의 뉴워크 근처에 병력이 주둔할 때 민가에서 2개의 망토, 여러 개의 손수건, 셔츠, 베개 주머니, 커다란 '마름모꼴 무늬가 있는 담요'를 훔쳤다. 연대 장교들은 민간인이 물건이 없어졌다고 불만을 표시하자 물건을 돌려주기 위해 그것을 훔친 여자들을 수색했다.[17]

민간인이 두려워하는 또 다른 집단은 군대 주변에서 도사리던 무법자들이었다. 전쟁 대부분 동안 뉴욕 근방, 또는 1777년 9월부터 1778년 7월까지 필라델피아 근방, 또는 1780년까지 캐롤라이나와 조지아 근방에서는 그런 무법자 무리가 돌아다녔다. 이들은 빈번히 대륙군 또는 영국군 소속 게릴라로 위장해 약탈을 하고 살인을 저질렀다. 이들은 인간적인 품위나 원칙 없이 이득만을 탐하는 악당이었다. 진짜 게릴라들은 이들을 경멸했다. 사우스캐롤라이나의 '늪 속의 여우'라는 별명이 붙었던 진짜 게릴라의 대장 프랜시스 매리온은 도적들이 자신의 병사들을 쫓아다니며 자신의 지휘를 받는 양 가장하고 다닌다는 사실을 알게 되었다. 이렇게 위장한 그들은 캐롤라이나의 불운한 사람들을 약탈

프랜시스 매리온(1732~1795) 사우스캐롤라이나 민병대의 대장으로 신출귀몰한 게릴라 전법으로 '늪 속의 여우'라고 불렸으며, 그의 실화를 바탕으로 영화 「패트리어트」가 제작됐다.

하고 다녔다. 이에 매리온은 무법자들을 발견하면 군법회의에 회부할 필요도 없이 곧바로 처단하라고 휘하 병사들에게 지시를 내렸다.[18]

군대가 점령한 마을이나 도시 근처에 사는 아메리카인은 전쟁이 가져온 최악의 시련을 겪어야 했다. 보스턴은 최초로 영국군에 의해 점령된 도시였지만, 다행히도 전쟁 초기에 그 시련이 끝났다. 보스턴 시민들은 도시 한가운데 영국군이 주둔하는 것에 익숙해지지 못했기에 렉싱턴에서 전투가 시작될 때까지 철저히 단결할 수 있었다. 렉싱턴 전투가 끝나고 한 달 뒤, 보스턴에 살던 민간인 절반은 다른 곳으로 떠났다. 그렇게 민간인이 떠나고 아메리카군의 포위 공격까지 받던 보스턴에서의 삶은 암울하기 짝이 없었다. 6월에 영국군은 벙커힐에서 사상자가 크게 발생해 커다란 고통을 받았고, 거의 모든 병사가 사기가 떨어진 채로 불안해했다.

1776년 3월에 해군이 영국군 병사들을 싣고 떠나갈 때까지, 보스턴

보스턴을 파괴하는 영국군 렉싱턴 전투 이후 영국군은 보스턴의 건물들을 불태웠다. 영국 신문 조차도 영국군의 잔인한 처사를 만평으로 그려 비판했다.

에서 병사들이나 민간인이나 편안하게 살 수 있는 사람은 거의 없었다. 대륙군의 공성이 시작되자 가장 먼저 식량이 부족해졌다. 대륙군은 농장과 내부 상점 간의 접촉을 차단했고 과일, 채소, 신선한 고기가 빠르게 자취를 감추었다. 염장한 고기, 말린 콩, 그 외에 몇 안 되는 식품들은 계속 영국에서 보급됐지만, 대서양을 건너 오는 보급은 불규칙했고 그다지 다양하지도 않았다. 상인 존 앤드루스John Andrews는 자신의 재산을 보호하기 위해 도시에 남았는데, 그는 민간인은 "돼지고기와 콩을 넣은 요리를 매일 먹다가 가끔 생선이 잡히면 그것을 먹었다."고 설명했다. 앤드루스는 굶지는 않았지만 궁핍한 생활을 했다. 그는 자신의 재산을 보호하지 못할 것을 두려워했고, 병사들에 대해 이런 말을 남겼다. "도시를 떠난 이들이 잘못을 저질렀다는 확실한 증거라도 있다는 듯이, 그들은 떠난 사람들의 빈 집과 상점을 약탈했다. 마치 허가증을 받기라도 한 것처럼." [19]

영국 병사들은 그 나름의 이유로 앤드루스처럼 침울했다. 그들은 두 번의 잔혹한 전투를 치렀으나 그다지 큰 재미를 보지 못했다. 그러다가 반란군이 포위 공격을 해오자 사실상 버림받은 도시에 갇힌 꼴이 되었다. 병사들이나 민간인이나 겨울 추위로 더 좋지 않은 상황을 겪게 되었다. 강과 항만이 얼어붙기 시작하자 공격을 받을 가능성은 더 커졌다. 그것만으로도 추위는 충분히 좋지 못한 영향을 미쳤다.

1775년에서 1776년으로 넘어가는 겨울에, 영국군은 민간인의 권리와 그들의 재산을 그다지 배려하지 않았다. 많은 장교들이 민간인의 집을 징발해 자신의 거처로 삼았다. 헨리 클린턴 장군은 존 핸콕의 집, 버고인 장군은 제임스 보든James Bowdoin의 집에서 살았다. 다른 초급 장교들은 그보다 못한 집에 퍼져 살았다. 병사들 역시 민간인 집에 입주해 살았던 것으로 보인다.[20]

공공건물도 영국군의 목적에 맞춰 징발됐다. 영국군은 총을 지닌 기마병들을 위한 마술馬術 훈련소로 쓰기 위해 올드 사우스 예배당의 신자용 좌석을 전부 뜯어냈다. 웨스트 교회와 홀리스 스트리트 교회는 병영이 되었다. 페더럴 스트리트 예배당은 건초 저장용 헛간으로 전환되었고, 올드 노스 교회는 건물 전체가 파괴돼 병사들의 추운 몸을 덥히는 장작이 되었다. 적어도 100개의 민가가 올드 노스 교회의 전철을 밟았다. 해체된 건물은 장작이 되어 추위로 떠는 병사들을 위해 불 속으로 던져졌다. 3월에 도시를 되찾은 뒤, 보스턴 사람들은 손상되거나 철거된 가옥과 교회 외에도 부서진 울타리, 쓰러진 나무, 짓밟힌 정원, 이리저리 널린 오물 등을 목격해야 했다.

영국군은 보스턴에서 떠난 다음 해 필라델피아를 점령했고, 그곳에서 거의 9개월 동안 머물렀다. 필라델피아 점령은 보스턴을 점령했을 때와 여러 측면에서 비슷했다. 도시가 점령된 뒤에도 남은 민간인은 영국군 병사들과 씨름해야 했는데, 그들은 종종 민간인에 대한 약탈과 학대를 서슴지 않았고 더 나아가 살인을 저지르기도 했다. 민간인들은 자신의 의사와 상관없이 영국군 장교와 병사들에게 집을 내주어야 했다.

필라델피아의 민간인들은 보스턴의 시민들보다 훨씬 더 나은 삶을 살 수 있었다. 도시를 포위한 군대가 없었던 탓에 인근 농장과 마을, 심지어는 뉴욕까지 자유롭게 왕래할 수 있었기 때문이다. 도시의 물류가 오갔던 델라웨어강을 이용하는 것이 잠시 동안 중단됐지만, 영국군은 1777년 11월에 델라웨어강 유역에 위치한 대륙군의 요새를 대부분 점령했고 이후 강을 통한 물자 수송이 다시 시작됐다. 델라웨어강의 지류에 위치한 포지 계곡에 주둔하고 있던 워싱턴의 군대는 허약하고 절망적인 상황에 있었기 때문에 적어도 1778년 봄까지는 강을 통해 필라델피아로 들어가는 영국군의 보급로를 차단하지 못했다. 도시로 향하는 물자의 수송을 막았던 것은 일부 게릴라 부대와 약탈자 무리였다. 이들은 도시로 먹을거리를 운송하는 농부를 막거나 길에서 만난 약자를 약탈했다.

하지만 필라델피아를 점령하고 보급로를 확보한 영국군에게 게릴라 부대, 포지 계곡에서 보낸 정찰대, 그리고 무법자들은 '성가신 대상' 그 이상도 이하도 아니었다. 영국군은 보스턴에서 포위 공격을 당하던 때보다 훨씬 나은 상황에서 필라델피아에 주둔하고 있었다.

이러한 조건에서 필라델피아의 영국군은 약탈의 필요성을 상대적으로 적게 느꼈다. 하지만 그렇다고 민간인이 군인들의 횡포에서 벗어나 있던 것은 결코 아니었다. 여전히 병사들의 삶은 안락함과는 거리가 멀었고, 민간인 거주 지역과 가까이 위치한 막사의 병사들은 민간인이 지키려고 하는 물건들을 빼앗으려 했다. 점령 뒤 첫 며칠 동안 병사들은 장교들이 막기 전까지 민간인의 가옥에 침입해 물건을 빼앗고 모닥불용 울타리를 뜯어 왔다. 또한 인수증을 건네주지도 않고 건초, 야채, 그 외 다른 물건을 가져갔다. 이런 행동은 영국군의 점령 기간 동안 완전히 사라지지 않았다. 다만 이후 9개월 동안 허가 없이 재산을 몰수하는 건수는 줄어들었다. 마구잡이 약탈에 대한 민간인들의 항의가 계속됐고, 겨울이 왔을 때야 마침내 병사들이 장교의 지시를 이행하기 시작했기 때문이다.[21]

영국군 점령 기간 동안 가장 고통받은 이는 가난한 사람들이었다. 그들은 세속의 재산을 더 많이 가진 이들처럼 자주 약탈을 당하지는 않았지만 생필품의 물가가 폭등하면서 가장 큰 피해를 입은 계층이었다. 필라델피아에서 식품과 연료를 구하지 못할 일은 없었으나, 영국군이 주둔하는 동안 해당 물품의 가격은 빠르게 치솟았다.[22]

영국군 점령 기간 동안 모든 사회계층의 민간인이 불안과 두려움을 느꼈다. 심지어 영국 왕의 뜻에 충성하는 이들도 두려움을 느낄 수밖에 없었다. 약탈하는 병사들이 애국파와 국왕파를 가려가며 약탈하지는 않았기 때문이다. 국왕파 청년 로버트 모턴Robert Morton은 처음에는 영국군의 입성을 환영하며 9월에 필라델피아에서 빠르게 도망친 대륙회의를 비웃었다. 하지만 점령 뒤 하루 이틀 만에 그는 이런 기록을 남겼다. "그들은 집을 약탈하고, 어머니가 준비하신 건초를 대금 지불이나 영수증 발급도 없이 가져갔다. 군대는 우리의 삶을 유린하고 무자비하게 파괴했다. 그들의 도시 점령은 끔찍한 결과를 낳았다."[23]

어쨌든 젊은 모턴은 영국군의 점령을 호의적으로 받아들였다. 하지만 퀘이커 교도 상인의 아내 엘리자베스 드린커Elizabeth Drinker는 어느 쪽도 그다지 호의적으로 보지 않았다. 거의 모든 퀘이커 교도처럼, 그녀도 전쟁의 폭력을 탐탁찮아 했다.

필라델피아가 점령되기 몇 주 전, 펜실베이니아 의회는 엘리자베스의 남편인 헨리 드린커Henry Drinker를 아메리카의 대의에 불충했다는 혐의로 체포했다. 헨리 드린커와 같은 혐의를 받은 다른 퀘이커 교도들은 외진 마을로 쫓겨나 구금됐다. 당연히 엘리자베스는 남편을 격성했다. 영국군이 도시를 점령하자 그녀는 더욱 심하게 긴장했다.

드린커 부부는 재정적으로 충분히 여유로웠기 때문에 추위에 떨거나 굶주리지는 않았으며, 집을 몰수당하지도 않았다. 하지만 드린커 부부는 긴 협상 끝에 영국군 장교인 크래몬드Crammond 소령을 입주시키는 데 동의해야 했다. 크래몬드는 세 명의 하인을 두고 있었고 그중 한 명이 드린커 부부의 집에 들어오기로 했다. 또 말 세 필과 소 세 마리, 양 두 마리, 그리고 칠면조 여러 마리와 닭이 함께 들어왔다. 엘리자베스 드린커는 이전에 집에 군 장교를 들여본 적이 없었으므로 크래몬드가 '휴대'하고 있는 재산의 규모에 놀라움을 금치 못했다. 비록 함께 사는 것이 불편했을지라도 영국군 소령을 집에 두고 있다는 것은 엄청난 혜택이었다. 가령 크래몬드 소령이 집에서 지내기 전에 드린커 부부는 병사들이 그들의 집에 마음대로 침입할 것을 두려워했다. 실제로 11월 하순, 젊은 하녀인 앤Ann과 교제하던 젊은 병사 하나가 술에 취한 채 집을 찾아오기도 했다. 엘리자베스 드린커는 이런 일이 생기자 굉장히 겁을 먹었고, 필라델피아의 민가를 약탈한 병사들의 이야기를 듣고 나서는 그 두려움이 더 심해졌다. 12월에 병사들이 이웃에서 어슬렁거리는 모습을 본 뒤, 그녀는 일기에 이렇게 심경을

토로했다. "요즘 침대에 눕기가 무서워질 때가 자주 있다." 크래몬드 소령도 그녀에게 불편한 존재였을 것이다. 드린커 부부의 응접실에 친구들을 불러 늦은 시간까지 접대했기 때문이다. 하지만 소령이 입주해 있었기 때문에 병사들은 그 집에 침입하기를 포기했다.[24]

엘리자베스 드린커는 때로 조지프 갤로웨이에게 도움을 호소했다. 국왕파인 갤로웨이는 한때 영향력 있는 펜실베이니아 정치인이었고 유능한 사람이었다. 1777년 12월 4일부터 영국군이 필라델피아에서 철수할 때까지, 그는 "도시와 그 주변 지역을 담당하는 치안감과 도시의 수출입 감독관" 역할을 맡게 되었다. 이 웅장한 직함은 그가 필라델피아의 수출입 사업을 통제하는 책임을 가지고 있다는 뜻이었다. 하지만 겉만 번드레할 뿐, 그가 발휘할 수 있는 권한은 영국군이 그에게 부여한 자그마한 힘뿐이었다.[25]

영국군 점령 기간 동안 도시의 무역을 통제하는 것은 쉬운 일이 아니었다. 점령 9개월 동안 각종 사업은 번창했다. 영국군은 배와 화물이 정기적으로 입항하도록 명령했고, 럼주·증류주·당밀·소금 등 도시 외곽의 반역자들에게 밀수될 가능성이 큰 상품들은 허락을 받아야만 입하해 판매할 수 있게 했다.

국왕파 상인들은 이 기간 동안 크게 돈을 벌었고, 밀수에 노골적으로 관여하는 영국 육해군 장교들도 있었다. 갤로웨이는 관련법이 준수되고 있는지 확인하는 일에 최선을 다했다. 한번은 국왕파 상인인 텐치 콕스Tench Coxe가 소유한 창고에 몰래 잠입해 밀수된 무기들이 있는지 찾아보기까지 했다.

국왕파 상인 콕스는 1777년 9월에 영국군과 함께 필라델피아로 돌아왔다. 그는 도시에 있는 창고의 절반이 버려진 것을 보았지만, 1년 전 도망친 콕스와 같은 추방자들이 돌아오면서 창고는 다시 주인을 찾았다. 11월 말 영국군이 델라웨어강 유역의 대륙군 요새들을 정리하는 데 성공하면서 뉴욕 및 서인도제도와의 무역이 재개됐다. 국왕파 상인들은 사업적으로 번창했다. 콕스는 강을 사용하지 못했던 시기에도 지역 신문에다 자신이 면제품, 공단, 비단 무릎 밴드, 진주목걸이, 카이저의 약을 판다고 광고할 만큼 사업 규모를 유지하고 있었다. 콕스가 유통한 상품 중 카이저의 약은 틀림없이 상당히 귀했을 것이다. 성병, 류머티즘, 천식, 수종, 중풍에 효력이 있다고 알려져 있었기 때문이다.[26]

돈을 가진 자들, 즉 콕스 같은 상인이나 영국군 장교들은 전쟁 기간 중에도 다양한 문화활동을 즐겼다. 매주 무도회가 열렸고, 때때로 연극, 연주회, 파티가 한꺼번에 개최되는 '사교 시즌'이 있었다. 이런 기념행사의 정점은 1778년 5월 18일에 존 안드레John Andre 대위의 지휘로 하우 장군 휘하의 장교들이 개최한 '미스키안차Mischianza'였다. 이행사는 곧 헨리 클린턴으로 대체될 사령관직을 맡고 있던 하우 장군을 위해 기획됐다. 미스키안차는 블렌디드 로지즈와 버닝 마운틴의 기사騎士들을 내세워 펼친 모의 마상 시합과 무도회, 연회 등을 뒤섞은 웅장한 파티였다. 강 위에 떠 있는 호화롭게 장식된 바지선에서는 하우 장군을 축하하기 위해 예포를 발사하기도 했다. 안드레는 이 파티에 지역 상류층과 국왕파 미녀들을 불러 눈에 잘 띄는 곳에 배치했다. 하우 장군에게는 기억에 남을 행사였지만, 모두가 이 행사가 정당하다고 생각한 것은 아니었다. 엘리자베스 드린커는 콧방귀를 뀌며 이날은 "우둔과 허영의 장면"으로 기억될 것이라고 말했다.[27]

전쟁 중 비슷한 일들이 점령된 뉴욕에서도 벌어졌지만, 미스키안차

미스키안차의 행렬 필라델피아의 영국군과 국왕파는 아메리카를 떠나는 하우 장군을 위해 이 행사를 개최했으나, 전시 중에 부적절한 행사라는 비판도 받았다.

처럼 호화롭고 사치스러운 행사는 없었다. 뉴욕은 1776년 9월에 영국군에게 점령됐으며, 최종 평화조약이 맺어진 1783년 9월 3일부터 3개월 뒤인 1783년 11월 말까지도 영국군이 주둔했다. 뉴욕에는 영국 사령관들인 윌리엄 하우, 헨리 클린턴, 그리고 클린턴의 후임인 가이 칼턴 경 등이 머무르는 사령부가 있었다.

뉴욕은 영국군 총사령관의 사령부가 있는 곳이자 큰 항구여서, 자연스럽게 영국 본토의 내각과 아메리카에 진군한 군대가 가장 큰 관심을 기울인 곳이었다. 전쟁 내내 많은 병사와 보급품이 뉴욕을 통해 아메리카 대륙으로 들어갔고, 때로는 그곳에서 나오기도 했다. 작전은 뉴욕에서 계획됐으며, 전함은 그곳의 항구에서 보급을 받거나 수리를 받았다. 북부 주에 거주했던 국왕파들은 점점 뉴욕으로 도망쳐왔다. 전쟁이 거의 끝나갈 무렵에도 영국군은 뉴욕을 포기할 생각이 없었다.

전쟁 기간 동안 그다지 번성하지는 못했지만, 뉴욕은 영국의 전쟁 활동 거점이었다. 영국군이 뉴욕을 점령한 직후부터 도시의 무역이 재개됐다. 한 학자는 1776년 10월경에 뉴욕의 항구가 최소 500척의 배들로 붐볐다고 추정했다. 이와 더불어 몇 개의 지역신문이 등장했고, 다양한 상품 광고를 지면에 실었다. 각종 사업이 재개되고 영국군이 자리를 잡자 도망쳤던 많은 거주민이 돌아왔다. 특히 애국파의 박해로 피난처를 찾아 뉴욕을 떠났던 국왕파들이 귀환자의 상당수를 차지했다. 1781년이 되자 뉴욕에는 2만 5000명의 민간인이 거주했다. 뉴욕에 주둔하는 영국군의 수는 전쟁 국면마다 큰 폭으로 변동했다. 점령 당시에는 약 3만 1000명, 하우가 워싱턴을 추격했던 1777년 초에는 약 3300명이었다. 하지만 대부분의 기간에는 대략 1만여 명의 병사들이 뉴욕에 주둔했다. 대다수는 스태튼아일랜드와 맨해튼 북부에 자리를 잡았다.[28]

필라델피아에서처럼, 뉴욕에서도 많은 영국군 장교와 부유한 국왕파가 적극적으로 사교활동을 이어갔다. 극장이 활기를 되찾았고, 연주회가 다시 개최됐으며, 저녁 만찬, 무도회, 파티가 이어졌다. 기분 전환이 필요했던 영국의 육해군 장교들은 당시 상연된 대부분의 연극에서 직접 배역을 맡을 정도로 활발하게 문화 활동을 벌였다. 근위병대에서 클린턴의 참모로 복무했던 소령 존 안드레는 대륙군에게 포로로 잡히기 전까지 다양한 연극에서 주연을 맡았다. 그가 붙잡힌 것은 베네딕트 아놀드가 대륙군을 배신하던 1780년 가을 무렵이었다. 1783

년 전쟁이 공식적으로 끝나기 몇 달 전, 전문 극단이 뉴욕에 와서 공연을 하기 시작했다. 하지만 전문 극단의 공연은 1783년 말이 되자 중단됐다. 전쟁이 끝나자 군인들과 수천 명의 국왕파들이 뉴욕을 떠났기 때문이다.

군대와 국왕파의 오락행사는 조용한 절망을 떨쳐내기 위한 방편이었을지도 모른다. 뉴욕의 상황이 대륙군의 포위 공격을 받았던 보스턴만큼 심각한 것이 아니었지만, 뉴욕의 임시 거주자들은 적이 그다지 멀지 않은 곳에 있다는 사실을 늘 의식했다. 클린턴 장군은 지휘권을 가지고 있는 동안 뉴욕이 대륙군에게 공격받을 것이라는 우려를 여러 번 표출했다. 예상했던 식량 보급선이 도착하지 않는 일이 벌어지자, 그는 뉴욕이 굶주리게 될 것이라는 걱정을 하지 않을 수 없었다.

많은 뉴욕 거주민에게 전쟁 중의 삶은 힘들고 우울했다. 1776년 9월 영국군이 도시를 점령하자마자 고난이 시작됐다. 9월 20일 밤 큰 화재가 발생해 도시 주택의 4분의 1에 해당하는 민가 500채가 남김없이 타버렸다. 트리니티 교회, 루터 교회, 많은 창고, 상점 역시 함께 소실됐다. 대다수 거주민이 도시가 함락될 때 집을 버리고 떠났기 때문에 이 화재로 즉각적인 주택난이 발생하지는 않았다. 도시에 남은 거주민은 대략 5000명에 불과했다. 하지만 몇 달 뒤에 많은 이들이 돌아왔고, 대서양 연안에 위치한 중동부 주에 살던 국왕파들이 뉴욕으로 피난을 오면서 심각한 주택난이 시작됐다. 1만여 명에 달하는 영국군의 주둔은 주택난을 더 심화시켰다. 1778년 두 번째로 큰 화재가 일어나 64채의 가옥이 불에 타면서, 주택난은 더 악화됐다.

영국군은 점령 기간 동안 새로운 거주 시설을 마련하려는 노력은 거의 하지 않았다. 가난한 사람들과 군대를 따라다닌 떠돌이들은 브로드웨이를 중심으로 화재로 다 타버린 지역을 점거하고서 임시 가옥을 만들었다. 이런 구조물의 대다수는 불에 타고 남은 가옥의 벽 조각들과 굴뚝 주위로 돛의 천을 펼쳐 만든 텐트에 지나지 않았다. 거주민들은 이런 텐트가 많았던 지역을 가리켜 '돛베 도시'라고 불렀다.

가혹한 겨울, 특히 1779년에서 1780년으로 넘어가던 겨울은 거주민들에게 최악의 고통을 안겼다. 전쟁 전 허드슨 계곡과 인근 뉴저지 주는 뉴욕이 소비하는 식량과 연료의 대부분을 공급했다. 더 가까운 지역 중에는 맨해튼 상부의 농장들이 야채와 고기를 공급했고, 롱아일랜드에서 건초, 곡식, 고기, 땔감 등을 보냈다. 이 인근 지역들은 전쟁 기간에 상당히 안정적으로 물자를 공급했지만, 뉴욕의 인구가 팽창하자 늘어나는 수요를 감당하지 못했다. 1779년에서 1780년으로 넘어가던 겨울의 엄청난 폭설은 때때로 몇 주 동안 식량과 땔감의 운반을 거의 불가능하게 만들었다. 겨울 초반에는 얼음이 강을 가로막아 일정 기간 동안 롱아일랜드와의 연결이 끊어졌다. 1월 중순이 되자 강은 아주 단단히 얼어붙었고, 덕분에 썰매로 도시에 식량을 운반할 수 있게 되었다. 하지만 반대로 배가 항구에 들어올 수 없었기 때문에 결빙이 반드시 물자 수송에 도움이 되지는 않았다.

영국군은 자신의 능력만으로 도시를 통치하려 했다. 하우 장군은 뉴욕을 점령한 뒤 곧바로 트라이언Tyron 총독을 복권시켰지만, 실제로 도시의 운영을 맡은 것은 9월에 도시 방위사령관으로 임명된 제임스 로버트슨 장군이었다. 로버트슨은 휘하 장교들에게 도시의 점령과 통치에 관련된 대부분의 업무를 맡겼다. 그가 민간인 조직과 함께한 사업은 빈민구제 사업 정도였다. 로버트슨은 자신이 선정한 민간인들로 구성된 '도시 교구 위원회'를 통해 빈민을 구호케 했다. 전쟁 전에도 빈민을 구제하는 기관이 있었는데, 이 기구는 구빈세救貧稅를 걷어 극빈자들을 지원하는 비용을 충당했다. 로버트슨이 조직한 민간인 집단은 이전처럼 구빈세를 걷을 수는 없었지만, 다양한 방법으로 구호 기금을 마련했다. 반역자들이 두고 떠난 집들을 국왕파들에게 내주고 받은 임대료와, 방위사령관이 세운 다양한 규정을 어긴 장교들에게서 걷은 벌금이 바로 그 자금이었다. 교구 위원회는 점령 기간 동안 빈민 구호에 4만 5000파운드를 지출했다. 하지만 교구 위원회나 다른 공권력이 점령된 도시 뉴욕의 모든 절망을 구제할 수는 없었다.

아메리카에 살고 있던 모든 사람은 전쟁에서 벗어나지 못했다. 전쟁과 아주 멀리 떨어진 지역에 사는 사람들도 마찬가지였다. 그렇지만 상당히 많은 사람이 평상시와 다름없는 삶을 이어갔다. 농부들은 봄에 씨를 뿌리고 가을이 되면 거둬들였다. 장인들은 상품을 만들고, 소매업자들은 그것을 팔았다. 신도들은 교회에 모였고, 아이들은 학교에 갔다. 이런 사람들에게서 통상적인 삶의 리듬이 지속되었다는 것은 분명한 사실이다.

그렇다고 해도 전쟁은 잊어버릴 수 있는 것이 아니었다. 전쟁이 시작되기 전 10년 동안의 소요는 대다수 아메리카인으로 하여금 전쟁과 자신이 서로 동떨어진 것이 아님을 깨닫게 했다. 어디에 있든지 간에 아메리카인은 최선을 다해 싸웠는데, 그 증거는 상당히 많이 남아 있다.

어쩌면 어떤 사람들에게는 그 시대가 비뚤어진 시대로 보였을 것이다. 영국군이 필라델피아를 떠나고 몇 달 뒤, 엘리자베스 드린커는 사회적 분위기가 무질서에 빠졌음을 발견했다. 드린커 부부가 1778년 말 새로 들인 하녀는 집을 찾아온 그녀의 방문객을 하루 종일 접대하고 "주인의 허가를 얻지도 않고" 하룻밤 묵어가게 했다. 드린커 부인은 이런 행동에서 불길함을 느꼈다. 그녀는 이런 말을 남겼다. "세월 이 많이 변했다. 이젠 하녀가 여주인이 되었다."[29]

하지만 평상적인 삶을 이어갔던 드린커 부부와 달리 가족을 전쟁에 보낸 많은 가족은 커다란 고통을 겪어야 했다. 예컨대 전쟁으로 서로 떨어져 있어야 했던 호지킨스 부부가 느낀 위기의식은 드린커 부부보 다 훨씬 더 심각했으며, 사실상 완전히 다른 유형의 아픔이었다. "조 지프가 살아 있을까?"라는 질문은 남편이 제대해서 돌아올 때까지 사 라 호지킨스를 괴롭혔다. 사라도 일상적으로는 전쟁 이전과 크게 다 르지 않은 삶을 보내고 있었지만, 그 사실이 남편에 대한 걱정을 사라 지게 해주지는 못했다. 가족을 전쟁에 보낸 다른 이들의 처지도 그녀 와 크게 다르지 않았다.

변하지 않은 것과 새로운 것

점점 길어지는 전쟁은 병사들의 희생을 요구했기에, 아메리카에서 는 위와 같은 경험이 흔했다. 렉싱턴 전투에서 평화조약까지 8년 동안 약 20만 명의 남자들이 대륙군이나 주의 민병대에 입대해 무기를 들 었다. 일부 지역은 전투에서 발생하는 직접적인 파괴를 피하기도 했 지만, 전쟁의 영향력에서 벗어난 지역은 없었다. 영국군이 아메리카의 한쪽 끝에서 다른 쪽 끝까지 병사들을 파견해 온갖 군사작전을 수행 했기 때문이다. 아메리카 전역의 남자들은 영국군에 대항하다가 목숨 을 잃었다.

아메리카인 대다수의 삶이 전쟁에 영향을 받았지만, 그래도 사회 구조는 본질적으로 독립 전쟁이 일어나기 전과 같은 상태로 남았다.

사회의 계층적 구조는 중요한 면에서는 바뀌지 않았다. 다만 국왕과 상인들이 추방당하는 바람에 도시 상류층 중 다수가 사라졌다. 물론 상인 대다수는 영국에 대한 저항을 지지했고, 대륙군을 지원했다.

주요한 기관들 역시 전쟁에서 살아남았다. 전쟁은 가족을 붕괴시키고 학교와 교회를 파괴했으며 공동체에도 큰 손실을 안겼지만, 그런 기관들의 조직 방식은 온전하게 살아남았다. 그렇다고 변화가 아예 없었던 것은 아니었다. 버지니아에서 제임스 매디슨과 토머스 제퍼슨이 입법부에 강력하게 영국국교회의 폐지를 촉구했다. 영국국교회가 폐지되는 일은 없었지만, 국교회에 대한 세제 지원이 중단됐다. 하지만 세제 지원이 없다고 해서 국교회의 성격이 극적으로 변하는 일은 없었다.[30]

비록 사회 구조는 여느 때처럼 남아 있었지만, 사회는 어떤 중요한 면에서 독립 혁명과 전쟁의 영향을 크게 받았다. 영국에서 분리되기 위해 8년 동안 벌인 투쟁으로 아메리카인들은 변할 수밖에 없었다. 비록 그들이 과거의 것을 지키려고 했음에도 변화는 불가피했다.

한 가지 예를 든다면, 아메리카인들을 통치하던 구조가 중요한 면에서 변화했다. 정부는 예전처럼 대표자의 역할을 맡았지만, 통치 구조와 권력 배치라는 부분에서 식민지 시절과 달라졌다. 예전에는 영국 국왕과 영주의 대리인이었던 주지사가 이제 입법부의 대리인이 되었고, 실권은 입법부가 가지게 되었다. 입법부 내에서는 하원이 실세를 장악했다. 하원의원을 선출하는 투표권은 여전히 물적인 재산을 가진 백인 남성으로 한정됐다. 전쟁 이후 투표권이 반드시 확대되었던 것도 아니었다. 펜실베이니아와 조지아는 남자들이 투표권을 얻을 수 있는 조건을 완화했지만, 매사추세츠는 투표권 기준을 소유 재산

60파운드 이상으로 높였다. 하지만 투표권이 부여되는 법적 기준이 예전과 똑같든 또는 더 높아지든, 정치권력은 이제 대중의 요구 사항을 더 많이 반영할 수밖에 없었다. 각 주의 법률이 '민주주의'를 확립하지 않았지만, '사람들'은 전보다 더 많은 권력을 가지게 되었다.[31]

사회 분위기의 변화는 권력의 이동을 의미했고, 실제로 권력이 이동했다. 사회가 정확히 '민주주의적' 또는 완전히 '아메리카적'이지는 않았지만, 예전에 비해서 훨씬 평등주의적인 분위기를 풍겼다. 또한 '미국'이라는 신생국이 이전의 나라들과는 다른 성격의 국가라는 인식도 보편적으로 나타났다. 독립 전쟁은 결국 '미국인'들의 이름으로 완수됐다. 독립 선언은 다른 나라에서 그들 자신을 분리하겠다고 선언했다. 대표자들은 아메리카를 대표하는 대륙회의를 만들었고, 대륙회의는 대륙군을 창설했다. 아메리카인이 자신의 대의를 '영광스럽다'고 생각하게 된 큰 사건들은 그들에게 나라와 독립을 소중히 여기는 마음을 심어주었다. 비록 이런 열정을 공유했지만 '정치적'으로 행동하지 못했던 수천 명의 남녀들도 1763년 이후의 20년 동안에는 나라와 독립을 소중히 여기게 되었다. 전투에서는 한 번도 싸우지 않았지만, 군사 업무에 직접적으로 참여한 사람이 수천 명이었고, 비군사적이지만 다양한 방식으로 전쟁을 지원하고 세금을 낸 사람도 무수히 많았다.

이런 갈등과 희생의 시기에 일어난 변화를 정석대로 설명하려면 미국 내셔널리즘의 징후를 인용해야 한다. 문학과 회화 같은 소위 고급 문화는 혁명 기간 동안 아메리카에서 내셔널리즘이 출현했다는 가시적인 증거를 보여준다. 이 시기 작성된 위대한 공문서들과 어쩌면 다른 무엇보다 중요한 아메리카인들 자신의 행동도 내셔널리즘의 등장

을 뒷받침한다.[32]

내셔널리즘에 관한 감정을 자각한 혁명 세대의 아메리카인들은 그 이전과 이후 세대와는 구분됐다. 1775년 이전부터 아메리카의 권리를 수호한 사람들, 독립 혁명과 전쟁에 앞장선 사람들, 전투에서 싸웠던 사람들, 재산을 기부하고 자원봉사를 한 사람들, 다른 사람들을 격려한 사람들, 이들 모두는 자신의 뚜렷한 행동으로 다른 세대와 구분됐다. 그들은 1776년부터 지속된 위대한 대의를 함께 추구했다. 공화정 형태의 정부를 지향하는 영광스러운 대의를 말이다. 이런 지향의 정확한 본질은 즉시 명확하게 나타나지는 않았지만, 1783년 평화조약 이후 5년 동안에 그 의미를 규정하는 일에는 큰 진척이 있었다. 그러는 사이에 독립 전쟁에 참여한 아메리카 사람들은 그들의 행위가 자신을 다른 이들과 구분되도록 해준다는 것을 알게 되었다.

이런 생각이 가장 강하게 표현된 곳은 물론 전쟁터였다. 싸움이 미덕에의 헌신과 정체성을 가장 분명하게 드러냈기 때문이다. 때로 대의를 받드는 데 실패한 군대가 있었다고 해서 독립 전쟁 세대의 경험이 거짓된 것은 아니었다. 어떤 사회도 사전에 준비한 방침을 완벽하게 고수할 수는 없다. 또한 어떤 훌륭하고 명예로운 경험도 사악함과 불명예에서 완벽하게 자유로울 수 없다.

때로 대륙군의 엉뚱한 행동은 아메리카 사회의 행동을 그대로 반영한 것이다. 대륙군은 사실상 프랑스 혁명이 일어나기 전까지 전례 없이 아메리카 사회와 긴밀하게 연계돼 있었다. 아메리카 사회와 군대는 공통된 혼란 속에서 발생하는 문제들을 공유했고, 그런 혼란은 사회와 군대의 미성숙하고 덜 발달된 특성에서 기인했다. 보급품 조달, 재산의 보호, 아군휘그과 적군국왕파의 식별, 특히 신병 모집 등의 문제는 잘 발달된 나라에서는 찾아보기 어려운 방식으로 민간인과 병사들을 괴롭히는 문제였다. 이런 것들은 제도적인 목적이 잘 알려져 있고 절차가 틀에 따라 진행되는 안정된 국가들에서는 잘 발견되지 않는다. 아메리카의 군대는 18세기치고는 이례적일 정도로 사회를 그대로 연장해놓은 모습이었다.

전투는 병사들에게 민간인의 삶과 전혀 다른 경험을 제공했다. 하지만 병사들이 그 시험을 견뎌낼 수 있었던 이유는 그들이 군대를 지탱하던 다른 사람들과 여전히 이어져 있기 때문이었다. 전쟁이라는 긴 투쟁에서 독립 전쟁의 대의를 '영광스럽게' 만든 것은 그것의 내용이 위대했기 때문만은 아니었다. 위대한 대의는 많은 사람이 그것이 위대하다고 믿었기 때문에 위대할 수 있었다. 많은 아메리카인의 상상력을 사로잡았던 탓에 위대한 대의는 '공동의 대의'라는 대중적인 문구로 받아들여졌다.

국왕파 아메리카인들의 선택

공동의 대의가 아메리카 내부의 모든 사람에게 공통된 것은 아니었다. 약 50만 명의 아메리카 사람들이 1775년과 1783년 사이에 영국에 충성했고, 8만 명은 아메리카를 떠나 잉글랜드, 캐나다, 노바스코샤, 서인도제도로 대피했다. 이들은 '국왕파'였고 그들 자신도 스스로 그렇게 불렀다. 독립 혁명을 일으킨 사람들은 국왕파를 '토리파'라고 불렀다. 국왕파는 아메리카 총 인구의 약 16퍼센트에 해당했고, 백인을 기준으로 하면 19퍼센트 이상을 차지했다.[33]

1775년 이전에 국왕에게 충성을 바치는 것은 아메리카 식민지에서 당연한 일로 받아들여졌기 때문에 백인의 거의 5분의 1이 관습적으로 영국에 충성을 바쳤다는 것에 놀랄 필요는 없다. 어쨌든 국왕파는 자신의 권리라는 명목으로 독립 혁명에 가담하기를 거부했다. 그들이 전쟁이 시작되기 전 10년 동안 자신의 권리가 영국으로부터 침해받은 적이 없다고 믿었던 것은 아니다. 많은 사람이 그런 권리가 안전하다고 생각 한 것은 아니었다. 1760년대와 1770년대 초 영국 정부의 가혹한 조치를 비난했던 많은 사람처럼 그들도 점점 더 영국 정부를 혐오했다. 하지만 충성심이 혐오감보다 컸던 국왕파는 당시의 정치 상황을 아예 외면했다. 자신의 감정을 그대로 나타낸 국왕파들은 종종 가혹한 대우를 받아야 했다. 자신의 목숨을 염려하거나 옛 유대 관계가 무너지는 것을 견딜 수 없었던 사람들은 적극적으로 독립 전쟁에 반대했다. 이런 이들 중 대다수는 아메리카를 빠져나가거나 영국군에 봉사하는 연대聯隊에 가담했다.

아메리카의 어떤 식민지에서도 국왕파가 독립 전쟁 지지자들보다 많은 경우는 없었다. 국왕파가 많이 나타난 곳은 중부 식민지였다. 예를 들면 뉴욕의 많은 소작농은 뉴저지와 다른 식민지의 많은 네덜란드인처럼 영국 국왕을 지지했다. 펜실베이니아의 독일인은 많은 퀘이커 교도처럼 독립 전쟁에 끼어들지 않으려고 했다. 하지만 중립을 지키는 것이 어렵게 되자 새로운 관계를 받아들이기보다는 오래된 관계를 고수하려고 했다. 캐롤라이나의 하일랜드 출신 스코틀랜드인, 코네티컷과 뉴욕의 많은 국교회 신부와 그들의 교구민, 남부 식민지의 몇 안 되는 장로교인, 많은 수의 이로쿼이 인디언은 영국 국왕에게 충성했다.[34]

이 산발적인 목록은 그 자체로 국왕파의 약점과 그들이 실패한 이유를 설명해준다. 국왕파는 이질적인 집단이었고 내부에서 분열돼 있었기 때문에 진정한 힘을 발휘하지 못했다. 뉴잉글랜드에서 영국국교회를 믿던 국왕파는 회중교회의 신자들과 부딪혔다. 중부 식민지에서는 자신들 사이에서도 의견일치를 보지 못했던 독일인들과 네덜란드인들이 더 강력한 영국인과 스코틀랜드계 아일랜드인을 상대해야 했다. 스코틀랜드인은 식민지 어느 곳에서도 그 수가 많지 않았다. 허드슨 계곡의 소작농처럼 그들 역시 소수집단이었다. 이 모든 국왕파 집단은 소수집단이었다. 후에 역사가인 윌리엄 넬슨William Nelson이 "자의식이 강한 소수집단들"이라고 명명했듯이 이들은 각자의 성향을 버리고 융합되지 못했다.

그들은 내부적인 약점 때문에 영국 정부에 의지하게 되었는데, 정작 영국 정부는 그 나름의 이유로 그들을 단 한 번도 효율적으로 활용하지 못했다. 이런 소수집단은 자신들의 취약함을 자각하고 있었기 때문에 영국 국왕에게 충성하는 성향을 가지게 되었다. 그들은 자신들이 아메리카의 주류와 얼마나 다른지를 알고 있어서 대서양 건너에서 자신들을 지원해주기를 기대했다. 뉴욕과 뉴저지의 네덜란드인 중에서도 영어와 영어를 사용하는 사람들의 문화에 동화되지 못한 사람들의 경우, 영어에 동화된 사람들보다 국왕파의 수가 더 많았다. 해켄색 계곡에서는 특히 네덜란드인이 두 부류로 구분됐다. 한 집단은 예전에 쓰던 말, 예전의 관습과 종교를 고수했고, 다른 집단은 영어를 배워서 대각성 운동에 관여했다. 독립 전쟁이 닥치자 영어를 말하고 복음주의의 가치를 받아들인 네덜란드인은 그 전쟁에 지지를 보냈다. 보수적인 네덜란드인은 영국 국왕에게 충성을 바치는 편을 더 선호해 독립 운동과는 거리를 두었다. 그들은 미지의 것을 피하고 익숙하고

명백히 안전한 세계에 머물렀다.[35]

국왕파의 안전은 침묵을 지키고 경거망동하지 않는 것에 달려 있었다. 국왕에 동조하는 연설을 하거나 행동에 나섰던 국왕파는 목숨이 위태로워졌다. 모든 식민지에서 공권력은 국왕파에 대한 억압을 시도했다. 영국군은 물론 보호를 제공하기는 했지만 자주 다른 곳으로 이동했다. 영국군이 부대를 이동했을 때, 영국군을 지지하기 위해 나선 국왕파들은 영국군과 함께 떠나거나 아니면 뒤에 남겨져서 가혹한 보복을 당해야 했다.

1774년 '대륙협회'가 내부의 적들을 색출하기 시작하면서 안전과 감시 관련 위원회들이 설치됐다. 이 위원회들은 치안에 유해한 선동적인 연설, 조세범, 민병대 복무를 거부하는 사람들을 주의 깊게 감시했다. 1775년과 1776년부터는 정식 정부들이 다시 이러한 업무를 맡게 되었고, 지역 법원이나 입법부 특별 기구들이 불평분자들을 제압했다. 뉴욕주에서는 식민지 시절의 입법부 뒤를 이은 기구인 지역회의가 '음모를 방어하고 물리치기 위한 위원회'를 설립했다. 뉴저지 역시 특별 기구에 안전과 감시 관련 업무를 맡겼다. 펜실베이니아는 기존의 법원을 활용하는 수준에 그쳤지만, 대다수 주가 그랬던 것처럼 반역죄를 처벌할 태세를 갖추고 있었다. 펜실베이니아주의 대역죄 법은 주 또는 연방에 거역하는 대역죄 7개 항목을 거주민에게 명시했다. 그 항목들은 적에게 임무를 받아오는 일, 적의 병사를 징발하는 일, 적의 군대에 입대하거나 다른 사람에게 입대를 권하는 일, 적에게 무기와 보급품을 조달하는 일, 적과 반역적인 소통을 하는 일, 반역적인 단체에 가입하는 일, 적에게 정보를 전하는 일 등이었으며, 이런 행위를 저지르면 사형과 재산 몰수의 처벌을 받게 되었다.[36]

펜실베니아에서 반역 은닉죄는 대역죄 7개 조항보다는 처벌의 강도가 덜했다. 해당 범죄를 저지른 사람들은 사형을 당하는 대신에 재산의 절반을 몰수당하고 구금됐다. 반역 은닉죄는 독립 혁명에 반대하는 사람들의 사기를 꺾는 일에 애매모호하게 적용된다. 애국심이 강하고 비애국자를 괴롭히려는 욕구가 강한 사람들은 그 애매모호함을 가장 유용하게 활용했다. 펜실베이니아의 법규에서는 대중의 이익에 반해 말을 하거나 글을 쓰는 것을 은닉이라고 했다. 적에게 정보를 전달하려는 시도, 정부에 저항하고 영국의 통치로 되돌아가사고 권하며 사람들을 선동하는 시도, 입대를 말리는 행위, 소란을 일으키거나 사람들이 적에게 호의를 갖게 하는 일, 독립 혁명을 위한 행동과 조치에 반하는 일 등은 모두 반역 은닉죄가 되었다.[37]

이 법규가 통과된 다음 해 펜실베이니아 입법부는 법규 위반자들의 공민권을 박탈한다고 선언하고 권한을 확보했다. 이후 전쟁 기간 동안 입법부는 거의 500건에 달하는 공민권 박탈을 승인했다. 펜실베이니아는 대역죄와 반역 은닉죄 이외에 체제를 전복시킨다고 간주되는 범죄를 기소하는 다른 수단도 허가했다. 해적질, 절도, 강도, 비행, 화폐 위조 등은 체제 전복의 이유로 기소될 수 있었다.

펜실베이니아에서 시행된 이 모든 수단이 국왕파를 겨냥하고 있었고 다른 주에서도 이와 비슷한 일이 일어났다. 그들이 야만적인 대우를 받은 것은 아니었다. 하지만 국왕파는 반역죄와 경범죄로 유죄판결을 받고, 때로는 처형을 당했으며, 재산이 몰수되기도 했다.

신문들은 때로 국왕파를 죽이자고 제안하기도 했는데, 사적으로는 그런 제안이 훨씬 더 많았을 것이다. 하지만 유혈 사태가 일어난 경우가 아니라면 국왕파를 무분별하게 죽이는 일이 많지는 않았다. 전쟁 기간 내내 뉴욕 주변에서, 또는 1777년에서 1778년으로 넘어가는 가을과 겨울에 필라델피아 근처에서, 또는 1780년과 1781년 캐롤라이나에서 그런 피비린내 나는 일이 벌어졌다. 국왕파 사망자는 대부분 이 과정에서 나왔다. 처형은 드문 일이었고 정식재판을 거치지 않고 집행되는 사형은 거의 없었다.

국왕파의 재산을 몰수하는 일은 살해만큼 가혹하지는 않았다. 하지만 몰수를 진행하는 것은 때로는 목숨을 빼앗는 것만큼이나 쉽지 않은 일이었다. 재산에 관련된 법규를 준수해야 했을 뿐만 아니라 고려해야 할 요소가 많았기 때문이다. 국왕파의 친구들과 가족들, 그리고 때로는 그들의 채권자들은 공정하게 재산에 대한 법적 절차가 진행되는지 유심히 지켜보았다. 법은 재산을 몰수해야 할 국왕파 중에도 죄질의 차이가 있음을 인지했다. 국왕파 중에는 명백히 영국 국왕의 내각과 모의해 아메리카를 노예로 삼으려는 자들이 있었다. 대표적인 사례는 전쟁을 시작할 때가 되자 목숨을 구하기 위해 도망친 왕실의 관리들이었다. 식민지 전역에는 허친슨 총독과 같은 사람들이 많았다. 매사추세츠주 의회는 1779년 4월까지 기다리다가 허친슨과 그와 유사한 다른 사람들, 즉 법령 자체의 말을 빌리자면 "특정 악명 높은 공모자들"의 재산을 몰수하는 법령을 승인했다. 두 번째 법령은 그보다는 덜 악명 높은 도망간 국왕파를 처리하기 위한 것으로, 그들은 "부재자", 때로는 "망명자", "공개적으로 자인한 적", "도망자"로 언급됐다. 이 법령은 해당자들의 재산을 실제로 몰수할 때 정당한 법 절차를 준수해야 한다고 명시했다. 입법부는 이후 같은 해 봄에 몰수한 재산의 처분을 승인하는 결의를 통과시켰다. 뒤에 남은 과부나 아내는 도망친 남편의 재산 중 채무를 해소하고 남은 재산의 3분의 1을 상속할

권리를 받았다. 이 결의는 채권자의 권리에 특히 신경 쓴 것이었다.[38]

재산을 몰수 및 처분당한 매사추세츠주의 국왕파 중 다수는 서펴 카운티에 살았고, 보스턴은 그 카운티에 소속된 도시였다. 재산 처분에 관한 연구들은 해당 지역의 사회 구조에 변화가 없었음을 보여준다. 하지만 서펴에 땅이 없었던 사람들이 땅을 사들였다는 점도 보여준다.[39]

뉴욕에서는 사회 구조 자체는 다른 곳과 마찬가지로 유지되었지만, 좀 더 중요한 변화가 일어났다. 바로 소작농이 지주에 내항하는 운동이 일어난 것이다. 독립 전쟁 전부터 뉴욕의 소작농들은 더치스 카운티와 그 외의 지역에서 반기를 들었다. 지주들이 그들에게 뜯어내는 임대료 소득은 아메리카의 분리 운동과는 직접적인 연관이 없었지만, 인지세법을 두고 1765년에 일어난 대규모 봉기는 소작농들을 자극한 것으로 보인다. 1766년에 허드슨 계곡에서 소작농 무리가 봉기를 일으켰고, 그 반란이 진압돼 종결되기 전까지 많은 유혈 사태가 발생했다. 1775년에 전쟁이 시작되자, 소작농들은 대개 지주에 대항하는 편을 거들었다. 가령 웨스트체스터의 필립스버러 영지의 영주인 프레데릭 필립스Frederick Philipse는 국왕파였는데, 그의 소작농들은 기꺼이 독립파를 지지했다. 그러자 영주인 필립스는 망명을 택했고, 약 5만 에이커에 달하는 그의 영지는 몰수됐다. 법은 반역으로 유죄판결을 받거나 반역을 한 국왕파의 땅에서 농사짓던 소작농들에게 우선적인 권리를 보장했다. 즉, 소작농에게 공정한 시장가로 최우선적으로 농사짓던 땅을 구매할 기회를 제공했다. 뉴욕주는 1784년 실행된 몰수법에 따라 필립스버러 영지를 처분했다. 영주인 프레데릭 필립스가 혼자서 가지고 있던 땅에는 이제 일련의 토지 거래 이후에 287명의 새로운

주인이 나타났다. 그들이 획득한 땅의 평균 크기는 174에이커였다.[40]

더치스 카운티에서 독립혁명을 지지한 휘그 소작농들도 국왕파인 토리 지주들의 땅을 얻었다. 1799년 로저 모리스Roger Morris와 비벌리 로빈슨Beverly Robinson의 땅이 몰수되면서 국왕파 지주들의 땅이 소작농에게 넘어갔던 것이다. 최소 401명의 소작농이 몰수 이후의 토지 분양에서 455필지의 땅을 구입했다. 그러나 땅을 계속 보유하는 것은 또 다른 문제였다. 전쟁 이후 땅을 구매한 많은 소작농은 대금 지불이 어렵거나 불가능하다는 것을 깨닫게 되었다. 결국 여러 소작농이 구매를 포기했지만, 그 땅에 대한 소작권은 여전히 보존됐다.[41]

올버니 카운티의 리빙스턴 가문은 다른 지주 가문들과 달리 기존의 지위를 잘 유지했다. 그들은 아메리카 독립에 찬성했지만, 소작농의 개인적인 자유에는 반대했다. 리빙스턴 가문의 소작농들은 자연스럽게 영국 국왕의 편에 서게 되었다. 특히 1777년 버고인이 영국군을 이끌고 캐나다에서 남하한다는 소식이 들려오자 소작농들은 영국을 더욱 뜨겁게 지지했다. 이 소작농들이 무장을 하려고 하자, 인근인 더치스와 뉴잉글랜드에서 온 독립군 민병대가 사전에 제압했다. 실제로 전투가 벌어지지는 않았지만, 민병대와 소작농들 사이에서 소규모 충돌이 일어났고 소작농 여섯 명이 사망했다. 민병대는 수백 명의 소작농을 체포했다. 리빙스턴 가문은 이러한 소란에도 뉴욕주의 영지를 잘 유지했고, 풍작이 이어진 다른 지역의 영지도 지켜냈다. 리빙스턴 영지의 소작제는 19세기 중반까지 지속됐다.[42]

국왕파였던 뉴욕주 소작농들은 통상의 국왕파들이 보이는 것과는 다른 패턴을 보였다. 그들은 영국 국왕에게 바쳐왔던 충성을 '고수'한 것이 아니라 새롭게 국왕에 충성을 다하기로 '선택'했다. 이 선택은 당대에 널리 퍼졌던 휘그 사상에 대한 반대와 관련 있었다. 하지만 소작농들은 그동안 지주에게 착취당했다는 생각을 기초로 하는, 자신들만의 이데올로기를 가지고 있었다. 따라서 그들은 아메리카 전역의 애국파처럼 개인의 자유라는 명목 아래 행동했다.

그런 신념이 있다고 해서 그 소작농들이 국왕파 대다수와 구분되지는 않았다. 다른 국왕파 대다수도 혁명파와 같이 개인의 권리를 믿었다. 다만 그들은 권리의 의미를 혁명파와 다르게 해석했다. 1760년대에 영국의 법적 조치를 두고서 소요가 일어났을 때는 이런 차이가 명확하지 않았다. 나중에 국왕파가 되는 사람들도 영국 의회를 비난하면서 반발했다. 예를 들면 그들은 아메리카 식민지에 대한 영국 의회의 과세권에 이의를 제기했다. 특히 토머스 허친슨 같은 일부는 더 나아가 아메리카의 대표가 참여하지 않은 영국 의회가 아메리카에 과세할 수 없다고 주장하기까지 했다. 하지만 결국 허친슨 같은 국왕파는 혁명파 대다수가 불가피하다고 생각한 결론, 즉 영국 의회가 아메리카 국민의 자유를 가로막는 적이 되었다는 결론으로까지 나아가지는 못했다. 자유와 질서의 궁극적인 원천이 개인의 동의이며, 자유의 보존에 헌신하는 정부가 그 기원을 민중의 합의에 두고 있다는 주장을 국왕파는 받아들일 수 없었다. 지금껏 설명해온 것처럼, 국왕파는 유서 깊은 전통과 의회 같은 오랜 역사를 가진 기구들이 자유를 만들고 보호하는 데 중요한 역할을 한다고 역설했다. 따라서 이런 국왕파 대다수는 독립 선언의 방안이 제시됐을 때 아메리카의 위기가 정점에 이르렀다고 생각했다. 독립은 사전 준비가 없던 국왕파에게 그동안 알아왔던 모든 것을 버리라고 하는 것이었다. 그들은 아메리카에 새로운 기반이나 정치권력이 생겨났다는 점을 믿지 않았다. 예전의 것으로 충분하다고 생각했기 때문에, 국왕파는 예전의 것을 고수하려고 했고 그로 인해 고통받았다.

당연하게도 혁명파는 국왕파의 고통을 냉랭하게 쳐다보았다. 하지만 그들의 고통은 실재했다. 재산의 상실, 물리적인 상처, 친구와 가족의 죽음 등은 견디기 힘들었다. 아메리카를 떠난 국왕파들은 또 다른 고통을 받았다. 낯선 땅에 망명해서 외로움을 느꼈던 그들 중 많은 수가 뒤늦게 자신이 영국인보다 아메리카인에 더 가깝다는 점을 깨달았다. 이들이 남긴 일기와 편지에는 감정적인 내용이 많이 들어 있다. 매사추세츠주의 윌리엄 페퍼렐William Pepperell 경은 1778년에 이런 글을 남겼다. "솔직히 남은 인생은 아메리카에서 보내고 싶은 마음이 굴뚝같다. 나는 그곳과 그곳의 사람들을 사랑한다." 전쟁 전후로 아메리카를 떠난 많은 국왕파의 집에서는 페퍼렐과 비슷한 외로움과 슬픔의 목소리가 흘러나왔다.[43]

자유를 위해 입대한 흑인노예들

국왕파와는 다르게 흑인 노예들은 독립 혁명의 원칙을 존중했다. 하지만 대다수는 애국적인 대의를 위한 군복무에서 배제됐다. 1776년 초 흑인 노예들은 인지세법을 두고 발생한 소요에 고무돼 사우스캐롤라이나의 찰스턴 거리에서 행진하며 '자유'라고 소리쳤다. 시 당국은 즉시 머스킷 소총을 집어 들었고 농촌 지대에 반란의 기운이 있는지 확인하기 위해 정찰을 시작했다. 자유는 백인 남자의 권리로 남았다.[44]

그 뒤 10년은 주인뿐만 아니라 노예도 자유에 관해 좀 더 배우게 된 시간이었다. 노예들은 기회만 있다면 기꺼이 자유를 얻기 위해 행동하려고 했다. 1775년에 전쟁이 시작되자 노예들에게도 기회가 생겼다. 영국군의 던모어 경은 1775년 11월 노예들에게 병역을 수행하면 자유를 주겠다고 약속했다. 그러자 일주일도 되기 전 버지니아에서는 수백 명의 노예가 병역에 지원했다. 노예들은 던모어에게 가기 위해 해안까지 가서 배를 찾아 나섰다. 그가 체서피크만에 있는 영국 전함에 타고 있었기 때문이다. 노예 소유주들은 던모어의 선언이 있자, 곧바로 소유 노예들에 대한 단속을 강화했다. 그럼에도 선언이 발표된 지 한 주일도 걸리지 않아 300명이나 되는 노예들이 도망쳐서 던모어 경에게 합류했다.[45]

던모어는 12월에 노퍽에서 약 16킬로미터 아래인 엘리자베스강 건너의 그레이트 브리지에서 패배했다. 따라서 노예들이 그에게 합류하는 일이 더욱 어려워졌고, 결국 다 합쳐서 약 800명의 노예가 던모어의 깃발 아래 모였다. 던모어는 흑인들을 모아 연대를 구성했지만, 그들은 단 한 번도 싸워보지 못했다. 하지만 영국 전함에 탄 선원들에게서 천연두가 옮아 많은 노예들이 사망했다. 다음 해 8월 던모어가 영국으로 돌아갈 때 약 300명의 흑인 병사들만이 그를 따라갔다.

이보다 더 많은 노예들이 아메리카 군대에서 복무했다. 사실상 모든 대륙군 연대에는 소수의 노예 병사들이 있었다. 그들은 스스로 입대하거나 주인의 강권에 의해 입대했는데, 보상금, 토지, 자유를 얻을 기회 등 편의적인 이유 때문이었다. 일부는 입대하기도 전에 자유를 얻었지만, 그보다 많은 노예가 병역을 마치는 조건으로 자유를 약속받았다. 대개 그들은 별개의 부대로 편성되지 않았지만, 백인이 장교를 맡은 로드아일랜드의 한 작은 연대는 전부 흑인 노예로 구성되기

도 했다.[46]

군복무는 다수의 노예에게 자유를 얻는 수단을 제공했다. 하지만 전쟁이 시작되고 1년도 채 지나지 않아 거의 모든 지역, 특히 노예가 많았던 지역의 백인들은 흑인 노예의 입대에 반대하는 입장을 표명했다. 노예주에게 보상을 하려면 당연히 비용이 들어갔는데, 재정적으로 곤궁한 대륙회의의 입장에서는 이 문제를 쉽게 해결할 수 없었다. 이 문제와 관련해서라면 주 입법부도 할 수 있는 일이 별로 없었다. 백인들은 흑인 병사들의 숫자가 많이 늘어나는 것을 좋아하지 않았다. 노예제는 강압과 두려움에 기초하기 때문에, 노예 소유주들은 자유를 구속당한 노예들이 자신에게 덤벼들 것을 걱정했다.

요크타운 전투에 참전한 흑인 병사 제 1로드아일랜드 연대는 대륙군 연대 중 아메리카 독립을 원하는 '검은 애국자'인 흑인 병사가 가장 많이 소속돼 있었다.

모든 사람은 평등하게 태어났다고 선언하고 자유의 이름으로 독립을 선언했음에도 왜 아메리카인은 노예를 해방하지 않았을까? 이 질문에 관한 대답은 인종주의와 관련된 복잡한 역사와, 18세기 아메리카의 경제적 필요성에서 찾아볼 수 있다. 아메리카의 백인은 17세기에 노예제가 정착되기도 전부터 흑인에 대한 편견에 사로잡혀 있었다. 흑인의 동물적인 기질에 대한 두려움, 그들의 겉모양에 대한 혐오감, 그들의 성적 성향에 대한 망상이 백인의 심리 깊숙한 곳에 자리잡

으면서 극심한 편견을 만들었다. 이런 감정은 왜 흑인을 노예로 삼았는지를 설명해준다.[47]

물론 노예제의 발전에 이바지한 것은 이런 편견만이 아니다. 아메리카의 흑인에게는 힘이 없었다. 백인들은 그런 흑인들의 사회적 지위를 악용해 그들을 착취했다. 게다가 노예제 자체는 하나의 노동 제도였고, 경제에서 점차 큰 중요성을 가지게 되었다. 특히 대규모 농장이 있는 식민지에서는 노예의 노동력이 절실히 필요했다. 독립 혁명보다 한참 이전에 노예제는 사회 제도로 정착됐다. 백인들은 흑인들의 비천한 특성을 감안할 때 노예제가 그들에게 적절하다고 생각했다. 그뿐 아니라 식민지 경제가 노예들이 제공하는 무료 노동에 의존하고 있었기 때문에 노예제는 불가피할 수밖에 없다고 보았다.

노예를 부리고 있으면서도 자유를 주장하는 아메리카 백인의 모순을 독립 혁명 세대도 느끼고 있었다. 대서양 연안 양쪽에서 무수히 많은 사람들이 노예제에 관해 언급했다. 퀘이커 교인 '친구들의 모임'은 노예제에 대한 비판을 주도했지만, 아메리카 전역에서 자연권과 기독교의 원칙에 따라 노예의 해방을 호소하는 다른 사람들도 있었다.

이런 호소에 북부 주의 정치 지도자들이 더 긍정적으로 반응했다는 것은 놀랄 일이 아니다. 모든 북부 주는 어떻게든 점진적인 노예 해방을 추진해야 한다고 생각했다. 대다수 북부 주는 노예의 자식은 반드시 출생 후 몇 년 뒤 해방되어야 한다고 명시한 법안을 통과시킴으로써 노예 해방을 향해 나아갔다. 펜실베이니아의 입법부는 독립 전쟁이 진행 중일 때 그런 법을 승인했다. 로드아일랜드와 코네티컷은 전쟁이 끝나던 해까지 기다려서 유사한 법안을 통과시켰다. 매사추세츠에서는 법원이 입법부보다 먼저 나서서 노예제를 폐지했다. 북부의 다른 주가 노예제를 폐지하기까지는 시간이 더 걸렸지만, 19세기에 들어서자 북부 지역에서 노예제는 거의 폐지됐다.[48]

남부 주는 북부 주의 선례를 따르지 않았다. 남부에서는 노예제가 너무나 깊이 정착돼 있었다. 하지만 그들도 노예 무역을 폐지하자는 북부 주의 주장에 동의했다. 1780년대의 연방의회와 1787년의 필라델피아 제헌회의는 더 많은 일을 해냈다. 연방의회는 5대호와 미시시피강, 오하이오강 사이의 지역인 올드 노스웨스트에서 노예제를 금지했고, 제헌회의는 1807년 이후 노예 수입을 국가적으로 금지하는 헌법 초안을 작성했다.[49]

이런 조치들을 다 종합하더라도 노예제 폐지와 관련된 대책들은 별로 인상적으로 보이지 않는다. 그런 조치들은 노예제를 무너트리지 않았다. 노예제는 남북 전쟁이 발발할 때까지 계속 번창할 터였다. 위에서 언급한 조치들은 아메리카인 고유의 위대한 기준에 여전히 미치지 못했다. 특히 제퍼슨의 말인 "모든 사람은 평등하게 태어났다"에 크게 뒤떨어지는 현상이었다. 하지만 그 조치들은 많은 것을 해냈는데, 특히 노예제를 남부 주에만 있는 제도로 만들었다. 북부가 남부에 노예제 폐지의 선례를 따르라고 강제했다면, 신생 공화국은 붕괴됐을 것이다. 또한 북부 사람들도 남부 사람들보다 더 낫다고 할 수는 없다. 따라서 우리는 북부 사람들이 지혜롭고 미래를 내다보는 혜안을 지니고 있다고 평가하기 전에, 당시의 상황을 세심하게 살펴봐야 한다. 그들이 남부의 노예제에 반대하는 행동을 적극적으로 밀어붙이지 못한 것은, 지혜를 발휘한 측면도 있지만 그들의 힘이 약했다는 사실 때문이기도 했다. 이유야 어쨌든 북부와 남부의 백인들은 당분간 연방제 하의 공화 정부를 보호하는 것이 인종 간의 완전한 평등에 전념하는

것보다 더 중요하다고 판단했다.[50]

전쟁에 휘말린 인디언들의 운명

대개 대서양 연안을 따라 살던 아메리카의 인디언은 그들을 노예로 만들려는 백인의 시도를 회피하거나 저항했다. 하지만 1760년대에 독립 혁명의 불씨가 된 위기가 벌어지던 시기에 인디언 부족이나 공동체에서 볼 수 있는 생활방식의 득성은, 유럽인이 처음으로 침공했을 때인 16세기와는 크게 달랐다. 인디언에게 즉각적이고 가장 심각하게 영향을 주었던 것은 유럽인이 가져온 질병이었다. 그들은 유럽 개척자, 이후 아프리카 노예들이 가져온 질병에 면역력을 지니고 있지 않았다. 인디언은 단순한 호흡기 감염으로도 큰 타격을 입었다. 질병 중에서도 천연두와 홍역은 엄청나게 치명적이었다. 인구 통계학자들은 외지인이 아메리카 대륙에 처음 나타났을 때의 인디언 인구 규모에 관해 다양한 추정치를 제시한다. 어느 추정치도 제한적인 증거를 토대로 여러 추정 방식을 적용했기 때문에 전적으로 믿을 수는 없다. 확실성은 부족하지만, 유럽인이 나타난 이후 300년 동안 인디언 인구는 급격히 감소했다. 일부 부족은 거의 사라지다시피 했고, 대서양 연안의 인디언 인구는 엄청나게 줄어들었다. 때로는 인디언 부족의 인구 수가 거의 90퍼센트나 감소되기도 했다.[51]

독립 혁명을 유발한 위기가 시작됐을 때, 이 인디언 대다수는 유럽인의 정착지 서쪽에 살았다. 북쪽으로는 뉴잉글랜드 상부, 남쪽으로는 플로리다까지 인디언 공동체가 총 7개 있었다. 이 공동체들은 파편적인 집단이었고 각각 고유의 통치권을 지녔다. 하지만 이 권한은 사실상 동쪽의 백인 정착지와의 관계에 의해 매번 수정됐다. 독립 혁명 전 100년 정도의 세월 동안, 전통적인 인디언 체제 내에 존재하던 콜럼버스 이전의 통일성은 완전히 파괴됐다. 질병, 전쟁, 백인의 끊임없는 인디언 땅 침탈은 인디언 부족과 혈연집단을 무너트렸다. 여러 인디언 촌락을 느슨하게 결집한 공동체는 계속해서 재형성됐다. 인재人災의 생존자들은 그들의 삶을 다소나마 유지하고 새로운 상황에 적응했다. 인구수가 줄자, 인디언은 자기들끼리의 전쟁에서 생긴 포로를 받아들이는 방식으로 공동체의 규모를 유지했다. 이런 인구 유입은 군사 및 정치적인 힘을 강화했지만 전통문화를 허약하게 만들었다. 언어 집단은 다른 부족이 들어오면서 여러 갈래로 나뉘었다. 새로운 공동체는 자주 옮겨 다녔지만 거의 늘 작은 촌락을 이루고 살았다. 부족의 호칭에는 과거만큼 큰 의미가 있지 않았다. 전통 부족이 너무 달라졌다. 어떤 현대 역사가가 이 당시 부족의 호칭을 아예 주소지로 받아들여야 한다고 제안할 정도였다.[52]

백인 정착지에 얼마나 근접했고 백인 상인들의 영향이 어느 정도였는지에 따라 인디언의 '부족적인' 삶은 크게 영향을 받았다. 그들은 아메리카 식민지의 도구, 옷, 무기가 얼마나 유용한지 깨달았고, 그것들을 얻고자 했다. 인디언은 또한 무역 거래에서 백인이 제시한 럼주와 다른 술에도 큰 관심을 보였다. 기독교를 열심히 믿는 인디언은 극소수였지만, 기독교 선교사들, 특히 복음 전도회에서 파견된 선교사들은 인디언을 개종시키는 일에 일부 성공했다. 인디언 공동체 대다수는 뉴잉글랜드 상부에서 플로리다 상부까지 흩어져 있었고, 백인이 믿는 신에는 무관심했다. 하지만 일부 정착된 지역에서는 기독교를 믿는, '기도하는 인디언들'이 사는 구역이 있었다. 예를 들면 매사추세

스톡브리지의 선교센터 1739년 설립된 스톡브리지는 프렌치─인디언 전쟁 때 영국군에 협력한 모히칸족을 위해 세워진 인디언 타운으로, 이곳의 인디언들은 기독교를 믿었다.

츠의 스톡브리지가 그랬다.[53]

독립 선언서에서 아메리카 인디언은 '무자비한 야만인'으로 언급된다. 독립 혁명은 아메리카 인디언을 그 정도로밖에는 보지 않았다. 이용어는 18세기 역사에서 인디언에 대한 하나의 기준이었다. 아메리카인디언이 어떤 취급을 당했는지 살펴볼 수 있는 또 다른 사례는 1783년의 파리조약이다. 영국은 강화 조건으로 미시시피강 동쪽의 땅 전부를 신생 미국에 이양했다. 하지만 이와 관련해 인디언과의 논의는 일절 없었다.

인디언 대다수는 독립 혁명이나 영국과 식민지 간의 전쟁에 관여하지 않으려고 했다. 인디언 부족들은 영국 식민지, 영국, 프랑스와 거래를 한 오랜 경험이 있었다. 그들은 독립성을 유지하려면 유럽 열강 및 그들의 식민지와 협상해야 한다는 점을 알았다. 영국과 프랑스의 정치적 우세로부터 자신들을 보호하기 위해서는 일정한 방침이 필요했다. 때로는 두 나라를 피하고, 때로는 두 나라 중 어느 한쪽을 끌어들여 다른 나라로부터 정치적인 피난처를 받아내야 했다. 인디언에게 가장 불쾌한 적이 누구였는지는 분명하다. 새로운 땅을 열망하는 영국 식민지의 정착민들이었다. 혁명의 원인이 된 소요가 일어나기 직전에, 영국은 인디언의 보호자 역할을 하는 것처럼 보였다. 1763년에 발표된 선언에서는 그런 의도가 매우 분명하게 드러난다. 그 선언은 애팔래치아산맥 서쪽을 넘어가서 백인들이 정착하는 것을 금지한다고 명시했다. 영국의 이 방침은 그 지역의 안정성을 확보하고자 하는 바람에서 나온 것이었는데, 특히 인디언과의 모피 무역을 보호하는 것이 가장 중요한 목적이었다. 반면, 식민지 정착민은 모피 무역을 보호하는 것보다 경작이 가능한 새로운 땅을 차지하는 것에 훨씬 더 큰 관심이 있었다. 이러한 성격과 인구 규모를 생각하면, 농경 정착민들은 인디언의 적이었다. 정착민들은 인디언에게서 얻을 것이 없었으며, 그들이 문명의 진보를 막는 야만인이라고 생각했다.[54]

비록 인디언이 영국과 그 식민지 사이의 전쟁에 합류할 생각은 없었지만, 이런 상황을 감안할 때 대다수가 영국을 지지했음은 분명하다. 하지만 지지를 보낸다고 영국인을 위해 싸워주겠다는 뜻은 아니었다. 인디언은 가장 안전한 태도가 수수방관이라는 점을 잘 알고 있었다. 전쟁이 시작됐을 때 서쪽 경계를 따라 배치된 영국군이 소수에 불과했기 때문이다. 영국은 북부와 북서부에서 나이아가라 디트로이트, 미칠리매키넥 요새들을 장악하고 있었다. 카스카스키아 요새 덕분

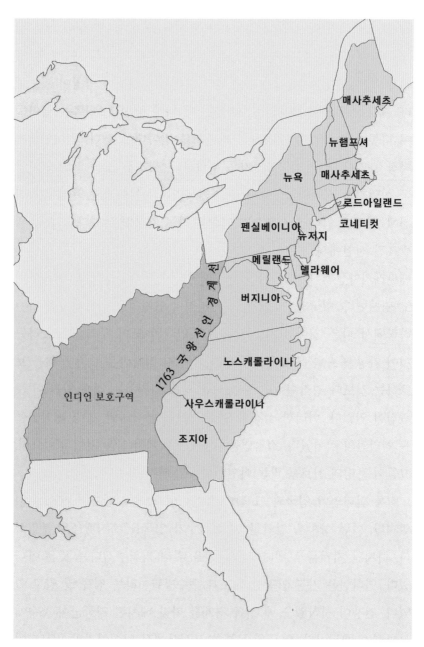

1763 국왕 선언 경계선 1763년 영국 국왕은 인디언과의 분쟁을 멈추기 위해 애팔래치아산맥 서쪽에 아메리카인이 정착하는 것을 금했다.

에 일리노이 지역도 영국의 것이었다. 남쪽으로는 모바일과 펜사콜라에 영국군 주둔지가 있었다. 그들이 가장 확고하게 장악하는 곳은, 프랑스군에게서 최근에 빼앗은 캐나다 지역이었다. 하지만 13개 식민지의 정착지 주변 가장자리 어디에서도 영국 국왕에게 매우 우호적인 부족들을 결집 시키고 직접적으로 도와줄 다수의 영국군 병력은 찾아볼 수 없었다.

서쪽에서 벌어진 전쟁은 독립 혁명의 결과에 결정적인 영향을 주지 못했다. 하지만 그 전쟁은 유혈 사태를 일으켰고 백인과 인디언 모두에게 엄청난 공포를 안겨주었다. 남쪽의 체로키족에게는 18세기 초반에 약 2만 2000명의 부족민이 있었지만 1775년 독립 전쟁이 시작될 때는 이 숫자가 거의 절반으로 줄어들었다. 체로키족은 곧 부족민을 더 잃었다. 백인은 체로키족의 땅을 계속 잠식하며 그들에게 점점 큰 압박을 가하고 있었다. 이에 북부 부족들에서 온 소규모 전사 대표단인 델라웨어족과 모호크족 전사들은 체로키족에게 반란을 일으키자고 부추겼고, 결국 그들은 1776년에 백인 정착지를 공격했다. 이 공격에 캐롤라이나, 버지니아, 조지아의 민병대가 격렬하게 대응했다. 1783년에 평화조약이 체결된 이후 몇 년 동안, 체로키족은 땅도 잃고 계속해서 유혈 사태를 겪는 재앙의 세월을 보냈다.[55]

다른 부족들도 체로키족이 당한 일을 그대로 겪었다. 부족민이 죽고 마을이 파괴되며 오래 머물렀던 지역이 없어졌다. 그렇지만 인디언 부족들은 부족민의 생명, 마을, 농지와 사냥터를 전부 잃게 되자 그 대가로 아메리카 백인의 목숨을 빼앗아갔다.

대개 주 민병대와 정착민 조직이 인디언과의 전투를 담당했다. 서쪽의 드넓은 호弧 모양의 지형 이곳저곳에서 벌어진 전투에서, 인디언은 자주 방비가 없는 정착민을 습격했다. 이런 일이 벌어지면 백인의 보복이 뒤따랐다. 때로는 맨 처음 발견되는 인디언에게 광적이고 야만스러운 행동을 저질렀다. 그렇게 펜실베이니아의 그네이든허튼에서는 인디언 대학살이 벌어졌다. 거의 100명에 가까운 델라웨어족이 이 사태의 최대 희생자였다. 델라웨어족은 기독교를 받아들인 사람들이었고, 백인 이웃을 적대하는 행동을 전혀 하지 않는 부족이었다. 게다가 죽은 사람 대다수는 여자와 아이였다. 그들은 2개의 오두막집에 강제로 처넣어진 뒤 무자비하게 난자당해 죽었고 이후 전부 머리 가죽이 벗겨졌다. 델라웨어족은 얼마 지나지 않아 샌더스키에서 비슷한 잔학 행위를 저질렀다. 그들의 일족이 무자비하게 살해된 데 대한 보복이었다.[56]

올드 노스웨스트와 뉴욕주 북부에서는 더 큰 규모의 전쟁이 벌어졌다. 버지니아 서부, 켄터키, 노스웨스트에서 영웅이자 신화적 인물이었던 조지 로저스 클라크George Rogers Clark는 1778년 여름에 앞장서서 일리노이 지역으로 들어갔다. 클라크는 켄터키와 테네시에서 온 약 200명의 아메리카 개척자들과 함께 영국과 인디언 동맹군을 일시적으로 빈센즈에서 몰아냈다. 하지만 인디언, 특히 쇼니족은 진압되지 않았다. 독립 전쟁이 공식적으로 종결된 뒤에도 여전히 오하이오 계곡 지역은 분쟁 지역으로 남았다.[57]

이로쿼이족 역시 뉴욕주 서부와 펜실베이니아 경계를 따라 아메리카인의 삶을 괴롭게 만들었다. 뛰어난 모호크족 지도자인 조지프 브랜트Joseph Brant도 백인 정착지를 습격했고 곧 그 땅을 장악했다. 비범한 재능의 소유자인 브랜트는 1742년경 오하이오에서 태어나 이로쿼이족에 파견된 선교사들에게 교육을 받았다. 선교사들은 그에게 이로쿼이족의 언어를 문자로 기록하는 방법을 가르쳐주었다. 브랜트는 모호크 강기슭에 있는 학교에서 선교사들에게 영어를 배우기도 했다. 그는 코네티컷주 레바논에 있는 엘리아자 휠록Eleazar Wheelock의 인디언 학교에서 마지막으로 정식 교육을 받았다. 독립 혁명이 발발하기 직전 몇 년 동안, 그는 선교사들과 윌리엄 존슨 경의 통역사가 되었다. 초대 인디언 감독관인 존슨 경은 영국과 이로쿼이족 사이의 복잡한 외교를 담당했다. 브랜트의 누나인 메리Mary

조지프 브랜트(1743~1807) 당대 서구 사회에서 가장 널리 알려진 인디언으로, 아메리카 독립 전쟁에서 이로쿼이족을 이끌고 영국을 위해 싸웠다.

를 첩으로 들였던 존슨 경은 자연스럽게 브랜트에게 관심을 갖게 되었다. 존슨 경은 독립 혁명 직전에 사망했고, 그의 조카가 감독관직을 물려받아 수행했다. 그 조카는 브랜트의 비범한 자질을 알아보았다. 실제로 그는 브랜트를 데리고 1775년에 영국으로 돌아갔다. 브랜트는 이 경험으로 세상을 이해하는 폭을 넓혔는데, 특히 거래 상대인 영국인에 대해서도 잘 알게 되었다. 많은 이로쿼이 부족민과 함께 영국을 위해 싸우겠다는 그의 선택은 이때부터 예정되어 있었다. 그는 능숙한 지휘관이었고, 영국군 및 비非모호크 이로쿼이족과 훌륭하게 협력했다. 브랜트가 이끄는 이로쿼이족과 영국 동맹군은 1779년 말까지 뉴욕주 북부와 펜실베이니아 대부분을 공포로 떨게 했다. 하지만 같은 해 8월 아메리카의 존 설리번 장군은 압도적인 병력을 이끌고 쳐들어와 뉴타운에서 인디언과 영국 동맹군을 격파했다. 그러나 승리했다고 완전히 해당 지역을 통제하게 된 것은 아니었다. 전쟁이 끝난 지 한참 뒤에도 서쪽의 이 지역은 분쟁 지역으로 남았다.[58]

사우스캐롤라이나의 피드몬트 지역의 카토바족은 실제로 독립 혁명에 가담해 아주 탁월하게 그 과정에서 살아남았다. 그들의 경험은 아주 드문 것이었다. 독립 혁명 직전에 그들은 인구가 수천 명에 지나지 않았고, 대다수가 백인 정착지에 둘러싸인 마을에 살았다. 식민지 주민과 가까운 곳에서 살았다는 점이 카토바족의 혁명파 지지 결정의 배경이 되었다는 것은 의심의 여지가 없다.

전쟁 이전의 몇 년 동안 백인과 카토바족의 관계는 매우 평온했다.[59] 독립 전쟁이 시작되자 그들은 혁명파의 영향권에 들게 되었다. 찰스턴 안전 위원회가 아메리카의 대의를 따르는 인디언에게 보상을 하겠다고 제안한 것이 시작이었다. 또한 위원회는 카토바족에게 백인들과 여태까지 잘 지내온 역사를 상기시키면서 영국의 조치에 식민지가 저항하는 이유를 설명했다. 카토바족이 사우스캐롤라이나의 의도를 오해하는 것을 확실하게 막기 위해 위원회는 이런 말까지 덧붙였다. "우리가 조언한 것을 신경 쓰지 않는다면, 곧 후회하실 겁니다." 얼마 지나지 않아 카토바족은 아메리카의 대의에 헌신할 것을 선언했다.[60]

그러나 카토바족 전사들은 몇 백 명밖에 되지 않았고, 이 인원이 주요 전투에 나서는 일은 없었다. 하지만 그들은 나인티식스와 스토노 같은 오지에서 중요한 접전이 벌어졌을 때 제 역할을 해냈다. 카토바족은 토머스 섬터 휘하의 게릴라 부대에 보급을 하기도 했다. 1780년 5월 찰스턴을 함락시킨 이후, 영국군은 아메리카인을 도운 인디언을 잔인하게 공격했다. 영국군 지휘관인 로던 경은 카토바족의 마을을 잿더미로 만들고 가옥과 곡식을 파괴했다. 이에 카토바족은 노스캐롤라이나와 버지니아로 도망쳤다. 사우스캐롤라이나 입법부는 영국군이 물러난 뒤 인디언에게 보조금을 준다는 아주 드문 법을 통과시켰다. 사우스캐롤라이나는 1782년 초에 카토바족에게 옥수수를 보내고 전쟁 지원 보상금으로 299파운드를 지불했다. 아메리카군이 암울했던 시절에 카토바족이 대륙군의 섬터에게 소 떼를 제공한 행동 역시 알려져, 카토바족은 추가로 125파운드의 변상금을 받았다. 하지만 이런 조치는 아메리카 식민지의 다른 지역에서는 반향을 일으키지 못했다.

독립 혁명 과정에서 인디언이 겪은 공통적인 경험은 인명 피해와 물질적 손실이었다. 많은 인디언은 서부 경계지를 따라 벌어진 싸움에서 목숨을 잃었고, 더 나아가 농지와 거주지도 잃었다. 인디언은 독립 전쟁이 끝나고도 한참 동안 토지를 잃었다. 파리조약 이후로 백인이 정착지의 확대 작업을 재개했기 때문이다. 소수의 인디언은 이런 상황을 피해 달아났다. 조지프 브랜트와 그의 이로쿼이 추종자들 수백 명은 캐나다로 도피해 그곳에 새로 정착했다. 대다수의 다른 인디언들은 그러지 못했고, 신생 공화국에서 그들이 겪어야 할 참담한 운명은 불가피한 것이었다.

요크타운과 파리

1781년으로 넘어가면서 독립 전쟁은 종국으로 치닫게 되었다.
아메리카인들은 요크타운에서 콘월리스 장군이 이끄는
7000여 명의 병력을 포위했고 결국 항복을 받아냈다.
이 전투를 마지막으로 미합중국과 영국, 프랑스와 스페인은
본격적으로 강화회담에 들어갔다.
결국 1782년 11월, 파리에서 주요 내용에 대한 합의가 공식적으로 이
루어졌다. 아메리카인들은 영국인들과 다른 방식으로 전쟁을 수행했다.
'위대한 대의'는 아메리카인들이 모두 함께 전쟁에 참여할 수 있는
목표와 동기를 제공했고 이는 전쟁의 이유를 알지 못했던
영국인들을 이길 수 있게 해주었다.

콘월리스, 요크타운에서 미국—프랑스 연합군에 항복하다

1781년 5월 15일, 체서피크만의 병력을 지휘하던 영국군 사령관 윌리엄 필립스 소장이 열병으로 사망했다. 콘월리스와 휘하 병력이 버지니아의 피터스버그에 도착하기 5일 전이었다. 콘월리스는 오랜 전우인 필립스를 다시 만나고 싶어 했다. 그는 클린턴, 필립스와 1756년 독일에서 벌어진 7년 전쟁에서 함께 실전 경험을 쌓았던 적이 있었다. 독일에서 전우애를 키웠던 이 영국군 장교들은 다른 장교들보다 자신이 더 뛰어나다고 믿었다. 이러한 믿음은 일리가 있었다. 독일에서 함께 싸우던 젊은 장교 클린턴, 필립스, 콘월리스는 먼 훗날 함께 군대를 지휘하는 것을 꿈꾸었다. "우리가 얼마나 서로를 지지했는지. 우리가 얼마나 용맹하게 싸워 승리했는지. 우리가 얼마나 서로를 사랑했는지"라고 말 할 정도였다. 물론 클린턴과 콘월리스는 오래전에 이미 사이가 틀어졌고, 필립스 또한 클린턴과 더는 예전처럼 친하게 지내지 않았다. 그러나 여전히 필립스를 좋아하던 콘월리스는 그의 사망 소식을 듣자 버지니아에 도착한 기쁨이 사라지는 느낌을 받았다.[1]

뚱뚱하고 편안한 성격인 필립스가 살아 있었더라면 이 시점에 불안이 극에 달했던 콘월리스를 진정시킬 수 있었을 것이다. 그는 장기간에 걸친 우울한 군사작전으로 심신이 지친 상태였으며, 캐롤라이나를 포기할 구실을 찾는 중이었다. 또한 콘월리스는 앞으로의 계획을 고민하고 있었다. 그는 너무나 많은 전투를 겪은 1000명의 병사들과 함께 일단 버지니아로 올라왔지만, 무엇을 해야 할지 잘 알지 못했다.

베네딕트 아놀드가 맞이하러 나왔지만, 콘월리스는 아놀드에게서 그다지 큰 위안을 얻지는 못했다. 다만 아놀드가 데려온 5000명의 병사들은 그를 다소 안심시켰다. 일주일 뒤 증원군이 도착했고, 콘월리스는 이 병력을 자신의 부대와 포츠머스의 주둔지에 나눠서 배치했다. 그는 과거에 필립스가 지휘했으나 이제는 자신의 휘하로 들어온 병사들에게 내릴 지시를 고민했다. 콘월리스는 체서피크만에 주둔지를 세울 생각이었다. 클린턴 또한 이전에 필립스에게 콘월리스와 협력하라고 지시를 내렸으나, 혼자서 중대한 군사작전을 전개하지는 말라고 당부했다.[2]

총사령관 클린턴은 계속해서 차분하지 못한 모습을 보였고, 행동에 나서지 않았다. 그는 콘월리스가 북쪽으로 진군해 버지니아에 도착한 사실을 5월 말까지 모르고 있었다. 겨울의 대부분이 지나는 동안 아버스넛 제독 때문에 초조해하거나, 뉴포트에 있는 프랑스군을 공격하는 계획을 검토하거나, 필라델피아를 공격해 체서피크만에 주둔한 필립스를 지원하는 계획을 고민했다. 그러나 오래 고민한다고 결론이 나오지는 않았다. 아버스넛이 해군 사령관으로 있는 이상 할 수 있는 일이 별로 없었다. 두 사령관의 관계는 이미 오래전에 돌이킬 수 없을 정도로 틀어져 있었다. 같이 계획을 짜거나 단독 또는 연합작전을 수행하는 것이 거의 불가능할 정도였다. 아버스넛은 3월에 테르네의 뒤를 이어 뉴포트의 새로운 프랑스 해군 사령관이 된 슈발리에 데스투슈Chevalier Destouches를 뒤쫓고 있었다. 데스투슈는 소함대를 움직여 체서피크만의 베네딕트 아놀드를 공격할 생각이었다. 아버스넛은 3월 16일에 벌어진 전투를 유리하게 끌고 갔고 데스투슈의 함대를 저지할 수 있었다. 아버스넛 덕분에 아놀드 부대는 무사할 수 있었다.[3]

5월 말이 다 되었을 때, 클린턴은 콘월리스가 버지니아로 진군한 사실을 알게 되었다. 그는 이 소식을 듣고 썩 유쾌해지는 않았지만, 공개적으로 반대하지는 않았다. 이제 클린턴은 무엇을 해야 할까? 워싱턴이 뉴욕에 즉각적인 위협을 가할 조짐은 보이지 않았다. 그렇다고 워싱턴이 군대를 키우고 있는 것도 아니었고, 사실 그럴 가능성도 별로 없는 것처럼 보였다. 클린턴은 아메리카군의 재정과 사기가 거의 붕괴했다고 믿었다. 그에게는 오히려 전함과 병력을 충분히 갖춘 뉴포트의 프랑스군이 더 위협적이었다. 프랑스 해군을 봉쇄하는 일은 힘들고 암울했지만, 영국 해군은 그들을 비교적 잘 묶어두는 데 성공했다. 하지만 프랑수아 조세프 폴 드 그라스François Joseph Paul de Grasse 제독이 당해 3월 말경 브레스트에서 20척의 전함을 거느리고 출항한 뒤부터는 봉쇄에 어려움을 겪고 있었다. 클린턴은 내각으로부터 드 그라스 제독이 아메리카로 가고 있다는 주의를 받았지만, 서인도제도의 해군 사령관인 조지 로드니George Rodney에게 해당 소식을 전하는 것 외에는 할 수 있는 일이 별로 없었다. 드 그라스 제독의 가세로 프랑스 해군은 북아메리카에서 우세한 전력을 확보했다. 영국 내각은 이 중대한 전세의 변화에 안일하게 대처했고 반격의 기회를 놓치고 말았다. 그들은 유럽 해역에서 드 그라스 제독을 막으려는 시도를 하지 않았고, 6월까지 아메리카에 추가로 전함을 보내지도 않았다. 뒤늦게 보낸 3척의 전함은 원군이라고 부르기도 민망할 정도였다. 6월에 클린턴은 콘월리스에게 전함을 보호할 수 있는 기지를 체서피크만에 조성하라고 지시했다. 또한 그는 합류한 부대들을 돌려보내라는 지시가 곧 내려갈 것이라고 미리 언지를 주었다. 델라웨어강에서 곧 벌어질 군사작전에 그 부대를 합류시키겠다는 것이었다. 이러한 지시를 담은 편지들은 뉴욕에서 6월 11일과 15일에 출발해 26일에 버지니아에 있는 콘월리스에게 도착했다. 당시 콘월리스는 이미 여러 가지 문제와 씨름하고 있었다. 상황은 나쁘지 않았다. 그는 처음에는 리치먼드에서 라파예트를 몰아낸 뒤, 바로 존 심코John Simcoe 중령의 퀸즈 레인저스 Queens Rangers 부대를 보내 리밴너강과 플루밴너강의 접점인 포인트 오브 포크에 주둔한 폰 슈토이벤 부대를 공격하게 했다. 폰 슈토이벤은 공격을 받기 전 퇴각했다. 그의 병사들은 싸우지 않으려고 했고 영국군 지휘관 심코는 무기와 탄약을 확보했다. 이어 콘월리스는 탈턴을 보내 샬러츠빌에 있는 버지니아 입법부를 공격하게 했다. 탈턴은 6월 4일 그곳에 도착했다. 이 신속한 기동 작전 때문에 버지니아의 주지사 토머스 제퍼슨은 몬티첼로에서 거의 포로로 잡힐 뻔했으나 10분 차이로 간신히 탈출에 성공했다.[4]

콘월리스가 윌리엄스버그에 도착한 다음 날, 2주 전에 보낸 클린턴의 편지들이 도착했다. 병사들을 괴롭히는 일이 될지도 모르니 중요

1781년 버지니아 전장 영국군 사령관 콘월리스는 리치먼드, 포인트 오브 포크, 샬러츠빌을 점령했고, 체서피크만에 해군 기지를 건설하라는 명령에 따라 요크타운에 요새를 구축했다.

한 군사 행동은 하지 말고 해군 기지를 지으라는 내용이었다. 당시 클린턴은 여러 가지 가능성에 대비하고 있었다. 예를 들면 프랑스와 아메리카 연합군이 뉴욕을 공격해올 수도 있고, 아메리카군을 혼란시키기 위해 펜실베이니아로 쳐들어갈 수도 있었다. 따라서 그는 콘월리스에게 뉴욕에 6개의 보병 연대에 더해 기병대와 포병대를 보내라고 촉구했다.[5]

이런 지시는 콘월리스를 불쾌하게 만들었고 동시에 혼란에 빠트렸다. 어쨌든 그는 즉시 해군 기지를 세울 장소를 살펴보았다. 처음으로 정찰한 곳은 요크타운이었다. 하지만 그곳에 눌러앉을 수 없다고 판단한 그는 포츠머스로 진군했고, 그곳에서 뉴욕으로 군대를 보내려고 했다. 콘월리스는 윌리엄스버그를 떠나기 전 클린턴에게 편지를 보내, 클린턴이 요구한 지시에 따르려면 버지니아를 떠나는 것이 더 좋겠다고 말했다. 그러면서 사우스캐롤라이나의 찰스턴으로 돌아가게 허락해달라고 요청했다. 다만 클린턴에게 답을 듣기 전까지는 버지니아에 남아 해군 기지를 지을 장소를 물색했다.[6]

콘월리스는 7월 4일부터 느긋하게 윌리엄스버그에서 철수하기 시작했다. 라파예트는 콘월리스의 뒤를 쫓았고, 7월 6일에 앤서니 웨인을 보내 제임스 타운 근처에서 자신이 영국군 후위라고 판단했던 병력을 치게 했다. 콘월리스의 병력은 그린스프링에 대거 매복하고 있었다. 웨인은 병사들을 전진시키면서 영국군의 함정에 빠졌다. 라파예트는 웨인을 구출했지만, 145명의 아메리카 병사들이 여기서 목숨을 잃었다. 콘월리스는 이후 병력을 이끌고 제임스강을 건넜다.[7]

콘월리스는 포츠머스에 도착하기 전 클린턴이 새로 보낸 편지를 받았다. 병력을 뉴욕에 보내지 말고 대신 펜실베이니아 원정에 참여시키라는 지시였다. 콘월리스가 필라델피아에 병력을 보내려고 하자, 클린턴은 또 다른 지시를 내려 윌리엄스버그 넥을 지키라고 하면서 병력을 다시 뉴욕으로 보내라고 했다. 이후에도 콘월리스는 올드 포인트 컴포트와 요크타운을 강화하고, 불필요한 병사들은 뉴욕으로 보내라는 지시를 받았다.[8]

7월 말이 되자, 콘월리스는 포츠머스를 포기하고 전 병력을 유지하며 요크타운을 강화하기로 했다. 8월 2일, 그는 휘하 병력을 요크타운에 상륙시키기 시작했다. 클린턴은 이런 배치 소식을 듣고서 딱히 반대하지는 않았다.

클린턴과 콘월리스가 혼란과 망설임에 빠져 허우적거릴 동안, 워싱턴은 당면한 문제들을 분석하면서 여러 가능성을 냉정하게 판단했다. 그의 병사들은 여전히 누더기 같은 옷을 입고서 모든 것이 부족한 채로 고통받고 있었다. 비록 탈영하는 비율은 줄어들었으나 여전히 높았다. 동맹인 프랑스군은 뉴포트에 눌러앉아 증원 병력을 기다리면서 그들을 봉쇄 중인 영국 전함들을 바라만 보고 있었다. 5월에 새로 전장에 합류한 프랑스 해군 사령관 바라스Barras 백작은 미심쩍은 인물이었지만, 프랑스 육군을 이끄는 로샹보 장군은 1780년 7월부터 아메리카군에게 좋은 인상을 주었다.[9]

로샹보는 워싱턴보다 일곱 살이 더 많았다. 그는 유럽에서 프랑스가 벌인 전쟁에서 뛰어난 활약을 보여주었지만, 아메리카에 대해서는 잘 몰랐고 영어도 할 줄 몰랐다. 하지만 그는 훌륭한 군사적 재능의 소유자였다. 또한 솔직하고 재치 있는 사람으로, 지휘관을 맡기에 그야말로 이상적인 인물이었다. 워싱턴의 지휘에 순순히 따르는 모습도 그의 가치를 높여주었다.

1781년 5월, 로샹보와 워싱턴은 뉴욕시 근방에서 작전을 수행하기로 했다. 가능하면 클린턴으로 하여금 버지니아의 병력을 불러들이게 하려는 목적이었다. 로샹보는 프랑스 함대를 보호하기가 더 쉬운 보스턴으로 불러들일 예정이었다. 워싱턴은 6월에 드 그

로샹보 백작(1725~1807) 미국 독립전쟁에서 프랑스 육군을 이끈 지휘관으로 워싱턴에 협조하여 요크타운 전투를 승리로 이끌었다.

라스 제독이 프랑스 해군을 이끌고 프랑스 브레스트에서 서인도제도로 오고 있으며 여름 중에 아메리카 본토에 도착할 것이라는 소식을 들었으면서도 뉴욕시를 공격한다는 계획을 포기하지 않았다. 드 그라스 제독의 병력 규모를 제대로 파악하지 못한 데다, 그가 휘하 함대를 어떻게 활용할지도 몰랐기 때문이다.[10]

프랑스와 아메리카 연합군이 7월 초 뉴욕시를 향한 작전을 펼쳤지만 그다지 큰 성공을 거두지는 못했다. 당시 도시 주변에서는 전투가 별로 벌어지지 않았다. 공격 위치를 잡는 데 동맹군이 어려움을 겪었기 때문이다. 두 사령관은 작전을 수행하면서도 드 그라스의 의도를 궁금하게 여겼다. 뉴욕으로 올 것인가, 아니면 버지니아로 올 것인가? 프랑스 해군이 확실한 우위를 점할 수 있게 도움을 줄 것인가? 8월 14일, 바라스가 이러한 의문에 답을 주는 편지를 워싱턴에게 보냈다. 드 그라스 제독이 서인도제도를 떠났으며, 29척의 배와 3000명의 병사를 이끌고 체서피크만으로 향하고 있다는 것이었다.

비록 드 그라스의 해군력은 엄청났지만, 아메리카 해역에서 프랑스의 우위를 확실하게 보장해주는 것은 아니었다. 그래도 해역의 전면적인 통제가 가능한 상황으로 이어질 수도 있었기 때문에, 워싱턴은 편지를 내려놓자마자 마치 이미 아메리카 해역의 우위를 점하기라도 한 것처럼 행동하기로 결심했다. 그는 이어 로샹보에게 가능한 빨리 체서피크만으로 이동해야 한다고 말했다. 5일 뒤인 8월 19일, 그는 대륙군을 움직였고 프랑스군도 곧 그 뒤를 따랐다. 클린턴에게 이런 움직임을 감추는 것은 불가능했지만, 워싱턴은 그의 눈에 모래를 뿌려 현혹할 수 있었다. 뉴욕에서 뉴저지를 노리는 것처럼 양동작전을 펼치는 것이었다. 그는 뉴저지주에서 도시 근처의 길과 다리를 보

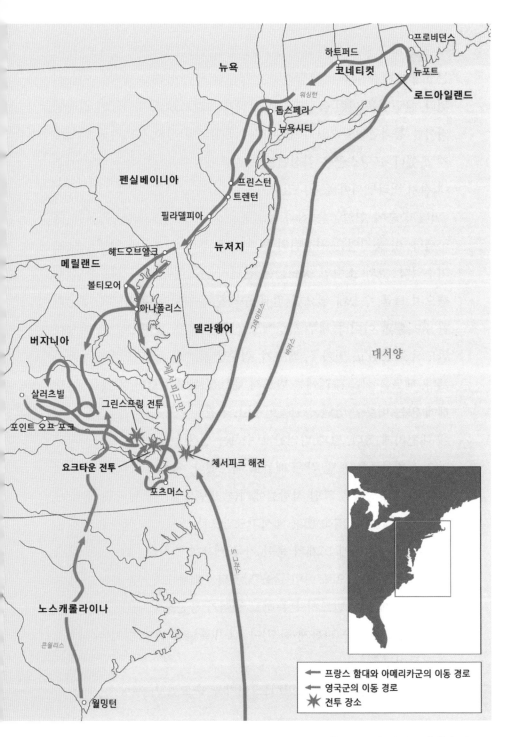

1781년 아메리카군과 영국군의 이동 경로 대륙군은 영국군의 눈을 피해 체서피크만 방향으로 남하했으며, 영국군은 윌밍턴에서 북상해서 요크타운에서 맞붙었다. 프랑스 함대와 영국 함대는 체서피크만에서 해전을 벌였다.

수했고, 빵을 구울 대형 오븐을 하나 만들었다. 8월 말이 다가오자, 그는 3개 부대가 뉴욕시를 공격하는 것처럼 꾸민 상태로 병력을 이동시켰다. 클린턴은 이런 움직임을 불안하게 지켜보았고, 대륙군이 필라델피아를 통과한 9월 2일이 될 때까지 동맹군의 진짜 목적지를 알아채지 못했다. 프랑스군은 워싱턴이 추천한 경로를 따라 3일과 4일 이틀에 걸쳐 필라델피아를 지나갔다.[11]

9월 중순에 연합군은 짐과 보급품을 가지고 약 720킬로미터를 행군했다. 이 움직임은 워싱턴의 병력 운용 능력이 절정에 달했음을 보여주었다. 그와 소수의 장교들은 전체적인 계획에 따라 경로를 선택했으며 물품 수송에 필요한 말과 수레를 동원했다. 워싱턴은 행군의 큰 윤곽뿐만 아니라 세부 사항에도 신경을 썼다. 말과 소는 전략으로 반드시 필요했고, 밀가루, 쇠고기, 럼주를 보관할 창고 또한 설치해야 했다. 텐트를 실을 수레에는 반드시 텐트를 실어야 했다. 자기 짐을 수레에 얹는 버릇이 있던 장교들이 평소와 같은 행동을 하면 그 짐을 아예 내던지게 했다. 길과 다리를 보수하는 일은 잘 선행됐고, 체서피크만으로 병사들을 보낼 작은 배들도 확보됐다. 워싱턴은 이 모든 일에 정통했다. 워싱턴을 알던 사람들에게는 세부사항까지 미치는 그의 치밀한 지시에 이미 익숙했다. 체서피크만으로 병사들을 데려갈 책임을 진 벤저민 링컨에게 16개의 문단 가득 세세한 지시를 내린 것도 모자라, 워싱턴은 추신으로 이런 글을 남겼다. "배를 끄는 밧줄 또는 배를 매는 굵은 밧줄은 반드시 튼튼하고 길이가 충분해야 하네. 그렇지 않으면 만灣에서 매우 괴롭게 될 거야. 그 밧줄들을 많이 잃어버리는 것은 물론이고."[12]

워싱턴은 병참에 골몰하면서도 전략을 숙고했고, 프랑스 해군 제독인 드 그라스에게 휘하 함대를 가능한 한 폭넓게 써야 한다며 전술적인 측면에서 조언했다. 드 그라스의 함대는 8월 26일 체서피크만의 입구, 2개의 버지니아곶이 있는 해역에 도착했다. 31일이 되자, 그는 만의 내부에 닻을 내렸다. 바로 그때 아버스넛의 후임인 토머스 그레이브스가 뉴욕에서 19척의 영국 전함을 이끌고 내려왔다. 그레이브스의 목적지는 체서피크만이었고, 그곳에서 프랑스 함대와 대치하기를 기대하고 있었다. 그는 9월 5일에 프랑스 함대를 만나 일전을 벌였지만, 교착 상태에 빠졌다. 두 함대가 공해에서 움직이는 동안, 일주일 전 뉴포트를 떠났던 프랑스 해군 사령관 바라스 후방에서 체서피크만으로 밀고 들어왔다. 결판이 나지 않은 이 승부로 인해 그레이브스는 9월 13일에 뉴욕으로 복귀할 수밖에 없었다. 콘월리스는 요크타운에

체서피크만 해전 드 그라스가 지휘하는 프랑스 함대와 그레이브스가 이끄는 영국 함대가 체서피크만에서 맞붙었고, 그 결과 영국 함대는 뉴욕으로 복귀했다.

홀로 갇히게 되었다.[13]

반대 진영에 있던 드 그라스 역시 마음이 편하지 못했다. 워싱턴이 연합군이 앞으로 채택할 수 있는 작전들을 세심하게 말해주었지만, 드 그라스는 프랑스 함대가 체서피크만에 갇힐 것을 염려했다. 워싱턴은 드 그라스 제독에게 적어도 육군이 요크타운에 도착하는 10월 말까지는 함대가 체서피크만에 머물러 있어야 한다고 설득했다. 프랑스 함대가 공해에서 머문다면, 연합군 육군이 접근한다는 사실이 탄로나지도 않을 것이라고 덧붙였다. 드 그라스는 워싱턴의 제안을 대부분 받아들였다. 하지만 프랑스 함대를 이끌고 요크강으로 거슬러 올라와 달라는 워싱턴의 또 다른 제안은 완고하게 거절했다. 만약 드 그라스가 이 제안을 받아들였다면, 콘월리스의 퇴로를 더 확실하게 막을 수 있었을 것이다.[14]

드디어 결전의 순간이 다가왔다. 아메리카와 프랑스의 육군 연합군은 9월 28일 새벽 4시에 윌리엄스버그를 떠나 진군했다. 3000명의 버지니아 민병대를 포함한 연합군의 병사 수는 약 1만 6000명이었다. 그들은 길게 늘어선 일렬종대로 움직였는데, 병사들은 대다수가 걸어서 움직였다. 말이 제대로 공급되지 않은 데다 있다고 해도 대포나 탄약을 실은 수레를 끌어야 했기 때문이다. 경포병대는 대열의 후방보다는 상부와 하부에 배치됐다. 이 비상한 결정은 영국군의 저항을 고려한 것이었다. 아침이 되어 떠오른 태양은 요크타운에서 보루 작업을 하던 영국군보다 더 위협적인 존재였다. 작열하는 햇볕 때문에 많은 병사가 일사병으로 쓰러졌다. 늦은 오후가 되자, 연합군 대다수는 적의 전선에서 5~8킬로미터 떨어진 곳에 도달해 야영했다.

요크타운은 요크강을 내려다보는 낮은 고원에 위치하고 있었다. 협곡은 고원과 마을을 가로질러 강변까지 뻗어 나갔다. 마을의 북서쪽에는 습지가 있었고 남쪽과 남서쪽에도 마찬가지로 습지가 있었다. 웜리 지류와 연못은 마을의 남동쪽에 있었다. 두 번째 지류는 서쪽의 습지를 따라 흐르다가 요크강으로 유입됐다. 더 남쪽과 서쪽으로 나아가면 피전힐 또는 피전 쿼터라는 큰 소나무로 덮인 살짝 높은 언덕이 있었다. 윌리엄스버그로 이어지는 길은 북서쪽에서 마을로 들어왔고, 햄프턴으로 이어지는 길은 남쪽에서 들어왔다.[15]

콘월리스는 2개의 방어선을 세웠다. 외곽의 것은 피전 쿼터에 세워졌는데, 요크타운에서 가장 멀리 떨어진 약 1킬로미터 지점이었고 겨우 세 보루로 구성됐다. 요크 강가를 따라 북서쪽에 세워진 보루는 스타 또는 퓨질리어스라 불렸는데, 거의 같은 거리였다. 안쪽의 방어선은 기껏해야 요크타운에서 약 270~360미터 거리였는데, 참호, 보루, 포대는 아직 완성되지 않은 상태였다.[16]

연합군은 9월 30일 아침에 콘월리스가 피전 쿼터의 보루들을 포기했다는 사실을 알게 되었다. 영국군은 계속해서 스타 보루를 장악하고 있었지만, 그들의 수비력은 대체로 안쪽의 방어선에 집중됐다. 이후 며칠 동안 영국군은 강가를 따라 가까이 붙은 큰 배 몇 척을 침몰시켰다. 이는 후방 강가에서 공격하려는 시도를 좌절시키려는 조치였다. 하지만 이 공성전에서 콘월리스의 영국군은 대체로 수동적이었다. 영국군은 말에게 먹일 사료가 없어서 서서히 말을 죽이기 시작했다. 소규모 정찰과 참호 및 보루를 개선하는 작업은 계속됐지만, 영국군은 2주 동안 거의 아무런 활동도 하지 않았다. 워싱턴은 10월 12일 콘월리스의 이런 행동을 가리켜 "상상을 초월할 정도로 수동적"이라고 평했다. 공성 첫 2주 동안 콘월리스가 보인 이런 수동적인 모습은

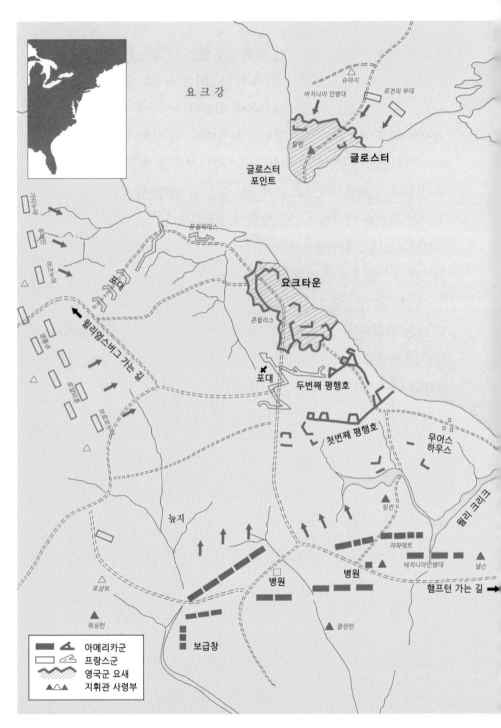

요크타운의 포위 작전 콘월리스가 이끄는 영국군은 요크타운에 2개의 방어선을 구축했고, 아메리카와 프랑스 연합군 1만 6천 명이
요크타운을 포위했다.

뉴욕에 있는 클린턴이 구원하러 올 것이라고 믿었기 때문일지도 모른다. 하지만 이런 믿음이 무너지자 수동적인 모습은 절망과 무기력으로 바뀌었다.[17]

연합군의 분위기는 열광적이었다. 프랑스군은 당연히 숙적에게 보복하기를 고대하고 있었다. 그들은 최근 전쟁에서 영국에 패배해 갚아줄 것이 많았다. 하지만 공성을 하며 가장 즐거워한 쪽은 아메리카인이었다. 그들은 지난 6년 동안 수많은 공격을 인내하고 이겨냈다. 이제 그들은 전쟁을 끝내고 독립을 얻을 수 있는 결정적인 반격을 가하고 있었다.

이런 기회로 인해 때로는 광기를 드러내는 병사들도 있었다. 한 민병대원은 아메리카 병력이 처음으로 세운 흉벽 중 하나에 올라가서 "영국군에게 욕설을 하며 날아오는 '코딱지'를 이리저리 피했"다. '코딱지'는 영국군이 쏘는 대포알을 의미했다. 이런 광기를 목격한 제임스 던컨James Duncan 대위는 그를 말리려고 하지 않았고 나중에 그 민병대원에 관해 이런 글을 남겼다. "예상했던 것보다는 오래 포탄을 피했던 그 병사는 점점 무모해져 들고 있던 삽을 날아오는 모든 포탄을 향해 휘둘렀다. 그러다 불운하게도 포탄 하나가 그 병사에게 적중했고, 결국 그의 미친 짓거리도 끝나고 말았다." 며칠 뒤 던컨 대위와 경보병으로 이루어진 파견대도 다른 부대를 구원하기 위해 참호들로 전진하면서 가까스로 포탄을 피하는 일을 겪어야 했다. 군대는 전통적으로 두려움을 경멸했기에, 울리는 북소리와 휘날리는 깃발은 불안을 경감시켰다. 적이 북소리를 듣고 아군의 깃발을 인식하면 분명 흉벽 아래의 아군에게 포격을 해올 테지만, 그들은 그것을 전혀 두려워하지 않았다. 18세기의 신사는 목숨보다 명예를 소중히 여겨야 했다.[18]

대륙군의 던컨 대위는 이런 전통이 타당한 것인지 의심스러워했고, 지휘관인 알렉산더 해밀턴 대령의 명령을 듣고 나서는 의심을 넘어 혐오하기 시작했다. 던컨의 회고에 따르면, 병사들은 참호 위에 올라가 이상한 행동을 할 것을 명령받았고 즐겁게 그 명령을 따랐다.

"우리의 '작전'은 상당히 기이한 것이었다. 우리는 지휘관의 명령을 받고서 비탈을 올라가 적 앞에 선 뒤, 그곳에서 무기를 내려놓고서 제식 훈련의 동작을 해보였다. 얼마 전까지만 해도 적은 우리에게 사격과 포격을 가했지만, 이제는 단 한 발의 공격도 해오지 않았다."

던컨이 나중에 회고한 것처럼, 영국군은 이 모습을 보고 놀라움을 금치 못했다. 대륙군 병사들의 그런 모습에 감탄하던 영국군 장교들 중 일부는 자신도 저렇게 명령을 내릴 수 있기를 바랐다. 하지만 이런 지시를 받았던 병사들은 틀림없이 해밀턴에 관한 던컨의 논평에 공감했을 것이다. "그 상황은 아군의 고급 장교라는 사람이 휘하 병사들의 목숨을 제멋대로 적에게 노출시킨 것이었다." 비록 프랑스군은 이런 터무니없는 기행을 벌이지 않았지만, 그들 또한 보병들과 공병들을 교대시킬 때에는 북을 치면서 커다란 소음을 냈다. 그러나 로샹보 장군은 이런 북치기 행동을 '겉멋'이라고 하면서 중지시켰다. 심리적으로 안정되고 매우 실용적인 지휘관인 로샹보 장군은 북소리가 영국군의 사격을 불러온다고 말했다. 명예는 분명 침묵 속에서도 존재할 수 있었다. 게다가 대부분 살아 있는 자들만이 누릴 수 있는 것이었다.[19]

어쨌든, 이번 공성전에서 연합군은 자신감이 넘쳤다. 연합군 병사들은 때로는 치기어린 행동을 보이기도 했지만 맡은 임무도 굉장히 열성적으로 수행했다. 10월 초 진행된 참호 구축 작업은 이러한 열의를 잘 보여준다. 연합군은 제임스강에 있던 대포를 요크타운으로 가져와 설치했다. 이는 많은 병사와 말이 동원돼야 하는 일이었지만 빠른 속도로 진행됐다. 다른 무리의 병사들은 땅을 파고 피전 쿼터에서 점령한 보루들을 강화하면서 마을의 양쪽 끝에 공성용 구조물을 서둘러 올렸다. 이런 작업이 시작되자, 공병은 적을 향해 앞으로 나아가며 지그재그로 참호를 파기 시작했다. 며칠 뒤 10월 6일에 어둠 속에서 대륙군의 첫 평행호가 완성됐다. 이 평행호는 영국군의 방어선으로부터 약 548미터 정도 떨어져서 나란히 만들어 졌다. 이 평행호는 처음에는 약 1.2킬로미터 길이로, 요크타운 남동쪽 강가에서 시작해서 큰 협곡까지 이르렀다. 이 평행호는 사실상 10월 7일에 완성됐다. 이후 이틀 동안 연합군은 보루들을 설치하고, 통신 참호들을 파며, 온갖 물품과 탄약을 보관하는 창고를 짓고, 평행호보다 약간 앞에 포대를 설치했다.[20]

영국군은 이런 위협을 무시하지 않았다. 이후 며칠 동안 그들은 계속해서 포격을 가했다. 때로 그 포격이 예리해서, 상황을 지켜보던 세인트 조지 터커St. George Tucker는 "날카롭다"고 평가했다. 하지만 그 포격은 포대를 설치하는 연합군의 움직임을 막을 정도로 위력적이지는 못했다. 10월 9일 오후가 되자, 연합군은 대응 포격용 대포와 박격포를 포대에 충분히 설치했다. 그 이후로 요크타운에 갇힌 모든 이들—영국군과 독일군 병사들, 도망치지 않은 소수의 민간인, 자원하거나 강제로 남게 된 흑인 노예들—의 삶은 비참하게 변했다.

며칠 지나지 않아 연합군의 대포들은 적에 비해 더 우세한 모습을 보였다. 곧 더 많은 대포가 설치됐고 놀라울 정도로 정교하게 포격했다. 이 포격은 오늘날의 말로 하면 직접사격에 해당했다. 포병들은 목표물을 명확하게 육안으로 관찰할 수 있었고, 관측자들에게서 '사격 허가'를 받을 필요도 없었다.

대륙군 포병들보다 더 숙련된 프랑스 포병들은 적 포대의 총안에 연속으로 여섯 번의 포격을 가했다. 대륙군은 이런 정밀한 포격을 하지는 못했지만 나름의 정확성을 가지고 적을 괴롭혔다. 연합군이 포격을 시작한 지 하루가 지나자, 영국군의 총안은 2개를 제외하고 전부 폐쇄됐다. 총안은 일부 파괴된 것도 있었지만, 낮 동안 포격을 받아 파괴되는 것을 막으려고 일부러 폐쇄한 것이었다. 밤이 되자 영국군은 총안을 열고 가능한 많은 대응 포격을 했다.

연합군의 포격에 영국군의 빙어 시설민 피해를 본 것은 아니었디. 10월 9일부터 요크타운의 사람들은 잠을 거의 잘 수 없었다. 민간인은 서둘러 강둑을 따라 마련된 "피난처로 용케 도망쳤고", 병사들은 참호와 보루의 땅속으로 파고 들었다. 콘월리스 또한 대충 파서 만든 지하동굴 같은 곳에 살았다. 그렇게 해도 사상자는 늘어만 갔다. 한 독일 병사는 요크타운 내에 쌓인 시신을 보고 이런 말을 남겼다. "쌓인 시신들은 머리, 팔, 다리가 포격에 맞아 날아가고 없었다." 식량 공급은 떨어지지 않았지만, 적어도 9월 초부터 병사들은 "썩은 고기와 벌레가 든 비스킷"을 먹고 있었다. 그러니 그들의 몸이 성할 리가 없었다. 오염된 물과 썩은 음식 때문에 수백 명의 병사는 질병에 걸려 제대로 움직이지도 못했다.[21]

연합군은 포격 시작 이틀 뒤인 10월 11일에 두 번째 평행호를 팠다. 이번 호는 적의 주방어선에서 약 270미터 떨어져 있었다. 그곳에서 앞서와 똑같은 작업이 진행됐다. 공병들은 보병들의 철저한 엄호를 받으며 참호를 팠다. 하루가 지나자 참호가 거의 완성됐다. 이번에 영국군은 연합군이 전방에 내세운 보병들에게 일격을 가했다. 연합군이 약 180~270미터 지점까지 접근해오자 영국군 경포병대는 포격을 시작했다. 이전까지 세심하게 화약과 포탄을 비축했던 콘월리스는 제한 없이 사격 및 포격을 하라고 지시했다. 하지만 한 주가 지나자 연합군 포병대가 점차 우위를 점했고, 더 전진하면서 포격을 개시하자 영국군 방어 시설들은 이전보다 훨씬 더 맹렬한 공격을 받게 되었다.

10월 14일 밤, 연합군은 영국군의 9번과 10번 보루에 대한 공격을 진행하면서 두 번째 평행호를 완성했다. 이번 공격은 두려움과 모험심이 뒤섞인 것이었다. 장전되지 않은 머스킷 총을 든 병사들이 어둠 속에서 용맹스럽게 기습전을 펼쳤기 때문에 큰 성과를 거두었다. 프랑스군은 두 보루 중에서 더 큰 9번 보루를 공격했고, 아메리카군보다 더 심각한 피해를 입었다. 그들이 억지로 뚫고 나간 가시 울타리가

요크타운 전투 아메리카와 프랑스 연합군이 미리 배치한 대포들이 효율적으로 지원사격을 가하는 가운데, 연합군은 영국군의 9번과 10번 보루를 공격했다.

아메리카군이 접한 울타리보다 더 빽빽했고, 아메리카군보다 그들이 준비가 덜 된 탓도 있었다. 이유야 어찌 됐든 가시 울타리는 병사들의 진군을 방해했고, 영국군은 머스킷 총을 써서 그들을 쓰러트렸다. 마침내 공병들이 길을 트자 프랑스 보병들은 참호 안과 흉벽 위로 돌진했다. 보루 안으로 돌입하자 일부 영국군이 퇴각했고 공격은 더욱 쉬워졌다. 프랑스군의 오른편에서는 알렉산더 해밀턴의 지휘를 받는 아메리카 병사들이 가시 울타리를 발견하자마자 무너뜨리고 보루로 들이닥쳤다. 보루 수비대기 방어 태세를 갖추기도 전 순식간에 벌어진 일이었다. 아침이 되자 적이 지키던 2개의 보루는 두 번째 평행호와 연결됐다. 이제 연합군은 마지막 공격을 할 수 있는 아주 좋은 위치를 차지했다.[22]

그러나 연합군은 마지막으로 필사적인 공격을 가할 필요가 없었다. 이후 3일 동안 이어진 공격으로 영국군은 완전히 탈진해 별로 전의를 보이지 않았다. 10월 15일 자정 무렵, 영국군의 소규모 기습 부대가 두 번째 평행호에 돌입해 2개의 포대_{하나는 프랑스군, 하나는 대륙군}에 설치된 대포 6문의 화문_{火門}에 못을 박았다. 이 기습에 참가한 병사들은 영국군의 자부심을 보여주기 위해 그런 행동을 했지만, 곧 반격을 당하고 본진으로 퇴각했다. 그다음 날 밤, 콘월리스는 필사적인 탈출 시도를 감행했다. 그는 부대를 이끌고 요크강을 건너 글로스터로 도망치기로 결심했다. 연합군의 포위망을 뚫을 충분한 부대를 모아 뉴욕으로 향하겠다는 의도였다. 그가 1000명의 병사를 도강시키려고 할 때, 갑자기 돌풍이 불어와 강을 건널 수가 없었다. 바람이 거세게 부는 데다 비까지 내리자 더 이상의 도피 노력은 아무런 소용이 없었다. 부대는 다시 요크타운으로 돌아왔고, 콘월리스는 항복할 준비를 했다. 그

영국군의 항복 요크타운 전투에서 패배한 영국군은 아메리카와 프랑스 연합군에 항복했다.

가 다시 요크타운으로 돌아온 그날에 영국군의 방어선은 엄청난 타격을 받았다.[23]

10월 17일, 콘월리스는 장교를 한 명 보내 워싱턴에게 항복하겠다고 제안했다. 그날과 그다음 날 이틀에 걸쳐 항복 조건이 논의됐다. 10월 19일 정오가 되기 얼마 전, 워싱턴은 항복 조건에 동의했고 문서에 서명했다. 영국군은 오후 2시에 항복을 하기 위해 요크타운 밖으로 걸어나왔다.[24]

마침내 평화조약이 맺어지다

요크타운의 항복으로 전쟁이 끝나지는 않았다. 영국은 뉴욕시, 찰스턴, 사우스캐롤라이나, 조지아 일부, 캐나다, 핼리팩스, 서인도제도에 여전히 군대를 두고 있었다. 하지만 해가 바뀌면서 강화講和 압력은 무시할 수 없는 수준이 되었다. 영국의 노스 총리는 어느 때보다도 낙담한 상태였고, 내각에는 이제 이 전쟁을 낙관하는 이들이 아무도 없었다. 영국 국왕은 아메리카 식민지의 항복 없이는 강화 이야기를 꺼내지도 말라고 불쾌한 감정을 드러냈지만, 영국 의회는 이미 전쟁에 환멸을 느끼고 있었다.[25]

1782년 3월 20일, 더는 비틸 수 없었던 노스는 총리직을 사퇴했다. 하원은 식민지를 복종시키기 위해 공격적으로 전쟁을 수행한 모든 이를 국가의 적으로 간주했고, 이로 인해 노스의 사임은 더 빠르게 앞당겨졌다. 일주일 뒤 로킹엄 경이 다시 총리가 되어 정부를 이끌게 되었는데, 영국 국왕은 이 상황을 좀처럼 인정하려 들지 않았다. 더욱이 국왕은 로킹엄을 별로 좋아하지 않아서 그와 함께 같은 방에 있는 것도 견디지 못할 정도였다. 국왕은 총리와 의논할 문제가 생기면 셸번 백작을 중개자로 둘 것을 고집하기도 했다. 로킹엄은 사실상 왕을 재앙에서 구해냈지만, 그에게서 계속해서 미움을 받아야 했다.

셸번 백작인 윌리언 패티는 식민지를 다시 관장하게 된 남부장관으로 업무를 시작했고, 동시에 그의 정적인 찰스 제임스 폭스Charles James Fox도 유럽 내의 문제에 대해 총괄 책임을 지는 북부장관에 임명됐다. 이런 임명은 두 정적이 모두 외교에 개입하는 상황을 만들었고, 따라서 곤란한 문제들이 발생했다. 두 사람은 서로 좋아하지 않았고, 서로의 방침에 동의하지 않았다. 그렇지만 밀접하게 연관된 문제들은 반드시 두 장관이 함께 처리해야 했다.

내부적인 상태야 어떻든, 새로운 내각에는 선택지가 별로 없었다.

강화조약은 피할 수 없었다. 아메리카에서는 강화 위원회가 이미 활동 중이었다. 대륙회의는 1781년 6월 15일에 오스트리아와 러시아가 중재에 나설지도 모른다는 기대를 갖고 강화 위원회를 설립하고 위원들을 임명한 바 있었다. 벤저민 프랭클린, 존 애덤스, 헨리 로렌스Henry Laurens, 토머스 제퍼슨, 존 제이가 그들이었다. 영국 전함에 포로로 잡혔던 로렌스는 1780년부터 런던탑에 갇혀 있다가 1782년에 풀려났지만 강화 협상에서 그다지 활약하지 못했다. 제퍼슨은 이 당시 여러 문제에 얽혀 곤란한 처지였기 때문에 대륙회의의 위원으로 활동할 수 없었다. 따라서 최종적으로는 프랭클린, 애덤스, 제이가 미합중국의 대표로 강화회의에 참여하게 되었다.[26]

강화 위원회 위원들은 대륙회의가 제시한 틀 안에서 활동을 시작했다. 대륙회의는 위원들에게 특히 프랑스가 제시한 조언을 받아들이라고 지시했다. 당시까지만 해도 전쟁의 결과가 불확실했기 때문에 프랑스의 조언은 큰 영향력을 발휘했다. 미합중국을 담당하던 프랑스 장관 라뤼제른LaLuzerne은 당시 대륙회의의 뉴햄프셔 대표로 있던 존 설리번 장군을 매수하기까지 했다. 프랑스가 대륙회의를 통해 우회적으로 강화조약에 영향을 끼치려 했던 이유는 강화 위원회에서 활동하던 존 애덤스가 너무나 청렴했기 때문인 것으로 보인다. 고결한 사람이었던 애덤스는 미합중국의 국익에만 전념했는데, 이 모습을 보고 프랑스 외교관인 베르젠은 걱정을 할 수밖에 없었다. 1781년 6월 대륙회의는 위원회에 또 다른 사람들을 지명했는데, 이것은 명백히 애덤스의 권위를 약화하는 조치였다. 그것으로도 충분하지 못하다고 생각했는지, 대륙회의는 프랑스의 조언을 구하고 그대로 따르라고 지시했다.

그런 지시가 국익을 위한 것으로 생각하고 찬성표를 던졌던 사람들도 있었는데, 이는 놀랍도록 순진한 행동이었다. 강화 위원회 위원들을 포함해 영리한 사람들은 프랑스와 아메리카의 목적이 전체적으로는 비슷하지만 몇 가지 중요한 특정 사안에서는 매우 다르다는 사실을 잘 알고 있었다. 뉴펀들랜드 뱅크에서의 어업권과 해안에서 잡은 물고기를 건조할 수 있는 권리는 아메리카인, 특히 뉴잉글랜드의 거주민에게 핵심적인 관심사였다. 국경 문제 또한 미합중국에는 중요한 문제였다. 미합중국은 북쪽 경계와 관련해 캐나다인이 오하이오까지 남하하는 것을 바라지 않았다. 또한 그들은 미시시피강이 미국의 서쪽 국경으로 지정돼야 한다고 주장했다. 스페인은 이때 미시시피강 동쪽의 상당한 영역을 자국의 영토라고 주장했다. 하지만 프랑스는 강화냐 전쟁이냐에 관한 자신들만의 계획을 가지고 있었기 때문에, 이런 미합중국의 문제들을 중요하게 취급하지 않았다. 베르젠은 사실 1781년 초 영국과 미합중국이 아메리카에 각자의 영토를 갖는 것을 보장한다는 조건으로 강화에 동의할 생각이었다. 이렇게 되면 영국은 뉴욕시와 남북 캐롤라이나 및 조지아의 대부분을 통치할 수 있었다.

스페인의 관심사 또한 아메리카와 상당히 달랐다. 1779년에야 뒤늦게 영국에 전쟁을 선포하고 참전했던 스페인은 1782년에도 미합중국을 인정하지 않았다. 스페인의 변치 않는 관심사는 지브롤터였다. 스페인 외교관들은 1780년에 비밀리에 영국과 접촉해 전쟁에 관해 의논했으나 동맹국인 프랑스와 이런 사실을 공유하지 않았다.

영국 역시 아메리카와 합의해 유럽 숙적들과의 전쟁을 끝내고자 했으나 과거의 식민지를 유지하고 싶어 했다. 로킹엄이 7월에 사망한 뒤 영국 내각을 이끌게 된 셸번 백작이 강화 협상을 책임지게 되었는데,

그는 강화 협상에서 프랑스와 아메리카를 분열시키려 했다. 이런 식으로 둘 사이를 이간시킨다면 유럽과 관련된 논의에서도 유리한 조건을 얻어낼 수 있다고 보았기 때문이다.

셸번 백작은 4월에 시작될 비공식 회담의 영국 대표로 리처드 오즈월드Richard Oswald를 파리로 보냈다. 스코틀랜드 출신 상인인 오즈월드는 내각의 상급자들이 생각하는 것보다 훨씬 영악했다. 그는 과거 젊은 시절에는 한동안 버지니아에서 살았고 여전히 아메리카에 땅을 가지고 있었다. 또한 7년 전쟁과 노예 무역으로 큰돈을 벌었는데, 정치적인 야심은 딱히 지니고 있지 않았다. 그는 늘 자신은 나이를 너무 많이 먹었고 정치에 초연하다는 태도를 보여주려고 했다. 대륙회의 위원인 로렌스 역시 오즈월드를 알고 있었다. 오즈월드가 찰스턴에서 그의 노예 무역 대리인으로 일한 적이 있었기 때문이다. 오즈월드는 대체로 프랭클린과 같은 부류였다. 두 사람 모두 공상 따위는 거의 하지 않는 부유한 사람이었고 열정을 제어할 수 있는 냉정한 신사였다.[27]

강화 회담은 4월에 시작됐다. 프랭클린과 오즈월드가 협상을 주도했다. 프랭클린은 회담이 시작되자마자 오즈월드를 베르젠에게 데려갔다. 하지만 여름까지의 논의에서는 그다지 진전된 사항이 없었다. 논의를 시작할 때 오즈월드에게는 공식적인 직함이 없었고, 프랭클린에게는 동료가 없었다. 제이는 스페인에게서 미합중국의 인정을 받아내기 위해 마드리드에서 불쾌한 심정으로 대기 중이었고, 애덤스는 헤이그에서 차관을 받아오는 임무를 수행 중이었다. 오즈월드가 런던탑에서 빼낸 로렌스는 유럽으로 갔지만 막상 업무를 하기에는 무기력했다. 아마 1782년 8월 전투 중에 전사한 아들 존 로렌스 대령의 죽음

을 전해 듣고 받은 충격과 슬픔이 원인이었을 것이다.[28]

회담은 교착 상태에 빠졌다. 미합중국의 지위를 영국이 인정하는 문제를 두고 의견이 갈렸기 때문이었다. 오즈월드는 협상에 앞서 상급자로부터 아메리카의 독립을 인정하면 안 된다는 지시를 받았고, 아메리카는 평화조약을 논하려면 영국이 미합중국의 독립을 반드시 인정해야 한다고 요구했다. 프랭클린은 더 나아가 미합중국에 캐나다까지 이양하라고 요구했다. 늦여름이 되자 분위기가 풀리기 시작했다. 협상의 관계자들은 천천히 합의로 나아갔다. 4월에 펼쳐진 세인츠 해전은 프랑스가 좀 더 합리적인 생각을 하도록 유도했다. 서인도제도에서 프랑스 함대 사령관인 드 그라스가 영국의 로드니 제독에게 포로로 붙잡혔기 때문이었다. 프랑스 함대는 비록 모두 침몰하지는 않았지만 큰 손실을 입었다. 영국은 이후 프랑스 차석 외교관인 레느발 Rayneval과 영국에서 비밀 회담을 가졌고, 프랑스가 아메리카의 어업권과 캐나다 이양에는 큰 관심이 없다는 것을 알게 되었다. 하지만 영국은 지브롤터에 대한 스페인의 공격이 어떤 결과를 가져올지 염려했다. 6월 23일 파리에 도착한 아메리카인은 동맹인 프랑스와 적인 영국 간에 어떤 비밀스런 이야기가 오가는지 우려했다. 특히 프랭클린과 제이가 그런 걱정을 많이 했다.

제이와 프랭클린은 9월이 되자 오즈월드의 권한이 변경돼 미합중국의 대표들과 평화조약을 논의할 수 있는 자격이라면 협상을 계속하겠다고 동의했다. 그러나 쌍방의 태도는 모호했다. 대륙회의는 그 협상이 아메리카의 독립을 인정하는 것으로 받아들였지만, 셸번 백작의 내각은 그런 입장이 아니었다. 만약 협상이 결렬된다면 영국은 틀림없이 미합중국을 국가로 인정하지 않겠다고 나올 것이 분명했다.

이후 3개월 동안 외교적 지뢰밭에서 양측의 협상이 진행됐지만 그래도 결과가 좋았고, 11월 30일에 아메리카와 영국의 위원들은 평화조약 예비 조항들에 서명했다. 서명하기 몇 시간 전 프랭클린은 프랑스 외교관 베르젠에게 영국과 합의에 이르렀다고 전했다. 프랭클린은 물론 협상 과정에서 프랑스와 논의하고 그들의 조언을 따르라는 대륙회의의 지시를 무시했다는 것을 말하지 않았다. 그렇다고 해서 아메리카가 평화조약과 관련해 프랑스에 대한 의무를 저버린 것은 아니었다. 영국과의 합의는 프랑스와 영국이 강화를 체결하지 않으면 무효였기 때문이다.

조약의 1항은 이렇다. "영국 국왕은 상술한 바와 같이 미합중국이⋯

미합중국과 영국 간의 평화조약 체결 1782년 11월 30일, 파리에서 존 제이와 벤자민 프랭클린이 지켜보는 가운데 영국군 관계자가 평화조약문에 서명하고 있다.

주권을 가진 독립국임을 인정한다." 이 조항은 지극히 중요했다. 이어 국경 문제도 합의됐다. 미합중국의 북쪽 국경은 오늘날의 미국의 국경에 가까운 경계로 정해졌고, 남쪽 국경은 위도 31도, 서쪽은 미시시피강으로 결론이 났다. 미합중국은 뉴펀들랜드와 세인트로렌스에서의 기존 어업권은 물론 노바스코샤, 마들렌느 섬, 래브라도 등의 무인無人 항만, 항구, 지류 등에서 물고기를 건조하고 가공할 '자유' 역시 인정받았다. 영국과 미합중국의 채권자들은 "지금까지 계약된 채권을 영국 화폐 가치에 맞게 전액 회수하는 데에 아무런 법적 장애를 받지 않게 되었다." 대륙회의는 몰수한 영국인의 재산을 돌려주라고 주 입법부에 진지하게 권고하기로 했다. 다만 국왕파의 재산과 관련돼 있었던 이 조항은 대륙회의의 권고가 어느 수준까지 이루어져야 하는지에 관해서는 명시하지 않았다. 만약 국왕파가 대륙회의가 그들을 위해 각주에 충분한 압력을 행사해줄 것이라고 믿었다면, 그것은 잘못된 생각이었다.[29]

또한 평화조약에서는 전쟁과 관련된 행동으로 어떤 사람의 재산을 몰수하거나 그 사람을 고발하는 일을 더는 못하도록 금지했다. 영국군은 "사정에 맞는 속도로" 아메리카에서 철수할 터였다. 미시시피강은 영국과 미합중국의 사람들 모두가 지나다닐 수 있게 열릴 터였다. 평화조약이 아메리카에 도착하기 전 점거되었던 땅은 돌려줄 터였다.

미합중국과 영국 간의 합의는 전쟁으로 인한 국고 손실을 끝내고 싶던 프랑스를 자극했다. 1783년 1월 20일, 프랑스와 그들의 숙적 영국은 강화를 위한 예비 조항에 서명했다. 스페인과 영국 역시 같은 시기에 강화에 동의했다. 모든 군사작전을 중단하라는 지시가 예하 부대에 내려갔다. 영국-스페인 간 합의는 그전에 발생한 일들 때문에 더 쉬워

1783년 아메리카 국경선 독립 당시 미합중국의 북쪽 국경은 오늘날의 국경과 비슷하고, 남쪽 국경은 위도 31도, 서쪽은 미시시피강으로 정해졌다.

졌다. 지브롤터에 가했던 스페인의 공격은 9월에 실패로 돌아갔고, 아메리카는 이로 인해 안정됐다. 스페인은 지브롤터를 얻어내지 못했지만, 그 대신 전쟁 중에 스페인 수중에 떨어진 미노르카 섬과 플로리다 동서부를 이양받았다.

모든 관계자들이 1783년 9월 3일 최종 평화조약 항목들에 동의하고 서명했다. 헨리 클린턴의 후임인 칼턴 장군은 아메리카에서 철군하는 우울한 일을 맡게 되었다. 1783년 말, 여전히 아메리카의 북서부 주둔지들에 남아 있던 영국군 파견대들을 제외하고는 영국군은 더 이상 미합중국에 남아 있지 않게 되었다.

아메리카인들은 왜 전쟁에서 승리했을까

마침내 평화조약이 체결됐다는 소식이 전해진 아메리카에서는 축하연이 열렸고, 그들은 거듭해 축배를 들어올렸다. 아메리카인은 "미합중국", "대륙회의", "아메리카 군대", "워싱턴 장군", "전사한 영웅들의 기억", "강화 위원회 위원들", "루이 16세", "로샹보 장군" 등을 외치며 잔을 들었고, 많은 술병과 술통을 비웠다. 이런 긴 축배는 기쁨을 나타낸 것이기도 했지만, 어느 정도는 그들이 어떻게 승리했는지를 설명해준다. 당연히 아무도 조지 3세, 조지 저메인 경, 헨리 클린턴, 콘월리스, 윌리엄 하우, 영국 육군과 해군을 위해 축배를 들지는 않았다. 아메리카인이 축하보다 승리의 경과를 설명하는 것에 더 관심을 보였다면 영국인을 언급했을지도 모른다. 영국이 패배를 자초한 점도 있었기 때문이다. 아메리카인이 전쟁에서 이겼다는 것은 곧 영국인이 전쟁에서 졌다는 뜻이었다.[30]

뉴욕으로 입성하는 조지 워싱턴 1783년 11월 25일 영국군이 뉴욕에서 철수하고 조지 워싱턴과 대륙군이 뉴욕 시민들의 환영을 받으며 입성했다.

영국은 전쟁에서 이전에는 겪어보지 못한 문제에 직면했다. 영국의 과거 역사는 화려했지만, 그들은 아메리카 전쟁에서 한정된 지침밖에 내리지 못했다. 전쟁은 신세계의 황야에서 벌이는 또 다른 싸움이 아니었다. 영국 육군과 해군은 아메리카를 알고 있었다. 그들은 이전에 그곳에서 싸웠고 훌륭한 성과도 냈다. 사실 이 전쟁은 싸우고 희생당하는 과정에서 더욱 투지를 불사른 13개 식민지 사람들을 상대로 벌인 내전이었다. 이 사람들과 얽힌 군사적인 문제들은 영국이 처음 겪는 당혹스러운 것이었다. 식민지인은 메인에서 플로리다까지 멀리 떨어져 있었고, 놀라운 일들을 계속해내는 사람들이었다. 영국인 중에는 아메리카인이 단결해 중앙정부와 군대를 조직하고 또 몇 년이 지나도록 계속 싸울 것이라고 생각한 사람은 별로 없었다. 영국의 보수사상가인 버크는 아메리카인이 보여준 자치에 대한 광신적인 모습을 "정치적 열광"이라고 했는데, 이런 열광을 예견한 영국인은 더더욱 없었다.

혼란스러운 상태에서 영국군은 기존의 관습을 따라 전쟁을 치르면 될 것이라고 믿었다. 그러니까 18세기에 널리 알려진 그런 형태의 전쟁 말이다. 저명한 역사가인 피어스 매키지Piers Mackesy는 독립 전쟁을 "앙시앵 레짐에서 벌어진 마지막 대전"이라고 말하면서, 18세기의 전쟁이라는 범주 안에 독립 전쟁을 분류했다. 이런 전쟁은 일련의 제한적인 조치들로 해석할 수 있다. 가령 군사작전을 회피하다가 벙커힐에서처럼 심각한 패배를 당하기도 했고, 작전 수행을 꺼리다가 민간인의 항의를 받기도 했으며, 군사적인 구상을 회피하다가 갈등이 더 커지는 상황이 발생하기도 했다. 아메리카 독립 전쟁에서 영국군이 보여주었던 신념은 제약, 규칙, 민간인의 삶에서 분리된 전쟁 등에 직접적으로 드러난다. 물론 때로는 이런 제한적인 전쟁의 지침을 위반하기도 했지만, 대체로 영국군은 이런 오랜 기준들에 충실한 모습을 보였다.[31]

반면 아메리카인은 다른 방식으로 전쟁을 치렀다. 그들은 유럽인과 마찬가지로 전면전의 개념을 전혀 몰랐지만, 자신들이 새로운 갈등에 얽혀들었다는 점은 분명히 알고 있었다. 그들에게 전쟁은 왕을 위한 전쟁, 즉 앙시앵 레짐의 전쟁이 아니었다. 비록 많은 아메리카인이 전문적인 군대를 보유하기를 바랐지만, 그들은 전쟁을 전문적인 군인에게만 맡겨놓지 않았다. 그들의 전쟁은 그렇게 하기에는 사회 전반에 깊이 관련돼 있었고, 게다가 전문적인 군인은 소수에 지나지 않았다. 그들에게는 시민-군인들, 즉 민병대밖에 없었다. 대륙군 또는 '정규군'을 포함해 이 병사들은 돈을 받고 싸우지 않았다. 다시 말해, 전투를 습관적으로 또는 전문적으로 하지 않았다. 오히려 그들은 대의를 위해 싸웠고, 그런 대의를 믿는 장교들의 지휘를 받았다. 전문적인 군대를 열망하고 민병대를 경멸했던 워싱턴조차 이상을 위해 싸웠고 휘하 병사들에게 자유와 애국심을 호소했다. 전쟁 초기인 1775년 7월, 워싱턴은 유능한 매사추세츠 출신 장교 존 토머스 준장이 사임하겠다고 위협하는 것을 무마해야 했다. 토머스는 자신이 준장들 사이의 연공서열에서 무시당했다고 생각해 군을 떠나겠다는 의사를 밝혔다. 워싱턴은 그에게 남아달라고 호소하며 이 전쟁은 다른 전쟁과 다르며, 사실 연공서열이나 특권의식 따위보다 훨씬 중요한 것을 위해 싸우는 전쟁이라고 지적했다.

"토머스 준장, 흔한 제국끼리의 경쟁과 야심 대결에서는 병사들의 양심이 차지할 부분이 거의 없소. 따라서 그들은 아주 철저하게 계급을 부여받을 것을 고집하고 그에 따르는 권리를 아주 세밀한 부분까지 주장하지. 하지만 이번처럼 대의를 위한 싸움에서는 영예나 영토 확장이 목표가 아니오. 삶에서 소중하고 가치가 큰 모든 것을 지켜내는 것이 이 전쟁의 목표입니다. 그러니 나라를 지키는 일에서 어느 자리든 명예롭다고 보아야 하지 않겠소."

워싱턴의 이런 주장에 설득되었는지 또는 부끄러움을 느꼈는지 토머스 준장은 군에 그대로 남았다. 워싱턴은 민병대에 놀라는 일이 잦았지만, 그래도 계속 그들을 활용함은 물론 그들에게 이 전쟁은 사회에서 단절된 군인 계급이 맡은 일이 아니라 우리 모두의 일이라는 점을 끊임없이 상기시켰다.[32]

그리하여 기존의 방식대로 전쟁을 수행한 영국과 달리, 아메리카는

19세기의 대규모 징집 군대를 예고하는 방식으로 전쟁을 치뤘다. 아메리카는 정치에서 그랬던 것처럼 전쟁에 관해서도 영국과는 다른 구상을 했다. 권리와 자유를 강조한 그들의 전쟁은 앙시앵 레짐의 그것과는 달랐다. 이런 차이점이 아메리카가 승리를 거둔 이유 중 하나였다.

전쟁을 성공적으로 하려면 전쟁의 목표를 명확히 선언하는 것이 필요하다. 영국은 그들이 참여한 전쟁을 완전히 이해하지 못했기 때문에 자국의 목적을 충분히 생각해내지 못했다. 특히 그중에서 가장 중요한 정치적 목적에 관해서도 명확한 생각을 가지고 있지 않았다. 그들은 아메리카가 전쟁을 지속하기 위해 만든 제도들을 파괴함으로써 식민지를 군사적으로 파괴하려고 했을까? 아니면 아메리카 군대의 효율성을 억제하면서, 국왕파에게 정치적인 통제권을 부여해 단호함과 협력의 쌍칼로 아메리카와 화해하려고 했을까? 이런 분명한 목표가 제시되지 않았기 때문에 영국군의 전략과 군사 행동은 일정치 않은 방향으로 나아갔다. 심지어 프랑스가 아메리카에 개입한 뒤에도 그런 애매한 상황은 마찬가지였다. 프랑스와의 교전은 영국이 직면했던 문제를 일부 바꿔놓았지만, 그렇다고 그들의 목표가 명확해지는 일은 없었다.

지휘, 전략, 작전의 실패는 부분적으로 정치권에서 상황 이해를 제대로 하지 못한 탓이 크다. 영국군 지휘부는 전쟁 내내 비협조적인 내각과 문제를 일으켰다. 영국은 아메리카에 훌륭한 장군들을 보내지 않았다. 콘월리스는 전투가 치열하게 전개되는 중에만 뛰어난 전략가였다. 총사령관인 윌리엄 하우와 헨리 클린턴에게는 전략적인 비전과 대담성이 부족했다. 영국 정부는 이런 장군들의 부족함을 대신 채워줄 수는 없었지만, 적어도 아메리카에 주둔하는 영국군 지휘부에 단호한 방침을 줄 수는 있었다. 정부 자체에 활력이 있었다면 아메리카에 파견한 군대에 투지와 열의를 불어넣었을 수도 있었을 것이다. 하지만 본국의 정부는 적절한 방침을 내려 부족한 장군들을 격려하는 일에 실패했다.

영국 정부는 해군 역시 제대로 활용하지 못했다. 1778년 이전에 바다는 영국이 장악하고 있었다. 프랑스의 참전 결정은 그런 상황을 바꿔놓았지만, 영국 내각은 바다에서 지닌 통제력을 행사하려는 시도조차 하지 않았다. 샌드위치 백작은 해군 병력 대부분을 본국 해안에 그대로 유지할 것을 고집했고, 그사이 상상력이 별로 풍부하지 못한 프랑스 해군은 그들 마음대로 서인도제도에서 해군력을 운영했다. 그러나 이런 상황은 1782년 서인도제도에서 영국 제독 로드니가 프랑스 제독 드 그라스에게 패배를 안기면서 막을 내렸다. 그 즈음에는 아메리카 식민지의 독립 열기가 매우 고조돼 더는 막아낼 수 없었다.

아메리카에 주둔하는 영국군 지휘부에게는 또 다른 장애물이 있었다. 총사령관들은 증원군을 구하기 힘들다는 것을 알았기 때문에 지나치게 조심하면서 전투를 최후의 수단으로만 활용해야 한다고 확신했다. 해군 지휘관들은 적을 찾는 일에 더 적극적이었다. 하지만 케펠 제독은 유럽에서 프랑스를 봉쇄하는 작전을 꺼렸고, 아메리카에 있는 아버스넛은 너무 무기력했다. 식량 부족, 고령의 병사들, 다수의 노쇠한 전함 등은 해군이 안고 있는 또 다른 문제였다.

육군이나 해군 지휘관들은 능력이 들쭉날쭉한 집단이었다. 토머스 게이지 장군은 유능했지만 전쟁 초기에 해임됐다. 그는 즉시 반란을 제압하는 엄청난 노력이 없다면 영국의 아메리카 지배력은 빠르게 감소할 것이라고 예측했는데, 내각은 이런 보고를 받고서 대비를 하는 것이 아니라 크게 놀라면서 오히려 게이지를 해임시켰다.

　많은 점에서 윌리엄 하우는 믿음직한 장군이었다. 전투에서는 용맹했으며 대다수 부하는 그를 좋아했다. 하지만 하우 장군은 직면한 문제의 본질을 파악하지 못했거나 아니면 아메리카를 동정하는 마음을 거두지 못했다. 이로 인해 하우 장군은 무기력하게 전투를 수행했다. 그에게는 활력이 부족했다. 때때로 그는 영리하게 계획을 짜지도 못했다. 브루클린 전투 이후 사기가 떨어진 워싱턴 군대를 곧바로 추격해야 했으나 통상의 방식만 따랐던 것이다. 워싱턴은 기회를 놓치지 않고 신속하게 회복했고, 병사들을 배에 태워 강을 건너 맨해튼으로 이동했다. 하우는 워싱턴이 1776년의 크리스마스에 대담하게 델라웨어강을 건너와 공격할 것이라고 예측하지 못했다. 물론 워싱턴의 작전이 기민했기 때문에 이것은 이해할 만한 측면도 있다. 하지만 뉴저지의 랄과 다른 지휘관들에게 그의 뭉그적거리는 태도가 전염된 것은 치명적인 실패였다. 당연히 그들은 워싱턴의 공격에 아무런 대비조차 하지 못했다. 1777년 7월 바닷길로 필라델피아로 이동하기로 한 하우의 결정은 최악의 실수였다. 지략이 있는 지휘관이라면 허드슨강을 올라가 잘못 구상된 작전으로 고전하는 버고인 부대와 합류했을 것이다. 물론 저메인 식민지 장관이 하우에게 상당한 작전 재량권을 주었지만, 그 권한의 행사는 타당하지 않았다. 그의 이유나 판단이 무엇이었든 간에, 1777년 그가 세운 계획은 아주 편협한 전략적 사항에 집착한 것이었다.

　헨리 클린턴은 하우보다 더 유능했을지는 모르지만, 다른 사람을 두려워하고 의심하는 기질의 소유자였다. 그로 인해 클린턴은 행동에 나서야 할 때 자제하는 모습을 보였다. 클린턴의 신통치 못한 판단 또한 그를 한자리에 안주하게 만든 원인이었다. 그는 자신에게 닥친 곤경을 과대평가하면서도 진정으로 그것을 극복하려는 노력을 하지 않았고, 1780년 찰스턴에서 애써 이룬 대승을 물거품으로 만들었다. 콘월리스 역시 이런 실패에 한몫했지만, 결국 콘월리스에게 지휘권을 맡기고 뉴욕으로 돌아간 것은 클린턴이었다. 그는 뉴욕으로 돌아가면서 전쟁 중에 자신이 보여주었던 마지막 불꽃을 소진시켰고, 그 뒤에는 콘월리스가 자유롭게 작전을 운영할 수 있도록 놓아두었다.

클린턴이 아메리카에서 지휘권을 맡게 된 순간부터 두 사람은 서로를 불편하게 생각했다. 1780년 5월까지 콘월리스는 상관인 클린턴에게 기꺼이 충성할 준비가 되어 있었는데, 클린턴은 이런 자발적인 충성을 믿지 않았다. 클린턴은 시간이 흐르면서 콘월리스를 더욱 자신의 경쟁자로 여겼고, 저메인과 내각이 콘월리스를 총사령관 후임자로 올릴 것이라고 예상했다. 콘월리스의 야심 역시 상관의 의혹에 비례해 점점 커져갔다. 찰스턴 작전에서 두 사람은 서로를 피하려고 했고, 이후 클린턴은 뉴욕으로 떠났다. 두 사람은 그때부터 서로에게 자신이 하려고 하는 일을 이해시킬 수 없었다.

클린턴은 해군 사령관인 아버스넛을 상대할 때는 더욱 난감한 모습을 보였다. 클린턴은 아버스넛을 경멸했고, 아버스넛 역시 클린턴을 별로 좋아하지 않았다. 두 사람 모두에게는 약점이 있었다. 그리고 불행하게도 아메리카에 주둔한 영국군 사이에서는 한 사람의 약점이 다른 사람의 약점을 더욱 부추기는 상승작용을 일으켰다.

설사 영국 지휘관들 사이에서 성심을 다하는 좋은 인간관계가 구축되었더라도 전쟁의 승리는 장담할 수 없었을 것이다. 하지만 좋은 관계가 형성되었더라면 육해군이 협력해 처리하기 힘든 문제를 더 효율적으로 처리했을 것이다. 장군들 사이의 협력으로 인한 가능성은 활력을 불어넣었을 터였고, 그렇게 되면 더 나아가 창의적인 생각을 내놓을 수 있었을 것이다. 하지만 겉으로 드러난 것처럼, 영국군은 질투와 불평불만으로 망가진 분위기 속에서 재래식 관례대로 전쟁을 수행했다.

지휘관들의 사기는 전쟁이 시작될 때조차도 높지 않았다. 그들 대다수는 반드시 해야 하는 일도 별로 좋아하지 않았다. 지휘관들은 아메리카 식민지인늘에게 나름의 애정을 지니고 있었고, 그들을 군사력으로 억누르는 일은 내키지 않았다. 그렇다고 그들이 반란을 인정했다는 얘기는 아니다. 대다수 지휘관은 아메리카의 반란에 경악하면서 분노했다. 그렇지만 같은 영국인까지는 아니더라도 통상적인 의미에서 적이라고 말하기에는 부족한 아메리카인을 죽여야 하는 상황은 여전히 난처했다. 이런 식의 생각을 갖고 있던 장교들, 가령 하우 형제들에게 1775년부터 일어난 사건은 끔찍한 일이었다.

아메리카인은 영국인들과 달랐다. 그들에게는 '독립의 쟁취'라는 분명한 전쟁 목표가 있었다. 이 목표는 아메리카인의 행동에 일관성을 부여해주었다. 영국의 우유부단함이 작전의 수립과 이행에 악영향을 미쳤다면, 아메리카의 확신은 좋은 영향을 미쳤다. 렉싱턴 전투 이후 아메리카의 전략은 서서히 구체화됐다. 그 목표는 군대를 유지하고, 외국으로부터 국가로 인정받고 원조를 받는 것으로 아주 뚜렷했다. 아메리카군이 진압당하지 않고 계속 무력 저항을 펼치면 결국 영국 정부도 이 두 목표를 수용할 것이라는 확신이 있었다. 이런 전략은 독립 혁명이라는 원대한 목표가 천명되고 널리 수용되지 않았더라면 지속할 수 없는 것이었다. 동일한 목표 아래에서 아메리카인들은 지속적으로 향토주의, 지방의 의심, 지나친 개인주의와 맞서 싸우며 앞으로 나아갈 수 있었다.

물론 아메리카인들도 어려움을 겪었다. 여러 번의 패배와 수년에 걸친 희생은 아메리카의 사기에 타격을 주었다. 민간인은 다양한 모습으로 싫증을 냈다. 그들은 아메리카군에 식량과 자금 원조를 해달라는 명예로운 요구를 거절하거나 그 과정에서 부당 이득을 취하기도 했고, 군복무나 정부의 요청을 회피하기도 했다. 군대는 몇 차례나 완전히 분해될 뻔했다. 하지만 1780년과 1781년에 일어났던 지속적인 탈영과 여러 연대의 반란은 적어도 정치적인 불안이나 대의에 대한 해석이 달라서 발생한 것이 아니었다. 그보다는 만성적인 결핍으로 인해 규율이 무너진 것이 원인이었다. 병사들은 봉급을 제대로 받지 못했고 굶주렸으며 거의 벌거벗었는데, 모든 것이 불확실한 상황 속에서 복무 기간만 늘어나자 반항적인 행동에 나선 것이었다.[33]

아메리카인이 수행했던 전쟁은 정치적인 목표와 수비 전략을 최우선으로 하는 전쟁으로 특정한 자질을 갖춘 지휘관을 필요로 했다. 수비 위주의 지키는 전쟁에서 인내심은 필수 사항이었고, 군대의 운용에 신중함 또한 필수 요소였다. 하지만 조심하고 기다리는 능력만으로는 충분치 않았다. 민간인에게나 병사에게나 희망을 지속시키려면 구체적인 행동을 유도해야 했다. 전쟁이 종국적으로 아메리카를 자유로운 국가로 만들어줄 것이라는 희망 말이다. 또한 풍부한 기지는 물론 뛰어난 판단력을 갖춘 장군은 때로는 무모한 용기를 발휘하며 과감한 행동에 나서기도 해야 한다. 조지 워싱턴은 바로 그런 지휘관이었다. 그는 전쟁이 진행되는 과정에서 이러한 자질은 물론이고 그 외의 훌륭한 자질도 보여주었다.

워싱턴의 판단력은 해가 가고 전쟁 경험이 쌓일수록 좋아졌다. 이 과정에서 자신감 역시 더욱 확고해졌다. 그는 전쟁이 시작됐을 때 자신의 능력이 일류가 아니기 때문에 전쟁에서 실패할지도 모른다는 걱정을 많이 했다. 이런 걱정은 자신이 신의 섭리에 따라 아메리카 군대를 지휘하게 되었다고 생각했을 때조차도 사라지지 않았다. 그러나 1년 6개월 동안 전쟁을 겪고 트렌턴과 프린스턴에서 군사적인 성공을 거둔 1776년 말이 되자 워싱턴은 훨씬 자신감 넘치는 지휘관이 되었다. 하지만 그는 오만하지 않았다. 그는 예전처럼 중요한 결정을 할 때에는 장관급 장교들과 논의를 했으나, 그 자신이 더 나은 판단을 했다고 생각했을 때에는 더 이상 그들의 조언에 휘둘리지 않았다. 가령 1776년 가을에 겪은 허드슨강의 낭패를 다시는 되풀이하지 않았다.

워싱턴은 총사령관직에 취임하면서 군대 지휘의 기술적인 측면을 중시했다. 그는 늘 병참 업무를 소상히 관리했고, 한 장소에서 다른 장소로 군을 움직이는 일이 실제로 얼마나 복잡한 일인지 즉각 알아차렸다. 워싱턴이 작성한 문서들에서 잘 드러나듯이, 이런 일을 처리하는 그의 기량은 지속적으로 향상됐고 그에 따라 참모들의 능력도 향상됐다. 그는 1776년에 브루클린에서 군대를 위험에서 벗어나게 하는 이동 작전을 수행하면서 특히 뛰어난 모습을 보여주었다. 트렌턴으로 군대를 움직인 것은 그가 대담성만큼이나 효율성도 갖추었음을 보여준다. 요크타운으로의 은밀한 행군은 그야말로 뛰어난 군사적 업적이었다. 행군에 나설 때부터 철저하게 양동작전을 펴서 적을 속였고, 대규모 병력과 대포, 보급품을 요크타운까지 적절하게 이동시켰던 것이다.

또한 워싱턴은 자신을 보좌할 사람을 선택할 때에도 현명하게 판단했다. 불행하게도 군의 모든 인사를 그가 직접 선택하지는 못했다. 대륙회의가 많은 장교를 임명할 권한을 지니고 있었기 때문이다. 대륙회의는 여러 번 현명하지 못한 인사를 단행했다. 하지만 워싱턴은 대륙회의에 훌륭한 장교들을 천거했고 점점 더 많은 인사가 워싱턴의 뜻대로 이루어지게 되었다. 특히 전쟁이 터지고 한두 해가 지난 뒤에는 그의 영향력이 더욱 커졌다. 예를 들어 남부에서 게이츠의 후임이 된 너새니얼 그린 역시 워싱턴이 대륙회의에 천거한 인물이었다. 워싱턴의 '가족'이라고 알려진 18세기의 대륙군 참모들 중에는 여러 걸출한 젊은 장교들이 있었다. 이 집단 소속의 장교는 사실상 거의 모두가 자질이 뛰어난 사람들이었다.

성공적인 지휘관은 보통 전략적인 감각을 지니고 있다. 워싱턴은 허약하고 훈련도 안 된 군대를 데리고 강력한 적과 싸울 때 생기는 문제들을 잘 알았다. 그는 어쩔 수 없이 펼쳐야 하는 수비적인 전쟁을 내심 싫어했지만 훌륭한 기량을 발휘하며 도망치는 전쟁을 계속했다. 그의 전술적인 능력 중 특히 전투 계획 수립에는 다른 점에 비해 부족한 부분이 있었다. 그가 흔히 하는 실수는 휘하 군대의 능력을 과대평가하는 계획을 세운다는 것이었다. 이런 경향은 저먼타운 전투에서 그에게 큰 대가를 치르게 했다. 그는 킵스 베이와 브랜디와인에서도 영국군에게 압도당했다. 그의 주된 전술적 기량은 집중 포화의 위기에서도 전투 상황을 명확하게 파악할 수 있는 능력에서 나왔다. 그는 휘하 군대가 엄청난 패배에 직면했을 때에도 결코 위축되지 않았다. 가령 몬머스 법원 청사의 경우에도 침착하게 대처해 위기를 넘겼다. 또한 그는 기회를 잡을 수 있는 곳에서는 주저하지 않았다. 트렌턴의 기습 작전, 그리고 더 대규모의 작전으로는 요크타운의 포위 작전에서 워싱턴은 자신의 역량을 입증했다.

이런 재능도 중요했지만, 더욱 중요했던 것은 워싱턴의 기질과 특성이었다. 독립 혁명에 대한 그의 충성심은 그를 아는 모든 사람에게 깊은 인상을 남겼고, 그것은 아메리카 사람들에게 널리 퍼졌다. 워싱턴은 인기를 추구하지도 않았고 통상적인 의미로 유명해지지도 않았다. 그는 때때로 극적이고 깜짝 놀랄 만한 행동을 하면서 사람들에게 영감을 주기도 했지만, 그보다는 강철 같은 결의, 포기하지 않는 모습, 공화주의적 자유에 대한 헌신 등이 더욱 사람들을 감동시켰다.

이런 대의는 아메리카인의 치열한 저항에 영향을 주었다. 독립 혁명 기간 중 아메리카에서 제기된 무언의 질문은 "무엇이 우리를 하나의 국민으로 결합하고 있는가?"였다. 1760년 전까지 아메리카인은 언어, 혈연, 친척, 무역, 자유, 입헌주의 등 영국인과 많은 요소를 공유했다. 독립 혁명이 발발하기 전 몇 년 동안 아메리카가 겪은 경험은 이런 유대 관계를 느슨하게 풀어놓았다. 이익은 상호적이지 않았고, 가치는 공유되지 않았으며, 공통점은 손상되거나 존재하지 않았다. 게다가 영국은 이러한 상황을 개선하는 조치를 취하지 않았다. 그렇다면 아메리카인이 자유를 손상하는 행동에 대해 저항하는 것은 필연적이었다.

결국 영국 내각과 의회의 잘못된 판단에 화가 난 아메리카인들은 봉기에 나섰다. 이후 벌어진 전쟁에서 아메리카인은 그들 사이에 깊은 유대감이 생겨났음을 깨닫게 되었다. 가장 중요한 점은 그들이 영광스러운 대의, 즉 공화주의적 자유를 수호하기 위해 모였다는 것이었다. 영광스러운 대의와 그 대의가 이해되는 방식은 아메리카의 문화의 가치를 표현해주었고, 아메리카인으로 하여금 무기를 들고 전쟁에 참가하게 했다. 전통적인 종교적 의미가 부여된 이런 문화의 언어는 그 전쟁을 실제보다 훨씬 단순하고 명쾌하게 만들었다. 역사상 전례가 별로 없는 전쟁을 맞이해 거대한 역경과 싸워야 하는 사람들에게 그런 단순 명료함은 오히려 커다란 이점으로 작용했다.

그렇다고 해서 아메리카 사람들에 관해 낭만적인 견해를 가질 필요는 없다. 그들은 자주 흔들렸으며, 때로는 워싱턴의 강철 같은 결연함에 부응하지 못하는 모습을 보였다. 하지만 결국 그들은 자신들을 이끌고 나아가는 워싱턴을 지지해주었다. 그들의 군대가 항복했다면 아메리카인은 무너졌을지도 모른다. 하지만 18세기의 영군 군대는 그들을 제압할 수 없었다. 드넓은 지역에 아주 많은 병력이 퍼져 있었을 뿐 아니라, 1764년에 위기가 시작되면서 아메리카인이 자신의 정체성을 깨달았기 때문이다. 또한 그들은 일부 전투에서 패배할 수는 있지만 결코 전쟁에서 지지 않는다는 점도 깨달았다.

헌법 제정을 향해   5

전쟁은 끝났지만 전후의 조정 작업은 쉽지 않았고
군사권, 영토권, 재정권을 두고 논쟁이 있었다.
대륙회의는 대륙군을 직접 통제하면서 통일된 군사권을 확보했지만
통화 가치를 유지하고 안정된 재정 정책을 수립하는 데 어려움을 겪었다.
전쟁으로 인한 부채를 해결하기 위해, 대륙회의는 통화조정과 관세부과
등의 조치를 시도했으나 주정부의 방해로 쉽게 이루어지지 못했다.
혁명을 주도했던 지도자들은 새로운 합의가 필요하다고 생각했고
여론 역시 정치체제 개혁을 지지하면서 헌법 제정이 중요한 문제로 떠올랐다.

아나폴리스를 찾은 워싱턴, 군사권을 대륙회의에 이양하다

1783년 12월 19일, 한 명의 카이사르가 메릴랜드의 아나폴리스에 발을 디뎠다. 어떤 이들은 그가 진정으로 카이사르가 되기를 바랐고 다른 이들은 그가 카이사르 같은 독재자가 되는 것을 두려워했다. 이 카이사르의 이름은 조지 워싱턴이었다. 워싱턴은 아주 오래전 로마를 이끌었던 카이사르가 매력적인 인물이라고 생각했지만, 그것 이상으로 공화국에 대한 신념을 지니고 있었다. 아나폴리스에서 대륙회의에 출두한 워싱턴은 8년 전 받아들였던 대륙군의 지휘권을 조건 없이 반납했다.

워싱턴은 직접 아나폴리스를 찾지 않을 수도 있었다. 총사령관직에서 사직한다는 편지를 보내 지휘권을 반납하는 방법도 있었기 때문이

아나폴리스 주 의사당 메릴랜드주에 위치한 아나폴리스는 1783년부터 1784년까지 미국의 임시 수도로, 주 의사당에서 대륙회의가 열렸다.

다. 하지만 이 방식은 무미건조했다. 워싱턴의 사임은 이렇게 넘어가기에는 너무나 극적이고 중요한 사건이었다. 워싱턴은 이제 막 발을 뗀 공화국이 자신의 이념을 확실하게 공표할 사건을 필요로 한다는 사실을 이해하고 있었다. 아직 채 가시지 않은 군주제와 군국주의의 어둠을 몰아내기 위해서라도 상징적인 사건이 필요했다. 워싱턴은 총사령관직을 사직하면서 미합중국이라는 새로운 나라의 정체성을 재확인하고자 했다. 미합중국에서 가장 큰 권력을 가진 기관은 민중의 의견을 대변하는 의회였다. 군대는 의회에 종속돼야 했다.

워싱턴이 내린 결정을 이해하기 위해서는 1783년 초 일부 대륙군 장교들이 쿠데타를 모의했다는 사실에 주목해야 한다. 그해 3월, 뉴욕주 뉴버그에서 대륙회의의 몇몇 인사에게 사주를 받은 소수 장교들이 쿠데타를 모의했다. 이 장교들은 전쟁에 대한 보상이 충분치 않다고 생각했다. 봉급이 몇 달째 지급되지 않는 데다 대륙회의에서 연금 지급까지 반대하기 시작했던 것이다. 이를 계기로 장교들은 분노가 폭발했다. 대륙회의 안팎에 포진한 은밀한 소규모 집단은 이와 같은 장교들의 불만이 미합중국 전역에 퍼져 있다는 것을 알았고 이를 이용해 각 주에 대한 대륙회의의 영향력을 키우려 했다. 각 주에서 쿠데타 준비가 어느 정도 진척되었는지는 분명하지 않다. 사실 쿠데타를 준비했던 이들이나 그것을 사주했던 이들도 쿠데타가 무엇을 의미하는지 어떻게 진행되고 있는지 알지 못했을 것이다. 장교들은 그들이 이용당하고 있다는 것을 깨닫지 못했고, 대륙회의가 자리잡은 필라델피아의 일부 고위 관리들은 그런 계략이 얼마나 위험한지 모르고 있었다. 이 필라델피아의 모사꾼들은 로버트 모리스와 알렉산더 해밀턴을 그들 편이라고 생각했다. 뉴버그의 쿠데타 준비 장교들은 호레이쇼 게이츠에게 공감을 얻었지만 지지를 받지 못했던 것으로 보인다.[1]

장교들은 권력보다는 돈을 원했다. 워싱턴은 장교들의 입장을 이해하고 있었다. 그는 불만이 늘어나는 장교들을 달래려면 보조금 지급이 필요하다며 대륙회의를 열심히 설득했다. 워싱턴은 일부 장교들이 군대를 동원해 지역 정부를 무너뜨리려 한다는 사실을 다소 늦게 알아차렸지만, 상황을 파악하자마자 장교들을 직접 만나 타이르기 시작했다. 뉴버그에서 장교들과 대

워싱턴의 뉴버그 연설문 조지 워싱턴은 1783년 3월 15일 뉴버그 연설에서 군 장교들에게 정부에 적대적인 군사행동을 하지 말라고 호소했다.

면해 문민정부를 상대로 어떤 군사적인 행동도 해서는 안 된다는 점을 분명하게 밝혔던 것이다. 그는 독립 혁명이 위태로운 상황에 처했다고 지적하면서 장교들에게 이렇게 촉구했다. "제군은 조국에 가졌던 믿음을 잃지 마라. 대륙회의의 순수한 의도를 믿어야 한다. 제군에게 간청한다. 제군은 신성한 영예를 소중히 여기고, 인간의 권리를 존중하며, 미합중국의 군사적, 국가적 특성을 존중해야 한다. 만약 허울뿐인 주장을 하며 조국의 자유를 전복하고, 사악하게도 시민들 간의 불화를 조장하며, 떠오르는 조국에 다시 피를 뿌리려는 자들이 있다면, 우리는 조국의 이름으로 그들을 몰아낼 수밖에 없을 것이다."[2]

총사령관이 사심 없는 마음으로 호소하자 뉴버그 군인들은 분노를 가라앉혔다. 쿠데타의 위협이 잦아들면서 민간 정부의 존립을 흔드는 최악의 사태는 벌어지지 않았다. 하지만 워싱턴과 대륙회의의 인사들은 여전히 불안한 마음을 감출 수 없었다. 바로 이러한 불안감이 그해 12월 워싱턴이 직접 사직서를 제출하기 위해 아나폴리스로 향하게 된 계기였다.[3]

워싱턴은 아나폴리스에서 감동스러운 장면을 연출했다. 12월 23일, 대륙회의의 의원들은 워싱턴이 사직서를 제출하러 온다는 사실을 알고 회의장에 모여 있었다. 정오가 되자 워싱턴 장군은 의원들과 아나폴리스의 유력가들로 가득 찬 회의장에 모습을 드러냈다. 총무가 그의 이름을 불렀고, 이어 그는 의장과 마주보는 자리에 앉았다. 군중이 잠잠해지자 미플린 의장은 다음과 같이 말했다. "의원 여러분께서는 인사받을 준비를 하십시오." 이 말을 듣자마자 워싱턴이 일어나 대륙회의 의원들에게 고개를 숙였다. 의원들은 모자를 벗기는 했지만 고개를 숙이지는 않았다. 현장에서 지켜본 이들에 따르면, 워싱턴의 연설에 많은 사람이 눈물을 흘렸다고 한다. 워싱턴 본인도 감회에 젖었다. 그는 연설하는 내내 연설문을 붙잡고 몸을 떨었다. 자신의 보좌관과 아끼는 휘하 군인 '가족'들에 관해 말할 때는 양손으로 연설문을 꽉 움켜잡고 잠시 말을 멈추기도 했다. 하지만 그의 가장 깊은 소회는 그 뒤 순간에 분명하게 드러났다. "전지전능한 하느님의 보호를 받는 소중한 조국의 이익과, 그분의 신성한 보호를 받는 사람들"에 찬사를 보낼 때, 그는 목소리를 더듬거리며 거의 말을 잇지 못했다. 그는 간신히 힘을 내서 마지막 말을 마쳤다.

"제게 부여된 일을 끝마친 지금, 저는 이 위대한 작전의 무대에서 내려오고자 합니다. 그리고 오랫동안 저에게 명령을 내려온 이 장엄한 기관에 애정을 담아 작별을 고합니다. 여기서 저는 사직서를 제출

사임하는 조지 워싱턴 1783년 조지 워싱턴은 아나폴리스에서 대륙군의 총사령관직을 사임하고 군 지휘권을 대륙회의에 반납했다.

하고 모든 공직에서 떠나고자 합니다." [4]

워싱턴의 연설이 끝나자 대륙회의를 대신해 미플린이 답사를 했다. 미플린의 답사는 유려한 문장으로 가득 차 있었고 이 사건이 상징하는 바가 무엇인지를 정확하게 담아내고 있었다. 이 답사는 토머스 제퍼슨이 작성한 것이었다. 제퍼슨은 미플린의 입을 빌려 지난 8년 동안 총사령관과 대륙회의가 맺었던 관계를 이렇게 정리했다.

"총사령관께서는 모든 참사와 격변 속에서도 문민정부의 권리를 변함없이 존중하면서 지혜와 불굴의 정신을 발휘해 전쟁을 훌륭히 수행하셨습니다." [5]

혼란스러운 전후의 영토 조정 작업

아메리카인들은 오랫동안 군대가 의심스러운 조직이라고 믿어왔고, 대륙회의는 이러한 전통에서 크게 벗어나 있지 않았다. 독립 혁명 기간 동안 대륙회의가 군대를 전적으로 신뢰한 적은 거의 없었다. 대륙군과 워싱턴의 활약으로 전쟁을 승리로 이끌고 동원된 군대를 해산하는 시점에 이르렀을 때에도 대륙회의는 참전용사들이 천하고 인색한 자들에 지나지 않는다는 태도를 보였다.

여전히 군대에 봉급이 지급되지 않고 있었으며, 많은 군인이 무일푼으로 민간인의 삶으로 돌아갈지도 모른다고 생각했다. 특히 장교들은 자신에 대한 처우가 너무하다고 느꼈다. 전쟁이 끝나기 3년 전, 대륙회의는 장교들에게 당시 봉급의 절반에 해당하는 연금을 평생 지급하겠다고 약속했다. 하지만 대륙회의는 점점 처음의 약속으로부터 멀어졌다. 연금이라는 유럽의 방식을 공화국에 도입하는 것은 부적절할 뿐만 아니라 사리 분별이 없는 낭비라고 주장하면서였다. 뉴버그 음모가 진행되던 무렵, 겁을 먹었던 대륙회의는 평생 지급하는 연금 대신 5년 치 봉급을 일시불로 지급하겠다는 방침을 마련했다. 이후 세 달 동안 아직도 봉급을 받지 못한 대다수의 군인은 일시 해직이 되거나 아니면 제대를 했다. 갓 탄생한 공화국의 우려스러운 시기가 그런 식으로 지나갔다.[6]

하지만 이에 못지않은 위험한 시기가 다가오고 있었다. 국가 부채와 부족한 세입이 최악의 상황으로 치닫고 있었던 것이다. 당시의 국가 부채 규모가 어느 정도였는지는 충분히 밝혀지지 않았다. 당시 국가 부채는 두 종류로 구분되었다. 하나는 '변제된 부채'고 다른 하나는 '변제되지 않은 부채'였다. '변제된 부채'는 비교적 정확하게 계산될 수 있었다. 이 유형의 채무는 군대에 지급할 봉급, 공채 모집소 증권과 외국채의 원금과 이자 등을 포함했다. 거래가 다양한 통화로, 그것도 평가절하된 상태로 이루어져 계산하기가 쉽지는 않았지만 공신력이 있었기 때문에 부채 규모를 가늠하는 것이 불가능하지는 않았다. 반면, '변제되지 않은 부채'의 규모를 산출하는 것은 불가능에 가까웠다. 이 유형의 채무는 민간인과 주 정부에게 빌린 돈, 재화, 서비스에 해당하는 것이었다. 이러한 채무에 관한 증거는 늘 불충분했다. 객관적 증명서 외에도 잃어버리거나 손상된 증명서를 근거로 하는 주장, 그보다 더욱 불확실한 구두口頭 증언 등이 해당 채권의 증거로 제시됐다.[7]

해마다 중앙정부가 수지를 맞추기 위해 필요한 액수가 어느 정도였는지 또한 알려지지 않았다. 가장 설득력 있는 추정치에 따르면, 1783년 초 군인들의 봉급, 대출 이자, 하루하루 투입되는 운영 경비를 맞추려면 약 300만 달러가 필요했다. 평화조약의 소식이 들려왔기 때문에 전시戰時처럼 징발을 통해 이 액수를 맞추는 것은 불가능했다. 이러한 상황을 극복하기 위해 로버트 모리스, 알렉산더 해밀턴, 제임스 매디슨 같은 연방주의자들은 수입품에 5퍼센트의 관세를 매겨야 한다고 주장했다. 대륙회의에 과세권이 없었기 때문에 관세는 중앙정부의 예산을 확보할 수 있는 몇 안 되는 길이었다. 하지만 1781년 첫 관세 부과 시도는 실패했다. 평화조약 이후 중앙 권력에 대한 의혹이 다시 생겨났고, 내륙회의는 4월 세입 활용을 엄중하게 제약하는 법안을 통과시켰다. 물론 각 주가 이 법안에 동의해야 법률적 효력을 가질 수 있었다. 1783년 다시 한 번 관세를 부과하려는 시도가 있었다. 당시의 제안은 관세의 집행시기를 25년으로 제한했다. 세입은 오로지 부채 청산을 위해서만 사용될 예정이었고, 각 주는 징수관을 지정하는 권한을 가질 터였다.

이후 2년 동안, 대륙회의는 각 주들이 막 통과된 관세 법안을 승인할 것이라고 기대했다. 9개 주는 법안이 통과되고 얼마 지나지 않아 관세를 승인했지만, 1786년이 될 때까지 뉴욕과 펜실베이니아는 승인을 거부했다. 뉴욕의 경우 법령을 승인하기는 했지만 원안을 무력하게 만드는 조건을 붙였고, 대륙회의가 이러한 조치에 반대하면서 관세 법안은 무효화됐다. 펜실베이니아 역시 원래 법안에 엄격한 조건을 덧붙였는데, 이는 뉴욕을 모방한 것이었다. 1787년이 되자 모든 주에서 관세가 만장일치로 승인될 것이라는 희망은 사라졌다.[8] 관세 법령이 실패로 돌아가자 대륙회의의 연방주의자들은 실망감을 감추지 못했다.

대륙회의는 전쟁이 끝난 뒤 아메리카 영토를 다시 정립하는 데에도

1783년 북미대륙 영토 상황 1783년 아메리카 독립 당시 북미대륙의 대부분은 스페인과 영국의 식민지였고, 경계선이 불명확해 아메리카는 영토 경계선을 정립하는 데 어려움을 겪었다.

어려움을 겪었다. 미합중국이 영국과 맺은 평화조약은 불명확한 부분이 있었고, 스페인 등 다른 나라들은 이 조약을 완전히 존중할 마음이 없었다. 우선, 아메리카 서부에서 주권을 확실히 수립하려는 대륙회의의 조치는 시작부터 장애물에 봉착했다. 원칙적으로 서부의 광대한 땅은 평화조약에 의해 미합중국에 이양됐다. 하지만 영국군은 5대호를 따라 모피 교역이 이루어지는 요충지를 계속 장악하고 있었다. 평화조약은 이 지역의 교역과 토지에 대한 영국의 권리에 관해 명시적으로 언급하지 않았고, 영국은 계속해서 모피 교역을 이어갔다.

오하이오강 남쪽, 즉 미시시피강 동쪽 영역도 마찬가지로 미합중국의 통제에서 벗어나 있었다. 이 지역은 평화조약에 의거해 미국의 영토가 되었지만, 스페인은 영국과 미국의 합의를 따를 마음이 없었다. 평화조약이 체결된 다음 해, 스페인은 아메리카 탐사를 위해 미시시피강 하부로 접근했다. 스페인은 나중에 켄터키와 테네시가 되는 이 지역의 정착민이 미합중국 시민권을 포기하고 스페인에 편입될 것을 예상하거나 적어도 희망했다. 그래야 뉴올리언스를 통해 여러 사업을 벌일 수 있기 때문이었다. 스페인은 이 지역이 미합중국에서 아예 분리될 가능성도 없지는 않다고 생각했다. 그곳의 정착민이 대륙회의와 동부가 자신들을 무시한다고 여겼기 때문이다.[9]

남서부에서 민심 이반 소식이 점차 들려오자, 대륙회의는 로버트 리빙스턴 후임으로 외무장관을 맡고 있던 존 제이에게 스페인의 돈 디에고 데 가르도키Don Diego de Gardoqui와 조약에 관한 협상에 나서라고 지시했다. 가르도키는 미시시피강의 폐쇄를 승인하라고 대륙회의를 압박하고 있었다. 제이가 받은 지시는 버지니아의 제임스 먼로James Monroe가 위원장인 외교 위원회가 작성한 것이었다. 먼로는 스페인의 요구를 받아들일 마음이 없었고, 영토를 지키기 위해서는 남서부 사람들을 달래는 것이 급선무라고 생각했다. 그와 외교 위원회는 제이에게 영국과 맺은 평화조약이 아메리카의 이해관계를 정확히 대변한다는 상식에 입각해 행동하라고 지시했다. 따라서 제이는 '영국과의 평화조약으로 확립된 자국 영토 안에서 미합중국이 지닌 권리, 즉 수원水源부터 바다까지 미시시피강을 자유롭게 탐사할 수 있는 권리'를 요구해야 했다. 가르도키는 미시시피강 동쪽 영토와 강에 대한 독점적인 탐사 권리가 스페인에 있음을 강력하게 주장했다. 제이는 스페인이 입장을 바꿀 가능성이 거의 없다고 판단되자, 스페인의 입장을 받아들일 필요가 있다고 생각했다. 가르도키는 미합중국이 스페인의 권리가 타당하다는 것을 인정한다면 통상조약에 합의하겠다고 주장했다.

비록 스페인이 통상조약에서 제공할 것은 별로 없었지만, 제이는 미시시피강 탐사에 관해 세부적으로 논하기보다는 통상조약에 관해 적극적으로 이야기를 나누고 싶어 했다. 그는 협상을 오래 끌지 않고 사실상 가르도키가 내세운 조건으로 통상조약에 동의했다. 다른 동부인들처럼 제이는 서부의 성장을 우려했다. 그는 서부의 발전이 해안에 위치한 동부의 희생을 필요로 하며, 동부에게는 스페인과의 통상조약이 더 우선이라고 믿었다. 따라서 제이는 대륙회의에 협상의 상황을 설명하면서 스페인과 대결하게 될 경우 프랑스가 미합중국에 적대적으로 나올 가능성이 아주 크다고 주장했다.

제이의 행동을 면밀하게 지켜보던 먼로는 그가 상부의 지시에 따라 행동하지 않는다고 판단했다. 이후 제이는 미합중국의 미시시피 탐사권을 최소 25년 동안 포기한다는 조약에 동의할 수 있는 새로운 권한

루퍼스 킹(왼쪽)과 제임스 먼로(오른쪽) 매사추세츠 대표인 킹은 동부의 이권을 지키기 위해 스페인과 통상 조약 맺기를 지지했으나, 버지니아 대표인 먼로는 서부를 희생할 수 없다며 반대했다.

을 자신에게 부여해달라고 요청했고, 먼로는 이것으로 제이의 지시 위반을 확신했다. 먼로는 대륙회의에서 제이의 요청에 반대했지만, 동시에 동부의 이익을 보호하려는 뉴잉글랜드와 뉴욕의 동료들을 적으로 돌리지 않기 위해 노력했다. 매사추세츠의 루퍼스 킹Rufus King은 특히 먼로의 조치에 반감을 품었다. 이에 맞서 먼로는 킹이 통상조약에 호의적이며 미시시피강에서 서부를 배제하려는 일에도 호의적이라고 비판하면서 다음과 같이 말했다.

"킹 선생께서는 뉴욕의 자산가 여성과 결혼하셨으니 관여하고 계신 동부의 어업 시장을 지키고 모호크강과 허드슨강 남쪽, 즉 미 서부의 상업을 소외시키고 싶겠지요?"

먼로가 킹의 사적인 사업 상황을 어떻게 확신했는지는 모르지만, 킹은 실제로 동부의 어업을 지키기 위해 서부를 희생시키는 한이 있어도 스페인과 통상조약을 맺어야 한다고 생각했다. 킹은 1786년 8월 엘브리지 게리 Elbridge Gerry에게 쓴 편지에서 이렇게 말했다.

"우리나라에 가장 호의적인 나라가 스페인 아닌가? 스페인이 우리에게 호의적이기 때문에 우리의 생선을 포함해 우리가 그들을 상대로 파는 모든 물건이 팔리는 걸세. 경솔한 자들이 플로리다 북부 경계 아래쪽 미시시피강을 탐사하는 일에 몰두하면서 스페인과의 관계를 악화시키고 있네. 우리를 곤란에 빠뜨리면서 말이야. 그들이 성공하게 되면 더 이상 스페인 정부로부터 호의를 기대할 수 없게 될 걸세. 미국의 어업은 영국과 프랑스라는 강력한 경쟁자를 두고 있네. 스페인과 분란에 빠진다면 우리는 발전을 기대할 수 없을 것이야." [10]

킹과 먼로는 동부와 서부라는 각 지역의 이해관계를 대변했다. 두 세력은 스페인과의 조약을 둘러싸고 대륙회의에서 벌어진 논쟁에서 서로 첨예하게 부딪혔다. 당시 대륙회의에는 동부의 입장을 대변하는 7개 주―델라웨어는 당시 대표가 없었다―와 서부와 남부의 입장을 대변하는 5개 주가 대표를 두고 있었다. 동부 주들이 수적으로 우위에 있었지만, 연합헌장에 따라 외국과의 조약은 9개 주가 동의해야 체결할 수 있었다. 따라서 어느 한쪽의 입장대로 스페인과 조약을 맺을 가능성은 없었다. 킹을 비롯한 동부인들은 서부를 희생해 동부의 상업적 이익을 챙기려는 조약을 먼로를 비롯한 남부인들이 막으려 한다고 생각했다. 반대로 먼로는 미 북부에 위치한 동부 주들이 개별적인 연합을 구성하려는 음모를 계획 중이라고 확신하게 되었다. [11]

양 집단 간의 불신은 제이가 가르도키와의 협상을 중단한 지 한참 뒤까지 나아지지 않았다. 제이는 남부 주 대표들이 보인 격렬한 반응에 충격을 받았다. 언제 투표를 하고 조약을 승인할지에 관한 질문이 대륙회의에서 제기되었을 때, 제이는 일이 허사로 돌아갔음을 깨달았다. 아메리카인의 미시시피강 침입을 차단하고 스페인의 강 탐사권을 인정하는 조약은 불가능하게 되었다. 그리고 대륙회의 대표들 사이에 분노와 의심이 더욱 깊어져 앞으로 양측의 협력을 기대하기는 더욱 힘들어질 것으로 보였다.

대륙회의는 평화조약 이후에 한 가지 큰 성공을 거두었다. 그들은 서부에 정착지와 주 정부를 세우기 위한 준비 작업을 했다. 이 작업에는 상충하는 이해관계를 조정하는 과정이 뒤따랐지만, 내륙회의 덕분에 조정이 가능했다. 그들은 모든 사람에게 공통으로 존재하는 강력하고 충동적인 물욕을 솜씨 좋게 다루었다. 또한 제이와 가르도키의 협상으로 분위기가 험악해지기 전에, 이미 서부의 문제를 처리하는 작업에 착수했다. 버지니아는 1784년 3월 1일에 17세기 칙허장으로 소유하고 있던 오하이오 북서쪽 영역을 이양했고, 대륙회의가 이를 받아들여 그 지역이 미합중국의 국토로 성립됐다.

버지니아는 1781년 북서부를 이양하려고 했지만, 미합중국 전역은 그것을 썩 달갑게 여기지 않았다. 해당 영역에서 인디언에게서 땅을 구입했거나 영국으로부터 땅을 받았을 경우에는 "전적으로 효력이 없다"고 버지니아가 조건을 붙였기 때문이다. 다른 주에 있는 최소 3개의 부동산 회사들이 기존의 효력을 인정해달라고 했지만, 버지니아는 그들의 요구를 거부했다. 따라서 일리노이-와바쉬, 밴달리아, 인디애나 같은 회사들은 대륙회의에 버지니아의 이양 제안을 거부하라고 촉구하며 대응에 나섰다.[12]

올드 노스웨스트에서 자기 몫을 바라던 다른 이들도 있었다. 병사들은 군복무의 보상으로 그곳의 땅을 불하받아야 한다고 주장했다.

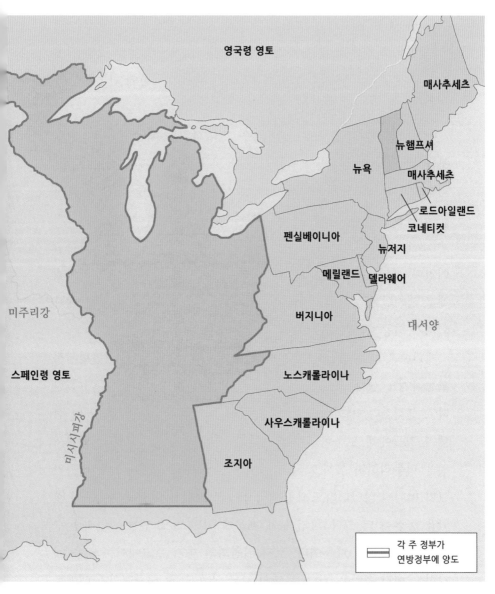

영국령 영토

매사추세츠

뉴햄프셔

매사추세츠

뉴욕

로드아일랜드

코네티컷

뉴저지

펜실베이니아

메릴랜드　델라웨어

미주리강

버지니아

대서양

스페인령 영토

노스캐롤라이나

미시시피강

사우스캐롤라이나

조지아

각 주 정부가
연방정부에 양도

주 정부가 양도한 영토 1782년부터 1802년까지 각 주 정부는 서부 영토의 권리를 미합중국 연방정부에 양도했다.

다른 주 출신의 한 부대는 올드 노스웨스트에 식민지를 만들고 식민지 주민으로 병사들을 보낼 것을 촉구했다. 조지 워싱턴도 독립 전쟁에서 희생을 감수한 병사들이 보상받기를 원했기 때문에 한동안 그런 제안을 지지하기도 했다.

버지니아의 이양을 받아들인 직후, 대륙회의는 해당 영토에 주 정부를 세우려고 했다. 이 계획을 주도한 것은 토머스 제퍼슨이었다. 제퍼슨은 이전 공화국과 비슷한 형태로 서부에 새로운 주들을 확립하자는 법령을 제안했다. 새로운 주 정부는 어느 정도 기간을 거친 뒤 기존 13개 주와 같은 지위로 연방에 참가해야 한다는 게 제퍼슨의 주장이었다. 제퍼슨은 자신이 발의한 법령의 조항을 "기존 13개 주와 이제 새로 생겨날 주들 사이의 근본적인 조건"이라고 했고, 이 표현은 대륙회의가 최종 승인한 법령에 포함됐다.[13]

제퍼슨은 대륙회의가 새로운 땅의 처리를 위해 설립한 위원회에서 활동하기도 했다. 그는 서부의 땅을 팔지 말고 정착민에게 주어야 한다고 생각했다. 제퍼슨은 늘 자유농의 입지를 중요하게 여겼고 이 선택이 그들에게 도움이 되기를 바랐다. 나중에 제퍼슨은 위원회에서 일을 마무리하지 못하고 외교 임무를 받아 유럽으로 떠났다. 하지만 그가 떠나지 않았더라도 대륙회의가 그의 고결한 희망을 들어주지 않았을 공산이 더 크다. 국가 부채 때문에 어떤 땅도 무상으로 내줄 수 없는 상황이었기 때문이다. 토지 위원회의 초기 보고에서는 땅을 매각하고 생긴 수익은 "국가 부채의 원금 상환 같은, 대륙회의가 때때로 지시하는 취약한 부분에 활용될 것이며, 그 외에 어떤 다른 목적으로도 사용될 수 없다"고 선언했다.[14]

대륙회의는 1785년 5월 서부 땅의 판매를 규정하는 법령을 승인했다. 1785년의 법령은 땅은 15.5제곱킬로미터의 군구郡區로 나뉜다고 명시했다. 각 군구는 2.5제곱킬로미터의 36개 영역으로 구성됐다. 땅이 측량된 뒤에는 공매를 진행했는데, 1에이커당 정금正金으로 1달러 이상의 금액에 판매됐다. 대금은 미국에서 발행한 다양한 증권으로도 지급할 수 있었다. 토지 판매 법령에서는 참전 용사에게 약속한 보상용 땅을 따로 마련하게 했고, 각 군구마다 공립학교를 세우기 위한 16개 부지를 따로 확보하게 했다. 미합중국은 각 군구에서 4개의 부지를 자동적으로 보유했고, 새로 개발한 땅에서 추후 발견되는 금, 은, 동 3분의 1을 가져갈 자격을 얻었다.[15]

측량이 거의 즉시 시작됐지만, 토지 판매 법령은 당초 의도처럼 집행되지 못했다. 법령의 중지를 촉구하고 나선 투기꾼들 때문이었다. 투기꾼들을 주동했던 것은 보스턴의 토지회사 오하이오였다. 이 회사를 이끌던 사람은 군목을 지낸 마나세 커틀러Manasseh Cutler 목사였다. 그는 대륙회의 의장인 아서 세인트클레어Arther St. Clair를 회사의 사장으로 앉히는 선견지명을 발휘했다. 커틀러의 노련한 솜씨와 매우 능숙한 로비에 설득당한 대륙회의는 오하이오 회사가 측량되지 않은 땅에서 넓은 지역을 구매하는 것을 허락했다. 미합중국의 증권도 받아주는 대금 지급 방식은 오하이오 회사에게 특히 유리했다. 대륙회의는 증권에 적힌 액면가를 그대로 인정했는데, 해당 증권은 시장에서 1달러당 10센트에 팔리고 있었다.[16]

오하이오 회사는 대규모로 땅을 사들였다. 이 회사보다는 야심이 덜했지만 불법 토지 점거자들은 이 회사보다는 야심이 덜했지만, 전체적으로 질서정연한 정착 계획을 망치고 있었다. 땅을 갈망한 이들은 땅을 가진 인디언에게 증오심을 품고 있었다. 두 집단이 만나면 소규모 전투가 벌어졌고, 때로는 전투의 확산을 막기 위해 미국 군대가 개입하기도 했다.

이런 거친 방법으로 올드 노스웨스트 지역이 불법 토지 점지자들로 채워지고 있었다. 1784년 법령은 준주準州의 단계에서 자치할 것을 지시했지만, 참사만 가져왔다. 대륙회의는 투기꾼들이 서부에서 벌이는 야만적인 모습에 경악했고, 끊임없는 소요 사태로 토지 소유권이 위태로운 상태에 있다고 주장하는 토지회사의 말을 믿었다. 그래서 대륙회의는 기존 법령을 철회하고 소위 노스웨스트 법령이라고 불리는 새로운 법령을 1787년에 통과시켰다. 이 법령은 해당 지역의 통제권

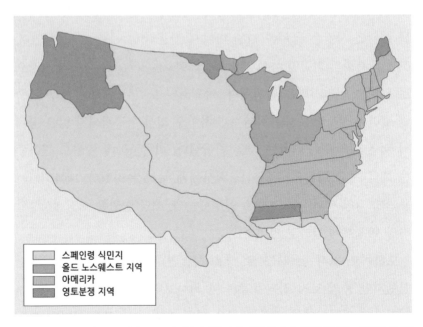

올드 노스웨스트 지역 대륙회의는 1783년 영국과 맺은 파리조약을 통해 이 지역을 획득했고 1787년 공표된 노스웨스트 법령에서 해당 지역의 통제권을 대륙회의가 가지고 있다고 명시했다.

을 정착자가 아닌 대륙회의가 보유한다고 명시했다. 준주의 공무원 선발 방식은 지역 자체 선발에서 대륙회의의 지명 방식으로 바뀌었다. 그리하여 올드 노스웨스트의 완전한 자치는 준주에서 주로 승격되기 전까지 허용되지 않았다.[17]

재정권을 둘러싼 주 정부와 대륙회의의 갈등

대륙회의가 통과시킨 토지 정책은 효과적이었고 공로를 인정받을 만 했다. 하지만 당시에는 정책이 어떤 방향으로 귀결될지 확실치 않았다. 오히려 1786년에는 위기감이 만연했다. 아메리카인들은 새로운 국가의 재정과 상업정책에 환멸을 느꼈고 공화주의적 제도가 과연 적절한 것인지 의심을 품기 시작했다. 의심의 대부분은 물론 대륙회의 그 자체를 둘러싼 것이었다. 반대로 강경파 연방주의자들은 지방 기관의 타당성에 대해서 우려했다. 특히 주 의회와 그들이 수립하는 공공정책에 걱정스러운 눈길을 보냈다. 이런 분위기에서 일부 아메리카인은 독립 혁명과 그 결실인 공화정이 조만간 파괴될지도 모른다는 두려움을 느꼈다.

국가 재정에 관한 우려는 경제에 관한 우려로 확산됐다. 1780년 전의 상당 기간 동안 무역이 쇠퇴했는데, 이에 관해 사적인 자리에서는 물론이고 신문, 대륙회의에서도 불평이 빗발쳤다. 흔히 있는 일이지만, 대중의 지각은 현실을 제대로 인식하지 못한다. 그렇다면 경제적인 현실은 어땠을까? 정량화할 자료가 부족하다는 점을 감안하면 정확하게 산출하는 것은 불가능하다. 하지만 미합중국의 경제가 전쟁의 피해를 빠르게 회복하면서 성장하고 있었다는 것은 분명하다. 영국이 점령한 서인도제도로 아메리카의 배가 나아갈 수 없어 무역에 다소 차질이 있었지만, 중부 대서양 연안에 위치한 주들의 경기는 빠르게 살아나고 있었다. 펜실베이니아, 델라웨어, 뉴저지, 뉴욕같은 주들은 오래전부터 서인도제도 등 해외 시장에 내놓을 농작물을 생산해왔지만, 이제 국내 시장에 팔기 위한 맥주, 흑맥주, 위스키의 원료인 곡식과 같은 농산품들을 생산하기 시작했다. 또한 그들은 남부에 판매할 가공품도 생산하기 시작했다.[18]

쫌 더 북쪽의 뉴잉글랜드 지방은 회복세가 더뎠다. 뉴잉글랜드 지방 사람들이 영국 시장, 특히 서인도제도에 대구와 경유를 수출했으나 전쟁 때문에 악영향을 받았다. 물론 영국령 서인도제도의 항구에 들어가는 것도 불가능했다. 하지만 1786년이 되자 대구를 잡던 어부들의 매출은 전쟁 전의 80퍼센트까지 회복됐다. 그들은 프랑스령 서인도제도와 스페인, 포르투갈 항구에 진출함으로써 그런 성과를 올렸다.[19]

남부 주들은 다방면으로 시도했지만 쉽게 경제를 회복시키지 못했다. 아메리카가 독립을 선언했을 때, 쌀을 생산하던 지역은 영국의 보조금을 받지 못하게 되었다. 전쟁 뒤에는 인디고 생산량이 감소했다. 따라서 캐롤라이나의 농장주들은 대체로 힘든 나날을 보냈다. 체서피크의 담배는 이제 직접 유럽 대륙으로 선적될 수 있었고, 실제로 그렇게 되었다. 전쟁 발발 직전 해에 비해 1780년대 유럽으로 수출되는 버지니아 담배 양은 그에 미치지 못했지만, 그래도 완전히 회복하기까지 얼마 남지 않은 상태였다. 독립 혁명보다 한 세대 또는 그 이전에 시작된 밀, 옥수수, 아마씨를 키우려는 시도 또한 계속됐다.[20]

해외 무역은 전반적으로 상당히 원만하게 활기를 되찾았다. 영국령 서인도제도의 출입이 제한돼 상업 활동에 제약이 있기는 했지만, 다른 곳에서 아메리카의 선박은 환영받았다. 비록 영국은 아메리카인을 서인도제도에서 쫓아냈지만, 본국의 항구들에서는 예전 식민지인에게 해주던 것과 똑같은 조건으로 거래가 진행됐다. 아메리카의 운송업자들은 다른 영국 식민지와 같은 관세를 지불했고 마찬가지로 그들과 같은 관세 환급을 받았다.

이런 환경에서 1780년대 아메리카에서 생산된 상품들은 높은 가격을 유지했다. 특히 담배와 밀이 고가였다. 따라서 해당 상품을 수출하는 주들은 수익을 낼 수 있었다. 하지만 곡식을 수입했던 뉴잉글랜드 지역의 주들과 사우스캐롤라이나 주는 세계의 잘 사는 나라들과 동일한 수준의 높은 가격을 지불하는 데 어려움을 겪었다.

수입 초과 상황이 벌어지고 유럽의 기준에 맞추다 보니 아메리카 대부분에서 물가가 떨어졌다. 하지만 국가 부채는 여전히 많았고, 대륙회의와 각 주들은 이를 처리하기 위해 분투했다. 국가 부채와 무역 적자에 따른 정금正金의 해외 유출은 교역을 부진하게 하고 회복세를 늦추었다.[21]

객관적인 관찰자에게 1780년대 경제 회복은 유망할 뿐만 아니라 인상적이었을 수도 있다. 하지만 당시 아메리카의 경제적 상황은 암울해 보였다. 물가는 떨어지고, 공사 간의 부채가 모두 엄청나며, 무역 규제는 혼란스러웠다. 아메리카인은 자연스럽게 그 당시 체감하는 단기적 조건들과 환경으로 경제의 전망을 판단했다. 그들은 장기적인 비교를 할 수 없었다. 만약 그랬다면 그들의 불안감은 좀 더 줄어들었을 것이다.

1780년대 모든 아메리카인이 경제에 대해 불안을 느꼈는지는 알 수 없다. 마찬가지로 독립 혁명이 무언가 잘못됐다고 믿는 분위기가 얼마나 만연했는지 명확히 밝히는 것도 불가능하다. 하지만 국가정책에 대해 불안감이 있었다는 것은 분명하다. 이런 분위기는 대륙회의나 주 의회에만 국한되지 않았다. 미합중국 전역의 신문들은 거의 매주 그들의 미덕과 공화주의가 처한 암울한 상황과 위험에 대해 글을 썼다. 목사들은 안식일에 같은 주제로 설교했고, 공공 정신이 강한 시민은 아메리카의 상황에 관한 소책자를 만들거나 시를 썼다. 공개적인 문서에다 자신의 의견을 말하기를 꺼리는 많은 사람은 사적인 편지에서 공화국의 현재 상황이 암울하다고 적었다.[22]

상당히 널리 퍼져 있던 불안감은 곧 대륙회의에 대한 불만으로 이어졌다. 사람들은 대륙회의의 존재 자체에 대해 회의감을 표했고, 대륙회의의 업무 수행과 나태함을 비난했다. 바로 이러한 비난이 1780년대에 일어난 정체政體 개혁 운동의 계기가 되었다.

사실 독립 전쟁이 종결되기 전부터, 대륙회의는 점차 권위와 민중의 신뢰를 잃고 쇠퇴하기 시작했다. 전쟁이 발발하자 대륙회의는 군대를 설립하고 유지하는 방법을 찾아냈다. 하지만 1년도 지나지 않아 전쟁에 말려든 모든 정부들이 빠지는 문제에 봉착했다. 바로 자금을 모을 방법이었다. 물론 대륙회의는 독립 혁명보다 한참 전에 시행되던 통화 금융에 의존했다. 정부는 독립 혁명 전 필요한 만큼 돈을 찍어내고 그 돈으로 각종 비용을 충당했다. 계획 없이 일을 추진했던 것은 아니었지만 그들은 무절제한 화폐 발행이 가져올 결과, 즉 화폐 가치의 급락에 대해 깊게 생각하지 못했다.

대륙회의는 새로운 통화를 발행하던 당시에, 상환 대책으로 세금을 그 통화로 대납할 수 있게 함으로써 사람들의 지지를 받았다. 이는 통화가 너무 많이 유통되지 않도록 회수 방안을 마련해두는 방책이었고, 사람들은 이 대책으로 인해 새로운 화폐를 신뢰하게 되었다. 이에 더해 대륙회의는 세금 지급뿐만 아니라 사적 채무의 변제도 이 통화로 가능하게 했다. 하지만 새로운 화폐의 가치를 보전하기 위한 대륙회의의 대책은 완벽하지 않았다. 사람들이 정부가 세금을 거두어들일 능력이 없다고 판단한다면 자동적으로 화폐 가치가 떨어질 수 있었기 때문이다. 세금 회수가 어려워지면 통화의 회수가 힘들어질 것이고, 이는 사람들에게 화폐의 가치가 유지될 수 없다는 신호를 줌으로써 가치가 더욱 떨어지도록 할 터였다.[23]

실제로 독립 혁명이 시작되고 얼마 지나지 않아 대륙회의의 세금 회수 능력은 아메리카인의 신뢰를 잃게 되었다. 대륙회의는 1775년에 600만 달러의 화폐를 발행했고, 다음 해 말에는 2500만 달러까지 발행액을 늘렸다. 독립 혁명 동안 대륙회의는 다 합쳐서 약 2억 달러의 화폐를 발행했다. 그런데 대륙회의에는 과세권이 없었다. 따라서 세금을 통해 통화를 회수하는 작업은 각 주에 맡겨졌다. 각 주는 통화를 회수하는 데에는 성공했지만, 곧바로 이 통화를 다시 시장에 풀어야 했다. 재정적으로 어려웠던 주 정부 자신이 이 통화를 사용해야 했기 때문이다. 게다가 주 정부가 스스로 새로운 화폐를 만들 수도 있었기 때문에 시중에 풀리는 총 화폐의 양은 더 급증하게 되었다.[24]

너무 많은 돈이 풀렸기 때문에 어쩔 수 없이 1776년 초부터 화폐의 가치가 급락하기 시작했다. 이에 더해 전쟁에 패배하거나 승리할 것이라는 대중의 예측도 통화 가치에 부정적인 영향을 미쳤다. 예컨대, 영국군 하우 장군이 11월에 워싱턴을 펜실베이니아와 뉴저지에서 몰아낼 준비를 할 때, 대중은 아메리카 정부가 부채를 청산하기 힘들어

대륙회의가 발행한 20달러 화폐
1776년 초부터 대륙화폐의 가치가 급락해서 "대륙화폐만 못하다not worth a continental"라는 말이 유행할 정도였다.

질 것이라고 생각하게 되었다.

    대륙회의는 1778년에 발행된 4100만 달러가량의 화폐가 위조된 것이라고 선언하며 해당 통화를 가진 사람들에게 그 돈과 국채를 교환할 수 있는 기회를 주겠다고 했다. 이런 일을 겪으면서, 대륙회의 자신도 부채 청산을 자신하기가 쉽지 않았다. 이 교환 전략은 실제로는 일반 대중이 정부에 돈을 빌려주도록 강제하는 수단이었다. 하지만 '위조' 지폐를 가진 사람들은 이런 국채 교환 의무를 회피했는데, 이는 대륙회의에 대한 그들의 믿음이 크게 약해졌음을 보여준다.[25]

    설상가상으로 대륙회의는 1779년 말에 책임감 있게 행동하려다가 최악의 일격을 맞게 되었다. 대륙회의는 그해 9월에 앞으로 유통 중인 통화가 총 2억 달러에 이르게 되면 더 이상 화폐 발행을 하지 않기로 결정했다. 이 결정을 내릴 때 약 1억 6000만 달러가 이미 발행된 상태였다. 전쟁 수행 자금이 절박하게 필요한 상태였지만, 이제 통화 발행 중단 시기는 고작 몇 주 앞으로 다가왔다.[26]

    대륙회의의 자금 고갈로 인해 주들은 1779년 말에 특정 보급품을 제공했고, 1780년 초에는 상품을 대규모로 징발했다. 얼마 지나지 않아 대륙회의는 주들에 대륙군 군인의 봉급을 지급하라는 짐을 떠안겼다. 따라서 각 주는 정규군 병사들에게 봉급을 지급해야 했다. 대륙회의는 자금 공급이라는 문제를 해결하기 위해 극단적인 수단에 의존했다. 그들은 1780년 3월에 통화의 액면가를 40분의 1로 낮추는 재평가를 함으로써 사실상 유통 중인 모든 통화를 거부했다. 대륙회의는 새로운 통화의 발행도 거부했고, 이전 통화의 회수와 새로운 통화의 발행을 각 주에게 떠넘겼다. 따라서 공공 재정과 그에 부수된 상당한 권력이 각 주의 권한으로 넘어갔다.[27]

이런 조치들 중 일부는 가혹했지만 도움이 될 가능성이 있었고, 더 나아가 인플레이션과 대중의 사기 저하를 미리 방지할 수도 있었다. 그렇지만 해당 조치들은 의도한 효과를 내지 못했다. 서로 양립할 수 없는 조치들이 취해졌기 때문이다. 대륙회의와 각 주가 군대를 먹이고 유지하기 위한 보급품 조달 방식 때문에 통화 2억 달러를 회수한다는 계획은 엉망진창이 되었다. 주의 관리들과 대륙회의의 병참부 장교들은 1779년부터 군대에 넘길 식량과 의복을 징발했다. 그들은 채권을 발행해 강제 징발된 보급품에 대한 대가를 향후에 지급한다고 약속했다. 하지만 채권을 갖고 있다고 이자를 지급받을 수 있는 것이 아니었으므로 채권 소유자들은 채권을 얼른 처분하기 위해 세금을 채권으로 받아주는 주에 그것을 보냈다. 그러는 동안에도 이전 통화는 계속 유통되었고 회수는 더디게 되었다. 각 주는 1781년 6월이 되어서야 3000만 달러가 조금 넘는 이전 통화를 회수했을 뿐이다.[28]

대륙회의는 부채를 상환하는 과정에서도 주들에 권력을 넘겨줘야 했다. 1781년 로드아일랜드가 새로운 관세 조치를 거부하면서 수입품에 관세를 매겨서 국가 채무를 해결한다는 희망이 무너지자, 대륙회의는 다시 한 번 같은 시도를 하기로 의결했다. 2년 뒤 대륙회의는 더 복잡한 제안을 전달했다. 관세를 받는 것은 물론 다른 세금도 받겠다는 것이었다. 여러 주는 즉시 승인했지만, 대륙회의는 또 한 번 모든 주의 만장일치를 받아내지는 못했다. 대륙회의는 각 주의 승인을 기다리면서 각 주에 징발에 나설 것을 촉구했다. 일부는 그에 따랐지만, 대륙회의가 요청한 만큼 징발하는 데 성공한 주는 드물었고 대륙회의가 기대한 것만큼 금화나 은화와 같은 정금이 많이 걷히지 못했다.

징발은 실패했다. 하지만 대륙회의는 1782년 10월부터 1785년 9월이 될 때까지도 각 주들이 징발 조치를 따라줄 것을 기다리며 새로운 요청을 하지 않았다. 헛된 기다림이었다. 1785년 이후 대륙회의는 프랑스가 빌려준 돈에 대한 이자 지급을 중지했고, 1787년에는 원금 전부를 상환할 수 없다는 것을 깨달았다. 아메리카의 채권자들 역시 대륙회의로부터 원리금을 지급받지 못했다. 그들은 지급 시기를 미룰 생각이 없었기 때문에 대륙회의에 이자와 원금을 지불하라고 강력하게 촉구했고, 나아가 주 정부에게 자신의 처지에 대해 하소연했다. 주들은 1782년 초 원리금을 대신 갚아줬다. 펜실베이니아는 그해에 채권 증서를 발행하고, 세금 대신 그 채권을 받아주기로 했고, 다른 주도 곧 이 방식을 따랐다. 모든 주가 부채를 줄이는 조치를 취했다. 예를 들면 버지니아는 1782년과 1785년 사이에 채권으로 300만 달러 이상을 모아 부채를 줄였다.[29]

대륙회의가 공공 재정을 다시 통제하려면 관세를 부과할 수 있어야 했다. 1786년까지 9개 주가 대륙회의의 조치를 승인했지만, 나머지 여러 주는 혹독한 조건을 붙이는 방식으로 사실상의 거부 의사를 표했다. 주들이 관세를 두고 장난을 치면서 아메리카의 실권을 들어쥐는 것을 가만히 지켜볼 수 없었던 대륙회의는 새로운 방책을 마련했다. 대륙회의는 1784년에 특별한 증서의 발행을 승인했다. 이 증서는 대륙회의가 주에게 빌렸던 돈의 이자를 갚는 데 활용하는 동시에 주 정부가 대륙회의가 청구한 비용을 지불하는 데 활용될 수도 있는 어음이었다. 이러한 계획에 따라 대륙회의는 각 주에 관료를 보내 이 증서로 국채의 이자를 밀리지 않고 갚도록 지시했다. 이 방식으로 1782년까지 지불해야 할 이자를 갚을 계획이었다. 대륙회의는 주 정부가 이 증서를 통해 대륙회의에 세금을 납부할 수 있게 했고, 할당된 징발 분량 중 일부를 낼 수도 있게 허가했다.[30]

하지만 이 치밀한 계획은 시행 즉시 붕괴됐다. 공채 모집관은 하명받은 지시를 무시했다. 그들은 대륙회의의 일정을 따르지 않고 자신들의 편의에 맞춰 증서를 발행했다. 주들은 연방정부의 공채 모집관만큼이나 대륙회의의 말을 듣지 않았다. 그들은 자체 지급 방침을 따

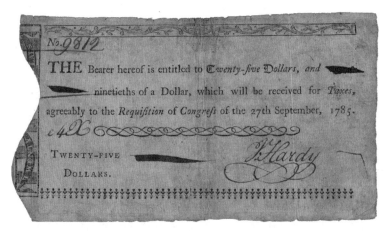

대륙회의가 발행한 특별 증서 대륙회의는 통화를 회수하기 위해 특별 증서를 발행했으나 각 주 정부와 공채 모집관이 대륙회의의 계획을 따르지 않아 실패했다.

랐다. 주들은 지시된 계획도 무시하고 다음 해 이자를 처리하려고 증서를 앞당겨 활용했다. 어쨌든 시끄러운 채권자들도 그들의 시민이었기 때문이다. 각 주는 증서를 받지 않았고, 자기 주 거주민에게만 지급을 해주었으며, 징발 요구 시 대륙회의에 정금을 내기를 거절했다. 이런 거부는 충분히 이해하고 옹호할 만한 것이었다. 현찰정금이 드물었기 때문에, 주들은 대륙회의가 시민에게 돌려준다는 보증이 없는 상황에서 정금을 내주기를 꺼릴 수밖에 없었다.[31]

대륙회의는 1787년에 공공 재정 분야에서 자신들이 실패했음을 인정했고, 예전의 요구 사항을 모두 철회하면서 각 주가 원하는 방식대로 부채를 처리할 수 있게 해주었다. 이리하여 전권을 갖게 된 주들은 통화 금융에 관해 예전 식민지에서 쓰던 방식에 점점 의존하게 되었다. 1788년에는 최소 7개 주가 화폐를 발행하고 있었다.

역사가들이 '연방주의자'라고 부르는 여러 사람은 권력이 대륙회의에서 주들로 넘어가는 상황을 불편하게 지켜보았다. 그들은 연방정부의 권한을 확대하는 일에 몰두했을 뿐만 아니라 사실상 그런 목적을 가진 당파까지 구성했다. 그 당파는, 여러 역사가의 해석에 따르면, 연합헌장을 폐지하고 그 대신 13개 주의 주권을 하나의 중앙정부에 이양하는 헌법으로 대체하려고 했다. 이 당파의 지도자는 로버트 모리스로 1780년부터 모습을 드러냈다. 그는 전쟁 중 3년 동안 훌륭한 성과를 남기고서 2년 전에 대륙회의를 떠난 부유한 필라델피아 상인이었다. 모리스와 소수의 친구 및 사업 동료는 강력한 중앙정부를 지지했지만, 그들은 느슨한 당파를 구성했다. 이 무리의 지도자 역할은 아주 자연스럽게 거대한 부와 사업 및 행정적 기량을 지닌 모리스에게 넘어갔다. 1781년, 그는 이런 비공식적인 자질에 힘입어 재무감으로

임명됐다.[32]

재무감은 대륙회의가 아주 큰 권위를 부여한 중요 보직이었다. 재무감은 대륙회의의 공공 재정 관리업무와 관련해 거의 모든 일을 담당했다. 심지어 공금을 다루는 관료까지 해고할 수 있었다. 모리스는 이러한 재무감의 권력이 꼭 필요한 것이라고 주장했다. 그는 겸손한 사람이 아니었고 권력욕도 대단했기 때문에, 대륙회의는 모리스를 그 자리에 앉히기 전 주저하기도 했다. 하지만 모리스가 대륙회의에 근무하게 되자, 그는 권력욕 외에도 자신에게 재능이 있다는 점을 보여주었다. 그는 비밀 무역 위원회를 이끌었고, 해당 업무를 처리하는 과정에서 인상적인 재능을 보여주었다. 사실상 공무를 맡은 다른 모든 상인이 그랬던 것처럼, 그 역시도 자신의 직책을 활용해 개인적 수익을 올리기를 주저하지 않았다. 상인들은 공익과 사익의 차이를 이해했고, 그 당시의 행동 규범이 개인의 이득을 위해 공직을 활용하는 것을 용납하지 않는다는 점도 알았다. 하지만 상인들은 자주 자신의 사업과 공무를 구분하지 않았다. 모리스는 때로 자신의 자금이 부족할 때 정부자금을 가져다 쓰기도 했다. 그는 도둑이 아니었고 부정직하지도 않았다. 하지만 때때로 대륙회의 지위를 악용했다. 그는 자신이 통상적 절차를 따랐고, 실제로도 공직자들이 그들의 보직에 '사적인 권리'가 포함되어 있다고 믿는 풍토를 들

로버트 모리스(1720~1788) 상인이자 정치가로 대륙회의 재무감을 역임했으며, 강력한 중앙정부가 재정을 총괄해야 한다고 주장했다.

이대며 자신의 행동을 정당화했다. 많은 경우에 공무원의 행동 규범은 그리 까다롭지 않았다. 모리스는 그런 규범을 철저히 지키지도 않았지만 그렇다고 해서 자신의 사익만 챙기려고도 하지 않았다. 어쨌든 그는 나라에 도움을 주고자 했다. 하지만 자신의 그런 행동 때문에 일반 대중이 공공 재정을 운영하는 사람들을 점점 의심하게 되었다는 사실을 알지 못했다.[33]

모리스는 대륙회의와 같은 중앙권력체가 재정을 총괄하는 권력을 확보해야만 징제의 개혁이 이루어질 수 있다고 보았다. 연합헌장은 대륙회의의 과세권을 제한하고 있었다. 연합에 참여한 주들은 과세 권한이 곧 주권임을 알고 있었기 때문에, 그것을 자신들의 권한으로만 남겨두고자 했다. 하지만 1780년에 대륙회의의 재정이 위태로워지자 대륙회의 대표 대다수는 안정적인 세입을 보장할 수 있는 과세 권한이 대륙회의에게도 필요하다는 주장에 동의했다. 세입이 없이는 대륙회의가 채권자에게 변제를 약속한 다양한 채무 증서들이 계속 평가 절하될 터였다. 또한 영국이 아메리카의 독립을 인정할 때까지 아메리카 군대에 물자를 보급하고 독립 전쟁을 유지하는 문제도 점점 어려워지고 있었기 때문에 이 문제도 심각하게 고려하지 않을 수 없었다.

따라서 모리스와 그의 친구들은 그들이 생각한 혁명의 목표, 즉 사유재산의 보호와 재력가들이 주도하는 정치질서를 확립하기 위해서 중앙권력체의 재정권이 증진돼야 한다고 믿었다. 공공 재정을 안정시킴으로써 질서를 유지할 수 있다는 것이었다. 전쟁은 그들에게 많은 것을 알려주었다. 주권이 13개로 갈라진 국가는 무질서하고 효과적이지 못했다. 군대가 독립을 위해 분투하고 있는 와중에 주 정부가 자기 멋대로 사소한 이익을 위해 골몰하는 상황은 모리스를 불쾌하게 했다. 또한 모리스는 주 정부들이 전적으로 옛 방식에 의존해 재정정책을 펼친다는 사실에 놀랐다. 오래된 방식은 새로운 방식과 조화를 이루지 못했다. 전쟁 이후로 펼쳐질 새로운 경제 사업들, 즉 대규모 사업, 국제금융, 은행업, 투기 등은 이전 방식으로는 감당할 수 없는 유형의 것들이었다. 정치적 중앙집권화만이 새로운 경제에 대응할 수 있었다.

1781년에 취임해 1784년 11월에 사임하기 직전까지, 모리스는 대륙회의의 권한을 크게 확대시키기 위해 세심하게, 때로는 무모하게 일을 추진해나갔다. 그는 관세 문제에 특별한 관심을 기울였다. 연합헌장이 요구하는 대로 모든 주가 관세를 승인하도록 밀어붙이기 위해 그와 해밀턴과 다른 이들은 뉴버그의 육군 장교들을 조종해 대륙회의와 주들을 위압할 수 있는 조직으로 만들고자 했다. 이 방법은 실패했지만, 모리스는 대륙회의로 하여금 부채 중 일부를 주 정부가 부담하게 해야 한다고 믿게 하는 데 성공했다. 그는 전쟁으로 인한 부채를 갚는 것이 국가의 의무라고 여겼고, 따라서 부채를 갚기 위해 과세하는 것은 대륙회의의 권한이 될 수 있다고 주장했다. 모리스는 올바른 재정정책을 수립하는 데에는 대부분 성공했지만, 정치적 싸움에서는 자주 패배했다. 그는 군대에 물자를 보급하기 위해 입찰 계약의 체계를 세웠고, 상당한 연방 재정을 합리적으로 운영했다. 또한 모리스는 부하 관료들을 임명해 대륙회의와 자신에게 보고하도록 했다. 하지만 이러한 행정체제는 전쟁이 끝나면서 위태로워졌다. 모리스의 정치적 목적을 위해서라면 워싱턴 군대가 요크타운에서 승리하는 것보다 패배하는 것이 훨씬 더 나았을 것이다.[34]

평화조약이 체결되면서 모리스에게는 실망감만 쌓였다. 주 정부들은 정금을 모아달라는 그의 요구를 거절했고, 그의 관리들을 부패시켰다. 더 나아가 각 주는 부채를 청산하는 일을 통째로 인수해갔다. 최악이었던 점은 한때 관세 부과가 금방이라도 승인될 것처럼 보였지만 결국 무위로 돌아갔다는 것이었다. 모리스는 1783년 말까지 할 수 있는 수단을 다 동원해보았지만 아무 소용이 없었다. 그는 1784년 11월 1일까지 재무감 자리에 남았으나, 강력한 중앙정부를 만들겠다는 그의 노력은 결실을 맺지 못했다.[35]

모리스가 사임했음에도 정체 개혁을 위한 움식임은 사라지지 않았다. 대륙회의는 주들이 만장일치로 관세를 승인할 것이라는 헛된 희망을 품고 2년을 허비했지만, 어쨌든 중앙정부의 권력을 강화하는 방법은 하나만 있는 것이 아니었다. 이 시기에 주 정부 회의를 개최해 대륙회의에 추가 권한을 부여할 수도 있다는 논의가 표면화되었고, 대륙회의에 통상권, 특히 주들 사이의 무역을 규제하는 권한을 주자는 주장이 제기됐다. 모든 대표가 이 주장에 동의한 것은 아니었고, 모두가 통상 규제권을 대륙회의에 부여하는 것을 선호하지도 않았다. 제퍼슨과 매디슨은 대륙회의가 조약을 체결하는 권한을 통해 주들 사이의 통상을 규제하는 권한을 적법하게 획득하리라고 생각했다. 하지만 그들은 대륙회의에 이런 해석을 납득시키지 못했다. 만약 납득시켰더라면 주들 사이의 투쟁은 지속적인 보복전의 양상을 띠었을 것이다.[36]

대륙회의의 관점에서 보면 공화정의 미래는 실제보다 훨씬 절망적으로 보였을 것이다. 그런 좌절과 무기력은 종종 의기소침으로 이어졌다. 1785년의 대륙회의는 아주 무기력했으며, 심한 좌절감을 느끼고 있었다.

아메리카의 활력은 지난 20년 동안 늘 그랬던 것처럼 지방, 즉 주들에서 나타났다. 메릴랜드와 버지니아의 교섭 위원들은 1785년 3월에 마운트버넌에서 만나 포토맥강의 탐사를 두고서 오랫동안 지속된 의견 차이를 정리했다. 이 회합에서 도출한 합의는 일련의 타협을 거쳐 나온 현명한 사익 추구의 모델이 되었다. 버지니아는 포토맥강에서 특권을 얻은 대가로 메릴랜드가 체서피크만에서 특권을 갖는 것을 받아들였다.[37]

제임스 매디슨은 이 회합의 성공을 보고서 각 주가 더 큰 규모로 모이는 주 정부 회의에서도 상호 이익이 명백한 협동 정신을 발휘할 수 있으며, 대륙회의에 통상 규제 권한을 부여할 수 있다고 확신했다. 또한 매디슨은 바로 지금이 통상 규제권과 대륙회의의 과세권을 함께 묶어서 논의해야 할 적기라고 생각했다. 어쨌든 그는 그해 11월에 대담하게 버지니아 하원으로 가서 대륙회의의 버지니아 대표단에게 이런 지시를 내리라고 제안했다. "대륙회의가 통상을 규제하고 거기서부터 세입을 얻을 수 있도록 주 정부 회의가 인가해야 한다. 버지니아 대표들은 이런 내용을 연방의 주들에 권고해야 한다." 매디슨은 변화를 바라보는 동료들의 성향을 오판했을지도 모른다. 또는 그가 비교적 적은 대륙회의 권한으로 만족하려고 이런 제안을 했을 수도 있다. 즉, 세입을 거둘 수는 없는, 그저 통상을 규제하는 권한만 갖게 하려는 의도였을 수도 있다. 이 경우 적은 것을 얻으려면 먼저 그보다 더 많은 것을 요구하는 것이 전략적으로 바람직했다. 실제로 그는 거의 성과를 거두지 못했다. 하지만 버지니아 하원은 1786년 1월에 주 정부 회의에서 "통상의 규제에서 단일 체계가 그들의 공익과 영구적인 조화에 어느 정도 필요할지 고려하자고" 촉구하는 데에 동의했다.[38]

곧 각 주에 회합 초청 연락이 갔고, 1786년 9월 11일 뉴욕, 뉴저지, 펜실베이니아, 델라웨어, 버지니아 5개 주 대표단이 메릴랜드의 아나폴리스에서 만났다. 주 정부 회의의 주최자인 메릴랜드의 입법부는 이번 회합이 이미 허약한 대륙회의를 더 허약하게 만들 것을 우려해 대표단 임명을 거부했다. 매사추세츠, 뉴햄프셔, 로드아일랜드, 노스캐롤라이나 대표단은 제시간에 도착하지 못했다. 몇몇 주는 저명한 사람을 대표로 지정했다. 뉴욕주는 알렉산더 해밀턴을, 델라웨어는 존 디킨슨을, 버지니아는 제임스 매디슨과 에드먼드 랜돌프Edmund Randolph를 지명했다. 뉴저지 대표단은 통상 규제 외에 '다른 중요한 문제들'을 고려하라는 권한을 부여받고 도착했다. 뉴저지는 폭넓은 정체의 개혁을 염두에 두고 있었고, 실제로 매디슨과 해밀턴도 헌법 문제에 관심이 많았다. 다만 고작 5개 주만 모인 주 정부 회의에서 성과를 기대할 수 없다는 것을 모두가 알고 있었다. 하지만 이 회의는 모든 주에 1787년 5월 "연방의 상황을 고려하고, 연방에 닥친 긴급 사태에 알맞은 연방 정부의 구조를 만드는 데 필요한 더 나은 대책을 고안하기 위한" 회의에 참석할 교섭위원들을 지명하라고 요구했다. 이것이 이 회의의 성과라면 성과였다.[39]

한편, 이 소식과는 아주 다른 부류의 소식이 거의 동시에 모든 주에 전해졌다. 바로 매사추세츠 중부와 서부에서 무장 봉기가 일어났다는 것이었다. 주도자인 대니얼 셰이즈Daniel Shays의 이름을 따 셰이즈의 반란이라고 불린 이 봉기는 농부들이 일으켰다. 반란자 대다수는 충실하고 훌륭한 사람들이었으며, 많은 사람이 매사추세츠주의 가혹한 재정정책에 심한 고통을 느껴 봉기에 나선 참전 용사들이었다. 1780년대 초부터 동부 상인들과 그들의 지지자들이 좌지우지하던 주 의회는

세금 징수원을 공격하는 셰이즈 1786년 대니얼 셰이즈는 무거운 세금에 항의해 퇴역 군인과 농부들을 이끌고 셰이즈의 반란을 일으켰다.

매사추세츠의 부채를 액면가에 가깝게 지급하고 법정 통화를 폐지하면서 무거운 직접세를 걷었다. 그러면서도 주 의회는 신용 제도와 조세 구조를 개혁하려는 거의 모든 시도를 거부했다. 1786년 초 이런 일련의 정책은 절정에 달했다. 매사추세츠주 의회는 부채 이자를 지급하기 위해 세금을 늘렸고—채권 대부분은 동부 사람들이 가지고 있었다—대륙회의의 징발에 응하기로 결의하기까지 했다. 이런 조치들은 6년 동안 매사추세츠의 서부 지역을 동요시켰고, 맨 마지막 조치 때문에 결국 빚에 허덕이는 농부들의 폭동이 일어났다. 농부들은 지불 능력을 넘어서는 부채와 세금 때문에 재산을 압수당하는 것을 막기 위해 무장 봉기에 나섰다.[40]

매사추세츠주는 몇 달에 걸쳐 반란을 진압했지만, 이 반란으로 인해 여론이 바뀌고 있었다. 여론은 정체의 개혁을 지지하는 방향으로 움직였다. 하지만 정체 개혁이 어느 정도로 또 어떤 방식으로 이루어질지는 불확실했다. 1787년 2월 21일에 대륙회의는 헌법제정회의의 소집에 찬성하는 결의안을 승인함으로써, 변화를 요청하는 시대적 흐름에 올라탔다. 헌법제정회의는 1787년 5월에 필라델피아에서 개최될 예정이었다.

1780년대
두 번 태어난 사람의
자녀들

6

1780년대는 중앙정부에 충분한 권한을 부여하려는 움직임과
중앙집권에 맞서 지역의 권력을 지키려는 움직임이 충돌한 시기였다.
연합헌장의 작성과 주 헌법의 비준으로 이어지는 일련의 과정에서
명확히 드러난 것은 연합회의가 실효성 있는 중앙정부가 되는 데
실패했다는 사실이었다. 아메리카인들은 전제적 권력이 다시 출현하는 것을
무엇보다 경계했고, 미합중국은 강력한 군주제로 둘러싸인 세계정세에서
홀로 분열된 국가로 남게 될 위험에 처했다.

중앙정부에 권한을 부여하는 데 실패한 연합규약

1760년대 아메리카의 엘리트 계층은 영국을 상대로 투쟁을 시작했고, 사람들은 이를 따랐다. 이제 엘리트들은 정체 개혁을 위해 움직이기 시작했다. 사람들은 이를 다시 따라올 것인가? 1780년대 사람들은 독립 전쟁 이전과 독립 전쟁 동안의 사람들과 다른가? 정체 개혁을 지지한 매디슨, 워싱턴, 해밀턴, 그리고 다른 이들은 이런 질문에 어떻게 대답해야 할지를 몰랐다. 그것은 다른 이들도 마찬가지였다. 평화조약과 헌법제정회의 사이의 세월 동안, 국가 지도자들은 아메리카 사람들이 어떤 선택을 할지 몰라 항상 불안해했다.

독립 전쟁이 시작된 1765년과 제헌회의가 처음 열린 1787년 사이에 많은 것이 변했다. 1765년에 아메리카 사람들은 하나의 인민으로 묶일 수 없었고 그들 사이에 어떤 공통점이 존재한다는 것만을 어렴풋이 느끼고 있었다. 1787년이 되자 그들은 그 공통점이 무엇인지 표현할 수 있었다. 그것은 자유와 대의정부representative government에 대한 애착이었다. 1787년보다 훨씬 전 그들은 스스로 연방을 형성했다. 연방의 중앙 기구에 힘은 없었지만 적어도 연방 그 자체는 존속됐다. 게다가 사람들에게는 전쟁에서 싸워 승리했다는 짧지만 영광스러운 역사가 있었다. 이 역사는 1780년대 사람들을 20년 전 사람들과 하나의 인민으로 묶어냈다.

1780년대 아메리카인은 그들이 신의 섭리에 의해 훌륭한 행동을 하도록 선택된 사람들이라고 믿었다. 그들은 선택되었고, 그들이 전쟁에서 거둔 승리와 독립의 성취는 그들의 소명 의식이 가치 있는 것임을 증명했다. 어떤 이들은 이런 신념을 다른 이들보다 더 깊이 느끼고 있었다. 이런 사람들은 주로 뉴잉글랜드 지역에 살았고, 회중교회 신자인 경우가 많았다. 버지니아에도 이러한 선민의식이 높은 사람들이 많았다. 심지어 영국국교회에 나가 온화한 신부의 강론을 듣는 농장주들도 그런 신념을 갖고 있었다. 이 신념은 복음주의자들과 열성적인 신자들, 그리고 많은 장로교 신자들과 침례교 신자들 사이에도 널리 퍼져 있었다. 아메리카에서 신의 섭리가 작용했다는 것을 느끼지 못하는 사람들도 분명 있었지만, 1780년대가 되면서 이전에는 무심했던 많은 사람도 마음 깊은 곳으로부터 국가에 대한 자부심이 용솟음치는 것을 느꼈다.

하지만 이와 같은 내셔널리즘이 아메리카인의 전통적인 가치를 모두 담아낼 수 있었던 것은 아니다. 사실 자신들을 하나의 민족으로 자각하는 것과는 별개로, 아메리카인은 여전히 자유에 대한 관심이 높았다. 자유는 훨씬 오래된 가치였고, 각 지역의 제도와 긴밀하게 연결돼 있었다. 다시 말해 아메리카인은 연방만큼이나 각 주와도 굳게 이어져 있었다.

1760년대와 1770년대 아메리카인은 전쟁의 원칙에는 동의했지만, 전쟁을 실행하는 방안에 대해서는 쉽게 동의하지 못했다.[1] 그럼에도 1774년 대륙회의를 구성함으로써 전쟁을 조직하는 단일한 컨트롤타워를 만들려고 했다. 각 지역의 대표가 대륙회의와 이후의 중앙조직에 계속 파견되면서 연방 차원의 제도가 자리를 잡기 시작했다. 대륙회의의 권한은 1781년 3월 '연합과 영속적 연방에 관한 규약'이 비준되기 전까지 공식적으로 규정되지 않았지만, 대륙회의는 전쟁 기간 동안 명실상부한 지도 조직의 역할을 맡았다.

주들이 대륙회의를 만들었지만, 대륙회의 역시 주들을 이끄는 책임을 지고 있었다. 대륙회의는 군대를 창설하고 해외로 대사를 보내 프랑스와 동맹을 맺었다. 또한 통화를 발행하고 자금을 빌렸으며 각 주로부터 자금을 징발했다. 대륙회의는 상황적인 필요성과 각 주의 묵인을 바탕으로 명확하게 규정된 권위도 없는 상태에서 이 모든 일뿐만 아니라 다른 더 많은 일을 해냈다.

하지만 대륙회의가 할 수 없는 것도 많았다. 특히 세금을 거두어들이고 통상을 규제하는 일은 매우 힘들었다. 개인과 주 내부의 기관들에 직접적인 영향을 가할 수도 없었다. 대륙회의의 일부 대표들은 더 많은 권력을 주장하며 필요한 경우 대륙회의가 시민을 직접 제한할 수 있어야 한다고 주장했다. 대륙회의 자신도 때때로 각 주에 강압적인 힘을 보여주려 했다. 예컨대 대륙회의는 1776년에 군대 병사를 모집하기 위해 땅을 입대 보상으로 지급하라고 각 주에 권고했다. 메릴랜드는 이를 거부했는데, 그러자 대륙회의는 어떤 주도 대륙회의의 지시를 무시할 수 없다고 주장했다. 이런 주장에 메릴랜드가 다시 한 번 반발하자 대륙회의는 물러설 수밖에 없었다. 이 사건과 거의 동시에, 대륙회의는 주가 그런 요청을 하지도 않았음에도 델라웨어에서 국왕파의 활동을 근절하는 책임을 스스로 떠맡으려고 했다. 대륙회의는 전쟁 발발 첫 2년 동안 책임을 지려는 여러 움직임을 보였지만, 여전히 13개 주를 통제하는 권력은 가지고 있지 않았다. 대륙회의와 각 주의 상호 관계는 전쟁 초기만 해도 애매한 상태로 남았다.[2]

이런 애매한 상황은 각 주가 스스로 주의 헌법을 만들면서 사라지기 시작했다. 이 헌법은 주 정부의 틀을 세우고 주 정부가 행사하는 권력을 규정했다. 또한 권리장전에 따라 시민을 보호할 것을 분명하게 밝혔다. 주들의 이런 행동으로 대륙회의는 불안정해지고 움츠러들게 되었고, 정상적인 정부가 행사하는 권한 중 상당수가 제한된 상태에서 전쟁을 치르게 되었다. 어느 때에도 뚜렷하지 않았던 대륙회의의 권력은 주들이 헌법 제정에 나섬으로써 더욱 애매한 상태가 되었다.

주들이 그런 행동에 나서기 훨씬 전에도 대륙회의의 권위는 충분치 않았고, 대륙회의의 인사들은 권위를 확보하기 위해 다양한 노력을 기울였다. 대륙회의의 의원이었던 벤저민 프랭클린과 사일러스 딘은 각각 대륙회의의 위임도 없이 1775년에 연합 초안을 작성했다. 바로 그다음 해 대륙회의는 독립 선언에 관해 논의했고, 주들의 연합에 관한 계획을 맡은 위원회가 초안을 작성했다. 그 뒤 대륙회의의 수정을 거쳐 이 초안은 연합규약이 되었다.

대륙회의는 1777년 11월까지 이 위원회의 초안을 받아들이지 않았다. 대륙회의가 승인한 안은 여러 중요한 면에서 1776년 위원회가 작성한 안과 달랐다. 결국 위원회는 존 디킨슨이 작성한 초안을 수정했다.

디킨슨은 연합의 문제를 해결하기 위해 대륙회의에 큰 권력을 부여할 것을 권고했다. 그리고 동시에 주들의 권력을 축소해야 한다고 주장했다. 그의 계획에 따르면, 대륙회의는 주들의 강제적인 구속력을 통제하는 것을 포함해 다양한 방법으로 주들에 개입할 수 있어야 했다. 반면에 주들은 대륙회의의 행동에 개입해서는 안 되었다. 디킨슨은 이와 관련해 위원회를 설득한 것으로 보인다. 왜냐하면 그 초안은 국가 대부분의 권력을 대륙회의에게 부여하고자 했기 때문이다.

위원회가 보고를 올린 1776년 7월 12일과 대륙회의가 연합규약을 최종 승인한 1777년 11월 17일 사이에, 대륙회의 의원들은 사실상 위원회의 보고를 거부했다. 그들은 내용을 극단적으로 변경해 대륙회의의 자유를 속박하는 반면 주들의 권한을 자유롭게 했다. 그런 수정이 모두 대륙회의와 각 주의 상호 관계에만 집중된 것은 아니었다. 하지

연합규약 연합규약은 16개월 동안의 토론 끝에 대륙회의에서 1777년 11월 채택됐다. 연합규약의 2조는 각 주들이 대륙회의보다 우월한 지위를 누림을 보장한다.

만 한 가지 중요한 변화는 그 상호 관계와 밀접한 관련이 있었다. 그것은 바로 대륙회의에 서부의 땅을 통제하는 권력을 주지 않는다는 결정이었다. 이로 인해 1781년 3월까지 연합규약의 비준이 미루어졌다. 메릴랜드는 대륙회의가 그 땅을 통제하기를 바랐기 때문에 비준을 거부했다. 메릴랜드의 반항적인 태도는 대륙회의의 권력을 강화하려는 것이 아니라, 연합 내부에서 서부 영토의 권리를 주장하는 다른 주들의 힘을 약화하기 위한 것이다. 버지니아가 1781년에 서부 영토를 대륙회의에 이양하자, 메릴랜드는 비준을 승인했고 연합규약은 곧바로 시행됐다.

연합규약의 제2조는 주들을 통제하는 권력을 얻고자 하는 대륙회의의 희망을 무너뜨렸는데, 그 내용은 이러했다. "각 주는 고유의 주권, 자유, 독립, 모든 권력, 사법권을 유지한다. 이 헌장으로 명확하게 언급하지 않은 권리는 대륙회의의 의원들로 구성된 미합중국에 위임한다." 이 조항으로 대륙회의는 계속해서 외교의 권한을 가졌고, 오로지 그 권한에 의해서만 전쟁을 수행할 수 있었다. 하지만 합중국을 구성하는 주체인 13개 주는 계속해서 대륙회의에 대해 우월한 지위를 누렸다. 이러한 과정을 거쳐 연합규약이 통과된 이후 대륙회의는 '연합회의'로 거듭나게 되었다.

아메리카인들은 주 정부의 통치를 따른다

1783년, 아메리카인들은 사실상 연합회의가 아니라 주 정부의 지시를 따르고 있었다. 연합의 정부 구조나 공중의 마음은 의회보다 주 정부에 우호적인 방향으로 기울어 있었다. 당시 주들은 독립 혁명의 위대한 목적에 자극을 받아 이미 많은 일을 해낸 상태였다.

버지니아보다 독립 혁명에 이바지한 주는 없었다. 버지니아의 훌륭한 성과는 전적으로 엘리트 계층 덕분이었다. 이 능력 있는 상류층 집단은 버지니아를 혁명으로 이끌고 그 뒤로도 계속 동력을 부여하는 데 성공했다. 그들은 18세기 초 소규모 버지니아 농장주의 지원을 끌어들였고, 강압이 아니라 능력으로 그런 지원을 계속 유지했다.

상류층인 신사 계급은 18세기 버지니아 백인 인구의 5퍼센트도 되지 않았다. 역사가 잭 그린Jack Greene에 따르면, 이 숫자를 고려했을 때 약 40개의 주요 가문이 버지니아의 주요 지도자를 배출했다. 상류층과 지도자들의 수는 적었지만, 그들은 배타적이지 않았다. 물론 그들은 아무나 자신과 같은 지위에 들어오는 것을 환영하지는 않았다. 그러기 위해서는 부와 재능이 필요했다. 하지만 18세기 기준으로 볼 때 비교적 개방적인 집단이었다. 잉글랜드의 상류층과 여러 식민지, 특히 뉴욕은 버지니아에 비하면 폐쇄적인 사회였다.[3]

버지니아의 상류층은 게으른 사람들이 아니었다. 그들은 담배농사를 열심히 지었고, 18세기가 진행되면서 밀과 다른 곡식도 재배했다. 물론 이런 고된 일을 직접 하지는 않았다. 많은 노예가 곡식을 심고 키우고 수확했으며, 유럽 시장에 운송하는 배에 그 곡식을 날랐다. 상류층의 일은 육체노동이 아니라 노예의 노동을 조직하고 관리하는 것이었다.

지방정부의 통치 역시 상류층의 일이었다. 상류층은 거의 모든 단계의 주요 통치 수단을 독점했다. 지방법원에서 하원, 지사 자문위원회까지 모두 그들이 맡았다. 하류층 사람들에게 강압적인 수단을 들이밀 필요는 없었다. 선거권은 18세기 내내 폭넓게 유지됐으며 유권자는 유능한 사람들을 선택했다. 소규모 농장주들은 부와 능력을 존중했고, 그 두 가지를 가진 자들이 통치를 담당해야 한다는 주장에 동의했다. 상류층도 물론 이에 동의했지만, 그들은 하류층이 그들에게 보내는 경의를 오용하지 않았다. 그들은 매우 책임감 있게 지방정부를 이끌었다. 이런 모습은 순전히 고결함에서 나온 것이 아니라, 통치자와 피통치자의 이익은 본질적으로 같다는 생각에서 나온 것이었다. 상류층의 이런 생각은 크게 보아 올바른 것이었다. 모두가 시장에 판매할 담배를 재배했고, 모두가 같은 문제에 직면하고 있었다.

특이한 점은 버지니아에서 노예제의 존재가 권력자들로 하여금 가난한 백인의 자유를 보호하게끔 했다는 것이다. 역사가인 에드먼드 S. 모건Edmund S. Morgan이 언급한 것처럼, 버지니아에서는 노예제와 자유가 밀접하게 연결돼 있었다. 노예의 참상에서 자유민은 자유의 축복을 민감하게 느꼈다. 하지만 자유민은 그 참상을 보고서도 그들을 자유롭게 풀어줄 생각을 하지 않았다. 노예는 노동 자원으로서 아주 소중한 존재였다. 또한 노예는 제멋대로 내버려두면 영국의 가난한 자들처럼 "사악하고 나태하며 방종한" 태도를 보이는 것이 마치 짐승 같았다. 따라서 그들은 반드시 노예제를 유지해야 했다. 노예가 노동력을 공급하고 백인과 상류층에 분노를 쏟아내지 못하게 하기 위해 노예제는 꼭 필요했다. 버지니아인은 독립 혁명이 일어나기 훨씬 전 노예제를 영속화하는 인종차별정책을 확립했다. 이런 정책이 노예에 대한 강압적인 태도를 장려하지는 않았지만, 어쨌든 상류층은 최소한 그런 정책을 허용하고 법으로 승인했다.[4]

이런 식으로 노예제는 백인 남자들이 자신의 자유를 깊이 생각하게 했다. 또한 노예제는 재산이 극히 중요하다는 점을 알려주었다. 자기 자신, 토지, 혹은 다른 인간을 재산으로서 소유하고 있어야 비로소 자유를 획득할 수 있는 것이다. 모든 계층의 백인 사이에서 노예제는 일종의 평등을 확립했다. 그러나 그 평등은 대부분 노예의 노동으로 생계를 유지하는 자유민만의 평등이었다.

독립이 아직 도래하지 않았던 1770년대, 위기가 닥쳤던 바로 그 순간에 버지니아 농장주들은 자신이 얼마나 자유를 소중하게 생각하는지 만천하에 보여주었다. 주 헌법의 틀을 잡기 시작했던 것이다. 이 헌법의 초안은 아메리카에서 최초로 작성된 주 헌법이었고, 다른 지역에 매우 큰 영향을 끼쳤다.

5차 버지니아 제헌회의는 1776년 주 헌법의 초안을 작성했다. 제헌회의는 사실상 새로운 명칭을 받은 구 식민지 회의였다. 그들은 옛 선거구의 자유농에 의해 선출됐다. 앞선 네 번의 제헌회의는 버지니아 정부 자격으로 이루어졌다. 영국 정부가 임명한 던모어 총독은 5월에 식민지 회의를 해산했고, 이후 첫 제헌회의가 1774년 8월에 열렸다. 식민지 회의는 보스턴 항구법이 시행되자 모든 버지니아인에게 하루 동안 단식과 기도를 하며 불만을 표시할 것을 촉구하는 결의안을 통과시켰다. 대중적 선동을 특히 잘 감지하는 던모어 총독은 이에 대응해 식민지의회 해산 조치를 내렸다. 그 뒤 2년 동안 버지니아 식민지 회의는 단식하고 기도하자는 결의안의 통과만으로는 부족하다고 생각했다. 그리하여 1776년 6월 12일 버지니아 대표들은 '권리장전'을 공표했고, 6월 29일 주의 새로운 헌법을 승인했다.

조지 메이슨은 버지니아의 권리장전과 새로운 헌법을 작성하는 데 중요한 역할을 맡았다. 그는 오랜 친구이자 이웃인 조지 워싱턴만큼 웅변 실력이 탁월하지 않았지만, 워싱턴보다 훨씬 더 글 솜씨가 출중했다. 메이슨은 버지니아 제헌회의에서 많은 말을 하지 않았지만, 자신의 생각을 '권리장전'을 통해 잘 드러냈다.

'권리장전'의 첫 조항은 문서의 전반적인 기조를 제시했다. "모든 사람은 천부적으로 동등하게 자유롭고 독립적이며 특정한 생득권을 가지고 있다. 그 사람은 사회로 들어설 때 후대로부터 이러한 권리를 빼앗는 어떤 계약도 체결할 수 없다. 그 권리는 재산을 획득하고 소유하며 행복과 안전을 추구해 획득하는 삶과 자유를 누리는 것이다." 이후에 나오는 15개 조항에서 제헌회의는 주권이 인민에게 있으며 정부는 그들의 종복이고 정부가 실패했을 때 인민이 "그런 정부를 개혁하고 변경하며 폐지할" 권리를 갖고 있다는 점을 분명히 밝혔다. 또한 제헌회의는 공직이 순환돼야 하고, 주기적인 선거가 개최돼야 하며,

버지니아 권리장전 채택 조지 메이슨이 초안을 작성했으며 1776년 6월 공표됐다. 만민평등과 자유의 가치를 담았고 미국 헌법에도 영향을 미쳤다.

형사 소추에는 정당한 법 절차가 있어야 함을 밝혔다. 과도하게 보석금을 요구하거나 체포 영장을 발부해서는 안 되며, 평시에도 상비군을 두어야 함을 언급했다. '권리장전'은 배심원단에 의한 재판, 자유로운 언론, '종교의 자유' 등을 보방하는 데 버지니아가 아주 열성적이었음을 보여준다.[5]

버지니아 제헌회의는 '권리장전'을 승인하면서 자유로운 정부를 규정해야 한다는 원칙에 대한 믿음을 분명하게 드러냈다. 주 헌법이 승인되고 2주가 조금 지나서 구성된 버지니아 정부는 이런 원칙에 전적으로 동의하지는 않았다. '권리장전'은 인민에게 주권이 있다고 했지만, 정작 그 인민은 1776년의 주 헌법을 비준하거나 거절할 기회를 누리지 못했다. 물론 그런 기회가 있었다고 해도 인민이 주 헌법을 거부할 가능성은 거의 없었다. 헌법이 정부 구조를 제외하면 그리 '급진적'이지 않았기 때문이다. 왜 제헌회의가 그런 정부 형태를 고안했는지는 이해할 만하다. 제헌회의가 제시한 새로운 정부 형태는 독립 혁명 과정에서 나타난 행정부 권력에 대한 환멸을 담고 있었기 때문이다.

표면상 새로운 버지니아 정부 구조는 균형 잡힌 정부라는 아메리카인의 신념을 반영했다. 주 헌법이 "입법부, 행정부, 사법부는 서로 별개이며 어떤 부도 다른 부에 속한 권력을 행사할 수 없다"라고 규정했기 때문이다. 그러나 실제로는 입법부인 버지니아 의회에 우위를 보장하는 방식으로 권력이 배분됐다. 하원과 상원으로 구성된 의회는 양원의 무기명 투표로 매년 주지사를 선출했다. 주지사는 주 의회가 선택하는 여덟 명의 주 자문위원회의 동의 없이는 거의 할 수 있는 일이 없었다. 주지사는 자문위원회와 함께 움직이더라도 제한된 권력밖에 지니지 못했다. 그는 입법에 거부권을 행사하지도 못했고, 판사나

다른 주요 정부 관리를 지명하지도 못했다. 또한 주 헌법은 주지사가 의회 해산은 물론 휴회하는 권한도 갖지 못하게 했다.[6]

의회 중에서도 식민지 의회의 후신인 하원이 만사를 처리했다. 각 카운티는 두 명의 하원의원을 선발했다. 상원의원은 24명이었는데, 4년마다 선거구에서 선출했다. 오로지 하원의원만이 입법에 착수할 수 있었다. 상원의원은 재정 법안 이외에는 오로지 수정만 제안할 수 있었다. 재정 법안의 경우라도 상원은 하원이 제출한 것을 승인 또는 거부만 할 수 있었다.

식민지 시대에 부여된 선거권은 원래대로 유지됐다. 땅을 가진 사람들이 버지니아의 통치자를 선택했다. 토머스 제퍼슨이 지적한 것처럼, 대다수의 상하원의원은 버지니아 동부의 해안 저지대 출신이었다. 버지니아 서부 지역은 계속해서 충분한 대표자를 대의기관에 보내지 못한 상태로 남았다.

주 헌법의 제정과 주 차원의 개혁이 진행되다

어떤 사람들은 한 번 시작한 일에 대해 끊임없이 걱정하느라 늘 불안해한다. 토머스 제퍼슨은 그런 부류의 사람은 아니었지만, 1776년 버지니아가 독립 혁명이 가져온 기회를 날려버리는 것이 아닌지 계속 우려했다. 그는 1776년 대륙회의의 주 대표로 필라델피아에 갔는데, 이때는 막 버지니아 제헌회의가 헌법의 틀을 세우려던 시기였다. 그는 곧 독립 선언서를 작성하면서도 줄곧 버지니아에 신경을 썼다. 그는 버지니아의 헌법 제정에 영향력을 행사할 수 있기를 갈망했다. 이당시 그는 이렇게 말했다. "정부 수립은 현재 벌어지는 논쟁의 총체적인 목표라고 할 수 있다."[7]

제퍼슨은 필라델피아에 남아 '독립 선언서'를 작성했다. 하지만 그 와중에도 버지니아 제헌회의의 위원들에게 편지를 보내 버지니아의 헌법 초안으로 삼을 수 있는 여러 안을 보여주었다. 이때 보낸 편지와 개략적인 안들로 우리는 제퍼슨의 다양한 생각을 알게 되었고, 버지니아의 헌법 사상을 파악하는 데 도움을 받았다.

제퍼슨이 작성한 헌법 초안은 버지니아에서 제정된 헌법과 여러 면에서 비슷하다. 일반적인 정부의 틀은 흡사하지만, 훨씬 더 균형 잡힌 모습을 보인다. 상원, 행정부, 사법부의 권한은 훨씬 더 강력하다. 그가 처음 작성한 두 개의 버지니아 헌법안에서 상원의원은 하원이 선출하며 종신직이었다. 제퍼슨은 권력의 균형이 필요하다고 생각했기 때문에 이런 방식을 마련했다. 그는 친구인 에드먼드 펜들턴에게 이렇게 설명했다. "우선 현명한 사람을 선택하고, 그 사람이 완벽히 독립적인 위치에 있도록 해야 하네." 제퍼슨은 누가 '인민'을 구성하는지에 관해 동시대인 대다수보다 훨씬 폭넓은 개념을 가지고 있었다. 그는 투표권을 "이 주에 영구적으로 거주하려는 의도가 있는 전원"에게 주어야 한다고 생각했다. 하지만 그는 인민이 입법부인 상하원을 선택한다고 해서 반드시 훌륭한 정부가 나타날 것이라고 보지는 않았다. 상원의원이 누가될지는 현명한 자들, 즉 선출된 의원들이 결정해야 한다고 믿었기 때문이다. 하지만 그런 현명한 자들을 어떻게 발견할 것인가?[8]

제퍼슨은 하원의원이 상원의원을 선택하는 안을 지지했는데, 그 이유를 이렇게 설명했다. "인민의 선택은 일반적으로 보아 별로 지혜롭지 않다. 인민의 첫 번째 '분비 작용'은 보통 조잡하고 이질적이다. 하지만 그렇게 인민에 의해 선택된 자들에게 두 번째 기회를 주면, 그들은 일반적으로 자신보다는 더 현명한 사람을 선택할 것이다."[9]

펜들턴은 제퍼슨의 이러한 주장에 동의하지 않은 대신 상원에 '재산이 많은' 사람을 종신직으로 앉혀야 한다고 주장했다. 하원이 상원을 선정하게 하면 종속 관계가 발생한다는 것이었다. 이런 식으로 선택되면 상원은 "그저 하원의 종이 되고 당연하게도 하원의 잘못을 수정하지도 못하고 모든 큰 조직에서 때때로 발생하는 우발적인 논란도 가라앉힐 수 없게 된다"는 것이었다. 제퍼슨이 이 주장에 완전히 반대한 것은 아니었지만, 부자들에 관한 펜들턴의 확신에는 동의하지 않았다. 그는 친구에게 이렇게 말했다. "나는 성실함이 부의 특징이라고 생각하지 않네."

제퍼슨이 또 한 가지 우려했던 것은 버지니아 헌법이 입법부에 정부의 권력을 전부 몰아주었다는 점이었다. 그는 아메리카가 독립하고 5년이 지난 뒤 "같은 손에 이런 권력이 집중되었다는 것은 전제적인 정부를 보여주는 것이다"라는 글을 남겼다. 이런 권력을 행사하는 주체가 입법부에 소속된 여러 명의 개인이라는 사실은 위안이 되지 않았다. "173명의 전제군주도 한 명의 전제군주처럼 압제적일 수 있기" 때문이었다.[10]

버지니아주의 헌법이 인민의 비준에 관해 아무런 언급도 하지 않았기 때문에 제퍼슨은 그 헌법이 더욱 불완전하다고 생각했다. 버지니아주의 제헌회의는 특출난 역량을 지닌 입법부가 아니었고, 헌법과 같은 유형의 법을 설계할 능력이 거의 없었다. 하지만 이러한 역량 부족에도 불구하고 제헌 작업이 끝났을 때, 그 결과물은 곧장 헌법으로 간주됐다.

제퍼슨은 헌법이 단순히 정부를 재조직하는 것을 넘어 정부를 지탱하는 사회 전체를 변화시켜야 한다고 생각했다. 그는 땅을 소유하지 않은 모든 남자에게 50에이커의 땅을 할당할 것, 노예 무역을 금지할 것, 살인한 경우를 제외하고 사형 선고를 금할 것, "모든 사람은 종교에 관해 완전한 자유를 가지며, 따라서 특정한 종교를 믿으라고 강요하지 말 것" 등의 내용을 헌법에 넣고자 했다. 하지만 이런 그의 제안 중 어떤 것도 버지니아 헌법에 반영되지 않았다.

제헌회의에서 경고를 받고 좌절한 제퍼슨은 새로운 정부 그 자체로 눈길을 돌렸다. 버지니아 제헌회의는 그가 대륙회의 의원으로 계속 남아주기를 바랐지만, 그는 1776년 9월 대륙회의 의원 자리에서 물러났다. 그리고 다음 달에 바로 앨버말 카운티의 자유농에 의해 선출돼 버지니아 하원에 입성했다.

제퍼슨은 1776년 10월 두 가지 중요한 법안을 제출했다. 하나는 빠르게 통과됐는데, 한사限嗣 상속을 폐지하자는 것이었다. 한사 상속의 규칙은 재산을 특정 혈통에게만 상속해야 하고 입법부에서 특별 법안을 통한 승인을 하는 경우 외에는 그런 규정을 피상속인이 변경할 수 없다는 것이었다. 이와 관련된 관습으로 장자 상속제가 있었는데, 유언 없이 죽은 사람의 재산은 반드시 장자에게 상속돼야 한다는 것이었다. 제퍼슨은 이 두 제도를 봉건적인 상속 제도라고 여겨 공화정 사회에서는 폐지돼야 한다고 생각했다. 두 제도는 각각 귀족적 특권의 근거가 되며 자유를 위협한다는 것이었다.[11]

비록 제퍼슨이 10월에 버지니아에서 장자 상속제를 없애려고 시도하지는 않지만, 두 번째 법안은 장자 상속제를 공격할 수 있는 길을 텄다. 그리고 사실상 버지니아에서 자주 나타나는 다른 모든 봉건적,

군주제적 관습을 공격할 수 있는 길을 트기도 했다. 한사 상속을 폐지하기로 한 그의 법안만큼이나 빠르게 법률로 정착된 장자 상속제 폐지 법안은 하원으로 하여금 버지니아 법을 개정하고 성문화할 위원회를 임명하게 했다. 하원이 이 개정을 다소 '혁명적인 것', 즉 버지니아 법의 법 제정 근간을 근본적으로 바꾸는 시도로 생각했는지는 분명하지 않다. 하원이 지명한 위원회는 그와 관련된 작업에 대해 다른 생각을 하고 있었지만, 그래도 그 생각을 접어두고 곧바로 일에 착수했다.

다섯 명의 수원기로 구성된 위원회는 곧 셋으로 줄었다. 하원 의장이자 저명한 변호사인 에드먼드 펜들턴, 유명하지는 않지만 훌륭한 변호사이자 학자인 조지 위스, 자신의 명석함을 온전히 발휘할 수 있게 된 토머스 제퍼슨이었다. 오랜 세월 동안 우정을 나눴던 펜들턴과 제퍼슨은 많은 부분에서 입장을 같이 했지만 모든 것에 동의하지는 않았다. 처음에 두 사람이 의견 차이를 보인 부분은 개정 위원회의 업무 범위에 관한 것이었다. 다른 사안들에서 '보수적' 입장을 견지했던 펜들턴은 보통 제퍼슨이 낡았다고 생각하는 것을 지지하는 성향을 보였는데, 이때만큼은 오히려 기존 법체계를 폐기하고 완전히 새로운 법체계를 세워야 한다고 제안했다. 하지만 제퍼슨은 기존의 법체계를 현재의 요구에 맞춰 바꾸기만을 바랐다. 그의 제안이 타당했기 때문에 위원회를 설득하는 데에는 큰 어려움이 없었다. 펜들턴이 바라던 것은 실행하기가 거의 불가능했다. 단 하나의 법령을 통과시키는 데도 조사, 초안 작성, 설득이 필요하다는 점을 감안하면, 완전히 새로운 법체계의 수립은 불가능한 일이었다.[12]

위원회는 1779년 6월에 작업을 끝냈다. 전쟁 수행에 필요하다고 생각되었던 기관들에서 시작해 교육기관, 형사처벌 기관, 교회 등에 이

토머스 제퍼슨(왼쪽)과 제임스 메디슨(오른쪽) 제퍼슨과 메디슨은 강력한 연방정부보다 각 주의 권리와 자유에 무게를 두는 비연방파를 지지했다.

르기까지 다양한 사안을 다루는 126개 법안이 완성됐다. 몇 가지 법안은 거의 제출과 동시에 제정됐다. 예를 들면 '전쟁청 수립에 관한 법안'이 그것이다. 하지만 법안 대다수는 결국 전쟁이 끝난 뒤 제퍼슨이 프랑스에 가 있는 동안 제임스 매디슨이 버지니아 의회에서 힘을 쓴 뒤에야 통과됐다. 버지니아 의회는 개정 법안을 한꺼번에 처리하지 않고 조금씩 나눠 처리했다. 그렇게 1785년 10월 회기에서는 35개 법안이, 1786년 여름 회기에서는 33개 법안이 통과됐다.[13]

노예제에 관한 법안은 노예의 점진적인 해방에 관한 내용을 담았는데, 제퍼슨은 이 법안을 의회가 통과시킬 것이라고 기대하지 않았다. 개정 위원회는 그런 법안이 통과되기 어려울 것이라고 생각했으므로 제출해도 소용없을 것이라고 판단했다. 하지만 그들은 법안을 수정해 법령 시행 이후 태어난 노예들은 성년이 되면 자유민이 된다는 내용을 삽입했다. 위원회는 노예들에게 공공 비용으로 직업 훈련을 시킨 뒤 그들을 백인 사회와 멀리 떨어진 주 밖으로 이주시킬 것을 제안했다. 제퍼슨 또한 흑인과 백인이 함께 평화롭게 살 수 없다고 생각했으므로 이주 조치를 권했다. 두 인종 간의 복잡하고 끔찍한 역사는 흑백 조화를 상상도 하지 못하게 했다.

"백인은 뿌리 깊은 편견을 가지고 있었다. 흑인에게는 아물지 않은 상처에 관한 수많은 기억이 있었다. 실재하는 천성적인 차이와 많은 차별적 상황이 우리를 갈라놓아 넘을 수 없는 벽을 만들었고, 이 벽은 어느 한 인종이 절멸하지 않는 이상 결코 무너지지 않을 것이다." [14]

결국 이 수정안은 제출되지 못했다. 제퍼슨이나 매디슨이나 그 외 노예제가 어떻게든 종결돼야 한다고 확신했던 사람들은 버지니아가 여전히 노예제를 긍정적으로 생각하고 있음을 깨달았다. 다시 제정되도록 승인을 받은 것은 노예 무역의 금지 건이었다. 1778년에 통과된 해당 법안은 노예에 관한 전통적인 규제를 지속시켰다. 예를 들면 노예는 허락 없이 주인의 농장을 떠날 수 없었다. 또한 백인이 연루된 법정 소송에서 증인으로 나설 수도 없었다. 노예의 회합과 연설은 엄격히 통제됐다. [15]

법안 개정자들은 "지금까지 사형이 결정된 사례들로 살펴본 범죄와 처벌의 균형에 관한 법안"에서 상당히 대담한 조치를 제안했다. 이 법안은 제퍼슨이 작성했는데, 학문적으로도 법적으로도 훌륭한 저작이었다. 그는 당시의 법 권위자인 베카리아Beccaria 후작의 저술과 고전들, 앵글로색슨 법, 관습법 등 다양한 자료를 인용하면서 범죄와 처벌의 중요성을 역설했다. 해당 법안은 사형을 내릴 수 있는 범죄를 살인죄와 반역죄로 한정시켰다. 또한 죄수의 신체를 훼손하는 처벌을 엄격하게 제한했다. 하지만 특정 범죄들에 대한 보복의 원칙은 그대로 유지했다.

"고의나 악의로 다른 사람을 불구로 만들거나 외모를 훼손하려고 한 자는 누구든 혀를 잘라내거나 불구로 만들거나, 아니면 코, 입, 귀에 구멍을 내거나 훼손한다. 그렇지 않으면 낙인을 찍거나 같은 방식으로 불구를 만들거나 외모를 훼손한다. 강간, 일부다처, 남색을 저지른 자들은 거세한다. 여성의 경우 코의 연골을 갈라 최소 4센티미터 지름의 구멍을 낸다."[16]

해당 법안이 1785년에 통과하는 데 실패하자, 매디슨은 신체 훼손으로 보복하는 내용을 삭제해 1786년 10월 다시 한 번 법안을 제출했다. 하지만 보복에 관한 내용에 반대한 것은 아니었다. 오히려 법안에 대한 반대는 사형을 살인죄와 반역죄에 국한한 것 때문에 일어났다. 법안은 단 한 표 차이로 통과되지 못했다. 매디슨은 제퍼슨에게 법안 통과 실패를 억울한 목소리로 알렸다. "말 도둑들에 대한 분노가 법안 통과에 큰 영향을 미쳤습니다. 이 일로 인해 잔혹한 옛 법령이 완전히 회복됐습니다."[17]

"지식의 보편적 보급을 위한 법안" 역시 제퍼슨이 소중하게 여기는 것이었다. 그는 해당 법안에서 남녀를 가리지 않고 모든 아이가 최소 3년의 교육을 받을 수 있도록 공공 비용으로 여러 수준의 학교를 설립할 것을 제안했다. '수백 군데'의 학교에서 배우는 3년 동안 아이들은 읽기, 쓰기, 산수와 그리스, 로마, 영국, 아메리카의 역사를 배울 터였다. 또한 주 정부는 20개 중등학교를 설립해 라틴어, 그리스어, 영어, 지리학, '더 높은 수준의 산수'를 가르칠 터였다. 중등학교에 다니는 학생 대다수의 수업료는 부모가 지급하는 것으로 했다. 하지만 가난해도 똑똑한 소수 아이들의 수업료는 공공 비용으로 부담할 터였다. 그리고 가난하지만 똑똑한 아이들 중에서도 가장 장래가 촉망되는 학생은 역시 공공 비용으로 윌리엄 앤 메리 대학에서 3년 동안 교육을 받도록 했다.[18]

매디슨에 따르면, 비록 '모두'가 체계적인 공교육 시스템이 필요하다는 데 동의했지만, 이 법안은 1786년 실시된 의회의 정밀 조사에서 살아남지 못했다. 하원의원들은 재정 부담과 학교의 체계적 관리에 대한 의구심을 이유로 반대의 목소리를 냈다. 일부 하원의원은 주의 여러 지역에서 정착지가 아주 드물게 설립돼 있다는 점을 지적했다. 서부 사람들은 행정구역이 불평등하게 배치됐다고 불평했다. 매디슨은 서부 사람들의 이런 항의를 근거 없다고 일축했고, 다른 비판들의 진지함에 대해서도 회의적인 생각을 품었다.[19]

해당 법안이 통과되지 않은 다른 이유도 있었다. 법안이 버지니아의 농장주 대다수가 바랐던 사회적 평등보다 더 높은 수준의 평등을 약속했기 때문이다. 물론 그들이 사회 구성원의 일률적 평등을 바란 것은 아니었다. 제퍼슨의 글을 편집한 줄리언 보이드Julian Boyd가 지적한 것처럼, 이 법안은 최고의 인물이 통치를 맡아야 한다는 엘리트주의를 드러냈다. 하지만 법안은 "천재성과 미덕"을 지닌 사람들이 교육을 받아야 하고 그렇게 해야 "동료 시민들이 위임한 소중한 권리와 자유를 지키는 일"이 가능하다고 하면서도, 그런 사람들이 "부, 출생 또는 다른 본질적이지 않은 상황과는 상관없이 그런 책임을 맡아야 한다."라고 덧붙였다. 제퍼슨은 유능한 사람이 사회의 어떤 계층에서도 생겨날 수 있다고 보았다. 그들에게는 사회에 나와서 맡아야 할 사명이 있으므로, 필요하다면 공공 비용을 들여서라도 그들을 반드시 훈련시켜야 했다. 만약 그렇게 되지 못하면 자격 없는나약하거나 사악한 이들이 정부의 요직을 차지하게 될 터였다.[20]

재능 있는 자만이 권력을 가질 수 있다는 것은 엘리트주의였다. 하지만 재능 있는 자가 어디서든 발견될 수 있다는 생각은 엘리트주의가 아니었다. 제퍼슨은 엘리트주의와 평등주의가 서로 조화돼야 하며, 교육에 드는 비용은 개인의 재산뿐 아니라 공적자금에도 의존해야 한다고 생각했다.

신사 계급 대다수는 그런 조화가 바람직하다고 간주하지 않았을 것이다. 그들은 오래전부터 정부에서 일할 새로운 인력을 자신의 계층 내부에서 찾으려고 했다. 정부에 들어올 후보자는 반드시 재능을 갖춘 신사여야 했다. 그런데 이제 제퍼슨은 재능 있는 사람은 부자들뿐만 아니라 가난한 사람들 사이에도 있다는 주장을 상류층에게 들이밀고 있었다. 그런 추정은 재능 있는 사람이 그들과 같은 부류에서만 나타난다고 생각하던 사람들이 받아들이기 힘든 것이었다.

보편적 교육에 관한 법안에 반대했던 바로 이 상류층들은 종교에 있어서는 훨씬 관대한 모습을 보여주었다. 종교의 자유 확립을 위한 법안을 승인해 제퍼슨이 버지니아에서 위대한 업적을 달성하게 도왔던 것이다. 종교의 자유를 위한 조치가 독립과 동시에 찾아왔던 것은 아니다. 아메리카의 독립이 선언됐을 때, 버지니아인 모두는 종파가 무엇이든 간에 기존에 확립된 감독교회 즉, 아메리카내의 영국국교회에 교구세를 내야 했다. 이에 감독교회의 반대파들, 특히 장로교와 침례교는 이런 의무의 면제를 요구했다. 주저하기는 했지만, 버지니아 의회는 1년 동안 면제를 해준 뒤 매년 면제를 연장하다가 1779년에 영구적인 면제를 승인했다. 동시에 의회는 아메리카 국교회의 신자들이 교구세를 내는 것을 유예했으나 교구세 자체를 폐지하지는 않았다. 따라서 국교회는 굳건하게 살아남았고, 옛 법령과 관습법 덕분에 주 정부는 이단적인 종교 사상을 사실상 계속해서 처벌할 수 있었다.[21]

전쟁으로 인해 반대 종파들을 달래는 것이 바람직한 상황이 되자, 국교회의 옹호자들은 평화가 확립될 때까지 치미는 울화를 억누를 수밖에 없었다. 국교회의 옹호자였던 패트릭 헨리는 도저히 참을 수 없어서 1784년 국교회를 위해 또다시 싸움을 시작했다. 그는 1776년 제출한 법안으로 "스스로 선택한 신부를 후원하려는 모두에게 종교세를 걷도록 법을 제정하는 것은 안되는가. 그렇다면 모두가 종교를 자발적으로 후원하도록 둘 것인가"라는 질문이 제기되자, 그 기회를 놓치지 않았다. 헨리는 국교회가 주의 공식 교회에서 폐지되면 필연적으로 사회의 타락이 따르게 될 것이라는 주장을 펼치며 이런 질문에 불씨를 지폈다. 반대 종파의 성직자들은 한동안 이런 노선을 따랐고, 교구세를 전 주민에게서 걷을 수 있게 되는 전망도 아주 매력적이라고 생각했다. 에드먼드 펜들턴과 리처드 헨리 리 같은 저명한 사람들도 헨리를 지지했다.[22]

국교회든 아니든 평신도들은 종교 지도자들의 그런 열광에 공감하지 못했다. 국교회 평신도들은 오랫동안 자신의 종교를 지배해왔다. 그들은 일반 과세가 영국 국왕에게 약간의 충성심을 가진 성직자들에게 힘을 실어주는 결과를 낳을 것이라는 점을 잘 알았다. 장로교와 침례교 평신도들은 목사들을 의심하지 않았지만, 예전의 국교회에 관한 논의가 다시 부상할 것을 의심하고 있었다. 이 반대파들은 종교 자유의 보호 차원에서 주 정부가 신앙생활의 어떠한 부분도 간섭해서는 안 된다는 취지의 주장에 동조했다. 매디슨은 '종교 과세에 대한 진정서'를 제출했는데, 여기에는 1552명의 동의 서명이 담겨 있었다. 매디슨은 이 진정서에서 '권리장전'의 조항을 인용했다. 인용한 문구는 종교는 "강압 또는 폭력이 아닌 이성과 신념에 의해 선택하는 것"이며, 종교와 사상의 문제는 입법부의 관할이 아니라는 것이었다. 따라서 교회와 신앙에 관한 의견에 개입하는 통치자는 "폭군"이며, 그에 복종하는 사람들은 "노예"였다. 곧 버지니아 정부가 교회와 관련된 일반 과세에 복종하지 않으려고 한다는 것이 분명해졌다. 해당 법안은 표결 절차를 밟지도 못하고 1785년 조용히 폐기됐다.[23]

버지니아 의회는 다음 해 1월 제퍼슨의 '종교의 자유를 확립하는 법안'을 통과시켰다. 이 법안은 공식 교회를 없애고 그런 공식적인 교회가 다시 생겨나는 일이 없도록 한다는 의회의 의도를 분명히 드러냈다. 법안은 의회가 보호하려고 하는 권리가 "인류의 자연권"이라고 설명했다. 또한 "이후로 현재의 결정을 폐지하려고 하거나 관련 활동을 제한하려는 어떤 행동도 자연권에 위배된다"라고 규정했다. 버지니아 의회는 제퍼슨의 법안을 승인하기 전, 종교는 반드시 정신의 자유로운 작용과 이성에 근거해야 한다는 제퍼슨의 사상을 밝힌 단호한 어조의 문구를 전부 삭제했다. 하지만 다음과 같은 그의 선언은 포함시켰다. "모든 사람은 신앙을 고백하는 데 자유로워야 하며, 이에 의해 그들의 종교와 관련된 의견은 유지돼야 한다. 또한 그런 의견이 그들의 시민 자격을 깎아내리거나 부풀리거나 그에 상응하는 영향을 미쳐서는 안 된다."[24]

1776년 주 헌법의 제정과 제퍼슨의 개헌 시도는 버지니아에서 일어난 혁명의 많은 점을 보여준다. 제퍼슨의 노력은 영국 의회에 대항해 식민지의 권리를 지켜왔던 사람들의 노력과 궤를 같이 했다. 그것은 통치에 대한 권리, 특히 자신이 동의하는 대표자를 내세울 권리와 관련돼 있었다. 대표자는 자신이 대변하는 사람들을 위해 자치를 위한 전통적인 제도의 자유와 개인의 삶을 보호할 것이었다. 1776년으로부터 10년 전, 아메리카인은 자치 원칙에 헌신하는 모습이었다. 그리고 1776년 그들은 독립 선언서로 자신들의 입장을 분명하게 선포했다. 제퍼슨과 제임스 매디슨 같은 사려 깊은 버지니아인은 버지니아가 독립 선언서에 선포된 자유의 한계를 넓히는 기회를 가질 수 있으리라고 생각했다. 따라서 그들은 일상적인 삶의 방식에도 변화를 주려고 했다. 땅을 보유하는 방법, 범죄를 처벌하는 방법, 흑인의 법적 지위, 청년들을 위한 교육, 종교의 유지, 표현의 자유 등이 그것이다. 제퍼슨은 실제로 아메리카가 독립 전쟁의 거대한 투쟁에 휘말려 있는 동안에도 버지니아 의회가 자유를 촉진하기 위한 행동에 즉시 나서야 한다고 생각했다. 그는 1781년에 이렇게 말했다.

"우리의 통치자들이 정직하고 우리가 단결됐을 때, 법적 근거를 지닌 모든 필수적인 권리를 확정하자는 말은 아무리 반복해도 지나치지 않다. 전쟁이 종결된 이후 우리의 상황은 나빠질 것이다. 돈을 버는 능력 말고는 모든 다른 능력이 잊힐 것이며, 개인의 권리를 존중해 단합하는 일은 결코 생각하지 않게 될 것이다. 따라서 전쟁이 끝나더라도 족쇄는 떨어지지 않고 오랫동안 우리에게 붙어 있을 것이고, 그 족쇄는 점점 무거워질 것이다. 우리의 권리를 되살리지 않으면, 그것은 단말마의 경련 속에서 사라져버릴 것이다." [25]

여러 측면에서 제퍼슨의 개혁 노력은 실패했다. 1776년 제정된 버지니아주 헌법은 피통치자의 동의를 그다지 효율적으로 반영하지 못했다. 노예제는 거의 예전 그대로의 모습으로 남았다. 범죄자를 야만스럽게 처벌하는 관행은 계속됐다. 주는 가난한 사람들의 아이들을 교육시키지 못했다.

반면 제퍼슨과 그의 친구들이 성공한 분야도 있었다. 권리장전, 한사 상속과 장자 상속제의 폐지, 종교 자유의 확립 법안 등은 놀라운 성과였다. 그들은 자신들이 수행한 개혁이 독립의 위대한 원칙과 관련된다는 점을 분명히 밝혔다. 예를 들어 버지니아의 공식 교회였던 국교회를 그 위치에서 끌어내리면서, 그들은 종교적, 정치적 자유가 서로 다르지 않음을 보여주었다.

이런 여러 가지 개혁을 독립 혁명에 연결했다고 하더라도, 그것이 필연적인 성공을 가져다주는 것은 아니었다. 공화정의 원칙에 진지하게 헌신한 버지니아의 상류층은 제퍼슨 등의 인물들이 주장하는 급진적인 정책이 버지니아와 독립 혁명에 도움이 된다고 보지 않았다. 그들은 자기 자신이 독립 혁명의 핵심이라고 생각했고, 자신의 이해관계가 혁명 성공의 필수 사항이라고 보았으며, 자기들의 지도력과 권력이 사회를 결속시킨다고 생각했다. 버지니아의 상류층은 하류층의 존경을 받는데 익숙했기에 왜 제퍼슨 등이 그것을 희석시키려고 하는지 이해하지 못했다. 왜 급하게 노예제를 종식시켜야 하는지도 마찬가지로 이해할 수 없었다. 인민에게 잘 봉사하는 대부분의 사회제도와 주 정부처럼 노예제는 모두를 만족시키고 있었기 때문이다.

펜실베이니아의 급진주의자들

목숨 외에도 잃을 것이 많은 사람과 목숨 말고 잃을 것이 없는 사람은 서로 다른 부류의 혁명을 일으킨다. 버지니아인은 거의 모든 아메리카인처럼 전자에 해당했다. 잃을 것이 없었다면 그들은 국교회를 공식 교회의 자리에서 끌어내리는 데 그치지 않고 더 나아가 무너트렸을 수도 있었다. 또한 토지에 대한 자유로운 접근을 허용하지 않았을 수도 있고, 사유재산을 폐지했을 수도 있었다. 또는 소규모 자산가들을 파멸시켰을 수도 있었다. 그들은 노예 무역을 오히려 더 장려하고 노예제를 더욱 야만적으로 만들었을 수도 있었다. 또한 이미 가혹한 형법을 더 가혹하게 만들 수도 있었다. 그들은 영국의 정치체제를 거부하고 입헌주의에서 벗어나 권위주의로 들어섰을 수도 있었다. 아메리카 어디에도 자신은 더 이상 잃을 것이 없다고 생각하는 사람은 많지 않았다. 그렇게 밑바닥을 친 사람은 어디에서도 권력을 잡지 못했다.

일부가 '외부인'이라고 불렀던 새로운 사람들이, 독립 이전에 영국에 저항하기 위한 준비를 돕는 비공식적인 위원회에 모습을 드러냈다. 외부인 또는 급진주의자라고 불리는 사람들은 아메리카의 다른 어떤 곳보다도 펜실베이니아에서 더 강력한 권력을 행사했다. 특히 1776년 그들이 비공식적인 주 정부를 장악하고, 선출된 의회를 교체하면서 더욱 큰 권력을 잡게 되었다. 이들은 영국에 대항하는 운동의 내부에 굳건히 자리를 잡았고, 다른 애국파들이 영국과의 단절을 선언하기 전 이미 독립을 옹호했다. 토머스 페인은 많은 급진주의자의 멘토 역할을 했다. 하지만 급진주의자와 가장 깊게 연관된 이들은 농부들, 특히 서부의 농부들과 숙련공, 소규모 자산가들, 공공정책에 자신의 욕구를 반영하려는 야심가들이었다.

급진적 지도자들과 그들의 추종자들에게 가장 중요한 욕구는 평범한 사람들의 권력을 확대하는 것이었다. 민주주의를 향한 열망이 급진적인 운동의 힘을 키워주었다. 이 운동의 지도자들 중에는 상당한 부자가 적어도 두 명 있었는데, 한 명은 퀘이커 교도이자 상인인 조지 브라이언George Bryan이었고, 다른 한 명은 은퇴한 약사인 크리스토퍼 마셜Christopher Marshall이었다. 또 다른 지도자 티모시 매틀랙Timothy Matlack은 노동자들과 장인들 사이에서 평판이 좋았다. 그는 무지한 사람이 아니었고, 글을 읽었으며, 아메리카 철학회에서 활동했다. 붙임성이 좋아 맥주를 만들어서 생계를 꾸렸으며, 스포츠로 경마와 투계를 즐겼다. 매틀랙이 속해 있던 민병대 연대의 병사들은 1775년 그를 대령으로 선출했다. 한편, 필라델피아 대학의 교수였던 제임스 캐논James Cannon은 급진주의자들의 조직이 형성되기 시작한 지 얼마 되지 않아 요직을 맡았다. 1765년 에든버러에서 이주한 그는 글 솜씨가 훌륭했는데, 1776년 제헌회의에서 헌법을 작성할 때 능력을 유감없이 발휘했다. 급진주의자들 중에는 지역을 순회하는 선동가들도 있었다. 아일랜드 이민자 아들인 토머스 영Thomas Young이 바로 그런 사람이었다. 그는 독립 전쟁 동안 여러 장소에 불쑥 나타나 늘 자유의 이념을 옹호했다. 급진주의자들 중에는 훌륭한 수학자도 있었다. 데이비드 리튼하우스David Rittenhouse는 능숙한 시계 제조공이었는데, 태양계에 있는 천체의 상대적 위치와 움직임을 기계적으로 나타낸 태양계의太陽系儀를 제작해 명성을 떨쳤다. 필라델피아 민병대의 대위였던 찰스 윌슨 필도 급진주의자였다. 한동안 은세공자이자 시계 제조공으로 일했던 그는 위대한 혁명가들의 초상화를 여러 장 그렸다. 급진주의자들과 그와 비슷한 이들은 1776년 식민지 의회를 밀어낸 뒤 제헌회의를 개최하고 당시 가장 민주적이라고 불렸던 주 헌법을 작성했다.[26]

토머스 페인(1737~1809) 독립 전쟁 시기 베스트셀러인 〈상식〉의 저자로, 아메리카의 사회구조는 유럽과 다르다는 그의 주장은 영국과 단절하려는 급진주의자의 지지를 받았다.

1776년의 펜실베이니아주 헌법은 혼합 정부에 관한 어떤 요구도 거절했다. 급진주의자들은 민중의 관심사는 하나의 정부이며, 또 다른 전제 정부를 세우려는 시도는 공화정의 원칙을 부정하는 것이라고 생각했다. 토머스 페인은 아메리카의 사회 구조는 유럽과는 다르다고 급진주의자들에게 가르쳤다. 전통적인 사회 질서의 균형을 추구하려던 여러 주의 헌법은 유럽과 아메리카 사이에 존재하는 중요한 차이점을 무시했다. 아메리카의 사회에 관해서는 페인이 옳았다. 아메리카에는 상원을 필요로 하는 세습 귀족도 없었고, 당연히 군주도 없었다.

다른 주들에서 발생한 상원의 문제, 즉 상원이 무엇이냐, 또 누가 대표하느냐 하는 문제는 헌법 입안자들을 당혹스럽게 했다. 1780년 헌법을 제정한 매사추세츠주에서만 자산가가 상원을 차지했다. 버지니아에서도 에드먼드 펜들턴 같은 이들이 자산가가 상원에 진출하는 방안에 찬성했지만, 이들의 바람은 이루어지지 않았다. 제퍼슨은 상원이 하원의원들보다 더 경험이 많고 지혜로운 이들로 채워져야 한다고 생각했다. 그는 상원이 사회적 이해관계의 대표가 아닌, 훌륭한 판단을 내리는 주체가 되어야 한다고 생각했다.

상원의 구성에 관해 명확한 의견을 제시한 이는 많지 않았지만, 대부분은 제퍼슨의 의견에 동조했다. 상원은 하원이 무모하게 행동할 때 제동 장치의 역할을 해야 했다. 또한 입법부의 균형을 잡아야 했다. 이와 비슷한 균형론은 양원제를 정당화하는 이론적 근거로 받아들여졌다. 양원은, 곧 유행이 되어버린 표현에 따르면, 서로 견제하고 균형을 잡는 두 바퀴축이 되어야 했다. 단원제 입법부의 문제는 바로 균형이 부족하다는 것이었다. 권력의 전횡적인 사용을 막기 위한 보호책이 헌법에 어떻게 기술되었든 간에, 정말로 입법부가 헌법을 무시하려고 할 때 그것을 견제하는 방법은 오로지 한 가지밖에 없었다. 그것은 입법부가 헌법을 전복하려고 하거나 공익에 반대되는 행동을 할 때 그것을 막을 비슷한 권력 또는 제2의 기구를 설립해 대항시키는 것이었다.[27]

하지만 펜실베이니아의 급진주의자들은 양원제의 지혜가 필요하다는 주장에 결코 설득되지 않았다. 제헌회의는 그들의 통제 하에 있었고 결국 단원제 입법부가 설립됐다. 급진주의자들은 주 의회가 민중과 밀접한 관계를 맺고 인민의 통제에서 벗어나는 일이 결코 없도록 하기 위해 무척 애를 썼다. 무엇보다도 주 의회는 남성 납세자들 중에서 의원을 선출했다. 의원은 무슨 이유로든 총 7년의 임기 중 4년 이상을 근무해서는 안 되었다. 그들은 매년 입후보를 해야 했고, 공익을 보호하겠다는 맹세를 반드시 해야 했으며, 의회 내에서 일하는 과정이 반드시 대중에게 공개돼야 했다. 또한 의회는 상정안에 관해 가능한 많은 내용을 인민에게 알려주는 절차를 확립했다. 모든 법안은 "의회에서 최종 검토해 논의와 수정을 거치기 전 인민의 검토를 받기 위해" 인쇄되어 배부돼야 했다. 주 의회는 법안이 인쇄되고 다음 회기가 시작되기 전까지 법을 제정할 수 없었다.[28]

주 의회를 제외한 나머지 정부 기관의 권력은 미미했다. 행정부 수반, 그리고 행정 장관들로 구성된 최고 행정위원회에는 법안에 대한 거부권이 없었고, 사실상 실질적 권력이 거의 없었다. 법원 역시 상당한 제약을 받았다. 제헌회의는 시민의 권리를 더욱 보장하기 위해 헌법에 권리장전을 삽입했다. 이 문서는 버지니아의 '권리장전'을 거의 본뜬 것이었다. 하지만 급진주의자들은 여기에 만족하지 않았다. 그들은 인민과 헌법을 보호하기 위해 감찰관 위원회라는 기구를 만들었다. 스파르타의 민선 장관과 로마의 감찰관을 본뜬 이 기구는 7년마다 정부의 성과를 검토하는 일을 맡았다. 신출직인 감찰관 위원회는 주 헌법의 개정이 필요할 때 새롭게 개헌 논의를 위한 회의를 개최할 수 있었다.

펜실베이니아의 민주주의를 향한 열망은 다른 어느 곳과도 비교할 수 없는 수준의 권력을 등장시켰다. 하지만 1776년의 주 헌법에서 그런 권력의 표현은 아무런 도전을 받지 않고 그대로 통과됐다. 비록 경제와 노스아메리카 은행이 1780년대 정치에서 쟁점이 되기는 했지만, 헌법 문제는 당파 분열의 중심에 서게 되었다. 헌법을 두고 두 당파가 상당한 조직력을 얻었다. 헌법에 반대하는 이들은 공화주의자, 옹호하는 이들은 헌법주의자였다. 둘은 계층을 기반으로 해 나뉘지는 않았지만, 상대방에게 상당한 사회적 적대감을 지니고 있었다. 헌법주의자들보다 공화주의자들 중 해외 및 다른 주와 교역하는 사업가와 상인이 더 많았지만, 양 당파는 다양한 집단으로 이루어졌다. 퀘이커 교도는 헌법에 만장일치로 반대했다. 주에 충성 맹세를 해야 한다는 요건이 그들의 주 의회 참가를 가로막았기 때문이다. 또한 헌법이 통과된 지 얼마 지나지 않아 투표권자들에게 비슷한 맹세를 요구하는 법이 제정돼 그들의 투표권을 박탈했다. 다른 종파들의 충성 맹세 문제는 그다지 명확하지 않았다.

헌법제정회의로 가는 길

헌법을 두고 생겨난 분열은 1780년대 다른 주들에서는 정치적인 문제로 떠오르지 않았다. 각 주의 헌법은 대부분 균형 잡힌 정부를 확립하면서 동시에 행정 권력을 제한했다. 대개 균형의 추는 입법부 쪽으로 기울었다. 주 헌법은 전부 양원제를 설립하고 인민이 하원에서 강한 목소리를 낼 수 있게 했다. 그렇지만 보통 상하 양원에서 목소리를 낼 수 있었다. 투표권은 거의 모든 곳에서 부동산 소유를 기준으로 부여돼 대부분의 사람들이 투표 자격을 획득했다. 부동산이 없어 투표 자격을 얻지 못한 이들은 지주들의 의견을 존중했다.

1787년에 이르러 대다수 주의 정체는 안정적으로 보였다. 펜실베이니아의 민주주의적 정치질서는 예외였다. 그리고 이런 예외는 연방을 강력하게 만들고 싶었던 이들의 관심을 끌게 되었다. 펜실베이니아에서는 다른 주에서 그러하듯 교훈이 될 만한 사례를 발견하는 것이 힘들었다. 민주주의가 오히려 갈등과 분열을 일으키고 있었기 때문이다. 그렇지만 연방을 위한 새로운 헌법은 펜실베이니아의 급진주의자들이 그랬던 것처럼 반드시 인민을 중심으로 작성돼야 했다.

독립 전쟁은 인류의 자연권을 옹호한다는 명목으로 진행됐다. 그 권리는 어느 정도의 민주주의를 필요로 하는가? 펜실베이니아는 만족스러운 답을 하지 못했고, 그것은 버지니아도 마찬가지였다.

연합규약도 답을 내놓지 못했다. 그것은 지극히 미약한 의미를 지닌 헌법이었다. 그것은 기본적인 법을 제공하기는 했지만 정부를 세울 수 있는 힘은 지니고 있지 않았다. 연합규약에는 행정부도 사법부도 없었다. 헌장의 주체인 연합회의는 혼자 힘으로 할 수 있는 일이 별로 없었다. 과세는 물론 하지 못했고, 인디언과의 교역을 제외하고는 통상 규제권도 가지고 있지 않았다. 연합회의는 한 국가의 정부가 하는 일을 거의 하지 못했다. 주와 지역 기구들이 아메리카의 인민을 통치했다. 또한 아메리카 인민 역시 그들의 통치 기관으로 연합회의가 아닌 주 의회를 선택했다.

전쟁이 종결됐을 때, 연합규약에 결함이 있다는 것이 분명해졌다. 하지만 1780년대가 상당히 흘러갔음에도 연합규약의 개정 작업은 이루어지지 않았다. 아메리카인은 자신의 주가 가진 권력을 충분히 긍정하면서 동시에 실효성 있는 중앙정부를 조직하는 방법을 찾지 못했다. 아메리카인의 큰 장점인 지역주의는 전쟁 중에 연합규약을 약화시켰고, 평화조약이 체결된 이후에는 연합규약에 기반해 통치하려는 연합회의의 노력을 마비시켰다. 영국과의 싸움에서 얻은 교훈, 즉 무제한의 권력은 언제나 자유를 파괴한다는 사실 또한 연합규약의 운명에 영향을 미쳤다. 중앙집권을 위한 조치는 일부 통치의 문제를 해결할 수 있을지 모르지만, 아메리카인의 자유를 끝장내버릴 수도 있었다.

그렇다면 1787년에는 어떤 일을 할 수 있었을까? 1781년 이후로 아메리카는 많은 점을 배웠다. 연합규약으로는 추진할 수 있는 일이 없었다. 주 헌법은 풍부한 정치적인 지혜를 담고 있지만, 역시 그것만으로는 일이 되지 않았다. 뭔가 획기적인 조치를 취해야 했다. 그렇지 않으면 미합중국은 쪼개진 주권을 지닌 소규모 공화국들의 유별난 연합체로서 강력한 군주제가 번성하던 세계에서 오래 살아남지 못할 터였다.

이 문제에 대한 해답을 고민하며 사람들은 헌법제정회의로 모였다. 창의력과 대담함을 지닌 대표자들이 한 데 모여 대안을 찾을 필요가 있었다. 1787년 봄이 되자, 아메리카인들은 회의가 열린 필라델피아로 보낼 사람들과 그들이 그곳에서 해야 할 일에 대해 깊이 생각하게 되었다.

헌법제정회의

7

1787년 5월 25일, 필라델피아에서 헌법제정회의가 시작됐다.
회의에 참석한 대표자들은 치열한 토론을 거쳐 미국의 뼈대를 만들었다.
본래 이 회의는 10년 전 합의됐던 연합규약을 개정할 목적으로 마련됐다.
하지만 많은 이들이 새로운 형태의 연방정부가 필요하다는 데 동의했고,
청사진을 준비해온 버지니아 대표단의 주도로 헌법 제정 작업이 시작됐다.
큰 주와 작은 주, 동부와 남부 주 사이에서 이해관계가 엇갈렸고
정부의 형태를 둘러싼 참석자들의 신념이 자주 부딪혔기 때문에 합의에
이르는 과정은 쉽지 않았다. 하지만 많은 이들의 노력으로 같은 해 9월 17일
55명의 대표 중 39명이 헌법에 서명하면서 작업이 마무리될 수 있었다.

필라델피아로 모인 대표들

1787년 5월 동안 헌법제정회의에 참석할 대표들이 하나둘씩 필라델피아로 들어왔다. 주 의회들은 부당할 정도로 늦게 대표를 지명했고, 대표들은 고르지 못한 길을 불편하게 오느라 일찍 도착하지 못했다. 회의를 개최하기로 한 5월 14일에 자리를 지킨 대표들은 몇몇 되지 않았다. 개혁의 열망에 불타고 있던 소수의 대표들은 기다림이 길어질수록 괴로워 했다. 다른 대표들이 자신과 같은 목표를 가지고 있지 않다는 생각이 들었기 때문이다.

가장 먼저 회의장에 들어온 제임스 매디슨은 강력한 중앙정부를 누구보다 갈망했다. 매디슨은 수수방관하며 기다릴 생각이 없었다. 그는 이 회의를 위해 세심한 준비를 해왔고, 변화를 위한 기회를 반드시 살

제임스 매디슨의 초상 매디슨은 미국 헌법의 골격을 이루게 된 버지니아 안을 작성했다.

릴 생각이었다. 36세의 매디슨은 작은 체구에 머리카락이 빠져 헤어라인이 뒤로 밀리고 있었고 온몸에 군살이 없었다. 역사가들은 때로 그를 내성적인 키 작은 사람 또는 열정의 활기가 다 말라버린 고전적인 지식인이라고 기술한다. 하지만 그의 친구들이 매디슨과 나눈 편지들을 보면 열정적인 모습을 찾아볼 수 있다. 그는 생기 있고 때로는 상스럽기까지 한, 열정과 확신이 가득한 사람이었다. 그는 버지니아에 애착을 가지고 있었지만 연방 역시 깊이 사랑했다. 물론 그의 사랑이 맹목적이었던 것은 아니다. 매디슨은 지폐를 싫어했고 채무자들의 무모한 계획을 우려했다. 그가 무엇보다도 걱정한 것은 다수에 의한 폭정과, 그로 인해 발생하곤 하는 무정부 상태였다. 매디슨은 정치적 자유의 신봉자였지만, 인민을 신뢰하지는 않았다. 그는 공직에 있는 동안 인민이 어떤 존재인지 잘 알게 되었다. 인민이 직접 정치에 참여하는 것이 아니라 인민의 대표자가 그들을 충실히 대변할 때, 공화정은 정치적 자유를 지킬 수 있었다. 이 과정이 무시되거나 좌절된다면, 인민은 예전부터 해오던 나쁜 행동을 계속해 나갈 터였다. 특히 타인의 재산에 대한 침해가 빈번하게 발생할 것이었다. 이러한 생각을 했던 매디슨은 회의에 참석한 누구보다도 정부 조직에 관해 많은 아이디어를 가지고 있었다. 그는 광적이라고 할 정도의 결심과 함께 여름 동안 전개될 개혁 작업에 만반의 준비를 갖추

고 왔다.[1]

매디슨이 필라델피아에 도착하고 10일이 지나자 조지 워싱턴이 도착했다. 그는 존경심에 찬 동포의 환호성과 종소리로 환영받으며 마차를 타고 도시에 들어왔다. 워싱턴을 회의에 참석시키는 것은 굉장히 힘든 일이었다. 그는 지난 8년 동안 조국을 위해 탈진할 정도로 봉사해왔고 이제 조용히 사생활에 전념하려고 했기 때문이다. 사저인 마운트버넌에 남아 있으려고 했던 워싱턴의 소망은 틀림없는 진심이었다. 하지만 그는 동시에 중앙정부의 대의에 힘을 보태고 싶어 했다. 워싱턴이 만약 헌법제정회의에 참석하지 않는다면, 이는 그가 공화주의를 포기한 것처럼 보일 수 있었다. 워싱턴과 그의 친구들 중 누구도 워싱턴의 명성이 더럽혀지는 것을 원하지 않았다. 헨리 녹스에게 보낸 편지에서 워싱턴은 "회의에 가지 않으면 내가 공화주의를 포기했거나 회의를 지지하지 않는 것으로 생각하는 사람들이 있을 것이오"라고 적었다. 녹스, 매디슨, 에드먼드 랜돌프는 모두 워싱턴에게 회의 참석을 촉구했다. 워싱턴이 그들의 조언을 따르기로 하자 매디슨은 갑자기 생각을 바꾸기도 했지만, 어쨌든 이렇게 해 그의 참석이 결정됐다. 워싱턴은 어떤 아메리카인보다 명망이 높았기 때문에 그의 승인을 거친 헌법은 틀림없이 많은 이들의 동의를 이끌어낼 터였다.[2]

워싱턴은 명확하게 규정된 계획이나 정부 조직안 또는 아주 명료한 정치 철학을 준비하지는 않았다. 다만 그는 연방을 강화해야 한다는 강력한 확신이 있었다. 그런 확신은 아메리카인과 그들의 제도에 관한 광범위한 지식에 기반을 둔 것이었다. 그에게는 수년 동안 대륙회의와 함께 일한 경험이 있었다. 독립 혁명에서 그가 기울인 노고는 틀림없이 가장 중요한 것이었고, 이유야 어쨌든 그는 확고부동한 공화주의자였다.

버지니아 대표들은 5월 17일 전부 필라델피아에 도착했다. 젊은 시절 제퍼슨에게 법학을 가르쳤던 지혜로운 학자인 조지 위스도 대표 중 한 사람이었지만, 아내가 아프다는 소식을 듣고 도착하자마자 고향으로 되돌아갔다. 다른 대표인 존 블레어는 판사였고, 존 매클러그 John MaClurg는 의사였다. 두 사람은 엄청난 규모의 농지를 소유한 농장주였다. 또 다른 대표인 에드먼드 랜돌프는 주지사였는데, 유력한 집안에서 태어난 유능하고 예측 불가능한 성격의 소유자였다. 조지 메이슨은 포토맥강 근처에 사는 워싱턴의 이웃으로, 현명한 사람이었지만 때로는 괴팍한 모습을 보이기도 했다. 그의 의견은 랜돌프의 의견보다 더욱 예상하기 힘들었다. 그렇다고 하더라도 메이슨은 공화주의적 자유의 원칙으로 가득찬 버지니아의 '권리장전'과 1776년 버지니아 헌법의 대부분을 작성한 장본인이었다.[3]

버지니아 대표들은 헌법제정회의 전에 함께 모여 일을 시작했다. 모임 자리를 마련한 사람은 매디슨이었는데, 그는 이 자리에서 새로운 정부를 위한 자신의 계획을 말하며 다른 대표들에게 동의를 구했다. 매디슨은 헌법제정회의에서 특히 중요한 사람은 셋이라고 보았다. 한 명은 조지 워싱턴이었는데, 그는 매디슨이 주장하는 '강력한 권한을 가진 연방정부 안'에 공감했다. 다른 두 사람은 조지 메이슨과 에드먼드 랜돌프였는데, 그들 역시 현재 정부에 불만이 있었지만 매디슨이 구상하는 변화를 승인할지는 불투명했다.

버지니아인들이 서로 의논하는 동안에 다른 주 대표들이 속속 필라델피아에 도착했다. 5월 25일이 되자 7개 주 대표들이 모였고 헌법제정회의가 개최됐다. 며칠이 지나자 뉴햄프셔와 로드아일랜드를 제외하고는 거의 모든 주의 대표가 모이게 되었다. 대표들은 모두 55명이었지만, 9월에 회의를 마치기 전 몇 명이 필라델피아를 먼저 떠났다.

그렇다면 이 사람들은 누구이며 출신은 어떠했을까? 최소한 34명은 법률 교육을 받았고, 21명은 법조인이었다. 농장주와 농부는 18명, 노예주는 19명, 상인은 7명이었다. 나머지 8명은 변호사이자 상인이었다. 이들 중 다수가 주의 공직을 맡았거나 대륙회의에 있었거나 독립 전쟁의 참전 용사였다. 이 짧은 개요로 이 회의에 믿음직한 시민, 자산가, 정치 및 사회 분야 지도자가 모였다는 점을 알 수 있고, 실제로도 그랬다. 변화에 저항한다는 의미에서 소수는 융통성 없는 보수주의자였다. 대표들은 대부분 30대나 40대 젊은 사람이었고, 몇 명의 예외가 있을 뿐이었다.[4]

그 예외 중 한 사람이 벤저민 프랭클린이었다. 81세의 그는 건강이 별로 좋지 않았다. 그는 다른 7명의 사람들과 함께 펜실베이니아를 대표했다. 언뜻 보면 펜실베이니아 대표들 중에서도 재능이 특출났던 로버트 모리스가 가장 발언권이 강할 것으로 보였다. 하지만 그는 헌법제정회의의 토의 시간에 침묵을 지킨 채로 그냥 앉아 있었다. 당시 대표자들의 밀실로 활용되던 여관과 선술집에서도 그가 영향력을 발휘했다는 증거는 없다. 워싱턴은 회의 기간 동안 모리스 부부와 함께 머물렀기 때문에 두 사람은 틀림없이 날마다 진행 과정에 관해 논의했을 것이다. 하지만 모리스는 헌법제정 작업에 그리 크게 관여하지 않았다.[5]

그 작업에 크게 기여한 사람은 모리스의 동료인 제임스 윌슨이었다. 회의에서 그보다 더 많은 역할을 한 인물은 매디슨뿐이었다. 물론 그 역시 윌슨과 협력하여 일을 처리했다. 윌슨은 대단히 박식한 법학

제임스 윌슨(1742~1798) 스코틀랜드 출신의 법률 학자로 미국 헌법의 기초 문헌을 작성했으며 미국 최초의 대법원 장을 역임했다.

자였다. 그는 1742년 스코틀랜드의 파이프셔에서 작은 땅을 가진 농부의 아들로 태어났다. 그의 가족은 그를 목사로 만들려고 세인트앤드루스 대학에 보냈다. 하지만 다른 계획을 갖고 있던 윌슨은 1765년에 아메리카로 건너왔다. 그는 필라델피아 대학에서 강사를 지낸 뒤 존 디킨슨의 지도로 법률을 공부했고, 2년 뒤에는 레딩에서 법률가로 활동하기 시작했다. 그의 훌륭한 소논문인 《영국 의회의 입법 권위의 특성과 범위에 관한 고찰》은 1774년에 출판됐는데, 이것으로 그는 영국과 갈등하던 아메리카를 돕는 창의적인 사상가로 인식됐다. 윌슨은 대륙회의에서 일했고 독립 선언서에 서명했다. 일부 사람들은 그가 서명하는 데 다소 주저했다고 생각했지만 그는 국가를 위한 일에는 주저하지 않았다. 비록 호화로운 생활을 즐기고 금전적 수입에 욕심이 많았지만, 평범한 사람들의 권리를 옹호하는 일에도 주저하지 않았다.[6]

헌법제정회의에서 윌슨은 민주주의적 애국심에 관해 자세하게 설명했다. 그의 확신은 부분적으로 낙관적인 성품에서 나왔지만, 더 많은 부분은 스코틀랜드 계몽사상에 대한 확신에서 나왔다. 상식학파라고도 불리우는 스코틀랜드의 계몽주의자들은 상식이 지식으로 나아가는 가장 믿음직한 수단이라고 주장했다. 사람의 직관은 믿을 수 있고―이는 데이비드 흄David Hume과는 정반대의 입장이지만―이런 직관은 혈통과 부를 지닌 엘리트에게만 있는 것이 아니라 선량하고 자비로운 사람들에게도 있으므로, 그런 사람들에게 권력을 맡겨야 한다고 했다. 또한 그런 사람들이 정부에 참여하려면 실제로 도덕성이 필요하다고 했다.

월슨은 이타적인 열광자는 아니었다. 그는 이 세상의 질서와 사물을 중요하게 생각했다. 그는 독립 선언서에 서명하기를 거부한 존 디킨슨과 친한 친구로 남았고, 로버트 모리스와도 친한 친구였다. 로버트 모리스는 월슨에게 법률 서비스를 받기도 했었다. 하지만 월슨은 헌법제정회의에서 다른 누구의 추종자가 아니라 나름의 정치사상을 가지고 행동했다.

펜실베이니아 대표들 중에서는 상당한 명성을 지닌 다른 이들도 있었다. 헌법제정회의 동안 한마디도 하지 않았던 토머스 미플린과 쉬지 않고 입을 떼던 거버너 모리스Gouverneur Morris가 그들이었다. 모리스는 두 사람 중 훨씬 더 중요한 인물로, 3년 전에 재무감을 보좌한 경험이 있었다. 그는 회의에서 보통 매디슨과 월슨의 편에 섰다.[7]

인근 뉴욕주에서는 알렉산더 해밀턴, 존 랜싱 주니어John Lansing Jr., 로버트 예이츠Robert Yates가 대표로 지명됐다. 해밀턴은 중요한 역할을 할 수 있었는데도 실제로는 그렇게 하지 않았다. 하지만 입헌군주제를 찬성하는 훌륭한 연설을 남겼다.

델라웨어의 대표로는 존 디킨슨이 있었다. 뉴저지 대표들을 이끌던 사람은 윌리엄 패터슨William Paterson이었다. 그는 평소에는 속을 알 수 없는 사람이었으나 회의가 진행되면서 자신의 생각을 분명하게 밝혔다. 엘브리지 게리, 루퍼스 킹, 너새니얼 고럼Nathaniel Gorham은 모두 유능한 사람이었고 매사추세츠주를 대표했다. 남부 주 중에서는 버지니아의 대표들이 가장 인상적이었지만, 사우스캐롤라이나의 존 러틀리지, 찰스 코츠워스 핑크니Charles Cotesworth Pinckney, 찰스 핑크니Charles Pinckney, 피어스 버틀러Pierce Butler 역시 유능한 사람들이었다. 메릴랜드의 대표들은 따분한 사람들이었지만 아주 유능한 사람이 한 명 있었는데, 그는 수다스러운 독단가인 루터 마틴Luther Martin이었다.

소위 '대타협'에 합의를 본 7월 중순까지, 대표들은 두 집단으로 나뉘어 토론을 이어갔다. 이는 누군가 노력하고 계획해서 인위적으로 분열시킨 것이 아니라, 주들 간의 오래된 정치적, 경제적 차이에서 비롯된 것이었다. 특히 인구비례와 대표성에 관한 입장 차이가 가장 확연히 드러났다. 독립 혁명 기간 동안 각 주가 모두 평등하게 한 표의 투표권을 갖는다는 원칙이 세워졌다. 대륙회의는 설립됐을 때부터 인구와 상관없이 각 주를 동등하게 대우했다. 델라웨어, 뉴저지, 코네티컷, 메릴랜드, 뉴욕 같은 작은 주들은 자연스레 자신의 이익을 지켜주는 그 관행을 고수하기를 바랐다. 반면 아메리카 인구의 거의 절반을 차지하는 3개의 큰 주, 즉 버지니아, 펜실베이니아, 매사추세츠는 당연히 인구에 비례해 인민의 대표가 배정돼야 한다고 주장했다. 이러한 분열은 헌법제정회의를 둘러싼 입장 차이 중 가장 분명하게 드러났다.[8]

정치적 관심사는 다른 분야의 관심사와 동떨어질 수 없었다. 보통 정치적 이합집산에는 다양한 경제적 이해가 필연적으로 얽혀 있다. 일단, 해외 무역과 제조업을 하는 사람들을 포함한 펜실베이니아와 매사추세츠의 사업가들은 버지니아와 양 캐롤라이나 농장주들과 같은 것을 바랐다. 그들은 인구비례에 따라 대표를 선출하고 싶어 했다. 이런 주들, 특히 버지니아와 펜실베이니아에는 앞으로 개발해야 할 땅이 상당히 많았다. 신생 연방의회가 인구에 비례해 의원을 선출하게 된다면, 앞으로 이런 미개발지 출신 의원은 그들의 정치적인 영향력에 힘을 실어줄 터였다. 사우스캐롤라이나와 조지아도 비슷한 생각을 하고 있었다. 두 주에도 앞으로 더 많은 사람이 이주해올 수 있는 땅이 많았다. 남부 주들의 또 다른 관심사는 바로 노예제였다. 그들은 이 제도를 철폐할 생각이 없었다.

작은 주들에는 서부의 땅에 군침을 흘리는 사람들이 많았다. 예를 들면 뉴저지의 투기꾼들은 인디언의 증서에 기반을 둔 서부 땅의 권리를 가지고 있었다. 버지니아가 북서부 땅을 양도한 이후, 이 투기꾼들은 회사를 설립해 자신의 이익을 지키려 했다. 중앙정부를 통제하거나 강한 영향력을 미치려면 연방의회 내에서 작은 주가 동일한 목소리를 낼 수 있어야 했다. 그래야 토지 사업의 진척이 수월할 터였다. 코네티컷에서도 땅 투기꾼들의 영향력이 컸다. 그들은 펜실베이니아의 와이오밍 계곡에 대한 권리를 오래전부터 주장해왔다. 연방의 특별 명령은 이런 시도를 무위로 돌아가게 했지만, 코네티컷 정부는 이에 굴하지 않고 중앙정부로부터 매우 큰 땅인 코네티컷 보류지를 얻어내 만족할 줄 모르는 투기꾼들의 욕심을 어느 정도 채워줬다.[9]

사실상 모든 작은 주가 서부의 땅을 원했다. 그리고 중앙정부는 그 땅을 팔아서 공채를 청산할 생각이었다. 행복한 결말을 위해서는 연방의회 내 주들 간의 평등성이 필요했다. 큰 주들이 통제하는 강력한 중앙정부가 생겨난다면 서부에 관련된 이해관계에서 작은 주들은 밀려나게 되고, 해당 주의 참전 용사들이 보상으로 약속된 땅을 받지 못하게 될 우려가 있었다. 낮은 세율을 약속하며 서부로 농부들을 보내는 방식으로 작은 주를 희생시켜 큰 주를 더욱 크게 만드는 불평등한 일을 막을 수 있는 대책은 무엇인가?

양측은 강력한 중앙정부의 설립을 지지할 이유가 있었다. 또한 통상을 규제하기를 바랐고 셰이즈의 반란 같은 농민 봉기를 우려했다. 중앙정부가 있다면 그런 봉기는 미연에 방지하거나 빠르게 진압할 수 있었다. 양측은 튼튼한 국가 재정과 채권자들의 보호라는 공통된 이해관계를 갖고 있었다. 나아가 중앙정부가 경기를 부양해야 한다고 생각했으며, 탐욕스러운 군주정의 세계에서 공화국의 보호가 절실히 필요하다고 믿었다. 무엇보다 큰 주든 작은 주든 그들은 영광스러운 대의를 위해 함께 싸웠던 시민이라는 연대감을 갖고 있었다.

주 정부들을 생각과 감정이 있는 사람으로 보는 것은 어느 정도 필요하고 때로는 도움이 되기도 하지만, 때로는 진실을 왜곡할 수도 있다. 메릴랜드나 뉴저지는 서부 땅들을 차지할 생각을 하고 있었으므로 의견이 충돌하지는 않았다. 두 주의 투기 회사들 역시 그런 구상을 가지고 있었다. 회사들은 영향력을 발휘해 자신들의 희망사항을 주 정부의 정책으로 만드는 일에 성공했다. 하지만 각 주에는 투기 회사들을 신경 쓰지 않거나 경멸하는 사람들도 있었으므로, 주 정부를 하나의 단합된 의견을 지닌 사람으로 볼 수는 없다.

주 정부들을 사람으로 보는 것이 위험한 이유는 또 있다. 회의에 참석한 것은 주 정부가 아니라 그 정부에서 보낸 피와 살을 가진 대표들이었다. 헌법제정회의에서 버지니아가 지주를 옹호했다고 말하는 것은 편리한 요약이며, 여러 측면을 고려해도 사실을 왜곡한 것은 아니었다. 하지만 대표들은 필라델피아에서 자신의 지역과 얽힌 복잡한 이해관계를 대표하고 자신들을 대변하는 동시에 수백 가지의 결정을 내려야 했다. 어떤 문제에서는 주의 이익이 분명하게 드러나지 않았다.

예컨대 대통령의 임기, 선출 방식 등 중앙정부의 운영 원리가 각 주의 이익에 어떠한 영향을 미칠지 예측할 수 있는 사람은 거의 없었다.

헌법제정회의가 내린 결정을 이해하기 위해 참고할 수 있는 유일한 지표는 회의에 참석한 대표들의 개인적인 성향과 그들이 각 주의 이익을 대표했던 방식이다. 다만 이러한 지표들이 회의의 결과를 미리 정해두었다고 결론지을 수는 없다. 토론장은 사람의 마음이 시시각각 변할 수 있는 공간이기 때문이다. 헌법제정회의는 거의 넉 달 동안 지속됐다. 이 기간 동안 헌법제정회의는 주로 토론과 논쟁을 통해 스스로의 세력을 만들어냈다. 이 모든 토의에서 대표들의 이성과 지성이 작용한 것처럼, 그들의 비합리성과 열정, 기회와 우연 등도 일정한 영향력을 발휘했다.

헌법 제정을 둘러싼 논쟁

헌법제정회의가 열린 첫 4일 동안 대표들은 조지 워싱턴을 의장으로, 육군장관의 보좌관이었던 윌리엄 잭슨William Jackson을 서기로 선출했다. 이와 함께 조지 위스, 알렉산더 해밀턴, 찰스 핑크니의 위원회가 마련한 의사진행의 규칙들이 받아들여졌다. 당시 헌법제정회의는 진행 과정을 비밀에 부치기로 했는데, 이는 현명한 결정이었다. 그 덕분에 솔직하고 유연한 논의가 가능했기 때문이다. 이는 첨예하게 엇갈리는 의견들을 조화시키는 데 필수적인 요소였다. 헌법제정회의에서 나타난 격렬한 의견대립의 조짐은 첫 회기에서 각 주에서 파견된 대표들이 각자 주 정부로부터 받은 대표 신임장을 읽을 때부터 나타났다. 예를 들면 델라웨어의 대표단이 가져온 신임장에는 대륙회의에서

확립된 각 주의 동일한 투표권을 박탈하는 어떤 제도에도 동의하지 말라는 내용이 적혀 있었다.[10]

에드먼드 랜돌프는 5월 29일 회의에 버지니아 안을 제출하며 논의에 박차를 가했다. 랜돌프는 제임스 매디슨이 작곡 및 작사한 노래 즉, 헌법구상을 장송곡에나 어울릴 법한 박자로 불렀다. 아메리카가 몰락하고 있으며 헌법제정회의가 유일한 희망이라는 것이었다. 제헌회의가 열리던 시기에는 랜돌프가 말했듯 아메리카의 몰락을 예고하는 것처럼 보이는 위기들이 있었다. 몰락을 막고 무정부 상태를 미연에 방지하기 위해 정부의 변화는 반드시 필요했다. 회의에 참석한 대표들도 이러한 결론에 대부분 동의했다.

랜돌프는 연합헌장이 "수정되고 확장돼야 한다"고 말했지만, 그가 들고 온 버지니아 안은 사실상 연합헌장이 반드시 폐기돼야 한다고 보고 있었다. 이 제안은 10여 개의 결의 사항을 통해 강력한 중앙정부의 틀을 제시했다. 이 정부의 핵심은 양원으로 구성된 '연방의회'였다. 버지니아 안은 연방의회를 일반 대중이 선출하는 하원과 각 주의 의회가 지명하는 상원으로 구분했다. 나아가 이 연방의회는 연방의 행정부와 사법부를 선출하는 권한을 가졌다. 연방의회의 권위는 대륙회의와 1781년 3월 연합헌장 이후 시작된 연합규약의 모든 권력을 포함했으며, 여기에 더해 "개별 주들이 무능한 상태가 되거나 개별 입법의 행사로 미합중국의 조화가 무너질 수 있는 모든 경우에 입법할 수 있는" 전반적인 권리를 부여했다. 이런 권리 외에도 연방의회는 "연방의 헌법 조항에 위배된다고 판단했을 경우 주들이 통과시킨 모든 법을 무효로 만드는" 권한도 있었다. 연방의회는 새로운 헌법이 주 헌법과 상위할 때 주 헌법을 거부하는 결정을 내릴 수도 있었다. 연방의회는 강력한 조직이었지만 제약을 받지 않는 것은 아니었다. 버지니아 안은 행정부와 '알맞은 수의' 판사들로 구성된 개정 위원회를 통해 연방의회 제정의 법령을 확인하고 거부할 수 있게 했다. 하지만 최종 권한을 갖는 것은 연방의회였다. 개정 위원회의 거부권을 다시 뒤집을 수 있었기 때문이다.[11]

버지니아 안의 열 번째 항은 새로운 주들의 가입에 대비한 것이었고, 열한 번째 항은 기존 주들과 새로운 주에서 공화 정부의 지속을 보장하는 것이었다. 열네 번째 항은 각 주의 관리들로 하여금 새로운 헌법을 지지하겠다는 맹세를 하게 했고, 마지막 항은 헌법의 비준을 위해 소집된 각 주 회의에서 이 새로운 헌법의 승인을 받게 하는 것이었다.

버지니아 안이 제출된 바로 다음 날 5월 30일, 헌법제정회의는 대표들을 모두 포함하는 위원회의 설립을 의결했다. 이는 앞서 대표들이 동의한 상당히 엄격한 규칙과 무관하게 자유로운 토론과 행동을 허용하기 위한 것이었다. 회의는 2주 동안 이루어졌고, 토론은 미리 준비해온 자들이 주도했다. 헌법제정회의에 미리 대비하고 심오한 정부 조직안을 제출했던 버지니아인들이 주도권을 잡고 토론의 틀을 규정했던 것이다. 이 2주 동안 버지니아인들은 큰 주의 대표들과 연대해서 논의를 이끌어나갔다. 그들은 거의 헌법제정회의 자체를 통제했다. 작은 주에서 온 대표들은 수세에 몰릴 수밖에 없었던 데다 큰 주의 대표들이 제기하는 질문에 대답하고 반박해야 했으므로 그들 나름의 제안을 할 여유가 없었다.

회의 초반에 큰 주들이 모든 것을 마음대로 주무른 것은 아니었다. 그들 사이에서도 합의는 쉽지 않았다. 전체 대표로 구성된 위원회가 버지니아 안의 검토를 시작하자마자 거버너 모리스는 첫 번째 조항, 즉 헌법제정회의가 연합헌장을 수정하고 확장해야 한다는 조항은 반드시 "논의가 연기돼야 한다"고 주장했다. 모리스와 그 밖의 모든 사람은 랜돌프가 수정과 확장보다 훨씬 이상의 것을 제시했다고 생각했고, 랜돌프는 그것을 인정해야 했다. 이에 랜돌프는 첫 번째 조항을 대신해, 만약 버지니아 안이 통과된다면 연방의 주권이 주의 주권을 대체한다는 점을 분명하게 드러낸 세 가지 수정안을 제시했다. 위원회는 연방정부가 '최고' 의회, 행정부, 사법부로 구성된다는 점에 관해서는 별 문제 없이 넘어갔다. 이제 위원회는 연방의회를 구성하는 의원을 어떻게 선출할 것인가라는 큰 문제와 직면하게 되었다. 버지니아 안은 인구에 따라 의원을 선출해야 한다고 제안했다. 이와 관련해 실제 적용될 공식은 다섯 명의 노예를 세 명의 자유민으로 본다는 것이었다. 이는 각 주가 연합회의의 재정에 기여할 공헌을 계산하기 위해 매디슨이 1783년에 책정했던 방식을 그대로 가져온 것이었다. 이에 델라웨어의 조지 리드George Read는 주 대표가 각 주의 평등권에서 벗어나는 조치에 동의하는 것을 금지시킨 델라웨어주 정부의 지시를 상기시켰다. 그러자 전체 위원회에서 의원 선출과 관련된 논의는 거의 시작도 할 수 없게 되었다. 리드는 헌법제정회의가 주들 간의 평등을 버린다면 자신을 포함한 델라웨어 대표들은 고향으로 돌아가겠다고 선언했다. 이는 각 주의 평등성 문제를 논의하고자 하는 주 대표들에게 틀림없이 성가신 위협이었다. 하지만 리드의 계책은 효과적이었고, 헌법제정회의는 각 주의 대표성 문제에 관해서는 며칠 동안 시간을 두고 생각해보자고 결정했다.[12]

사실상 랜돌프가 제안한 다른 모든 항은 2주 동안 진행된 토론에서 다루어졌다. 5월 31일 연방 하원이 어떻게 선출돼야 하는지가 논의됐고 인구 비례에 따라 선출하는 것으로 결정됐다. 상원의 선출과 관련해서는 의견이 모아지지 않았다. 위원회는 상원과 관련된 문제를 잠시 접어두고 이후 이틀 동안 행정부 수반이 될 대통령에 관한 사항을 논의했다. 행정부 수반은 한 명이어야 하는가, 아니면 다수여야 하는가? 랜돌프는 1인 행정부 수반은 군주제의 느낌이 난다고 생각했다. 그는 "사람들은 군주제와 매우 유사한 형태에 늘 적개심을 품고 있다"는 점을 지적했다. 이틀 뒤 제임스 윌슨은 복수의 행정 수반을 주장한 랜돌프에게, 1인 행정 수반에 반대하기보다는 일반 대중의 의견을 더 잘 논의해 처리하면 되지 않겠느냐고 지적했다. 윌슨은 이렇게 말했다. "1인 행정 수반이 왕이 아니라는 것은 모두가 아는 사실입니다." 윌슨은 최근 만든 주 헌법들도 행정 수반을 한 명으로 결정했다는 점을 각주 대표들에게 상기시켰고, 이것은 랜돌프의 제안에 대해 매우 강력한 반박이 되었다. 윌슨의 발언 이후 실시된 투표 결과는 그의 판단이 옳다고 판단했다. 7대 3으로 1인 행정 수반 선출이 결정됐기 때문이다.[13]

사법부와 관련된 문제는 또 다른 난제를 낳았다. 특히 법관의 임명 방식을 합의하는 것이 힘들었다. 위원회는 답을 찾기보다 논의를 연기하는 것이 더 수월하다는 판단을 내렸다. 그리하여 새로운 헌법에 앞으로 생겨날 새로운 주를 인정하는 공정한 방식이 포함돼야 한다는 사항은 쉽게 합의가 되었다. 또한 위원회는 헌법제정회의로 인해 생겨날 모든 새로운 방식을 비준하는 문제에 관해서도 토론을 시작했다. 그들은 이후 며칠 동안 이전 주에 합의한 사항들을 더 구체적으로 만들고, 기존 연합헌장의 정부에서 새로운 헌법의 정부로 이행하자고 결의했다. 또한 각 주가 공화정 형태의 정부를 갖고 주 관리들이 새로운 헌법을 지지하는 것을 보장하기로 결의했다. 나아가 위원회는 버지니아 안이 제안한 방식인 각 주의 특별 회의에 의한 비준도 승인했다. 위원회는 6월 13일이 되자 일을 끝내고 헌법제정회의에 결과를 보고했다. 개정 위원회와 관련된 내용을 제외하고는 대부분이 버지니아 안과 비슷했다. 대다수 대표가 개정 위원회는 입법, 사법, 행정 3부의 사이를 악화시키는 세련되지 못한 기구라고 인식했다. 연방의회에 주 의회에 대한 거부권을 준다는 매디슨의 광기에 가까운 구상은 채택되지 않았다. 위원회가 노예 한 명을 5분의 3인으로 산정해 인구에 따라 양 원의 대표를 할당하자고 권하자, 연방의회의 의원 구성에 관한 주 사이의 평등 원칙은 더 이상 살아남지 못했다.[14]

연방의회의 의원 구성과 선출 방법은 전체 대표들로 구성된 위원회를 교착 상태로 몰아넣을 수 있는 문제였다. 작은 주들이 힘을 합치려고 애쓰는 동안, 큰 주들은 그들의 뜻대로 행동했다. 그러나 작은 주들은 버지니아 안에서 권한 방식, 즉 하원이 상원을 선출하는 방식을 폐기시키고 그 대신에 주 의회가 상원을 선출하는 방식으로 바꾸는 데 성공했다.[15]

논의에 관한 기록은 남아 있지 않지만, 연방의회의 의원 구성과 선출은 틀림없이 회의에 참가한 대표들의 의중과도 연결된 것이었다. 제임스 윌슨이 희망한 것처럼, 양원이 보통선거로 선출된다면 인구 비례로 의원 수를 배정하자는 주장에는 거의 저항할 수 없을 터였다. 따라서 하원의 선출에 관한 논의는 행간에 비상한 의미를 남겨두고 있었다.

코네티컷의 로저 셔먼은 보통선거에 반대하며 다음과 같이 말했다.

"가까운 장래에 주 정부들을 폐쇄할 생각이라면, 양원은 반드시 인민에 의해 선출돼야 한다." 다시 말해 주 정부를 보존할 생각이라면, 주정부가 반드시 중앙정부의 의원들을 선출해야 한다는 뜻이었다. 헌법제정회의 초기에, 셔먼은 인민에 대한 강한 반감을 고백하기도 했다. 그는 인민에 관해 이렇게 말했다. "그들에게는 정부에 관해 알아도 할 수 있는 것이 거의 없다. 그들은 정보를 원하지만 지속적으로 현혹된다." 나중에 주의 권리를 보호하는 일이 위태롭지 않게 되자, 셔먼은 위에서 말한 것보다는 인민의 통제권에 관해 더 동정적인 태도로 나왔다.[16]

셔먼처럼 보통선거로 인한 선출을 반대하던 매사추세츠의 엘브리지 게리는 셔먼과 같은 이유로 반대한 것은 아니었다. 평등의 정신을 매도하는 게리는 이런 주장을 폈다. "우리가 경험하는 여러 폐해는 민주주의의 과도함에서 나온다."[17]

전체 위원회는 다음 날 버지니아 안의 개정을 보고했고, 이에 뉴저지의 윌리엄 패터슨이 일어나 일정을 하루 연기해달라고 요청했다. 여러 대표들이 헌법제정회의에 '순전히 연방적인' 계획을 제출할 수 있도록 시간 여유를 달라는 이유였다. 회의는 일정을 연기했고, 다음 날 6월 15일 패터슨은 뉴저지 안을 제출했다. '순전히 연방적인'의 의미는 이렇게 해서 분명해졌다. 뉴저지, 델라웨어, 뉴욕, 코네티컷, 메릴랜드가 만든 뉴저지 안은 버지니아 안에서 여러 조항을 빌려왔지만, 각 주가 동등하게 대표를 맡는 단원제의 대륙회의라는 연합헌장의 본질적인 구조를 그대로 유지했다. 연방의회는 복수의 행정 수반을 지명하고, 행정 수반들은 다소 제한적으로 사법부의 대법원 판사들을 지명하는 것을 제안했다. 이 안에서는 그런 식으로 주들 간의 평등이 유지됐다. 뉴저지 대표단과, 버지니아 안의 대안 작성에 가담한 다른 주들의 대표단들은 각 주 간의 평등이 주된 관심사였다. 이 작은 주들은 강력한 중앙정부를 반대하지는 않았다. 뉴저지 안은 "연방의회의 법령들과, 미합중국의 권위로 체결되고 비준되는 모든 조약은 각 주의 최고법이 되므로 그런 법령들과 조약들은 각 주와 그에 거주하는 시민을 구속한다"고 했다. 각 주가 해당 법령과 조약의 준수를 거부할 경우, 행정 수반에게는 그것을 강제할 수 있는 힘이 부여됐다. 또한 뉴저지 안에서 연방의회는 새로운 권한을 가지게 되었는데, 가장 눈에 띄는 것은 과세권과 통상 규제권이었다.[18]

뉴저지 안은 첫 번째 조항에서 그 이후의 조항들이 연합헌장을 '개정하고, 정정하고, 확장한' 조치임을 밝혔다. 이는 랜돌프의 수정되지 않은 안에서 그대로 가져온 멋진—그리고 사악한—솜씨였다. 새 헌법은 연합헌장의 확장이므로 당연히 연합회의와 주 의회들의 승인을 받아야 했다. 뉴저지 안에 민주주의적인 지지를 끌어내기 위해 고안된 내용은 아무것도 없었다.

패터슨은 신중하게 자신의 뉴저지 안에 관해 말했다. 그는 해당 안에 사람들의 신뢰를 저버리는 내용은 없다면서 이렇게 말했다. "이 안은 헌법제정회의의 권한과 일치하며 대중적인 정서와도 부합합니다." 이 부분에서 패터슨이 뜻하는 것은, 헌법제정회의가 새로운 구조를 포함한 버지니아 안을 승인하려고 한 것은 혁명적 조치이기 때문에 그것이 새로운 헌법이 되려면 인민의 비준이 필요하다는 것이었다. 대조적으로, 그의 뉴저지 안은 입헌주의 또는 인민의 신뢰에 아무런 위협이 되지 않았다.[19]

전체 대표들로 구성된 위원회는 패터슨의 말을 듣고 그것을 이해했다. 이후 3일 동안 제임스 윌슨은 두 안을 비교했다. 그리고 단원제 입법부는 '입법 폭정'을 초래할 수 있다는 의견을 제시했다. 윌슨은 이렇게 말했다. "입법 권한에 제약이 없으면 자유도 안정성도 없습니다. 입법부는 그 자체를 뚜렷하고 독립적인 두 부분으로 분할하는 것으로만 제약을 가할 수 있습니다. 단원제 입법부는 그런 견제를 할 방도가 없습니다. 입법하는 의원들의 미덕과 분별에 기대는 불완전한 견제 말고는요. 물론 개인의 미덕에만 의존하는 것은 적절하지 못합니다." 또한 윌슨은 버지니아 안이 헌법제정회의의 권한을 넘어서는 것이라는 패터슨의 주장에 대해, 회의는 "아무런 결론도 내릴 수 없지만" "어떤 것도 제안할 자유가 있다"고 반박했다.[20]

큰 주들은 이런 주장에 공감했다. 하지만 두 당파 사이의 근본적인 차이를 서로 분리시키는 것은 찰스 핑크니와 제임스 매디슨의 몫이었다. 핑크니는 "이 안은 뉴저지에 동등한 투표권을 주겠지만, 이렇게 되면 뉴저지는 양심에 반해 중앙정부 체제에 동의하는 것이 된다."고 말했다. 해밀턴이 6월 18일 논의 주제와 무관한 입헌군주제를 찬양하는 긴 연설을 마친 뒤, 발언 기회를 잡은 매디슨은 뉴저지, 그리고 그와 비슷한 생각을 하는 다른 주들은 각 주의 평등성을 옹호한 것을 언젠가 후회하게 되리라고 말했다. 앞으로 서부 지역에 생기게 될 많은 주에 관한 전망은 뉴저지를 고민하게 만들 터였다. 매디슨은 이렇게 말했다.

"그런 신생 주들은 틀림없이 거주민이 얼마 되지 않을 때 연방으로 들어오게 될 것입니다. 거주민의 규모에 따라 투표를 하면 모든 것이 정당하고 안전할 것입니다. 하지만 주마다 동등한 투표권을 부여하게 되면 반대를 위한 반대를 하는 소수가 전보다 더 나라 전체의 법률을

좌지우지하는 꼴이 될 것입니다." [21]

매디슨이 발언을 마치자 논의는 마무리됐고, 투표 결과는 작은 주들의 열세로 드러났다. 뉴저지와 뉴욕만이 패터슨이 제시한 안에 투표했다. 이에 전체 위원회는 버지니아의 안을 헌법제정회의에 올렸다. 작은 주들은 정부를 통제하고 싶어 했기 때문에 그렇게 할 수 있는 수단이 될 각 주의 평등권에 동의했다. 하지만 이 무렵에 이르러 그들은 평등권이 정부 통제 수단이라는 점에 별로 동의할 수 없게 되었다. [22]

헌법제정회의가 전체 위원회의 상정으로 개정 버지니아 안을 논의하게 되자, 이후 며칠 동안 작은 주의 대표들은 모여서 의견을 나눴다. 큰 주들은 우선 작은 주들의 사기를 북돋우기 위한 작업에 들어갔다. 첫 번째 조항의 '중앙'이라는 말을 빼버리고, "미합중국의 정부는 최고 입법부, 행정부, 사법부로 구성된다"라고 변경했다. '중앙'이란 단어는 작은 주들로 하여금 큰 주들의 의도를 의심하게 만들었던 것이다. 이런 단어의 변화는 적어도 어느 정도는 그들을 안심시키는 효과를 발휘했다. 하지만 그들이 가장 안심된다고 생각했던, 그래서 열망했던 것은 연방의회에서의 평등권이었다. 뉴저지, 델라웨어, 뉴욕은 연방의회를 양원제로 구성하자는 항목에 즉각 반대했다. 물론 그들의 반대가 수용될 일은 없었다. 하지만 그들은 각 주의 평등권과 관련해 큰 주들로부터 양보를 받아낼 심산이었다. 이에 로저 셔먼은 즉각적으로 절충안을 제시했다. "연방의회의 의원 구성 문제에 어려움이 있다면 상하 양원 중 하나에는 인구 대비 대표 구성을 하면 되고, 다른 하나는 각 주가 동등한 목소리를 낼 수 있게 하면 된다." 그러나 큰 주들은 이 미끼를 거부하고 양원제 연방의회의 안을 별다른 어려움 없이 밀어붙였다. [23]

귀족적인 성향 때문인지 농장주의 이해관계 때문인지는 몰라도, 사우스캐롤라이나의 찰스 코츠워스 핑크니 장군은 자신의 영향력을 행사하려는 제안을 하고 나섰다. 그는 하원을 인민이 아닌 주 의회들에서 선출해야 한다고 주장했다. 이런 제안이 노예제를 보호하려는 농장주의 계산에서 나왔다는 것을 모두가 곧바로 인지했다. 하지만 남부 주들 중에서는 사우스캐롤라이나만이 코네티컷, 뉴저지, 델라웨어와 함께 이런 제안을 옹호했을 뿐이다. 그리고 인민이 하원의원을 선출해야 한다는 버지니아 안의 조항이 승인을 받을 때 그에 반대한 주는 뉴저지뿐이었다.[24]

상원의 문제는 여전히 해결되지 않은 채 남았다. 헌법제정회의는 상원의원에게 누가 봉급을 지불할 것인지, 그는 어떤 자격을 지녀야 하는지 등을 논의하며 6월 말을 보냈지만, 상원의 문제는 해결되지 않았다. 회의는 6월 27일 상원의 문제를 다시 처리하기 위해 노력했다. 하지만 안타깝게도 이 노력은 전제들을 명확히 하기도 했지만 동시에 그 전제들을 더욱 견고하게 만들었다. 예상치 못한 이 결과는 좋은 의도가 의도하지 않은 결과를 낳을 수 있다는 또 하나의 역사 속 사례였다.[25]

회의에 참석한 대표들이 왜 연방의회의 의원 구성을 놓고 그토록 격렬하게 논쟁을 벌였을까? 이 문제는 겉으로 보는 것처럼 간단하지 않다. 연방의회 문제에 관한 의견은 이미 한참 전 모두 제기된 상태였고 당시에는 투표만을 남겨두고 있었다. 하지만 제헌회의에 파견된 대표들은 실용적인 동시에 열성적이었고, 그들에게 가장 큰 분열을 안겼던 이 문제를 다시 한 번 검토할 기회가 왔을 때 그것을 놓치지 않았다. 그들에게는 자부심이 있었고, 일부는 아직도 반대편 마음을 돌릴 수 있다고 생각했다. 어쨌든 거의 모든 대표가 실패를 두려워했지만, 이제 실패의 얼굴을 정면으로 바라보고 있었다. 그들은 또 한 번 논쟁을 통해 입장 차이를 해결하는 수밖에 없었다. 작은 주들의 권력을 희생시키는 연방제도를 밀어붙이던 큰 주들은 그러한 논쟁이 작은 주들을 안심시킬 기회라고 생각하기도 했다. 이후 며칠 동안 매디슨과 윌슨은 연방 내에서 다른 작은 주들에 맞서는 큰 주들의 '담합'이 존재한다는 주장을 부인했다. 매디슨은 버지니아, 매사추세츠, 펜실베이니아의 이해관계를 검토했고, '담합'의 조짐을 보이는 어떠한 것도 찾아내지 못했다.[26]

매디슨은 주의 크기는 각 주를 담합시키는 요소가 아니라고 결론 내렸다. "경험은 오히려 정반대의 교훈을 알려준다." 개인들 사이에서는 부유하고 저명한 사람들이 약자에 대항해 단결하는 일보다는 서로 싸우는 일이 흔히 더 많이 일어난다. 국가들 사이에서도 유사한 상황이 벌어진다. 예를 들면 "카르타고와 로마는 세상의 더 약한 나라들을 집어삼키기 위해 힘을 합치기보다 서로 박살을 내려고 했다." 고대와 현대의 연합을 보더라도 마찬가지다. 연합이 아닌 스파르타, 아테네, 테베의 경쟁은 암픽티온 동맹에 속한 더 작은 도시들에 치명적이었다. 만약 큰 주가 '단독으로' 작은 주들을 위협할 수 있다고 치자. 그렇다면 13개 주를 '완벽하게 결합해' 시민을 보호하는 힘을 갖게 될 연방이 작은 주들의 안전을 더 잘 보장하지 않을까?[27]

큰 주들을 두려워하는 작은 주들의 근심걱정은 거짓이 아니었다. 그들은 최근 몇 달 동안 다수결의 폭정에 관해 많은 이야기를 들었고 더 많은 이야기를 앞으로도 들을 터였다. 그들은 '다수결이란 결국 큰 주의 선택을 따르는 것이 아닌가?'라고 물었다. 매디슨, 랜돌프, 윌슨은 연합회의의 징발에 응하지 않았던 작은 주들을 책망해왔고, 큰 주들이 작은 주들에 대해 인내심을 가지기가 힘들다고 말해왔다. 결국 작은 주들은 연방에서 자신들의 영향력이 확실하게 행사되었던 제도인 대륙회의와 연합회의를 지키지 못할 것이었다. 작은 주들 중 어떤 곳도 새로운 제도에서 자신들의 영향력에 어떤 변화가 생길지를 분명히 예측할 수 없었다. 게다가 그들은 큰 주들과 마찬가지로 연방에 가능한 한 많은 통제력을 행사하고 싶어 했다.[28]

코네티컷 대표인 엘스워스Ellsworth, 셔먼, 존슨 등은 루터 마틴의 소소한 도움을 받아서 비록 장황하기는 했지만 연방의회 의원 구성의 평등성에 관해 핵심이 되는 사항을 주장했다. 그들은 인구 비례에 따른 의원 구성에는 본질적인 결함이 있는데, 연합에 대한 오해에서 그런 결함이 생겨난다고 말했다. 실제로 각 주는 조약과 아주 흡사한 합의에 의해 함께 뭉쳤고, 각 주는 자유와 주권을 누려 오고 있었다. 그런데 지금에 와서 주들은 연방에서 평등한 목소리를 내는 것을 포기하라고 요구받고 있었다. 사실상 델라웨어의 베드퍼드Bedford가 말한 것처럼 연방에 통합돼 아예 존재 가치가 없게 되는 상황을 요구받고 있었다. "완벽한 통합과 각 주들의 단순한 연합 사이에 중도 노선은 없습니다." 베드퍼드의 이런 수사修辭는 작은 주들에서 온 대표들을 당황하게 했을지도 모른다. 그들은 과거 대륙회의 체제의 지속을 추구하는 것이 아니라, 상원에서 주들이 동등한 목소리를 낼 수 있는 절충안을 요구했다. 그래도 베드퍼드의 과격한 언사는 효과가 있었다. 그의 언사는 절충안을 지지하는 사람들을 실제보다 훨씬 합리적이고 온건한 사람들로 보이게 했다. 냉철하고 세심한 절충안의 지지자였던 엘스워스는 이렇게 주장했다. "구성원이 평등한 목소리를 내지 못한 연합의 사례는 존재하지 않습니다." 하지만 이 주장은 역사를 부정확하게 파악한 것이었고, 그는 곧 주장을 굽히게 되었다. 어쨌든 엘스워스가 주장한 바는 양원에서 인구 비례에 의한 대표 구성 같은 과격한 변화를 추구할 필요가 없다는 것이었다. "우리는 한 극단에서 다른 극단으로 달리고 있습니다. 지붕만 수리하면 될 것을 건물의 기반마저 무너트리려고 합니다. 각 주의 과반수 투표가 없다고 해서 유익한 조치가 무의미해지는 것은 아닙니다." 이 주장이 사실이라면 헌법제정회의의 존재는 이해하기 힘든 것이었다.[29]

원칙 또한 위기에 처했다. 대립하는 양측도 이에 동의했다. 작은 주들은 자신들의 안이 독립 혁명의 이상을 대표한다고 생각했다. 그들은 각 주의 권리를 보호했던 연합헌장에서 왜 벗어나려고 하는지 이해하지 못했다. 마틴은 이렇게 말했다. "'자주적이고 독립적인 주'라는 말은 한때 친숙하고 동의를 받은 것이었으나 지금은 '기이하고 불분명한 것'으로 보인다." 마틴의 발언은 진정으로 당황한 사람의 심리 상태를 잘 보여준다.[30]

매디슨과 윌슨이 볼 때, 루터 마틴의 주장은 독립 혁명의 이상과 다른 것이었다. 두 사람은 조약만으로도 연합을 함께 묶을 수 있다는 작은 주들의 주장을 거부했다. 연합은 평등한 자들의 연합이 아니라, 제한적일 지라도 주들보다 더 높은 차원의 권력을 행사할 수 있어야 했다. 매디슨이 인용한 사례는 평상시의 정부 업무는 아니었지만 그래도 그의 주장을 뒷받침했다. "나포를 하거나 해적 행위를 처벌하거나 대륙군에서 범죄가 일어났을 경우, 개인의 재산과 그에 부속된 사람들은 대륙회의의 법에 의존했습니다." 매디슨이 내놓은 헌법 안은 이처럼 연합이 개인을 위해 해줄 수 있는 해당 사항의 목록을 늘려줄 터였고, '중앙정부'에 '가장 지고한 특권'을 줄 터였다. 이런 강력한 힘을 가진 정부에는 다수결 원칙이 곧 가장 간명한 정의다. 윌슨도 이에 동의하면서 절충안, 즉 하원은 인구에 따라 할당하고 상원은 주들 간의 평등권에 따르자는 제안을 거부했다. 또한 소수의 인민이 다수의 인민을 통제하는 상황을 보여주는 통계 수치를 인용했다. 윌슨의 말로는 각 주의 평등권을 보장하면 7개 주가 6개 주를 통제하게 된다는 것이었다. 이럴 경우, 나라의 인구 3분의 1이 있는 7개 주가 3분의 2가 있는 6개 주를 통제할 수도 있다는 뜻이었다. 그는 이렇게 물었다. "누가 정부를 형성하는지는 잊지 않으셨겠지요? 정부가 사람을 위한 것입니까, 아니면 주라고 불리는 상상의 결사체를 위한 것입니까? 투표권에 관한 규칙은 원칙적으로 하원은 물론 상원에도 똑같이 적용돼야 합니다." [31]

매디슨은 윌슨보다 훨씬 격정적으로 자신의 주장을 펼쳤다. 그는 각 주가 자주적이라는 점을 단호하게 부인했다. "사실 주는 그저 정치적인 결사체일 뿐입니다. 모든 사회에는 가장 낮은 자치단체부터 가장 높은 주권국가까지 권력의 단계적인 차이가 있습니다. 주들은 결코 주권이라는 본질적인 권리를 가지고 있지 않습니다. 주들은 늘 대륙회의에 속해 있었습니다. 주들은 거대한 결사체일 뿐입니다. 조례를 만들 수 있는 권한이 있지만, 조례는 연방의 규정에 위반되지 않을 경우에만 효과가 있습니다. 주들은 반드시 연방정부의 통제 아래에 있어야 합니다. 최소한 전에 영국 국왕과 영국 의회의 통제를 받았던 것처럼 말입니다."

주의 특성에 관한 이런 주장—주의 권리를 부정하고 단순한 결사체라고 주장하면서 주가 중앙정부의 통제 아래에 있어야 한다는 주

장—은 결국 아메리카가 공화국이며 대표 구성은 반드시 인민을 바탕으로 해야 한다는 생각에서 나왔다.[32]

매디슨의 주장에 나타나는 역사 지식은 인상적이었고 논리 자체에도 결함이 없었지만, 매디슨은 작은 주들의 대표를 설득하는 데 실패했다. 이는 너무나 당연했다. 큰 주들이 작은 주들에게 거대한 단일 통합 정부를 받아들이라고 자주 이야기했기 때문이다. 단일 정부 안의 '지역'과 유사한 '결사체'의 위치를 받아들이라는 얘기는 너무 과한 요구였다. 매디슨의 언어는 지나치게 삭막했고, 연방과 주의 상호 관계에 대한 그의 개념은 너무 명확해 그것이 버지니아 안 그대로라는 점을 누구나 눈치 챌 수 있었다. 작은 주들이 필요로 하는 것은 개별 권리의 보호이며, 주 경계가 사라지지 않을 것이라는 보증이었다. 특히 후자의 경우가 그들에게는 실제로 가장 중요했다. 논리, 역사, 이유 등은 지역 정서, 특히 그 자체로 오랜 역사를 가진 지역 정서 앞에서는 별 효력이 없는 무기였다.[33]

6월의 마지막 날에는 감정이 격해지는 일이 벌어지기도 했다. 대표들은 관련된 논의로 노력을 많이 했으나 별다른 성과를 내지 못했다. 작은 주들은 절충안을 고집했고, 큰 주들은 매디슨과 윌슨의 주장을 받아들여 그것을 거부했다. 교착 상태가 명백해져 헌법제정회의 자체가 실패로 돌아갈 것처럼 보이자, 크게 좌절하고 분노한 베드퍼드는 큰 주의 대표들이 작은 주의 대표들에게 '독재자의 태도'로 말하고 있다고 비난했다. 이어 그는 큰 주가 회의를 이런 식으로 종료한다면 작은 주들은 외국과의 동맹을 모색할 것이라고 경고했다. 이 말을 듣고 매사추세츠주 루퍼스 킹은 분노해 베드퍼드를 책망했다. 킹은 베드퍼드야말로 '독재적인 언어'를 사용하고 감정이 격해져 있으며, 스스로

'조국'을 포기하겠다고 선언한 꼴이라고 말했다. 물론 베드퍼드는 이러한 공격에 분노했다. 이 일은 토요일에 일어났다. 이틀 뒤 월요일인 7월 2일 헌법제정회의의 투표에서, 상원의 의원 구성에 각 주의 평등권을 보장하는 법안에 5대 5로 표가 갈라졌고, 조지아주는 찬반 동수로 기권이 되었다. 로저 셔먼은 당시 헌법제정회의가 "완전히 중단되었다"고 말했다. 몇 분 동안 논의를 한 결과, 아무도 회의가 중단되기를 바라지 않는다는 결론이 나왔다. 또한 아무도 회의의 해산을 바라지 않았다. 뉴저지와 델라웨어가 반대표를 던졌지만, 나머지 주들의 찬성으로 헌법제정회의는 절충안을 계획할 대위원회에서 해당 문제를 다시 다루기로 결의했다.[34]

매디슨과 윌슨은 대위원회에 포함되지 않았다. 각 주에서 한 명의 대표가 대위원회에 참석했다. 예를 들면 펜실베이니아에서는 프랭클린이, 버지니아에서는 메이슨이 대표로 선정됐다. 헌법제정회의는 무기명투표로 대위원회를 구성했다. 이런 구성은 대표들에게 일부 합의가 도출될지 모른다는 전망을 갖게 했다. 회의는 이렇게 논의를 계속해서 헌법을 제정할 의사가 있음을 보여주었다.[35]

대위원회가 제출한 최종 보고서는 '대타협'이라고 불리지만, 사실은 엘스워스와 코네티컷 대표단이 고안해낸 작은 주들의 방안을 수용한 것이었다. 대타협은 인구 4만 명당 한 명의 연방의회 의원을 두고, 다섯 명의 노예를 세 명의 자유민으로 산정하며, 연방 하원만이 재정 법안을 발의할 권한을 가지고, 상원에서는 각 주가 동등한 대표 구성을 갖는다는 내용을 담았다.

이에 대한 반응은 대개 여느 때와 같았다. 최종 보고서에 완전히 만족하지는 못했지만, 엘브리지 게리는 회의에 이를 제출했고 이후 2주 동안 그것을 옹호했다. 큰 주들에서 온 여러 대표들이 그랬듯이, 그도 어쩔 수 없이 이런 지지를 표시할 수밖에 없었다. 어쨌든 최종 보고서 작성에 참여했기 때문이다. 모두가 이런 생각을 한 것은 아니었지만, 기존의 입장에서 이탈한 사람들은 중요한 역할을 했다. 프랭클린, 메이슨, 그리고 대다수의 대표들에게 거의 알려지지 않은 노스캐롤라이나의 윌리엄 데이비가 그런 이탈자였다.[36]

매디슨은 최종 보고서에 반대했고 강력하게 항의했다. 그는 거의 다른 대표들을 위협했다. 매디슨은 "인구 대다수를 포함하는 주요 주들"이 "정당하고 현명한 계획"에 동의하면 다른 모든 주가 "점차" 응할 것이라고 주장했다. 이는 헌법제정회의 밖에서 연방을 형성해보겠다는 뜻이었다. 거버너 모리스 역시 최종 보고서에 거칠게 항의했다. 그는 "이 나라는 반드시 통합돼야 합니다. 설득으로 그럴 수 없다면, 칼이 그렇게 하겠죠. 교수대와 목매다는 밧줄은 칼이 하는 일을 마무리할 것이고요"라고 말했다. 베드퍼드와 다른 대표들은 매디슨과 모리스의 언사에 맹비난을 가했고, 그 덕분에 합의를 찾으려는 노력은 계속될 수 있었다.[37]

헌법제정회의의 관습대로, 최종 보고서의 주요 항목을 각각 처리할 위원회가 생겨났다. 의도했든 아니든, 이런 방식은 더 많은 대표로 하여금 최종 보고서나 아니면 그와 아주 흡사한 방안에 관여하게 만들었다. 엘브리지 게리가 7월 7일에 말한 것처럼, 모든 대표가 상원에서 각 주가 동등한 투표권을 가지게 한 조항이 '핵심 문제'라는 것을 알고 있었다. 게리는 협상을 전혀 하지 않고 이에 기꺼이 동의하겠다는 입장을 밝혔다. 하지만 다른 조항들은 철저한 조사와 치열한 논의의 대상이 되었다.[38]

논의는 이전의 논의와 다른 양상을 보였고, 거의 무미건조할 정도로 사무적인 분위기에서 진행됐다. 고대와 현대의 연합에 관한 언급은 물론 정치 이론이나 사상에 관한 얘기도 나오지 않았다. 원칙들은 몇 단어로 단조롭게 표현됐다. 대표들은 자신의 주의 이해관계를 직접적으로 주장하기 위해 전체 맥락을 잘라냈고 우회하는 방법을 사용하는 것도 삼갔다. 따라서 그들은 각 주가 하원에 보낼 의원의 숫자를 논의하는 데 많은 시간을 들였다. 그들은 인구 증가에 관한 추측을 하며 앞으로 일어날 변화를 예측하려고 애썼다. 인구 증가를 염두에 둔 게리와 킹은 서부 지역에 새로 생겨나는 주들의 의원들이 "당초 이 연합에 응한 미합중국 13개 주 의원들보다" 더 많은 수가 되는 것을 영구적으로 제한하자는 발의에 지지 의사를 표시했다. 이 점에서 공정성에 관한 문제가 생겨났고, 변경지역을 많이 보유한 주들의 이해관계까지 결부돼 대다수 주는 이 발의안에 반대 의견을 표시했다.[39]

교착 상태를 피하려는 소망 덕분에 헌법제정회의에서 가장 골칫거리 문제들 중 하나가 해결됐다. 처음에 거버너 모리스가 말한 제안, 즉 직접 과세의 대상이 되는 인민에 비례해 하원의 대표를 구성하자는 안을 채택한 것이다. 모리스 본인은 나중에 이를 후회했다. 직접 과세는 다섯 명의 노예를 세 명의 자유민으로 간주해 부과됐다. 이런 계산은 비위가 상하는 것이었지만, 사우스캐롤라이나와 조지아를 연방에 남아 있게 하려면 필요한 일이었다.

7월 16일에 상원에서 주들 간의 평등을 권고하는 것을 포함한 전체 안이 승인됐다. 투표는 우열을 가리기 힘들 정도로 아슬아슬했다. 매사추세츠주의 의견은 분열됐다. 게리와 칼렙 스트롱Caleb Strong은 안을 지지했고 킹과 고럼은 반대했다. 작은 주들의 연합과 노스캐롤라이나의 지지로 전체 안이 성사됐다. 펜실베이니아, 버지니아, 사우스캐롤라이나, 조지아는 반대했다. 분명 찬성했을 터인 뉴욕은 투표할 수 없었다. 랜싱과 예이츠가 이미 고향으로 돌아간 뒤였기 때문이다.[40]

합의에 이르는 과정

헌법제정회의는 이렇게 권력의 문제를 해결했다. 연방정부는 권력을 지닌 정부가 될 터였고, 작은 주들은 그런 권력의 행사에서 중요한 역할을 맡게 될 것으로 보였다. 이때부터 대표들의 집요한 지역주의가 드러났다. '절충안'의 승인으로 오랜 동맹이 무너졌고, 그 이후로 여태껏 그랬던 것처럼 대표들은 각자의 지역과 재산에 맞는 방침에 따라 나뉘었다. 하지만 지역과 재산에 관한 이해관계가 전적으로 문제를 규정한 것은 아니었다. 헌법제정회의는 결국 헌법을 만드는 과정이었다. 권력에 관한 문제가 상당히 잘 해결됨으로써, 정치 이론과 경험, 주요 참고 사항 등은 큰 주들과 작은 주들이 갈라서 다툴 때보다 좀 더 직접적으로 논의될 수 있었다.

헌법제정회의가 상원의 구성에서 주들 간의 평등성에 관한 문제를 정리한 뒤 논의가 재개되자 작은 주들의 애국심은 다시 불타올랐다. 회의는 버지니아 안의 여섯 번째 조항, 즉 연방의회의 권력을 다루는 결의 사항을 검토했다. 로저 셔먼은 연방의회의 권력을 일일이 열거해야 한다고 주장했다. 이 제안은 지지를 받지 못했는데, 셔먼이 그런 열거 리스트에 직접 과세를 포함시키지 않았기 때문이다. 베드퍼드는 즉각 연방의회는 "연방의 일반적인 이해관계와, 개별 주들이 다룰 능력이 없는 이해관계에 대해서도 입법할 수 있는" 권한을 가져야 한다고 주장했다. 랜돌프는 베드퍼드의 생각이 각 주의 헌법과 법령에 위배되는 주장이라고 평가절하하면서 "합리적이지 못한" 생각이라고 말했다. 이에 베드퍼드는 자신의 생각이 랜돌프가 헌법제정회의에 제시한 생각 못지않게 합리적이라고 주장했다. 이 말로 논의가 끝났으며 베드퍼드의 발의는 투표에 부쳐졌다. 그리고 이 투표 결과로 예전의 동맹은 무너졌음이 드러났다. 코네티컷은 반대했고, 버지니아, 사우스캐롤라이나, 조지아도 함께 반대했다. 찬성한 6개 주에는 매사추세츠, 펜실베이니아, 그 외의 나머지 작은 주들이 있었다.[41]

연방의회가 어떤 권력을 행사해야 하는지에 관한 논의는 다시금 대표들의 머리를 복잡하게 만들었다. 베드퍼드의 발의가 문제를 정리해줄 것이라고 생각하는 대표들은 아무도 없었다. 행정부에 관한 문제는 아주 복잡했고, 헌법제정회의는 2주가 지나도록 문제를 해결하지 못했다. 하지만 오랜 회기 동안 대표들은 나름대로 노력했다. 매디슨과 윌슨은 행정부 수반을 선출하는 과정의 핵심에 인민이 관여해야 한다는 주장에 찬성했다. 거버너 모리스는 민주주의를 옹호하지는 않았지만 찬성 편에 섰다. 그는 인민에게 믿음이 있었던 것이 아니라, 연방의회에 음모가 있을 것을 우려해서 그렇게 행동했다. 윌슨과 매디슨은 인민이 통치의 내밀한 과정을 잘 알지 못하고 그런 과정에 보통동반되는 당파와 음모 또한 잘 모른다는 점을 언급했다. 따라서 유능한 지도자들만이 훌륭한 행정부 수반을 선택할 수 있었다. 이런 논리는 다른 대표들에게는 억지 주장처럼 들렸다. 어쨌든 7월 17일 헌법제정회의는 행정부 수반의 선출을 연방의회가 한다고 결정했다. 많은 대표가 불만스러워했던 이 결정은 대표들이 행정부 수반의 임기, 재선 자격, 탄핵 가능 여부, 입법 거부권 허용 여부 등을 논의하며 엎치

락뒤치락하느라 당분간 그대로 남아 있었다.[42]

그 뒤 이어진 논의는 혼란스러웠다. 대표들은 상원의 구성에서 주들 간의 평등에 관한 절충안을 끌어낸 뒤라 피곤을 느끼지는 않았지만 그래도 성급한 모습을 보였다. 또한 그들은 성취해야 할 것이 많이 남았음을 깨달았기 때문에, 어떤 문제가 합의되지 않는다 싶으면 잠시 놔두고 새로운 결의안을 논의했다. 헌법제정회의는 7월 26일 10일 동안 휴회하기로 결정하고 미완성의 헌법 조문들이 서로 잘 조화되게 만들라고 지시했다. 세부 위원회는 확실히 잘못 선택된 이름이었는데, 이렇게 휴회를 하기 전 여러 중요한 결정을 내리기도 했으니 말이다. 제임스 매디슨에게는 놀랍게도, 회의는 그가 소중히 여긴 개념, 즉 연방의회가 주 법을 거부할 수 있는 권한을 배제했다. 또한 사법부 구성원은 상원이 임명하게 했는데, 이 역시 매디슨을 불만족스럽게 했다. 회의는 헌법 개정을 가능하게 해주는 조항을 두어야 한다는 점에도 동의했다. 이 문제에서 엘스워스와 패터슨은 예전의 파트너 관계로 돌아갔고, 함께 주 의회가 헌법제정회의가 작성한 헌법을 비준해야 한다고 주장했다. 매디슨은 인민의 비준이 필요하다고 주장해 의회의 동의를 얻어냈다.

7월 말 내내 이런 문제가 불거지자, 헌법제정회의는 행정부 수반의 정의를 되풀이해 검토했다. 이 당시의 복잡했던 논의와 투표에서 특정한 노선이 뚜렷하게 나타나지는 않았다. 하지만 일관된 논조가 있었다. 매디슨과 윌슨은 인민에 의한 투표를 강력하게 촉구했다. 만약 그렇지 못하다면 최소한 인민이 선택한 선거인단에 의해 대통령이 선출돼야 한다고 주장했다. 또한 매디슨은 행정부 수반과 사법부 일부에 법을 개정할 수 있는 권한을 줄 것을 강력하게 주장했다. 그와 윌슨은 연방의회가 다른 모든 정부 기관의 권력을 잠식할 가능성이 크며 서로 협력한다고 하더라도 연방의회가 '압도하는 형세'가 될 것이라는 확신이 있었다. 이런 주장을 펼치는 이유도 전적으로 그런 확신 때문이었다. 매디슨은 상황을 이렇게 보았다. "모든 주에서 겪은 경험으로 보면, 의회가 모든 권력을 자체의 소용돌이 속으로 흡수하려는 강력한 경향이 있었습니다. 이것이 바로 아메리카의 헌법을 위태롭게 만드는 진짜 위험의 근원입니다. 이 때문에 다른 부처에 방어적인 권한을 부여할 필요성이 있으며, 이는 공화주의적인 원칙과도 일치합니다." 엘스워스는 대통령 선출 방식에 관해서는 매디슨에게 동의하지 않았지만, 행정부와 사법부의 상호 협조 주장에는 동의했다.[43]

헌법제정회의는 7월 26일 마침내 합의와 의견 불일치의 결과를 세부 위원회의 손에 넘겼다. 그리고 이때까지 예전의 기준들로 인한 여러 흥미로운 논의가 나타나기도 했다.

세부 위원회는 헌법제정회의에서 이미 내린 결정에 근거해 헌법을 작성하는 책임을 맡았다. 또한 위원회는 행정부 수반에 관한 여러 사항을 포함해 회의가 내리지 못한 '결정들'을 숙고하는 일도 맡았다. 찰스 코츠워스 핑크니는 자신의 입장을 전달하는 것을 잊지 않았다. 그는 세부 위원회가 노예 해방과 노예 과세를 없는 일로 해주지 않으면 자신의 주는 헌법 지지를 철회하겠다고 경고했다. 헌법제정회의는 그런 의

미국 연방대법원에 놓인 존 러틀리지의 흉상(1739~1800) 사우스캐롤라이나의 법관이자 주지사였던 러틀리지는 헌법제정회의 세부 위원회의 장을 맡아 헌법 초안을 작성했다.

견을 정중하게 들은 뒤 신중하게 위원회 소속 위원들을 선정했다. 위원회의 장은 핑크니의 동료인 존 러틀리지가 맡았고, 랜돌프, 고럼, 엘스워스, 제임스 윌슨이 위원으로 선정됐다.[44]

세부 위원회는 예정된 대로 8월 6일에 보고서를 올렸다. 큰 의견의 불일치 없이 협력한 결과였다. 랜돌프와 윌슨이 보고서 대부분을 작성한 것처럼 보였는데, 이 보고서는 나중에 회의의 대표들이 더 수정할 수 있게 밑그림만 그려놓은 것이었다. 세부 위원회는 노예제도에 손을 대지 말라는 핑크니의 경고에 주의를 기울었다. 보고서의 일곱 번째 조항은 노예의 수입을 금지하는 것에 관해 밋밋한 권고만을 담고 있었다. 보고서의 나머지 조항들에 관해 세부 위원회는 버지니아안과 헌법제정회의에서 이전에 내린 결정을 따랐다. 또한 연합헌장에서 명기된 연합회의의 권한까지도 포함시켰다. 위원회는 독자적인 여러 생각을 보고서에 추가했으며, 헌법제정회의에서 가장 중요하게 생각한 사안, 즉 연방의회에 총체적인 권력을 부여하자는 베드퍼드의 발의를 무시했다. 세부 위원회가 구상한 연방의회는 여전히 충분한 권력을 갖고 있었다. 반드시 인구 조사에 비례해 직접 과세를 해야 한다는 점을 제외하고, 의회는 바라던 대로 과세를 할 수 있었다. 이는 노예제를 보호하려는 의도였다. 연방의회는 또한 "그 자신과 행정부에 부여된 권력을 행사하는 데 필요하고 적합한 모든 법을 만들 수 있는" 권한을 보유하기도 했다.[45]

비록 헌법제정회의가 일부를 고치기는 했지만, 보고서는 전반적으로 우호적으로 받아들여졌다. 회의는 세부 위원회가 권고한 정부 구조를 수정하지 않았다. 이후 몇 주 동안 의회의 권한에 관해 많은 논의가 있었지만, 의회가 권한을 행사할 수 있는 항목을 명시해두자는 권고도 받아들여졌다. 헌법제정회의가 거부한 사항도 있었다. 세부 위원회는 연방 하원의 의원을 뽑는 투표권자가 주 의회의 의원들을 뽑는 유권자와 동일한 인물이어야 한다고 권고했다. 거버너 모리스는 이 조항이 폭정을 초래한다며 우려를 표시했다. "이 나라에서 직공과 제조공이 고용주에게서 빵을 받는 일이 흔해질 시기가 머지않았습니다." 모리스는 이런 노동자가 귀족으로 자리매김하려는 부자에게 투표권을 팔아버리지나 않을지 걱정했다. 이런 사태가 벌어질 것이라고 믿은 모리스는 투표권은 자산가에게만 부여돼야 한다고 강력히 주장했다. 모리스의 주장에 동의한 존 디킨슨은 자산가를 "최고의 자유 수호자들"이라고 불렀다.[46]

자유를 곧 재산의 자유라고 보는 관점은 영국과 아메리카에서 오래전부터 인정을 받았던 터라, 모리스의 수정 제안에 헌법제정회의가 곧바로 저항하기는 힘들었다. 그러나 윌슨과 엘스워스는 모리스의 주장에 곧장 반박했고, 메이슨과 러틀리지도 곧 이에 합류했다. 매디슨은 한동안 결심을 하지 못한 것처럼 보였지만, 결국 이런 말을 남겼다. "자질만 두고 볼 때, 자산가들은 공화주의적 자유를 가장 잘 지켜낼 사람들일 것입니다." 하지만 매디슨은 모리스의 제안을 거부했다. 평범한 사람들이 그 제안에 혐오감을 느낄 것이고 그로 인해 헌법을 거부하는 일이 벌어질 수도 있다는 생각 때문이었다. 벤저민 프랭클린은 그런 생각을 바탕으로 모리스에게 이런 효율적인 대답을 전했다. 프랭클린은 독립 전쟁의 승리에 그토록 많은 기여를 한 인민의 '미덕과 애국심'을 회의 대표들이 다시 한 번 믿어야 한다고 말했다. 프랭클린이 발언을 마친 지 얼마 되지 않아 그 논의는 종결됐고 모리스의 제안은 거부됐다.[47]

투표권에 관한 결정에는 그리 오랜 시간이 걸리지 않았다. 그렇지만 결정은 의미심장한 동기와 전제들이 집결된 것이었다. 이 결정은 공화정의 이론을 따랐고, 아메리카인과 그들의 향후 발전 가능성에 대한 짧은 분석을 이끌어냈다. 또한 대표들에게 정치가 실제로 어떻게 작용할지를 고려하라고 압력을 넣기도 했다. 이런 표면 아래에 그 외 다른 것이 있었을까? 재산에 관한 고려와 계급적 편견이 분명히 있었을 것이다. 사실 공화정 이론에는 이런 점이 내재돼 있다.

이런 모든 성향, 동기, 관심사는 보고서의 나머지 부분을 검토하는 과정에서 나타났다. 이 당시 대표들은 서로를 잘 알고 있었고, 대개 자신의 생각을 설명하는 일을 불필요하다고 보았다. 그들은 다양한 권고를 하고, 일부를 수용하며, 많은 것을 변경하고, 도저히 해낼 수 없는 일은 굳이 마무리 지으려 하지 않고 뒤로 미뤘다. 대표들은 8월 마지막 주 또 다른 절충안을 만들었다. 하지만 이 안은 그들을 불편하게 하고 죄책감을 느끼게 했다.

세부 위원회는 연방의회가 노예 수입에 과세하는 것을 금지하도록 했다. 위원회는 헌법제정회의의 관례에 따라 '노예'라는 단어를 사용하지 않았지만, 과세 금지를 권고하면서 위원회가 생각했던 '사람'이 누구인지는 모두가 알고 있었다. 또한 위원회는 어떤 항해법도 양원에 출석한 의원들의 3분의 2에 해당하는 동의가 있어야 통과될 수 있다는 조항도 포함시켰다.[48]

노예 무역에 과세하지 못하게 한 것은 사우스캐롤라이나와 조지아 농장주의 감정을 건드리지 않으려는 의도였다. 한 캐롤라이나 대표는 논의 중에 노예 무역이 보호받지 못하면 남북 캐롤라이나와 조지아는 헌법을 인정하지 않겠다고 경고했다. 찰스 코츠워스 핑크니와 다른 대표들도 이와 비슷한 위협을 했을 것이다. 노예 무역을 보호하기 위해 그런 위협이 정말로 필요했는지는 의문이 든다. 헌법제정회의는 일이 거의 끝났음을 알고 있었고, 이 당시 그들은 절충안에 굉장히 협조적인 모습을 보였다.

물론 노예제에 양보하는 것에 여전히 혐오감을 느낀 대표들도 있었다. 그런 사람들은 대부분 그런 감정을 말로 표현하기도 했다. 이 당시 농장주의 비위를 맞추는 일에 철저히 환멸을 느낀 루퍼스 킹은 화를 억누르고 그런 부류의 재산을 보호하는 것은 부당하다고 말했다. 존 디킨슨은 상당히 직설적이었다. 조지 메이슨은 신의 섭리라는 관점에 입각해 노예 소유주의 이해관계를 충족시켜주는 것이 큰 죄악이라고 보면서 노예 소유주를 비열한 폭군이라고 말했다.

"노예주들은 이 나라에 하늘의 심판을 불러들일 것이다. 주들은 내세에서 받아야 할 보상이나 징벌을 받을 수가 없으므로, 현세에서 그것을 받게 될 것이다. 일련의 불가피한 인과관계를 통해 신의 섭리는 국가적인 재앙을 보내 이 국가적인 죄를 벌할 것이다." 그 자신 역시 노예주였고 그들의 노동에 의지해 살고 있었지만, 이 말은 틀림없이 메이슨의 양심에서 나왔다. 하지만 그는 버지니아인이었다. 당시 노예가 남아돌던 버지니아는 노예 수입이 금지되면 남쪽 주들에다 노예를 팔아 이문을 남길 수 있었을 것이다. 캐롤라이나인은 이런 사실을 잘 알고 있었다. 찰스 코츠워스 핑크니는 몇 주 뒤 노예를 없애면 사우스캐롤라이나는 곧 '불모지'가 될 것이라고 말했다. 또한 그는 메이슨과 버지니아인에게 노예 무역을 원칙 때문에 반대하는지, 아니면 돈 지갑 때문에 반대하는지 묻기도 했다.[49]

돈 지갑에 관심이 있는 것은 남부 주들뿐만이 아니었다. 북부의 사업은 항해법의 승인에 3분의 2 의원 동의가 필요하다는 점에 영향을 받을 터였다. 이는 주요 생산물을 팔아야 하는 남부의 농장주도 마찬가지였다. 남부인은 북부에 의해 통제되는 연방의회가 외국 상선이 아메리카와 무역하는 것을 막아서, 공정한 경쟁도 없이 아메리카 선적 업자들이 남부인을 약탈하게끔 만드는 상황이 발생할까봐 염려했다. 북부 대표들은 당연히 출석 의원의 3분의 2가 동의해야 한다는 조항이 불공정하다고 생각했다. 소수인 남부 주들에게 거부권을 주는 셈이었기 때문이다.

헌법제정회의의 분위기를 감안하면, 이에 대한 타협은 거의 피할 수 없는 상황이었다. 따라서 8월 마지막 주에 결론이 내려졌다. 1808년까지는 노예 무역에 대해 어떤 금지도 하지 않는다는 조항에 합의가 이루어지자, 며칠 뒤 사우스캐롤라이나와 조지아의 대표들은 항해법 통과에는 의원의 2분의 1에 해당하는 과반수만 되어도 가능하다는 변경 사항을 지지했다. 노예 무역 옹호자들에게 양보하던 당시에 매디슨은 간결한 논평을 남겼다. "향후 20년 동안 노예 수입이 온갖 해악을 가져올 것이다." 거버너 모리스는 여기서 더 나아갔다. 그는 조항을 아예 이렇게 만들자고 주장했다. "노스캐롤라이나, 사우스캐롤라이나, 그리고 조지아의 노예 수입은 금지되서는 안 된다." 루터 마틴은 당시 상황이 나타내는 기막힌 아이러니를 노골적으로 표현했다. 그는 아메리카인을 노예로 만들려는 영국의 시도에 반대하던 사람들이 이제는 인간의 천부인권을 바탕으로 자유를 누리면서도 노예의 공급을 보장하는 모순된 조치를 취하고 있다고 비꼬았다. 하지만 몇 달 뒤 매디슨이 마지막으로 내린 판단, 즉 "해악이 얼마나 크든 간에, 연방의 해체는 그보다 더 해롭다"는 말이 대다수 아메리카 백인에게는

훨씬 더 설득력 있게 들렸다.[50]

이런 반대 의견을 물리치고 이틀이 지난 뒤인 8월 31일, 헌법제정회의는 여전히 해결되지 않은 문제를 해결하기 위해 미결 문제 위원회를 세웠다. 이 문제들 중에는 세부 위원회가 권고한 연방의회의 권한에 관한 내용도 포함됐다. 세부 위원회에 따르면,

> 연방의회는 "필요하다면 때때로 미합중국의 공공 재산과 전반적인 관심사, 복지를 잘 처리하고 지켜내는 것을 가능하게 할" 권한을 가졌다. 다만 이는 "개별 주 정부들을 방해하지 않는 방식으로 행사해야 하며, 주 정부들이 내부 치안을 유지할 수 있거나 그들의 개별 당국이 처리할 수 있는 문제에 대해서는" 해당되지 않았다.[51]

이 권한은 엄청난 것이었다. 이는 매디슨과 셔먼이 앞서 내놓은 제안들, 그리고 이미 승인된 베드퍼드가 발의한 조항을 요약한 것이었다. 새로운 위원회는 연방의회의 권한을 전체적으로 열거할 때 이 조항을 포함할지 아니면 적당히 한계를 둘지 결정해야 했다. 또한 위원회는 과세권이 어떻게 규정돼야 하는지, 그 목적은 무엇인지, 누가 재정 법안을 발의해야 하는지, 상원의 권한은 무엇인지, 대통령을 선출하는 방식은 어떻게 해야 하는지 등을 고민해야 했다.

맨 마지막 사항인 대통령의 선출 문제는 몇 주 동안 헌법제정회의를 괴롭혀왔다. 매디슨과 윌슨은 어떤 문제보다도 이 문제로 가슴앓이를 많이 했다고 인정했다. 하지만 이 문제는 여전히 논의가 끝나지 않은 상태였다. 위원회는 대통령 선출에 관해 권고를 하고 다른 대표들은 9월 초에 질문을 하기로 했다. 위원회는 대통령은 선거인단을 통

해 인민이 선출하며, 4년의 임기에 재선될 수 있다고 했다. 후보자가 과반수 득표를 하지 못하면 상원이 상위 득표자 다섯 명 중 선택할 수 있었다. 위원회는 상원의 권한을 줄였다. 그들은 상원이 조약을 체결하지 못하게 하고, 대법원 판사와 대사를 선택하지 못하게 했으며, 헌법제정회의가 부여하려던 책임 사항들도 없던 일로 했다. 또한 재정 법안을 발의하지 못하게 하고 수정만 할 수 있게 했다. 일반적인 복지라는 명목으로 실상 모든 것을 할 수 있던 막대한 권한 부여는 조용히 폐기되고 그 대신 좀 더 좁은 의미의 권한으로 대체됐다. 하지만 여전히 강력한 권한이었다. 새로 부여된 권한은 예산을 집행하고 빌려주는 연방의회의 권한에 소속된 것이었다. "연방의회는 채무를 청산하고 미합중국의 공공 방위와 일반 복지를 제공하기 위해 세금, 관세, 소비세를 부과하고 징수할 권한이 있다." [52]

이 표현은 위원회가 제시한 다른 해법처럼 헌법에 포함됐다. 위원회가 했던 중요한 개정 작업 중 하나는 대통령 선출 방식과 관련된 것이었다. 이때가 되자 선거인단에 관해서는 합의가 되었지만, 과반수에 이르지 못했을 경우 누가 결정할 것인지를 두고 의견 불일치가 계속됐다. 위원회는 이 경우 상원이 대통령을 선택하도록 권했다. 이것은 작은 주의 대표 대다수에게 만족스러운 권고였다. 이후 더 많은 논의와 성공적이지 못한 공작도 있었지만, 헌법제정회의는 분명 메이슨과 윌슨에게 휘둘리고 있었다. 두 사람은 상원이 이런 힘을 갖게 되면 "절대왕정보다도 더 끔찍한 귀족 사회"가 생겨날 것이라고 주장했다. 로저 셔먼은 이 혼란에서 빠져나올 방법을 제시했다. 하원이 선출하되, 각 주의 대표단이 하나의 투표권을 갖자는 것이었다. [53]

헌법제정회의의 가장 중요한 일은 1787년 9월 8일에 마무리됐다.

미국 헌법 원본 1787년 9월 17일에 제정된 미국 헌법은 9개월 동안 많은 논쟁과 수정 끝에 1788년 6월 21일에 비준됐고, 1789년 3월 4일부터 발효됐다.

회의는 헌법조문의 표현을 다듬고 정리하는 위원회를 새로 설립했다. 해당 위원회는 산더미처럼 많은 조항을 일관성 있는 헌법 형태에 맞게 집약하는 책임을 맡게 되었다. 위원회에는 매디슨과 알렉산더 해밀턴이 소속됐으나, 실무는 타고난 편집 재능을 보인 거버너 모리스가 담당했다. 그는 지나치게 중복된 단어를 잘라내고 나머지를 재구성한 뒤 서문을 다시 썼다. 모리스와 위원회가 일을 마쳤을 때, 그들은 좀처럼 만족하기 어려운 회의가 만족했음을 확인할 수 있었다.[54]

대표들은 9월 17일에 서명했다. 항해법의 통과에 출석 의원 3분의 2의 동의가 필요하다는 안이 삭제되자 불만을 감추지 못했던 조지 메이슨은 에드먼드 랜돌프와 엘브리지 게리처럼 서명을 거부했다. 랜돌

미국 헌법에 서명하는 대표들 1787년 9월 17일 각 주에서 파견된 대표들이 미국 헌법에 서명했다. 헌법에 완전히 동의하지 않은 이들도 대부분 서명했다.

프는 수정 작업을 담당할 또 다른 헌법제정회의를 약속하지 않는다면 서명을 보류할 수밖에 없다고 했지만, 비준을 지지할 것인지 또는 반대할 것인지에 관해서는 아무런 결정도 하지 않았다. 게리가 서명을 거부한 이유는 명확하지 않다. 그에게 동정적인 학자들은 게리가 새로운 헌법이 공화국의 인민에게 적합하지 않다고 믿었기 때문이라고 설명한다.[55]

헌법에 완전히 동의하지 않는 이들도 대부분 서명을 했고, 대표들은 각 주가 헌법을 어려움 없이 비준할 것이라는 희망을 공유했다. 이후 아홉 달 동안 비준이 진행됐고, 많은 난관과 긴장이 있었다. 어쩌면 불가피한 일이었다. 하지만 아메리카인들은 지금껏 이보다 더한 장애물을 수차례 극복해왔고, 이러한 어려움은 사소한 것처럼 보였다.

비준 : 끝이자 시작 **8**

헌법은 보수적이었고 그 작성자들은 세속적이었지만
그럼에도 헌법에는 공화국의 미덕이 어느 정도 구현되어 있었다.
헌법은 권력을 제한함으로써 사회와 도덕의 부패를 막고자 했고,
특히 다수의 폭정이라는 새로운 위험을 방지하기 위해 큰 노력을 기울였다.
헌법 비준을 두고서는 연방정부의 강한 권한이 공화국에 필요하다고
본 연방주의자들과 그것이 주와 개인의 권리를 해친다고 본
반연방주의자들이 서로 대립했다. 결국 각 주에서 연방주의자들이
승리하면서 헌법이 비준됐다.

인민은 자유로웠고 동시에 구속받았다

헌법제정회의에서 어떤 일이 벌어졌는가? 1787년 사람들 사이에서 아주 흔했던 의견은 회의가 독립 혁명의 원칙에 헌신하지 않았다는 것이었다. 이런 의견을 가진 사람들은 헌법이 각각의 주권을 가진 여러 주의 연합이라는 옛 원칙을 사실상 무너트리고 그것을 소위 '통합된' 정부로 대체했다고 지적했다. 통합된 정부에서 권력과 주권은 개별 주들이 아닌 중앙정부에 있었다. 헌법제정회의가 종료된 다음 해에는 통합의 의미에 관해 다양한 해석들이 나타날 수밖에 없었다.

1787년 이래로 많은 역사가는 이런 의견을 확장해 헌법을 보수적 움직임이 반영된 결과물로 서술했다. 과거에는 많은 이들이 헌법을 공공 안보를 장악한 자들에 의한 음모의 산물로 보았고, 음모자들은 자신과 자신이 속한 계층의 주머니를 채우는 데 열중했다고 판단했다. 그러나 이제는 그렇게 생각하는 이들이 별로 없다. 엘리트들이 헌법으로 정부의 틀을 세우면서, 비록 단기간이기는 했지만 성장하고 있던 민주주의를 억제했다는 주장이 더 많은 지지를 받았다. 이런 해석의 관점에서 보면 헌법은 독립 혁명에 자극을 받아 민주주의를 추구한 엄청난 움직임에 대한 보수적인 대응이었다. 우리가 본 것처럼 1776년에 독립 혁명은 민주주의의 영향을 받았고 그것을 바탕으로 혁명의 대원칙이 선포됐다. 그런 과정에서 민주주의에 기반을 둔 정치적인 장치가 생겨났는데, 특히 주 헌법들과 연합헌장이 이에 해당했다. 이런 제도와 이상은 모두 주권이 인민에게 있다는 전제를 중심으로 삼았다. 1776년에 민주주의가 공적인 영역에 침투된 것을 발견한 역사가들은 1776년에서 1781년을 독립 혁명이 정의된 시기라고 주장했다. 이어 그들은 이후 발생한 모든 일을 그 시기의 정신에 위배된다고 보았는데, 다시 말해 그들이 추정한 독립 혁명의 진정한 기준에 위배된다는 것이었다.

이런 주장은 편협하고 어떤 면에서는 반反역사적이다. 어떤 기준을 정해놓고 그 기준에 맞지 않는 후대의 역사는 무효라고 주장하는 것이니까 말이다. 독립 혁명은 거의 30년 동안 발생한 사건들이 복잡하게 조합된 일련의 과정이기에, 실제로 벌어진 일들은 여러 단계를 거쳐왔다. 어떤 한 단계를 다른 단계보다 더 '혁명적' 또는 더 '보수적'으로 추정하면 모든 단계를 총체적으로 이해하지 못하게 된다.

독립을 성취하고 평화가 성립되자 독립 혁명과 연관된 문제들의 성격이 바뀌었다. 1783년 전에 있었던 일련의 문제는 모두 독립의 성취라는 한 가지 목적과 연결된 것이었다. 그 이후의 시기에는 같은 문제들을 계속해서 고민해야 했는데, 특히 자유민이 어떻게 스스로를 다스려야 하는지가 중요한 문제였다. 물론 종전을 전후한 두 시기는 서로 달랐다. 1775년에서 1783년까지는 전쟁이 모든 것을 지배했다. 그리고 전쟁은 고유의 임무와 목표를 가지고 있었다. 모두가 전시의 통치 방식 중 상당수가 평시에는 적합하지 않다는 점을 인식했다. 따라서 통치 업무라는 점에서는 전후의 문제가 전시의 문제와 비슷해 보였지만, 실제로는 달랐다. 전후의 문제는 평화로운 상황에서 발생했기 때문이다. 1780년대 아메리카인들이 전쟁에서 비롯된 문제들을 직면해야 했던 것은 사실이다. 하지만 독립과 평화는 이 문제들을 새로운 맥락에서 바라보게 했다.

전쟁이 끝나자 상인, 변호사, 대농大農, 농장주와 같은 세속의 사람들이 연합회의, 주 의회, 군대를 이끌었다. 그들은 비전을 가진 사람들이었고 열정도 다소 품고 있었다. 하지만 그들이 공화국의 미덕에 대해서는 예전처럼 두드러지게 관심을 가지지 않았다. 새뮤얼 애덤스같이 이 문제에 강렬한 관심을 가진 사람은 드물었다. 오히려 그들에게는 통상의 효율성과 정부의 활기가 공화주의 미덕만큼이나 중요했고 미덕을 구성하는 필수 사항이었다. 그들의 비전은 이제 국가를 포함한 거대한 조직들에, 그리고 그 조직들이 발휘할 수 있는 권력에 집중했다. 그 비전은 아마 그들의 꿈이었을 것이다. 전쟁 후에도 해결되지 않은 문제들과 그들의 정부 경험, 특히 대륙회의와 군대에서 겪은 경험을 고려하면 조직의 권력에 집중하는 것은 자연스러운 일이었다.

이런 세속적인 사람들이 헌법을 작성했다. 그들은 환멸로 얼룩진 분위기에서 그 일을 해냈다. 아메리카에서 미덕이 사라지고 있다는 의심이 널리 퍼졌고, 헌법제정회의에 참석한 대표들 역시 이런 의심을 공유했다. 하지만 그들은 지난 30년 동안 아메리카가 성취한 일을 대견하게 여기면서 희망을 버리지 않았다. 이런 성취는 매우 찬란한 인상을 남겼기 때문에 대다수의 대표는 아메리카의 공화주의 실험이 전 세계에 하나의 위대한 사례로 남을 수 있다고 강력하게 확신했다.

이런 복잡한 태도는 1760년대 아메리카에 널리 퍼진 신교도와 휘그당의 가치가 최소한 1779년까지 지속되었다는 증거다. 더욱이 대표들은 옛 도덕 체계의 힘을 보여주었고, 그 도덕 체계가 정치적 견해를 형성하는 힘이 있다는 사실 역시 증명했다. 1780년대에도 독립 전쟁 발발 전과 마찬가지로 건전한 공공 생활은 사람들의 도덕성에서 나온다는 인식이 있었다. 아메리카인 대다수는 다음과 같은 주장에 동의했을 것이다. 도덕적인 사람은 검소함을 중시하고 사치를 경멸하며, 타락을 증오하고 중용을 선호하며, 어떻게든 극단으로 나아가지 않으려고 신중하게 노력했다. 그런 사람은 특히 사회 질서가 극단으로 치닫는 것을 피하려고 할 것이었다. 무엇보다도 공적인 이해관계가 사적인 목적과 충돌할 때 공적인 책임감을 유지하는 것이 중요한 덕목이었다.

하지만 이런 옛 도덕 기준들이 느슨해지고 사적인 이익을 갈망하는 분위기가 전후에 발생하자 헌법제정회의에 참석한 대표들은 아메리카 정부를 재조직할 필요성을 확신했다. 대표들은 사람들의 행동에서 환멸을 느꼈기 때문에 이전이라면 용납할 수 없는 주장을 진실이라고 받아들였다. 그 주장은 바로 인민 자신이 폭정의 근원이 될 수 있다는 것이었다. 이런 인식으로 인해 아메리카의 입헌주의에 새로운 현실주의가 가미됐다. 사실 아메리카의 입헌주의에는 그 중심에 있었던 급진적인 휘그 사상처럼 인민을 우상화하는 경향이 있었다. 적어도 독립 혁명 초기에는 그랬다. 이러한 옛날식의 휘그 사상에서 정치 문제는 곧 통치자가 피통치자와 대립하는 문제로 이해됐다. 따라서 통치자를 그대로 내버려두면 폭군이 되는데 그런 통치자를 어떻게 통제할 것인가 하는 문제가 이 정치 사상가들의 의문이었다. 그러나 1780년대가 되자 헌법제정회의에서 새로운 폭정의 근원이 아주 명쾌하게 드러났다. 바로 인민 자신이었다.

정치에 관한 새로운 현실주의는 사회에 관한 새로운 현실주의를 동반했다. 예전의 휘그 이론에서는 인민이 단일한 존재라고 생각했기 때문에 그들의 관심사 또한 같을 것이라고 추정했다. 이런 추정에 따르면 공공선에 대한 이야기는 손쉽게 풀어나갈 수 있다. 인민이 오로지 한 가지의 공공선만을 생각한다고 가정하기 때문이었다. 전쟁 기간 동안 정치사상은 이익집단들, 18세기 용어로 말하면 당파들의 존재를 인정하기 시작했고, 그 덕분에 이례적으로 뚜렷한 모습을 띠게되었다. 헌법제정회의에서 제임스 매디슨은 당파의 근원에 관해 언급했고, 크고 복잡한 나라에서는 당파주의가 사적인 권리를 보호하는데 이바지할 수 있다고 주장했다. 매디슨의 눈부신 통찰력은 마치 예고편처럼 향후 200년 동안의 아메리카 정계를 미리 보여주었다. 그가 최소한 부분적으로라도 마치 예언자같이 정확하게 미래를 내다볼 수있었던 이유는 그가 독립 전쟁에서 나타난 사회의 본질을 깊이 꿰뚫어보았기 때문이었다.

아메리카의 사회는 전쟁으로 인해 변하지 않았지만 변화의 기반은 이미 놓인 상태였다. 전쟁은 사람들을 전국적인 관점에서 생각하고 큰 조직과 함께 일하는 것에 익숙해지도록 훈련시켰다. 실제로 전쟁은 아메리카에서 혁명이라고 부를만큼 큰 조직상의 변화를 일으켰다.

국가는 이런 변화가 가장 거대하게 나타난 사례였고, 그 국가는 다시 그 밑의 여러 조직에 영감을 주었다. 국가는 주들에 의해 대체될 수 있는 것이 아니었을 뿐만 아니라 경제와 공공정책에 전혀 다른 무대를 제공했다. 전쟁 중에 군대 안팎의 사람들은 국가와 자신을 위해 일할 방법을 찾았다. 그 방법은 고된 임무를 맡은 많은 사람이 모인 기관인 군대를 육성하고 그것을 유지하기 위해 필요한 식량, 무기, 탄약, 그 외의 보급품을 제공하는 것이었다. 비록 군대가 1783년에 사실상 해산되기는 했지만 지난 8년 동안의 경험은 사라질 수 없었다. 또한 아무도 세월의 시곗바늘을 되돌리고 싶어 하지 않았다. 아메리카에는 소유욕이 강한 사람이 많았고, 그런 소유욕을 충족시킬 수 있는 수단이 나타나자 그 욕망은 더욱 강렬해졌다. 전쟁은 그런 소유욕을 가진 사람들을 부추겼고, 그 소유욕은 대규모 사업의 수익성을 새롭게 감지한 사람들에 의해 통제되고 관리되면서 무제한적으로 뻗어 나갔다. 그들이 결국 아메리카를 번영하는 나라로 만들 터였다. 헌법제정회의에서 대표들은 경제를 활성화할 수 있는 틀을 만들었다. 헌법은 주들 간의 통상을 규제하는 주 정부의 조치를 중단시켰고, 대규모 공적자금의 투자 계획도 막아섰다. 그럼으로써 헌법은 적절한 사업 환경을 사실상 보장했다. 아메리카의 사업에는 자유가 필요했고, 질서도 필요했다. 헌법은 이 두 가지를 모두 제공해주겠다고 약속했다.

아메리카인들은 오랫동안 자유와 질서가 미덕과 연결된다고 생각해 왔다. 그런 미덕이 무정부 상태에서 존속할 수 없다는 것 또한 분명했다. 헌법 제정자들은 헌법이 미덕을 보호할 것이라고 믿었다. 제정회의에서의 논의를 포함한 헌법의 겉면을 살펴보면 헌법이 도덕적인 관점을 구현한다는 생각은 어리석은 것처럼 보인다. 헌법제정회의에는 진정한 복음주의자가 없었고, 대표들이 열렬하게 기독교 신앙을 표명하는 일도 없었다. 하지만 헌법에는 아메리카인들의 삶에 오래 자리 잡아왔으며 독립 혁명 초창기에 명백히 드러난 도덕성이 어느 정도 구현돼 있었다.

그렇게 볼 수 있는 이유는 헌법이 권력을 제한하기 때문이었다. 권력이 자유뿐 아니라 미덕도 위협한다는 인식은 오래전부터 존재해 왔다. 헌법에는 다수의 폭정을 막으려는 목적이 있었다. 하지만 주권이 인민에게 있다는 점을 부정하지는 않았다. 정부는 인민에게 봉사하는 기관이어야 했고, 헌법제정회의에 참석한 대표들은 헌법에 그런 봉사를 효율적으로 수행하는 틀을 만들고자 했다. 단 그런 틀은 소수를 강압적으로 희생해 만들어져서는 안 되었다. 따라서 헌법은 균형을 이루는 3부를 설치하고 각 부의 권한을 세세하게 열거함으로써 권력을 제한하는 측면이 있다. 대표들은 몇 가지 이유로 이런 제한이 효과적이라 보았는데, 그 이유 중 이런 제한을 통해 부정부패와 다수의 방종에 대항할 수 있다는 점이 가장 중요했다. 부정부패는 억제되지 않은 특권과 무책임한 권한에서 나왔다. 이는 식민지 시절 아메리카의 재산을 착취한 수많은 관리에게서 이미 확인됐다. 독립 혁명 시기에 아메리카인은 그런 영국의 앞잡이들을 몰아냈고, 도덕적인 공공 생활이라는 오랜 목적을 달성할 수 있는 새로운 수단을 찾고자 헌법을 제정했다. 그런 삶이 존속되려면 광범위한 측면에서 사회의 타락과 도덕의 전반적인 부패를 피할 수 있어야 가능 하다는 사실에 아메리카인들은 동의했다. 헌법의 일부로 포함된 제약들은 법 절차상으로, 또는 휘그적인 의미에서 부패를 방지할 수는 있었다. 가령 행정부가 의회에 부당한 영향력을 행사하는 것은 막을 수 있었다. 또한 그런 제약은 매디슨이 아주 생생하게 묘사한 새로운 형태의 부정부패인 다수의 폭정조차 막을 수 있을 것이었다. 하지만 성공적인 입헌주의의 밑바탕에는 도덕적인 사람들이 꼭 필요했다. 헌법 제정자들, 특히 그중 프랭클린, 매디슨, 윌슨은 아메리카 사람들의 도덕을 믿고 헌법제정회의가 모든 위험을 감수해야 한다고 생각했다. 더 나아가 독립 혁명의 가치가 손상될지도 모르는 위험을 걸고서라도 인민의 도덕을 믿어야 한다고 보았다.

매디슨은 아메리카가 나라가 크고 사람들이 다양해서 다른 나라들에 비해 그런 위험을 겪을 가능성이 낮다고 보았다. 당파들은 거대한 땅에 퍼져 있고 주 경계와 각기 다른 관심사로 나뉘어 있어서, 다른 사람들을 지배하려고 계획하는 데 어려움을 겪을 수밖에 없었다. 독립 혁명의 역사는 이런 분석이 타당함을 증명해준다. 즉 역사는 영국의 압제에 직면해서야 가까스로 단결한 사람들을 보여주었다. 하지만 평시가 되자 많은 주에서 무책임하고 더 나아가 전제적인 다수가 형성됐다. 그렇지만 주에서 벌어진 일이 대서양에서 미시시피까지 퍼진 다양하고 많은 당파로 구성된 나라에 또다시 반복되기란 불가능했다.

따라서 대표들은 인민을 믿었다. 그 외에 별다른 수가 없었기 때문이다. 공화국은 반드시 인민을 밑바탕으로 해야 했다. 대표들은 다수의 힘에 의심을 품었기 때문에 경솔한 다수가 지나친 권한을 행사하는 것을 억제하는 데 강박적일 정도로 신경을 썼다. 동시에 대표들은 공화정의 필수 사항인 다수결 원칙에 대해 굳건한 신념을 유지했다. 권력의 원천이며 동시에 폭정의 가능성이 있는 다수를 규제하는 조치는 반드시 있어야 했다. 그런 제약 조치는 소수의 권리와 재산권을 보호했다. 그 권리들은 곧 1760년대 혁명이 시작되도록 도움을 주었다.

하지만 다수가 헌법상의 권한을 행사하는 자유를 가질 필요 또한 있었기에, 헌법 제정자들은 연방의회를 인민의 대표로 만드는 데 집중했다. 이때 양원제 채택 및 주의 인구에 따른 하원 의석 배정, 노예와 자유인의 과세 근거 결정 등을 합의한 대타협을 통해, 상원은 인민의 직접적인 통제에서 벗어났다. 이는 매디슨과 윌슨이 선호하던 방식이었다. 그렇다고 하더라도 연방의회는 연합헌장 아래에 있던 연합회의보다 더 민주적인 모습을 갖출 터였다. 어쨌든 연방 하원은 인민이 선출하는 기관이었다. 따라서 계층, 지위, 숫자와 무관하게 인민은 자유로웠고 동시에 구속받았다. 자유롭다고 한 것은 공화국이 도덕적인 인민을 필요로 하기 때문이고, 구속을 받는다고 한 것은 이런 다양한 부류의 인민이 인간적인 약점을 지녔기 때문이다.

대표들은 이런 추정을 공화주의의 언어로 표현했다. 비록 종교에 의지하지는 않았지만, 그들은 간접적으로 '두 번 태어난 사람들'의 자녀들에게 익숙한 옛 도덕적 확신을 상기시켰다. 대표들은 필라델피아에서 논의를 하며 인간의 이기심, 욕망, 악을 행하려는 성향 등을 분명히 고려했다. 인간이 지닌 매우 악한 충동 중 최악은 다른 사람을 지배하려는 본능이다. 이런 본능을 제약할 수 있는 정부를 설립한 것은, 헌법 자체에 신교 문화의 지속적인 관심사인 도덕성이 반영됐음을 보여준다.[1]

매디슨은 왜 나라가 클수록 자유를 더 잘 지킨다고 주장했을까

헌법이 공개되고 뒤이어 벌어진 논의에서는 즉시 권력에 대한 우려가 나타났다. 권력—특히 멀리서 행사되는 권력—이 충분히 억제되지 못할 것이라고 우려하는 이들이 많았다. 1787년 가을 초 헌법에 대해 의문을 제기했던 사람들 중 일부는 아메리카에서 폭정이 부활할 것이라고 말하면서 헌법에 대한 동의를 거부했다. 그들은 헌법 뒤에 숨은 "전제적인 귀족정"에 관해 지적했고, 때로는 "가면을 쓴 귀족정"도 언급했다. 즉 헌법이 권위주의적인 목표를 은폐하려는 열망에서 나온 산물이라는 것이었다. 또한 그들은 헌법 조문에 사용된 단어들을 트집 잡아 비꼬았다. 행정부 수반에 대해 그들은 "대통령 총통"이나 때로는 "우리의 새로운 왕"이라는 표현을 사용하기도 했다.[2]

9월 17일 헌법을 연합회의로 전달하는 편지에서, 헌법제정회의의 의장이었던 조지 워싱턴은 회의의 목적 중 하나가 "우리 연방의 통합"이라고 언급함으로써 비판자들에게 공격의 빌미를 제공했다. 누가 가장 먼저 사용했는지는 모르겠지만, '통합'은 비준 과정에서 그 즉시 맹비난을 받는 단어 중 하나가 되었다. 비판자들은 헌법이 세울 '통합된 정부'는 주들의 희생을 바탕으로 모든 권력을 행사하는 연방정부가 될 것이라고 주장했다.[3]

하지만 비판자들은 그들의 주장을 강하게 뒷받침해줄 한 단어를 선점하는 데 실패했다. 그 단어는 바로 '연방주의자'였다. 헌법 지지자들은 헌법제정회의가 종결되자마자 자신들을 연방주의자라고 불렀다. 이제 그들에 반대하는 사람들은 필연적으로 반연방주의자가 될 판이었는데, 이는 주에 충성을 바치고자 했던 집단에게는 별로 유용하지 못한 명칭이었다. 반연방주의자들의 핵심 생각은 연방정부에 주의 권한을 넘겨주는 데 반대한다는 점이었다. 반연방주의자 대다수는 연합헌장에서 부여했던 기존 연합회의의 권한에 과세권과 통상 규제권을 부여하는 정도, 즉 최소한의 수정을 기대했다. 하지만 헌법에서 명시한 새로운 변화의 규모는 엄청났고, 새로 도입한 정부 구조 또한 대단히 복잡했다. 반연방주의자들은 당연히 놀랐고 마음의 평정을 유지할 수 없었다. 그들은 헌법제정회의가 연합헌장의 수정안을 발효하는 데에도 모든 주의 비준을 받아야 한다고 생각했다. 그런데 그들은 1787년 9월이 되자 완전히 새로운 정부를 설립하겠다는 완전히 새로운 헌법을 마주하게 되었다. 게다가 새로운 헌법은 13개 주 중 9개 주에서만 비준이 되어도 발효될 예정이었다.

이런 상황에서 헌법에 반대하는 움직임은 그리 놀라운 현상이 아니었다. 독립 혁명도 결국 통치와 권리의 문제를 놓고 벌어진 것이었다. 아메리카인의 한 세대는 대의제의 특징, 입법부와 행정부의 권한에 관한 특징, 입헌주의의 특징, 개인의 권리를 보호할 필요성 등을 논의하면서 성숙해졌다. 또 다른 세대는 독립과 자치권을 옹호하며 성장했다. 통치 방식의 중대한 변화에 직면한 독립 혁명 지지자들은 그런 엄청난 변화에 대해 이의를 제기해야만 했다. 그렇지 않으면 자신들의 소신과 자신들이 최근에 이루어낸 성과를 배신하는 셈이 될 터였다.

이의제기에 대한 답변이 만족스럽지 않다고 생각한 사람들은 곧이어 헌법에 반대했다. 그들은 비준을 반대하겠다고 공약한 대표들에게 투표했다. 또한 비준 거부를 옹호하는 글과 책자를 발간했다. 그들은 위원회들을 설립했고, 일부는 주 회의들에서 대표로 활동하기도 했다.

하지만 그들은 무장을 갖추거나 연방에서 탈퇴하려고 하지는 않았다. 곧 다가올 폭정에 관해 내내 걱정스럽게 이야기하면서도 그들은 또 다른 혁명을 생각하지는 않았다. 그렇다고 그들을 투옥시키는 사람도 없었다. 요약하자면 비준 과정은 거친 언사가 빗발쳤음에도 평화롭게 진행됐다. 비준이 완료됐을 때 국왕파처럼 미합중국을 탈출하는 사람들도 없었다.

분위기로 보나 내용으로 보나 펜실베이니아만큼 비준을 두고서 연방주의자와 반연방주의자 사이의 논란이 격렬한 곳은 없었다. 주에 있는 2개의 정파政派가 있었는데, 그중 하나인 '입헌주의자'들은 1776년 펜실베이니아 헌법을 옹호했다. 이 입헌주의자들 중에서는 헌법제정회의가 인민의 뜻을 거슬러 음모를 꾸몄다고 생각하는 강성 민주주의자들도 있었다. 예를 들면 1776년의 펜실베이니아 헌법 작성자인 조지 브라이언의 아들 새뮤얼 브라이언Samuel Bryan은 일련의 신문 사설을 통해 "동료 인민을 지배할 권리가 있다고 생각하는 야욕을 가진 부자들이" 자신들과 인민을 분리함으로써 연방헌법에 분열이 생겨났다고 주장했다.[4] 그 뒤 아메리카에서 비준이 완료될 때까지 진행된 많은 논쟁에서는 특정 계층에 대한 적대감을 드러내는 암류暗流가 흘렀다. 다른 주에서는 부자들과 명문가 출신자들을 조심하라는 촉구가 정치적 전략에 지나지 않았지만,[5] 펜실베이니아에서는 이런 적대감이 매우 흔한 정서였다.

사람들의 행태를 설명할 때 음모가 의인화되면 훨씬 더 설득력을 얻는 경향이 있다. 펜실베이니아에서는 장래의 음모자들이 모두에게 잘 알려져 있었다. 펜실베이니아 헌법에 반대했던 명문가 출신 부자 공화주의자들은 이제 연방을 지지했다. 그중에는 헌법제정회의에 참석한 로버트 모리스가 있었다. 모리스는《더 크로니클 오브 얼리 타임스The Chronicle of Early Times》에서 "금고 담당 로버트"로 등장하는데, "제분소", 즉 노스아메리카 은행이 만들어내는 돈에만 흥미를 보이는 자로 묘사됐다. 헌법은 제분소 주위에 벽을 세워 대중이 제분소에 들어가는 것을 막았다. 로버트의 역할은 다음과 같았다. "로버트는 사람들에게 보고를 하며 모든 일이 충실하게 마무리됐으며, 제분소의 적이 어떻게 패주했는지를 설명했다." 재무 담당 로버트를 보좌하는 이로는 스코틀랜드인을 뜻하는 "칼레도니아인 제임스"라고 서술된 제임스 윌슨과 "교활한 구베로Gouvero"로 등장한 거버너 모리스가 있었다. 이 세 사람과 그들의 지지자들은 제분소를 자신의 것으로 만들 음모를 꾸몄다. 종국적으로는 제분소를 대중의 통제에서 벗어나게 해 그곳에서 생겨나는 곡식, 즉 돈을 자신들만의 것으로 챙기려고 했다.[6]

펜실베이니아의 반연방주의자들은 헌법에 대해 상당히 그럴듯한 비난을 했고, 그 비난은 모든 주의 반연방주의자들이 내세우는 주장에서 메아리쳤다. 거의 모든 곳에서 두 가지 문제가 중점이었다. 첫 번째 문제는 헌법에서 자유로운 영국인들이 오랫동안 누리던 연설, 종교, 배심 재판, 그 외의 모든 전통적인 권리의 보호를 보장한 권리장전이 빠졌다는 것이었다. 헌법이 그런 보호를 제공하지 못한다는 주장에 대한 공식적인 답변은 없었다. 대신 펜실베이니아의 연방주의자들은 다음과 같은 대답을 내놓았다. 대대적으로 보도된 연설에서 제임스 윌슨은 헌법 아래에서 연방 정부는 주어진 권한만을 행사할 것이며, 다른 모든 권한은 개별 주들에 있다고 말했다. 출판의 자유 및 그외의 전통적인 권리들에 "족쇄를 채우거나 또는 그것들을 무너트릴" 권한은 연방의회에 없으므로 권리장전이 따로 필요하지 않다는 것이었다. "우리가 만든 연방 기구가 그런 특권을 주장하는 것은 불필요하고 어리석은 일입니다. 왜냐하면 우리는 그런 특권을 이미 누리고 있고 어떤 의도나 행동으로 그 특권을 박탈당한 바도 없으며, 그 특권 덕분에 헌법제정회의 같은 조직을 만들 수 있었기 때문입니다."[7]

두 번째 문제는 공화정에서 대의제가 갖는 특성에 관한 것이었다. 이 문제는 펜실베이니아에서 반연방주의자들이 내세웠고 어디서든 널리 반복됐다. 모두가 몽테스키외Montesquieu가 공화정에 관해서는 엄청난 권위자라는 점에 동의했다. 반연방주의자들은 그의 이름을 내세우며 공화정은 큰 영토를 지닌 나라에서 존속할 수 없으며 반드시 때가 되면 폭정에 빠져들게 된다고 주장했다. 《센티넬Centinel》지는 연방 정부가 "지역에서 나타나는 다양한 관심사와 필요"를 다루는 데 문제가 생길 것이라고 펜실베이니아에서 처음 지적했다. 규모가 크다는 사실 자체가 각 지역에서 바라는 바를 충족시키기 어렵게 만드는 요인일 것이었다. 새로운 정부에 배정된 대의원의 수도 상황을 더 어렵게 할 터였다. 55명의 하원의원이 수십만 제곱킬로미터 이상으로 펼쳐진 광대한 나라의 관심사를 전부 다뤄야 하는데 이게 쉽겠느냐는 이야기였다. 이 정도의 의원 수는 "부정부패와 과도한 영향력"을 초래할 터였다. 매수 시도를 막으려면 아주 많은 수의 의원이 필요했다. 설사 대표들이 타락을 모면한다고 하더라도 그들은 임기가 긴 탓에 "책임감"을 잃어버릴 터였다. 연방의회 하원의 임기는 2년으로 대개 주 하원의원 임기의 2배였다. 실제로 연방 의회 의원의 수가 얼마나 많든 간에 대국의 인민을 적합하게 대표하는 일은 불가능했다. 반연방주의자들의 생각에 적합한 대의제는 유권자의 관심사, 욕구, 의견을 전적으로 공유하는 대표들이 존재하는 형태의 제도였다. 이상적인 대표는 지역이 바라는 이익을 그대로 전하는 사람이었다. 그는 독립적으로 생각하고 행동해서는 안 되었다. 그의 임무는 인민의 판단을 그대로 받아들이는 것이 되어야 했다.[8]

제임스 매디슨은 헌법제정회의 동안에도 이런 비판이 있을 것을 이미 예측했다. 그는 대국이 공화정과 어울리지 않는다는 주장은 사실과 거리가 멀고, 오히려 큰 국가가 공화정의 성공적인 운영에 이상적인 환경이라고 주장했다. 공화정의 약점은 불안과 폭정으로 기울어지는 경향인데 이런 경향은 다양한 관심사가 있는 큰 국가에서 효율적으로 통제할 수 있다는 것이다. 매디슨의 이론은 다음과 같은 여러 추정에 기초했다. 첫째, 정의상 공화국은 그 의회 내 민주주의적인 요소를 자연스럽게 포함하기 때문에 불안정이 내재한다. 또한 민주주의는 사람들의 열정을 직접적으로 표현함으로써 스스로를 끊임없이 변화시킨다. 민주주의는 인민을 구속하거나 제한하는 제도 없이 인민이 스스로 통치하는 제도다.[9]

둘째, 민주주의에 관한 매디슨의 추정은 인간성의 또다른 측면에 관련된 것이었다. 그가 생각한 인간은 선천적으로 이성보다는 감성에 따르기를 선호하는 존재다. 또한 언제나 장기 이익보다는 단기 이익을 선택한다. 열정과 이기심, 때로는 사악함이 뒤섞인 인간은 정치 사회에서 늘 공익에 대한 책임을 받아들이는 것을 힘들게 여기고, 그보다는 다른 사람들의 권리를 빼앗는 기회를 쉽게 받아들인다. 그렇게 하는 것이 자신에게 이익인 것처럼 보이면 그런 방향으로 밀고 나간다는 것이다.[10]

따라서 큰 영토를 지닌 공화국에서는 다양한 자기만의 관심사를 가진 사람들이 서로 모여서 매디슨의 말로는 당파 소수를 억압하는 다수를 형성하기가 언제나 어려울 것이었다. 많은 인구와 그들의 다양성으로 인해 사람들이 서로 견제하기 때문에 공화국에서 소수를 억누르는 다수가 생겨나는 현상이 저절로 방지된다는 것이었다. 매디슨은《연방주의자 논집Federalist》10호에 자신의 당파 이론을 원숙하게 진술했다.

사회가 소규모일수록 독자적인 당파의 수와 그것을 구성하는 이해관계의 수는 더 적을 것이다. 독자적인 당파와 이해관계의 수가 적을수록 그 사회의 다수파가 같은 당에 속하는 경우는 더욱 빈번할 것이다. 다수를 구성하는 개인의 수가 적을수록, 그리고 그들의 활동 범위가 좁을수록 그 다수가 남을 압제하려는 계획을 꾀하고 실행하기도 더욱 쉬워질 것이다. 활동의 범위를 넓혀서 더욱 다양한 정당과 이해관계가 생겨나면, 다수가 다른 시민의 권리를 침해하려는 공동의 목적을 가질 가능성도 더 낮아지게 된다. 설혹 그런 공동의 목적이 존재하더라도 그런 목적을 느끼는 모든 사람이 자신의 힘을 발견하고 다른 사람과 서로 조화를 이뤄 행동하기란 더욱 어려울 것이다.[11]

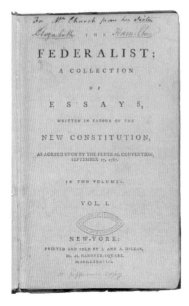

《연방주의자 논집》 시리즈 표지 알렉산더 해밀턴, 존 제이, 제임스 매디슨은 연방정부의 당위성을 주장했다.

매디슨의 이론을 다시 들고 나온 윌슨의 주장은 기존보다는 강력하지 않았지만 이후 펜실베이니아에서 벌어진 논쟁에서 파급력을 가지기에는 충분했다. 《연방주의자 논집》이 1787년 10월 말부터 출간되자 연방주의자들은 아메리카에서 가장 강력한 정치사상을 지닌 조직으로 변모했다. 알렉산더 해밀턴, 존 제이, 제임스 매디슨이 작성한 이 논집은 대의제 이론보다 훨씬 더 많은 내용을 제공했다. 논집은 1780년대 아메리카의 상황에서 어떤 권력이 행사되고 있는지를 분석했고, 연합헌장에 대한 비평도 제공했다. 또한 새 헌법 아래 새 정부가 어떻게 작동할 것인지에 관해서도 설명했다. 가장 중요한 것은 이 논집이 권력과 자유의 조화에 대해 우려하는 아메리카인을 안심시켜주었다는 점이었다.[12]

우리는 헌법적인 문제에 관한 논의가 어떻게 주 헌법 비준회의의 대표들에게 영향을 주었는지 정확하게 알 수 없다. 하지만 그런 논의는 틀림없이 일부 대표들의 마음을 움직였을 것이다. 비준회의에서는 이미 인쇄돼 알려진 주장들 중 상당수가 변형되어 반복됐고, 회의 외부에서 발언된 중요한 사항들이 회의 내부에서 논의되지 않는 경우는 거의 없었다. 반면 각 주에서 벌어진 비준 과정은 여러 정치사상의 설득력을 감소시키고 그 대신 지역적인 관심사의 중요성을 증대시켰을 것이다. 비준은 각 주가 알아서 처리할 사안이었고, 각 주의 비준회의에서는 당연히 주의 관심사를 고려하면서 헌법을 숙고하게 되었다. 이런 관심사에는 다음과 같은 인식도 포함됐다. 주의 안녕과 관련된 모든 측면에 정치적 자유가 필수라는 점은 모두에게 암묵적으로 인정되는 사안이었다. 그렇지만 대표들이 자신의 주의 안녕이라는 정의定義를 어떻게 대의제의 특정 개념이나 정부 구조의 이론 또는 개인의 권리에 관한 특정 의미와 통합시켰는지 여부는 불분명하다.

분명한 점은 비준회의에서 통치 원칙은 물론이고 주의 관심사도 논의됐다는 것이다. 각각의 주들이 다른 주의 행동을 참고하면서 비준에 대해 어떤 '논리'를 확립했다는 것 역시 분명하다. 비준의 '일반적 흐름'이 있었다고 말하는 것은 복잡한 과정을 지나치게 단순화하는 것이다. 하지만 주들은 이웃 주로부터 영향을 받았다. 그리고 12월에 3개 주가 빠르게 비준을 승인하고 이어 1월에 다른 2개 주가 뒤를 따르는 등 비준 절차는 출발이 좋았다.

각 주에서 헌법 비준 전쟁이 벌어지다

헌법의 일곱 번째 조항은 "9개 주의 회의에서 비준을 받으면" 헌법이 발효된다는 것이었다. 이는 9개 주가 승인을 하면 다른 4개 주는 각자의 길을 가거나 아니면 연방에 가담하거나 양자택일해야 한다는 뜻을 암묵적으로 나타낸 것이었다. 새로운 정부가 출범하기 위한 이 절차는 조항의 수정에 만장일치의 동의가 필요하다는 연합헌장을 무시하는 것이었다. 또한 절차는 단 한 가지 점—비준회의의 선출이 필요하다는 공동의 합의—만 제외하고는 주 의회들 역시 무시했다. 워싱턴은 헌법을 연합회의에 전달하면서 이런 합의를 "헌법제정회의의 전체 의견"이라고 말했다.[13]

워싱턴의 편지와 함께 헌법이 9월 20일 연합회의에 도착했다. 헌법을 비판하는 사람들은 연합회의 안에도 있었다. 그중 하나는 버지니아의 리처드 헨리 리였는데, 그는 연합회의가 먼저 헌법을 수정하고 이후 주들에 보내야 한다고 주장했다. 리의 주장에 따르면 각 주는 기존 안을 비준하거나 개정안을 작성해 2차 헌법제정위원회로 보내는 선택을 할 수 있었다. 그러나 연합회의에는 헌법을 반대하는 이들보다 지지하는 이들이 더 많았다. 9월 말이 되자 헌법제정회의에 참석한 대표들 중 18명이 다시 연합회의로 돌아왔다. 하지만 그들은 비판자들의 심기를 건드리고 싶지 않았다. 따라서 그들은 리의 제안을 거절했지만 지지를 강권하는 일은 삼가기로 했다. 이후 연합회의는 다수의 권유를 따라서 아무런 권고 없이 헌법을 각 주에 보내는 수준에서

만족했다.[14]

연합회의에서 보낸 헌법이 주 의회들에 도착했고, 그들은 행동을 개시했다. 델라웨어에서는 헌법제정회의가 해산되기도 전 회의가 소집됐다. 헌법제정회의에 대표로 참석한 리처드 바셋Richard Bassett의 보고를 듣기 위해서였다. 이제 그들의 손에 들어온 헌법에 대한 특별 선거가 요청됐다. 곧바로 소집된 비준회의는 시간 낭비 없이 1787년 12월 7일에 만장일치로 헌법을 승인했다.[15]

델라웨어가 헌법을 열망한 이유는 분명했다. 델라웨어 주민 대다수는 작은 땅을 경작하는 농민이었기에 그들 자신이 취약하다는 생각을 하고 있었다. 이런 지역 정서는 부분적으로 델라웨어가 더 큰 이웃에게 경제적으로 의존하기에 생겨났다. 그들은 펜실베이니아에서 가져온 밀을 제분업에 사용해 수익을 올렸다. 하지만 헌법 비준에 그보다 더 큰 영향을 미친 것은 델라웨어주의 크기와 역사였다. 인근 펜실베이니아의 광대한 영토와 거대한 인구에 비하면 델라웨어는 왜소했다. 심지어 메릴랜드도 크기에서 델라웨어를 압도했다. 역사 또한 델라웨어인이 연방을 지향하게 된 원인이었다. 예를 들면 1776년까지 델라웨어는 늘 펜실베이니아와 같은 총독의 통치를 받았다.

1787년 당시 델라웨어의 경제는 번성하고 있었다. 수입한 밀을 제분하는 업자들은 번창했다. 교역은 전후에 되살아났다. 공공 부채도 그리 무겁지 않았다. 하지만 연방을 떠나서 자립할 수 있는 가능성은 상상하기 어려웠다. 비준회의는 정치적 현실을 정확히 꿰뚫어보는 영리한 농부들을 대표로 소집했다. 그 결과는 빠른 소집으로 나타났고, 30명 중 아무도 반대 의사를 표시하지 않았다.

펜실베이니아 역시 그에 못지않게 빠르게 대처했다. 연방주의자들은 주저하는 의원들을 다소 거칠게 다루면서 의회에 비준회의의 소집에 관한 승인 투표를 강요해 성사시켰다. 의회는 몇 시간 뒤 차기 의회 선출 준비를 위해 해산됐다. 비준회의의 소집은 그야말로 아슬아슬하게 이루어졌다.

펜실베이니아에서는 선거 전 몇 주 동안 헌법을 놓고 많은 논쟁이 벌어졌다. 논쟁에서는 우군의 조직이 더욱 중요했는데, 여기서 연방주의자들은 우위를 점하고 있었다. 비준회의 선출의 핵심이 되는 곳은 필라델피아와 주변 지역이었다. 필라델피아나 그 주변의 농장들은 전부 연방주의자들을 지지했다. 장인, 상인, 농부들은 비준을 약속한 대표들에게 표를 주었다. 반연방주의자들이 펜실베이니아에서 승리의 기회를 노렸다면, 서부 지역을 장악하고서 권력의 집중에 대한 의혹을 계속 제기했어야 했다. 그러나 연방주의자 조직은 이 싸움에서 승리했다. 선거가 끝나고 얼마 지나지 않아 펜실베이니아의 비준회의는 12월 12일에 반대보다 2배 많은 찬성표로 헌법을 비준했다.

뉴저지의 비준회의도 6일 뒤 만장일치로 헌법을 비준했다. 1788년 1월 2일 조지아의 비준회의 의원 26명도 만장일치로 찬성했다. 델라웨어가 그랬듯 두 주 모두 고립이라는 약점을 벗어나기 위해 헌법을 비준했다. 자립할 수 없는 상황이던 뉴저지에 헌법은 주의 모든 주요 집단에 이익을 주겠다고 약속했다. 조지아의 약점은 뉴저지보다 더욱 명확했다. 주의 존속을 위협하는 크리크 인디언에 대응하기 위해서는 안전을 보장해주는 강한 연방정부가 필요했다. 아메리카의 거의 모든 곳에서 존속하던 지역적 애착이 조지아에서는 빈약했다. 조지아의 주민은 최근에 이민을 와서 아직 뿌리를 깊게 내리지 못한 사람들이었다.

코네티컷은 비준을 승인할 여러 다른 이유가 있었지만 연방을 벗어나 존속할 수 없다는 상황은 다른 주들과 마찬가지였다. 그들은 뉴욕에 경제적으로 속박당한 상태에서 벗어나고 싶어 했다. 새로운 정부가 외국과의 통상을 규제할 수 있게 됨으로써 이제 그런 속박에서 벗어날 수단이 생겨났다. 조지아가 비준을 마치고 일주일 뒤 코네티컷은 3대 1의 찬반 비율로 헌법을 승인했다.

한 달이 조금 넘는 기간 동안 5개 주가 헌법을 비준했다. 그들 중 하나인 펜실베이니아는 연방에 필수적인 존재였다. 다른 4개 주도 비록 작고 상대적으로 약했지만 비준 과정에 힘을 보탰다. 이제 4개 주만 더 지지를 표시하면 비준은 완료될 터였다.

이후 처음으로 지지를 표시한 주는 매사추세츠였다. 그들은 2월 초 187대 168로 헌법을 비준했다. 매사추세츠의 여러 지역은 헌법에 반대 의사를 표명했는데, 특히 적대적이었던 지역은 서부였다. 그곳에는 아직도 농민들이 세금에 항의해 셰이즈의 반란까지 일으켰던 억울한 정서가 남아 있었다. 동부의 권력에 희생당한 영세농은 당연히 훨씬 동떨어진 곳에 있는 연방정부의 권위에 대해서 의심을 품을 수밖에 없었다. 찬반 경쟁이 치열할 것이라고 깨달은 연방주의자들은 존 핸콕과 새뮤얼 애덤스에게 간곡히 지지를 호소했다. 두 사람은 모두 주에서 명사였고, 필라델피아에서의 일 처리에 불신을 품고 있었다. 핸콕의 지지를 얻는 길은 그의 허영심에 매달리는 것이었는데, 연방주의자들은 그런 심리를 은근하게 자극했다. 그들은 핸콕에게 새로운 연방정부의 부통령 자리를 기대할 수 있을 것이라고까지 말하며 그를 유혹했다. 이렇게까지 나오자 핸콕은 배고픈 물고기처럼 미끼를 물었다. 새뮤얼 애덤스에게도 나름대로 허영심이 있었다. 그는 '인민'에게서 떨어지는 것을 견딜 수 없어 했다. 폴 리비어와 여러 장인이 헌법을 지지하고 있음을 애덤스에게 알리자, 결국 그도 연방주의자의 편을 들어주었다. 매사추세츠 비준회의는 승인을 하면서 시민적 자유를 보장하는 조항을 추가할 수 있도록 헌법을 일부 수정할 것을 제안했다.

4월에 비준을 마친 메릴랜드는 수정안을 집어넣을 것을 고려했지만 결국 아무 조치도 취하지 않았다. 비준은 회의 설립 한 주 만에 쉽게 성사됐다. 메릴랜드보다 한 달 늦은 사우스캐롤라이나의 결정은 149대 73으로 생각보다는 반대표가 많았지만 비준 성사는 예견된 것이었다. 사우스캐롤라이나는 전쟁의 끔찍한 상처에서 아직도 회복하지 못했고 연방에서 모든 것을 얻어내야 할 형편이었다. 그들의 공공부채는 심각했는데, 이를 연방정부에서 인수한다면 그야말로 대환영이었다. 다른 주들과 연방을 이루면 안보도 제공되니 방위에 관한 주민의 관심이 컸던 사우스캐롤라이나는 이를 거부할 이유가 없었다.

사우스캐롤라이나가 비준을 마치면서 8개 주가 연방을 지지했다. 영향력이 큰 두 주인 버지니아와 뉴욕은 아직까지 입장을 정하지 않았다. 노스캐롤라이나와 로드아일랜드는 이미 헌법에 대해 반감을 표시했고, 뉴햄프셔는 2월에 처음 비준회의를 소집했지만 결정을 내리기를 거부했다. 강한 반대가 있었기 때문에 이런 일이 벌어졌지만, 뉴햄프셔는 배수진을 치고 돌이킬 수 없는 반대의 길로 가지는 않았다. 6월이 되자 이 주에서는 헌법을 둘러싼 여론이 선회했는데, 부분적으로는 다른 주의 비준 특히 이웃인 매사추세츠의 비준때문이었다. 여전히 찬반은 거의 비슷했지만, 결국 57대 47로 승인됐다.

버지니아와 뉴욕은 비준 대열에 합류할 것인가? 두 주의 대표들은 투표 전에 많은 걱정을 하며 괴로워했다. 버지니아의 경제 상황은 일부 농장주로 하여금 헌법을 지지하게 했다. 예산은 거의 남아 있지 않았는데 부채는 엄청났다. 일부 농장주는 강력하고 안정적인 중앙정부가 해외에서 돈을 빌려오는 일을 쉽게 해줄 것이라고 말했다.

버지니아 비준회의에서는 패트릭 헨리가 반연방주의자들을 이끌었다. 그의 연설은 때때로 마음을 움직이는 힘이 있었지만 전반적으로 두서가 없었다. 헨리가 말했던 대부분은 그의 두 번째 긴 연설에서 가져온 이 문장을 이용한 것이었다. "헌법은 우리에게 고유의 권리를 지킬 수단이나 폭정에 항거해 전쟁을 일으킬 수단을 제공하지 않습니다. 저는 그렇기에 거세게 반대하는 것입니다." 그의 반대자들 중에서 에드먼드 펜들턴은 예리한 칼을 사용한 것처럼 헨리의 웅변을 조각내버렸다. 연방주의자들의 주장이 사람들의 마음을 움직였든 아니든 간

헌법 제정 축하연 1788년 뉴욕에서 열린 헌법 제정 축하 행렬로, 선박의 아래쪽에는 핵심적인 헌법 옹호자였던 알렉산더 해밀턴의 이름이 적혀 있다.

에, 그들은 비준회의에서 우위를 점했다. 에드먼드 랜돌프의 헌법 지지 선언은 조지 워싱턴의 영향력이 헌법에 힘을 실어주었던 것과 마찬가지로 연방주의자들에게 틀림없이 큰 도움이 되었다. 어쨌든 헌법을 지지하는 쪽이 반연방주의자보다 최종 투표에서 미세하게나마 우세했다.

버지니아가 6월 말 비준을 마치자 한 달 뒤 뉴욕도 비준을 승인했다. 해밀턴은 그동안 치열한 싸움을 이끌고 있었다. 버지니아의 비준 소식은 틀림없이 뉴욕 대표들의 마음을 흔들어놓았을 것이다. 이에 뉴욕시마저 헌법을 승인하지 않으면 주에서 분리 독립하겠다고 위협하자 일부 대표들은 헌법을 지지하는 쪽으로 마음을 바꾸었다.

뉴욕이 헌법을 비준하자 노스캐롤라이나와 로드아일랜드만이 남았다. 노스캐롤라이나는 1789년 11월까지 연방에 가입하기를 보류했다. 로드아일랜드는 1790년 5월까지 가입을 보류했다. 로드아일랜드가 승인을 마쳤을 때 워싱턴은 이미 대통령으로서 1년 넘게 재직한 상황이었다.

헌법제정을 둘러싼 논쟁은 무엇을 남겼나

조지 워싱턴은 단순하지만 우아하고 기품 있는 취임 의식을 통해 대통령에 취임했다. 그의 선출은 공식적인 의식은 아니었지만 그런 느낌이 나게 했다. 왜냐하면 모든 사람이 헌법이 비준된다면 워싱턴이 대통령을 맡아야 한다고 예전부터 양해하고 있었기 때문이다.

비준 과정에 우아하거나 의례적인 면은 전혀 없었다. 대신 열정이 가득했다. 비준 과정 여덟 달 동안 권력, 자유, 권리, 그 외에 18세기

조지 워싱턴의 대통령 취임식 조지 워싱턴은 1789년 4월 30일 뉴욕 페더럴 홀에서 미합중국의 초대 대통령으로 취임식을 치렀다.

에 흔했던 공화정과 관련된 모든 중요한 개념에 관해 진지한 논의가 있었다. 찬반을 막론하고 아메리카인은 폭정에 대한 증오, 음모에 대한 우려, 자유에 대한 사랑을 크게 외쳤다. 통치에 관한 이론이 계몽사상에 입각한 검토를 받는 동안에는 아메리카 자유의 미래를 위협하는 무언가가 표면 아래에 잠복돼 있는 것처럼 보인다는 주장이 있었다.

그런 논조를 띤 것은 대체로 반연방주의자들이었다. 그들은 연방주의자들이 영국 정부가 아메리카에 강요하던 것과 비슷한 폭정을 초래하려고 한다며 비난했다. 이런 비난은 수사적인 전략 그 이상의 것이었다. 완전히 설명되지는 않았지만 이런 비난은 가슴 깊이 와닿는 것이었고 그 의미는 분명했다. 즉 헌법을 옹호하는 이들은 민중의 적이며 귀족정치의 대변자라는 것이었다. 반연방주의자들은 누가 귀족정치를 구성하는지에 대해서는 검토하지 않고 그대로 내버려뒀다. 이는 워싱턴과 프랭클린이 헌법제정회의의 대표였고 헌법에 서명을 했다는 점이 일부 작용했기 때문이다. 거의 모든 아메리카인에게 영웅인 두 사람이 헌법을 지지한다는 것은 헌법 비준이 곤란하거나 불가능한 일이 아님을 보여주는 것이었다. 일부 반연방주의자들은 프랭클린이 고령이라 망령이 들어 훌륭한 동료들에게 엉뚱한 영향을 주고 있다고 말하기도 했다. 다른 일부 반연방주의자들은 워싱턴이 진심으로 헌법을 신뢰하고 있다는 사실을 부인했다. 소위 그가 언급한 지지는 전혀 지지가 아니며, 헌법제정회의의 의장 자격으로 내놓은 형식적인 말이라는 것이었다. 마찬가지로 헌법에 서명한 것도 그런 자리에 있는 사람의 형식적인 업무라는 것이었다. 그의 서명은 헌법이 헌법제정회의의 공식 문서라는 것을 증명할 뿐 그 이상도 이하도 아니라는 것이었다.

반연방주의자 대다수는 연방정부 내부에 도사리고 있을지 모르는 자유의 위협을 더 중시한 나머지 헌법제정의 전반적인 의도를 무시했다. 그들은 새로운 정치적 상황만 강조했다. 즉 그들은 연방주의자들이 인민의 자유라는 이름으로 수행된 독립 혁명을 포기하려는 음모를 꾸미고 있다고 주장했다. 반연방주의자들의 생각 대부분은 마치 독립선언 직전에 나돌던 주장을 그대로 가져온 것처럼 보였다. 그들은 연방주의자들을 오해했음에도 나름대로 미덕이 되는 사상을 갖고 있었다. 즉 독립 혁명이 대원칙들을 바탕으로 성취되었다고 일관되게 주장한 것이었다. 반연방주의자들은 연방정부에의 권력 이전, 정부 구조와 권력 등에 반대하면서 독립 전쟁 이전의 위기 시대 그리고 전쟁 당시에 널리 받아들여진 분산된 권력의 의미를 되풀이해 강조했다. 반연방주의자들은 헌법에 제시된 정부의 형태가 비록 다르기는 하지만, 아무리 그럴듯하게 가장을 해도 결국 옛 폭정이 새로운 옷으로 갈아입은 것이라고 말했다. 따라서 소책자, 신문 사설, 비준회의에서의 연설에서 그들은 과거에 느꼈던 깊은 공포를 표현하기 위해 비난의 언어—'통합된 정부', 귀족사회, 음모, 기생하는 관리—를 적극 활용했다. 그러면서 반연방주의자들은 또한 영광스러운 대의의 위대한 기준을 다시금 상기시켰다.

연방주의자들은 영광스러운 대의를 둘러싼 담론에서 반연방주의자들을 기꺼이 상대할 용의가 있었고, 각종 신문과 잡지들 그리고 비준회의에서 벌어진 논쟁을 통해 헌법이 독립 혁명에 충실한 문서라고 주장했다. 양측은 1760년대와 1770년대의 독립파들이 처음으로 마주했던 커다란 문제에 다시 직면하게 되었다. 양측의 논쟁은 서로를 계몽시키는 것이었고, 양측은 그로 인해 연방제에 대해서 더 잘 알게 되었다. 이 논쟁에서 열거된 새로운 정부의 한계는 관련 용어와 분석의 혼란에서 생겨난 것이었지 실제로 있는 것이 아니었다. 또한 논쟁의 열기는 실질적인 문제를 은폐하는 것이 아니라 사람들의 정치적 인식을 더욱 날카롭게 했다. 그리하여 사람들이 새로운 정치질서의 밝은 전망은 물론이고 어두운 위험에 대해서도 충분히 깨닫게 만들었다. 결국 승리는 연방주의자들의 것이었다. 그들의 성공은 대영제국의 세력을 몰아낸 경험 덕분이었다. 이외에도 아메리카에서 줄기차게 형성되어온 또 다른 자질이 헌법 채택에 지대하게 공헌했다. 그것은 훨씬 더 나은 미래가 앞날에 기다리고 있다고 생각하며 힘든 세월을 버틴 아메리카 사람들의 끈질긴 인내였다.

에필로그

혁명은 그전까지 아무도 주목하지 않았던 것들을 들추어낸다. 그리고 혁명은 보통 피할 수 없는 것 또는 아무도 예상하지 못한 것 중 하나에 속하기 마련이다. 이러한 점에서 미국 혁명은 17세기에 일어났던 영국의 청교도 혁명 이래로 가장 독특한 유형의 혁명이었다. 독립 혁명은 발발했을 당시에는 누구도 예상하지 못한 것이었으나, 그 이후로는 모두에게 피할 수 없는 것이었다고 받아들여졌기 때문이다.

이런 두 가지 반응은 모두 이해할 만한 구석이 있다. 1775년에 렉싱턴에서 전쟁이 시작됐을 때 영국과 아메리카는 진정으로 놀라움을 금치 못했다. 다음 해 아메리카인이 독립을 선언하자 그들의 행동은 대서양 양안兩岸의 많은 이를 놀라게 했다. 당연히 그랬을 것이다. 전쟁, 독립, 공화국의 설립은 식민지의 분위기와 현실을 고려했을 때 도저히 있을 법한 일이 아니었다. 독립 전쟁 전 10년 동안 불길한 일이 곧 일어날 것이라는 징조는 분명히 없지 않았다. 반란, 보이콧, 논쟁이 계속됐다. 하지만 사람들은 결국에는 영국과의 평화로운 관계가 회복될 것이며 대영제국의 깃발 아래에서 다시 자랑스럽게 단결하리라는 기대를 버리지 않았다. 아메리카인들은 영국의 통치에 불만이 많았지만, 영국에 대한 애착을 거두지는 않았다. 그들은 영국의 신민으로서 편안한 삶을 살고 싶어 했다. 벤저민 프랭클린이 말한 것처럼, 그들에게 대영제국은 "홀륭하고 고귀한 도자기 꽃병"이었다.

하지만 1776년 이후로 그런 환상은 전부 사라졌다. 그리고 아메리카인들은 대영제국의 식민지를 파괴하기 시작했다. 영국의 정책과 법률은 불만을 키웠고, 불만이 낳은 투쟁은 전례를 찾아볼 수 없던 유형의 것이었다. 독립 선언 이후 몇 년 동안, 아메리카인들은 무수히 많은 영감을 얻었고 엄청난 상상력을 발휘했다. 가장 홀륭한 결과물은 물론 헌법이었다. 미국의 헌법은 아메리카 식민지의 과거와 영국의 과거에 빚지고 있지만, 그럼에도 굉장히 과감하고 독창적인 창작물이었다. 제정자들은 헌법의 정신이 '자유의 궁극적인 옹호'에 있다고 말했다.

독립 혁명에 참여한 사람들은 위기가 시작됐을 때 자신들이 취한 행동이 어떠한 의미를 지니는지 알지 못했다. 어떻게 그럴 수 있었겠는가? 하지만 위기가 고조되자 그 의미는 서서히 명료해졌다. 독립 혁명은 아메리카인들에게 자신의 방식대로 살 수 있는 기회를 주었으며, 그들의 조국이 지켜야 할 원칙과 나아가야 할 방향을 제시했다. 알렉산더 해밀턴은 《연방주의자 논집》의 첫 호에서 다음과 같은 매력적인 문장으로 문제를 정리했다.

"사람들은 이렇게 말한다. 이 전쟁이 우리로 하여금 스스로의 실천과 모범을 통해 다음과 같은 중요한 문제에 답을 내릴 수 있게 해주었다고. 인간은 성찰과 선택을 통해 직접 좋은 정부를 만들 수 있는 존재인가? 아니면 우연과 강압을 통해서 자신의 정치체제를 누군가에게 부여받아야만 하는 존재인가?"

아메리카인들이 내린 답은 분명했다. 혁명의 기간 동안 그들은 스스로 정치의 질서와 사상을 수립했던 것이다. 이 답안은 이후 미국의 역사에서 가장 중요한 목표로 남았다. 혁명가들이 남긴 지혜에 부응하기 위해 미국인들은 계속해서 그들이 남긴 숙제를 풀어야만 했다.

개정판에 부쳐

이 책을 시작했을 때, 나는 미국과 서구 문명의 역사에서 아주 중요한 사건에 대해 대규모 이야기를 쓰게 되어 아주 흥분했다. 지금도 그 흥분을 느끼고 있으며, 이야기체 역사narrative history의 가능성을 더욱 확신하게 되었다. 이 개정판은 이야기체 역사서이며, 내가 개정판에서 증보한 내용은 초판에서 말했던 이야기의 범위를 더 확대한 것이다.

이 책의 주요 강조점은 미국 독립 혁명의 정치적인 측면인데, 여기서 정치라 함은 아주 폭넓게 정의된 정치적인 생활을 의미한다. 그러나 크게 보면 이 개정판은 사회사의 범주에 들어가기도 한다.

《미국인 이야기》 1, 2, 3권에서 수정된 내용은 다음과 같다.

1권 1장에서는 영국의 재정-군사 국가를 한 절로 다루었다. 1권 6장에서는 1764~1776년 동안 영국이 취한 조치들에 대해 일반 대중이 폭도와 폭동의 형태로 내보였던 반응을 다루었다.

2권 5장에서는 1776년 봄 독립 선언을 지지하는 초창기의 지지 성명에 관한 정보를 추가했다. 여기서는 폴린 마이어Pauline Maier의《아메리카의 성경American Scripture》에 신세를 졌다.

3권 2장에서는 군대 내의 의료 관계에 대해 다루었다. 3권 3장에서는 독립 혁명 속 여성의 역사에 대한 정보를 추가했고, 아메리카 인디언에 대한 새로운 내용을 설정했다. 3권 4장에서는 영국인과 아메리카인이 치른 서로 다른 전쟁의 차이점에 대해 간단히 서술했고, 3권 8장에서는 헌법의 비준에 대한 정보를 추가했다. 그리고 3권 뒷부분에 에필로그를 새롭게 넣어 끝맺었다. 이 책이 처음 나온 1982년 이래 출판된 책들에 관한 새로운 참고문헌 자료도 추가했다.

이 개정판을 준비하는 과정에서 다수의 전문 역사가, 일반 독자, 학생에게 도움을 받았다. 다음 열 명의 옛 대학원 제자들을 먼저 열거하고 싶다. 루스 블로크, E. 웨인 카프, 재클린 바바라 카, 캐롤라인 콕스, 찰스 핸슨, 리처드 존슨, 캐롤린 네프, 마크 카치아–리들, 찰스 로이스터, 빌 영스. 이들은 나에게 많은 것을 가르쳐주었고, 저서와 논문을 통해 미국 혁명과 미국 사회에 관한 여러 가지 사안을 내게 알려주었다.

그리고 지난 여러 해 동안 이곳 버클리의 학부 학생들은 내게 많은 도움과 격려를 해주었다. 여기에서 그들의 이름을 일일이 열거하지는 못하지만 그들의 열성적인 도움만큼은 감사하고 싶다. 또한 나는 미국 혁명에 대해 글을 쓴 역사가들에게서도 많은 도움을 받았다. 비록 참고문헌에 그들의 저작을 밝혀놓았지만, 그것으로 내가 입은 신세를 충분히 표명했다고 보지는 않는다.

나는 이 책이 처음 나온 뒤 3년 동안 미국 혁명에 관심이 있는 또 다른 집단을 만나 많은 대화를 나누었다. 그들은 로드아일랜드주의 뉴포트에 있는 해군 전쟁대학의 전쟁 및 전략 세미나에 참석한 미 해군과 해병대의 장교들이었다. 그들은 혁명의 군사적, 해군적 역사뿐만 아니라 혁명의 모든 측면에 대해 커다란 흥미를 표시했다. 또한 나는 그들의 세미나 교수인 월턴 파울러, 로버트 제네트, 닐 헤이먼 등에게도 큰 신세를 졌다.

몇 년 전에 나에게 커다란 격려를 해준 또 다른 장교는 존 갤빈 장군이었다. 그는 최근에 나토 사령부에서 은퇴했다. 갤빈 장군은 렉싱턴 전투를 다룬 나의 논의에서 잘못된 부분을 수정해주었다.

주니아타 대학의 데이비드 슘 박사의 수업을 들었던 학부 학생들은 2년 동안에 걸쳐 내게 여러 유익한 제안을 해주었다. 나는 그 학생들과 그들의 선생님에게 감사를 표시한다.

고故 C. 밴 우드워드는 내가 이 책을 처음 집필할 때 옥스퍼드 미국사의 총 편집인이었다. 그는 내가 일일이 열거하지 못할 정도로 많은 방식과 아주 자상한 마음가짐으로 내게 도움을 주었다. 나는 그분의 자상함과 슬기로움을 결코 잊지 못할 것이다. 또한 그분의 저서에서 많은 영감을 받았음을 여기에 밝혀둔다.

지난 여러 해 동안 옥스퍼드 대학 출판부의 셸던 마이어, 레오나 캐플리스 등에게서 많은 지혜로운 말을 들었고, 좀 더 최근에 이 개정판을 집필하면서는 피터 지나와 그의 조수인 푸라하 노턴에게서 큰 도움을 받았다.

수석 책임 편집자인 조엘린 오상카는 자상하면서도 능숙한 솜씨로 이 개정판을 발간하는 데 처음부터 끝까지 감독해주었다. 이런 어려운 일을 멋지게 해낸 그녀에게 감사의 말을 전하고 싶다. 현재의 총 편집자인 데이비드 케네디는 늘 가까운 곳에 있으면서 믿음직한 격려를 아끼지 않았다.

나의 모든 저작에서 늘 그러했듯이, 나의 멋진 아내 비벌리는 가장 나를 잘 도와주었다. 이 책을 헌정한 내 딸 홀리는 늘 멋진 영감의 원천이었다.

버클리, 2004년 9월

로버트 미들코프

편집자의 글

로버트 미들코프의 《The Glorious Cause》 초판은 '옥스퍼드 미국사' 시리즈의 첫 번째 권으로, 1982년에 출간됐다. 그 당시 이 시리즈를 기획한 총 편집자였던 고故 C. 밴 우드워드는 저자의 '주제를 능숙하게 다루는 솜씨'를 칭찬하면서 이렇게 말했다. "《The Glorious Cause》는 이 시리즈의 편집 의도와 목적을 능숙하면서도 멋지게 구체화했다." 사실 우드워드와 그의 저명한 협력자인 리처드 호프스태터는 그전 여러 해 동안 이 시리즈를 구상하면서 편집 방향을 설정해놓았다.

이 개정판에서 로버트 미들코프는 학자와 저자로서 놀라운 기량을 다시 한 번 발휘하면서 미국 혁명이라는 아주 복잡하고 문제 많은 시기의 역사를 매우 탁월하게 재현했다. 그러나 초판의 구조와 이야기 줄거리는 그대로인데, 특히 역사의 우연성, 사건의 흐름을 형성하는 야심적이고 변덕스러운 발전 양상은 그대로 유지되어 있다. 미들코프는 지난 20년 동안 축적된 학문적 성과에서 비롯한 새로운 발견 사실과 관점을 현명하게 삽입함으로써 여러 곳에서 문채文彩를 빛내고 이야기의 내용을 더욱 풍성하게 만들었다. 독자들은 이 개정판에서 식민지 반란이 일어나기 직전의 영국 사회에 대해 크게 증보된 논의를 발견할 수 있을 것이다.

당시 산업혁명은 경제적, 사회적 관계에서 대규모 변화를 일으켰는데, 영국의 노쇠한 정부 제도는 아메리카 식민지의 불안정한 상태라는 문제에 맞서서도 변할 줄을 몰랐다. 또한 미들코프는 1775년 이전 미국 대중의 반영反英 시위에 대한 새 자료를 광범위하게 추가했다. 독립 선언에 대한 논의, 전쟁 수행 과정에서의 대륙회의의 역할, 독립 전쟁에서의 노예, 인디언, 여성의 역할, 국왕파의 곤경, 군복무의 어려움과 천연두의 위협, 특히 의학 지식이 잘 발달되어 있지 않았던 당시 부상자들의 끔찍한 운명 등도 폭넓게 다루었다. 또한 저자는 영국과 미국의 전쟁 사상과 전략, 미국 헌법의 비준 등에 대해서도 새로운 해석을 제시했다.

이렇게 개정 작업을 벌이면서, 미들코프는 당초 우드워드와 호프스태터가 구상했던 이 시리즈의 높은 목표에 충실하게 부응했다. 그 목표는 엄정하면서도 상상력 넘치는 역사 연구의 최고 결실을 일반 대중에게 널리 나눠주자는 것이었다. 우드워드는 이렇게 말했다.

"이 시리즈에 참여하는 각각의 저자는 일반 교양인이 손쉽게 접할 수 있는 읽기 쉬운 텍스트를 써내야 하고, 동시에 다양한 수준의 학생들에게 해당 시대의 이야기체 역사의 본질은 물론이요 최근의 연구 성과에 대한 종합적 판단을 제공해야 한다."

전문적인 연구 성과를 건전하면서도 감동적인 이야기로 엮어내는 것은 역사가의 최고 기술이다. 또한 역사가가 지켜야 하는 가장 까다로운 의무이기도 하다. 우드워드는 이런 과업 덕분에 "현대인이 미국 역사를 올바르게 이해할 수 있으며, 그런 지식이 없는 현대인은 과거에 대한 엉터리 지식을 갖춘 채 현재와 미래를 헤쳐 나가게 된다"라고 말했다.

이 시리즈는 현재 준비 중이며 앞으로 여러 권이 나올 예정이다. 지금까지 나온 책은 미들코프의 이 책 이외에, 제임스 맥퍼슨James McPherson의 《Battle Cry of Freedom》, 제임스 패터슨James Patterson의 《Grand Expectation》, 나의 《The American People in Depression and War, 1929~1945》 등인데, 독자에게 사랑을 많이 받았다. 이런 열광적인 반응은 미국사의 중요한 주제에 대한 노련한 학자들의 견해가 반영된 역사서에 대해 폭넓은 수요가 있다는 뜻이다. '옥스퍼드 미국사'는 그런 수요를 충족시키고자 하며, 이 책의 개정판은 그런 지속적인 노력의 중요한 일부다.

옮긴이의 글

　로버트 미들코프《The Glorious Cause》의 초판은 원래 1982년에 나왔다. 이후 독자들의 많은 사랑을 받게 되자 그동안 학계에 나온 최신 정보를 반영해 2005년에 개정판을 냈는데,《미국인 이야기》(전3권)는 바로 그 개정판을 완역한 것이다.《The Glorious Cause》는 옥스퍼드 대학 출판부에서 12권의 프로젝트로 기획한 미국사 시리즈의 첫 권으로, 그 뒤 출간된 같은 시리즈 책들의 모범을 제공하기도 했다. 그 모범은 미국의 역사를 학술적이고 전문적인 관점에서 기술하기보다는, 일반 독자도 쉽게 이해할 수 있도록 이야기체 역사로 써내려 간다는 것이었다. 바로 이런 집필 취지 덕분에 옮긴이도 처음부터 끝까지 아주 재미있게 읽었으며, 이 책에서 기술된 미국사의 흐름에 흥미를 느껴 같은 시리즈에서 소개된 건국 이후의 역사를 다룬《Empire of Liberty》와 남북 전쟁을 다룬《Battle Cry of Freedom》을 함께 읽으며 번역에 임했다.

《The Glorious Cause》에서는 미국 독립 혁명의 과정을 전·중·후의 3단계로 나눠서 각 단계별로 흥미진진하게 이야기를 전개하고 있다. 독립 전쟁 전에 아메리카 식민지의 거주민은 본국 영국 정부에 대영 제국 전체가 아닌 오로지 식민지에만 부과하는 세금을 재고해달라고 호소했다. 그들이 이렇게 완강하게 나온 이유는 그런 과세를 결정할 권한이 영국 의회에는 없다는 것이었다. 영국 의회에 아메리카 식민지의 대표가 의원으로 진출해 있지도 않은데 어떻게 세금을 매길 수 있으며, 한 나라, 한 동포라고 하면서 어떻게 영국 본토에는 해당되지 않는 세금을 식민지에만 매길 수 있느냐는 것이었다.

이처럼 세금을 완강하게 반대한 데에는 자유라는 개념이 엄청난 힘으로 작용했다. 당시 아메리카에는 유럽 대륙과는 달리 유서 깊은 군주제나 귀족제의 전통이 없었다. 그래서 아메리카인은 모든 사람이 평등하다는 생각을 품고 있었으므로, 누구나 다 자기 자신을 자유인이라고 생각했다. 그들이 생각하는 자유는 인신, 재산, 소유한 사람노예에 대한 재산의 보유 권리와 밀접하게 연결되어 있었다. 자유라는 것은 이 세 가지를 빼놓으면 공허한 개념에 지나지 않았다. 정당하지 못한 세금은 내 돈을 강제로 빼앗아가는 것이므로 곧 나의 자유를 침탈하는 것이라는 얘기다. 아메리카 식민지인은 영국 왕의 10펜스가 소중하다면 자신들의 1페니도 똑같이 소중하다고 주장했다. 영국 정부는 프랑스나 스페인 같은 외국 군대, 인디언, 서부 지역의 무법 정착자들로부터 식민지를 보호하려면 군대가 주둔해야 하고 그 군대 유지비를 수익자 부담 원칙에 따라 식민지에 일부 내라고 하는데 무엇이 문제냐고 버텼고, 과세권을 영국 의회와 국왕의 통치권과 같은 것으로 보아 조금도 물러설 생각이 없었다. 이리하여 서로 양보할 생각이 없는 양측은 전쟁에 돌입했다.

전쟁 중의 사건은 아무래도 전투의 전개 양상에 집중되는데, 양군은 모두 엄청난 약점을 갖고 있었다. 우선 영국군에 대해 말해보자면, 그들은 영국에서 3000마일이나 떨어진 아메리카로의 보급과 병력 지원을 충분히 받지 못했다. 당연히 영국군 사령관은 매번 전투에서 패배하면 안 된다는 강박관념에 사로잡혔고, 그러다 보니 너무 조심해다 이긴 전투를 놓치는 일이 빈번했다. 게다가 게이지-하우-클린턴-콘월리스로 이어지는 영국군 총사령관은 가능한 한 빨리 전쟁을 종결시키고 싶어 했으나, 아메리카 대륙군은 그런 상대방의 작전을 꿰뚫어보고 있었기 때문에 도망치며 수비하는 장기전을 선택했다. 또한 영국군 장군끼리의 불신과 시기심 때문에 군대의 효율적인 지휘가 더욱 어려웠다.

대륙군의 주력은 제대로 훈련되지 않은 민병대였는데, 조지 워싱턴은 이런 군대를 맡아서 과연 18세기 최강국인 영국의 군대를 상대로 이길 수 있을지 깊은 회의를 느꼈다. 그러나 전쟁이 전개되면서 워싱턴의 자신감은 점차 높아졌고, 독립 전쟁은 자유인과 용병, 민중과 직업군인의 갈등으로, 자유의 명예로운 대의를 지키기 위해 나선 대륙군이 이길 수밖에 없다고 휘하 부대를 끊임없이 격려했다. 사실 전투 능력은 떨어지지만 13개 식민지 전역에서 무한히 병력이 충원되는 대륙군과, 전투력은 높지만 병력 보충이 제대로 안 되는 영국군의 전투는 처음부터 영국군이 불리한 전쟁이었다. 다시 말해, 영국은 전투가 벌어지는 곳에 일정한 규모의 군대를 한시적으로 파견하여 재빨리 승부를 결정짓는 재래식 전쟁을 전개한 반면에, 아메리카는 19세기의 대규모 징집 군대를 예고하는 국민 개병제皆兵制 형태의 전쟁을 수행했다. 아메리카는 정치에서도 그랬던 것처럼 전쟁에 관해서도 군주제 하의 영국과는 다른 구상을 했다. 권리와 자유를 강조한 그들의 전쟁은 왕조를 지키기 위한 유럽의 앙시앵 레짐ancien regime, 구체제 하의 전쟁과는 달랐다. 이런 차이점 때문에 결국 아메리카가 전쟁에서 승리를 거두었다. 8년에 걸친 일진일퇴의 공방 끝에 콘월리스 휘하의 영국군이 요크타운에 갇혀서 결국 항복했을 때, 뉴욕이나 기타 지역에 영국군이 아직 많이 남아 있었는데도 영국이 종전에 합의할 수밖에 없었던 것은 이런 불리한 배경 때문이었다. 게다가 영국의 적수인 프랑스와 스페인이 아메리카 편을 들어 독립 전쟁이 유럽 전쟁으로 확대될 기미를 보이자 영국은 마침내 손을 들고 말았다.

전쟁이 끝난 뒤에는 대륙회의 시절의 연방 정부를 고수할 것이냐, 아니면 각 주가 독립된 국가 형태를 유지하는 느슨한 정체를 유지할 것이냐를 두고 13개 주 사이에서 격론이 벌어졌다. 그러나 연방주의자가 이겨서 미국 헌법이 제정됐고, 결국 신생 미국이 건국됐다. 신생 미국이 생겨난 과정은 호설편편好雪片片이라는 화두를 생각나게 한다. 눈이 다 제멋대로 떨어져 내리지만 결국에는 하얀 설경을 만들듯이, 13개 주가 저마다 자기주장을 폈지만 결국에는 미합중국을 만들어내는 데 성공했다. 하지만 이 건국에 문제가 없는 것은 아니었다. 앞에서 자유의 문제를 말했는데, 노예 소유의 자유는 정말로 까다로운 문제였다. 모든 인간은 평등하게 태어났다고 미국 헌법에서 선언해놓고 막상 흑인 노예는 거기에서 제외해버렸으니, 이는 백인만의 평등이고 결국 어떤 사람들백인은 다른 사람들흑인 노예보다 더 평등하다고 말하는 모순어법이 되었다. 건국의 아버지들은 이런 모순을 첨예하게 느끼고 있었으나, 노예제도 하나 때문에 연방이 깨어지는 것보다는 그 문제를 양보하더라도 연방 수립이 먼저라고 판단해 이 문제에 대해 눈감았다. 그러나 이 중대한 문제는 시간이 지나가면 저절로 해결될 그런 성질의 것이 아니었다. 헌법 제정 이후에도 자유란 곧 노예에 대한 재산권이라고 생각하는 사람들은, 바로 그 독립 혁명의 대의_{자유}를 내세우며 노예 해방에 결코 찬성하지 않으려고 했다. 그리하여 이 문제의 해결을 위해서는 링컨 대통령의 등장을 기다려야 했다. 옥스퍼드 미국사 시리즈의 한 권으로 이미 출간되어 있는 제임스 맥퍼슨의《Battle Cry of Freedom》은 남북 전쟁의 전반적 양상을 아주 재미나게 서술하고 있다.《The Glorious Cause》를 읽은 독자는 틀림없이 이 남북 전쟁 책과 건국 이후 신생 미국이 호설편편의 방식으로 발전해나가는 과정을 다룬 고든 우드의《Empire of Liberty》에도 관심을 갖게 되리라고 믿는다.

시중에는 미국 독립 혁명에 대한 본격적인 책자가 거의 나와 있지 않다. 여기에 번역한《The Glorious Cause》는 그런 결핍을 보완해줄 아주 좋은 책이라고 생각한다. 옮긴이는 옥스퍼드 미국사의 선두타자로 이 책을 선정한 것은 참으로 적절하다는 생각도 들었다. 이 훌륭한 책을 번역하는 내내 지적인 흥분과 전율을 느꼈고, 에드워드 기번이 환생해 18세기 미국 역사를 집필한 것 같은 착각을 느끼기도 했다. 기번은 객관적이면서도 유머러스하고 때로는 냉소적인 어조로 글을 써나간 역사가인데, 그런 분위기를 이 책에서도 많이 느낄 수 있었다. 이 책에는 18세기 당시의 유럽과 영국, 아메리카 식민지의 대국적 그림과 전쟁의 흥미로운 경과가 박력 있고 재치 넘치는 문장 속에 잘 묘사되어 있다. 미국 역사, 나아가 세계의 역사에 관심 있는 독자들에게 꼭 권하고 싶다.

미주

1장 도망치는 전쟁

1. Stevens, ed., *Clinton-Cornwallis Controversy*, I, 258~259; Charles Ross, ed., *Correspondence of Charles, First Marquis Cornwallis*(3vols., London, 1859), I, 58.
2. Wickwires, *Cornwallis*, 194~195.
3. 이 단락과 이전 세 개의 단락은 위의 책 196~206와 Ward, II, 739~740을 참조했다.
4. Wickwires, *Cornwallis*, 206~208.
5. 인용의 출처는 Lyman C. Draper, *King's Mountain and Its Heroes*(Cincinnati, Ohio, 1881), 169이다. Wickwires, *Cornwallis*, 208~209도 참조하라. 킹 산의 전투에 관한 내 설명은 Wickwires, *Cornwallis*, 210~215, Draper, *King's Mountain*, 507~510에 있는 'Lt. Anthony Allaire's diary'와 Ward, II, 741~744에서 가져온 것이다.
6. 앞선 단락의 인용은 Draper, *King's Mountain*, 511의 'Lt. Anthony Allaire's diary'에서 한 것이다.
7. Stevens, ed., *Clinton-Cornwallis Controversy*, I, 274~279 ; Ward, II, 745~747.
8. Freeman, *GW*, V, 226~227.
9. George W. Greene, *Life of Nathanael Greene*(3 vols., Boston and New York, 1867~1871)은 여전히 그린을 이해하는 데 유용한 자료다. 최근의 훌륭한 연구를 보고 싶

다면 Theodore Thayer, *Nathanael Greene : Strategist of the Revolution*(New York, 1960)을 참조하라.

10. *TJ Papers*, IV, 616.

11. 그린에 관한 이런 평가는 헨리 E. 헌팅턴 도서관의 너새니얼 그린 논문들에 있는 1780년 가을에 그가 보낸 서신에 기초한 것이다. *GW Papers*, e.g., Oct. 31, 1780, Ser. 4, Reel 72 역시 영향을 주었다.

12. 인용에 관해서는 다음 자료들을 참조하라. Greene to Samuel Huntington, Oct. 27, 1780, *Greene Papers*, HL; Greene to Francis Marion, Dec. 4, 1780, in Greene, *Life*, III, 81; Greene to Washington, Feb. 15, 1781, in *GW Papers*, Ser. 4, Reel 75.

13. Greene to Huntington, Oct. 27, 1780, Greene to Henry Knox, Oct. 29, 1780, *Greene Papers*, HL; Greene to Washington, Oct. 31, 1780, *GW Papers*, Ser. 4, Reel 72.

14. Greene to Washington, Oct. 31, 1780, *GW Papers*, Ser. 4, Reel 72.

15. Greene to General Steuben, Dec. 28, 1780, Greene to General Sumter, Jan. 15, 1781, *Greene Papers*, HL; Greene, *Life*, III, 541, 543.

16. Ward, II, 749~750.

17. Greene to General Robert Howe, Dec. 29, 1780, *Greene Papers*, HL.

18. Greene to Joseph Reed, Jan. 9, 1781, 위의 책.

19. 위의 책.

20. Greene, *Life*, III, 546("도망치는 전쟁").

21. Greene to Carrington, Dec. 4, 29, 1780, Greene to Alexander Hamilton, Jan. 10, 1781, Greene to Board of War, Dec. 18, 1780, *Greene Papers*, HL.

22. Greene to Daniel Morgan, Dec. 16, 1780, 위의 책; Ward, II, 750~752.

23. Ross, ed., *Correspondence of Cornwallis*, I, 80; Stevens, ed., *Clinton-Cornwallis Controversy*, I, 265.

24. Willcox, *Portrait of a General*, 340~350; Ward, II, 753.

25. Ward, II, 755.

26. 위의 책, 756; Wickwires, *Cornwallis*, 259~260; Stedman, *History of American War*, II, 356~357.

27. 나는 다음과 같은 자료를 참고해 부대 배치와 전투에서의 행동을 재구성했다. Daniel Morgan to Greene, Jan. 19, 1781(copy), *GW Papers*, Ser. 4, Reel 74 ; Cornwallis to Clinton, Jan. 18, 1781 in Stevens, ed., *Clinton-Cornwallis Controversy*, I, 320~321;

Lieutenant Colonel Banastre Tarleton, *History of the Campaigns of 1780 and 1781 in the Southern Provinces of North America*(London, 1787), 217~221; Roderick Mackenzie, *Strictures on Lt. Col. Tarleton's History of the Campaigns of 1780 and 1781*(London, 1787), 91~115; Wickwires, *Cornwallis*, 259~264; Ward, II, 757~762(위크와이어스와 워드는 훌륭한 설명을 제시했다).

28. Tarleton, *History*, 217, 221.

29. Stedman, *History of American War*, II, 360~361 ; Mackenzie, *Strictures*, 109.

30. Ward, II, 763~764.

31. Wickwires, *Cornwallis*, 268~269, 274~275.

32. Ward, II, 765~766.

33. A. R. Newsome, ed., "A British Orderly Book, 1780~1781", *NCHR*, 9(1932), 289.

34. Greene to Washington, Feb. 9, 1781, *GW Papers*, Ser. 4, Reel 75; Ward, II, 767~768; Wickwires, *Cornwallis*, 278~280.

35. George C. Rogers, Jr., ed., "Letters of Charles O'Hara to the Duke of Crafton", *SCHM*, 65(1964), 175.

36. 1781년 1월 말과 2월 초에 그린이 보여준 행동과 생각에 관해서는 다음과 같은 자료를 참조하라. Greene to Steuben, Feb. 3, 1781; to Andrew Pickens, Feb. 3, 1781; to Thomas Sumter, Feb. 3, 1781; to Isaac Huger, Feb. 5, 1781; to Major Blair, Feb. 6, 1781; to Governor Nash, Feb. 9, 1781. 작전회의에 관한 기록은 Feb. 9, 1781, in *Greene Papers*, HL.

37. Logers, ed., "Letters of O'Hara", *SCHM*, 65(1964)에서 인용했다. 그린의 움직임에 관해서는 다음과 같은 자료를 참조하라. Greene to Washington, Feb. 9, 15, 28, 1781, in *Greene Papers*, HL(또한 *GW Papers*, Ser. 4, Reel 75).

38. Ward, II, 782~783. 워드의 71장과 72장은 콘월리스가 그린을 추격한 것에 관해 우수한 설명을 제공한다.

39. Wickwires, *Cornwallis*, 292~293 ; Ward, II, 785.

40. Ward, II, 786~787.

41. Cornwallis to Germain, March 17, 1781, in Stevens, ed., *Clinton-Cornwallis Controversy*, I, 364. 그린은 대륙회의에 보내는 편지에서 부대 배치에 관해 설명했다. 다음 자료도 참조하라. March 20, 1781, *GW Papers*, Ser. 4, Reel 75.

42. Ward, II, 787 ; Wickwires, *Cornwallis*, 297~298.

43. Wickwires, *Cornwallis*, 398에서 인용했다(위크와이어스는 전투에 관해 훌륭하게 설명

했다).

44. Roger Lamb, *An Original and Authentic Journal of Occurences During the Late American War*(Dublin, 1809), 361.

45. Lee, *Memoirs*, 279; Greene to Sumter, March 16, 1781, *Greene Papers*, HL.

46. Lamb, *Journal*, 361~362; Stevens, ed., *Clinton-Cornwallis Controversy*, I, 364~367.

47. Ward, II, 788~790; Wickwires, *Cornwallis*, 300~302.

48. Lamb, *Journal*, 362.

49. Stevens, ed., *Clinton-Cornwallis Controversy*, I, 367; Ward, II, 792.

50. 이 단락과 앞선 두 개의 단락은 Ward, II, 791~792, Wickwires, *Cornwallis*, 303~308, 앞서 언급한 콘월리스, 그린, 램, 리의 설명에 기반을 두었다.

51. Newsome, ed., "British Orderly Book", *NCHR*, 9(1932), 388; Ward, II, 796~797.

52. Rogers, ed., "Letters of O'Hara", *SCHM*, 65(1964), 177~178; Stedman, *History of American War*, II, 382.

53. Ross, ed., *Correspondence of Cornwallis*, I, 86~87에서 인용했다.

54. Greene to Joseph Reed, March 18, 1781, and to Steuben, April 4, 1781, *Greene Papers*, HL.

55. Greene to Steuben, May 14, 1781, 위의 책.

56. Greene to Reed, May 4, 1781, 위의 책 ; Ward, II, 799~800.

57. 인용과 전투 설명에 관해서는 Greene to Steuben, April 27, 1781, *Greene Papers*, HL 을 참조하라.

58. Stevens, ed., *Clinton-Cornwallis Controversy*, I, 495.

59. Ward, II, 812~822.

60. 위의 책, 823~826.

61. 인용과 전투에 관한 설명은 다음 자료를 참조하라. Greene to Congress, Sept. 11, 1781, *Greene Papers*, HL; Ward, II, 827~834.

2장 전쟁의 이면

1. 유토 스프링스에 관해서는 Peckham, *Toll*, 90을 참조하라. 독립 전쟁과 남북 전쟁의 비교 는 같은 책 132~133을 참조하라.

2. *GW Writings*, V, 480.

3. Jeanette D. Black and William G. Roelker, *A Rhode Island Chaplain in the Revolution : Letters of Ebenezer David to Nicholas Brown, 1775~1778*(Providence, R.I., 1949), 13.

4. *GW Writings*, V, 479~480 ; Ward, II, 786.

5. Otho Williams, "A Narrative of the Campaign of 1780", in William Johnson, *Sketches of the Life and Correspondence of Nathanael Greene*(2vols., Charleston, S.C., 1822), I, 494 ; A. R. Newsome, ed., "A British Orderly Book, 1780~1781", *NCHR*, 9(1932), 289.

6. 신의 섭리와 관련한 전형적인 참고 사항은 다음 자료를 참조하라. Herbert T. Wade and Robert A. Lively, *This Glorious Cause : The Adeventures of Two Company Officers in Washington's Army*(Princeton, N.J., 1958).

7. Benjamin Fishburne and others, *Orderly Book*, June 12-July 13, 1778, BR 96, HL.

8. Stedman, *History of the American War*, II, 38.

9. Roger Lamb, *An Original and Authentic Journal of Occurences During the Late American War*(Dublin, 1809), 362.

10. William S. Powell, "A Connecticut Soldier Under Washington : Elisha Bostwick's Memoirs of the First Years of the Revolution", *WMQ*, 3d Ser., 6(1949), 102.

11. *War and Peace*, Book XI, 2.

12. Samuel B. Webb to Silas Deane, Cambridge, July 11, 1775, *MHS*, Procs., 14(Boston, 1876), 83.

13. (New York, 1947), 특히《미국인 이야기》2권 1장을 참조하라.

14. 18세기의 전략은 다음과 같은 책들에서 통찰력 있게 논의됐다. R. R. Palmer, "Frederick the Great, Guibert, Bulow : From Dynastic to National War" in Edward M. Earle, ed., *Makers of Modern Strategy : Military Thought from Machiavelli to Hitler*(Princeton, N.J., 1943), 49~74 ; Willcox, *Portrait of a General* ; Wickwires, *Cornwallis*. "걸어 잠그기"와 사격과 진군의 다른 양상에 관해서는 다음과 같은 책을 참조하라. Humphrey Bland, *An Abstract of Military Discipline*(Boston, 1747); (Edward Harvey), *The Manual Exercise As Ordered by His Majesty in 1764*[Boston, (1774)]; Timothy Pickering, *An Easy Plan of Discipline for a Militia*(Salem, Mass., 1775).

15. *The Diary of Josiah Arkins*(New York, 1975), 38.

16. *VG*(Dixon and Nicholson), Sept. 6, 1780에는 왼쪽 날개의 길어진 배치에 관한 설명이

담겨 있다. Ward, II, 722~730과 Wickwires, *Cornwallis*, 149~165에서는 전투에 관한 훌륭한 연구 결과를 제시한다.

17. Tench Tilghman to his father, Sept. 19, 1776, Henry P. Johnson, ed., *Memoir of Lieut. Col. Tench Tilghman*(Albany, N.Y., 1876), 139.

18. Francis Rawdon to the Earl of Huntington, June 20, 1775, *Hastings Papers*, HL.

19. Charles Willson Peale Diary, Jan. 3, 1777, HL.

20. 매사추세츠 마을과 그 민병대에 관한 훌륭한 연구를 보고 싶다면 Robert A. Gross, *The Minutemen and Their World*(New York, 1976)가 있다. 식민지 민병대에 관한 일반적인 견해에 관해서는 John Shy, "A New Look at the Colonial Militia", *WMQ*, 3d Ser., 20(1963) 175~185가 탁월하다.

21. 이 문단에서 내린 결론은 Edward C. Papenfuse and Gregory A. Stiverson, "General Smallwood's Recruits : The Peacetime Career of the Revolutionary War Private", *WMQ*, 3d Ser., 30(1973), 117~132를 참조하라. 헌팅턴 도서관의 너새니얼 그린 논문도 이 생각을 확인해주는 자료를 담고 있다.

22. Greene to Governor Reed, March 18, 1781, *Greene Papers*, HL. 1781년 2월 3일자에서 그린은 내쉬 주지사가 2만 명의 민병대가 있다고 하더라도 500명의 효율적인 정규군보다 못하다는 말을 했다고 전했다. "있다가 없어지는" 모습을 보이기 때문이라는 것이었다.

23. Stedman, *History of American War*, II, 383, 360; Rawdon to the Earl of Huntington, Aug. 3, 1775, Sept. 23, 1776, *Hastings Papers*, HL.

24. Rawdon to the Earl of Huntington, June 20, 1775, *Hastings Papers*, HL.

25. To his father, March 9, 1778, in William Gilmore Simms, ed., *The Army Correspondence of Colonel John Laurens in the Years 1777~1778*(New York, 1867), 136.

26. Sheer and Rankin, *Rebels and Redecoats*, 354.

27. Henry B. Dawson, ed., *Gleanings from the Harvest-field of American History*, IV, (Diary of David How)(Morrisania, N.Y., 1865), 28; Jered C. Lobdell, ed., "The Revolutionary War Journal of Sergeant Thomas McCarty", New Jersey Historical Society, *Proceedings*, 82(Newark, N.J., 1964), 45; Powell, "Bostwick's Memoirs", *WMQ*, 3d Ser., 6(1949), 101.

28. Laurens to his father, Jan. 14, 1779, Simms ed., *Army Correspondence*, 108.

29. S. Sidney Bradford, "Hunger Menaces the Revolution, December 1779~January 1780", *MdHM*, 61(1966), 5~23; Worthington C. Ford, ed., *Correspondence and*

Journals of Samuel Blachley Webb(3vols., New York, 1893~1894), II, 231~232.

30. *GW Writings*, V, 479.

31. Don Higginbotham, *The War of American Independence : Military Atitudes, Policies and Practice, 1763~1789*(Bloomington, Ind., 1971), 390~393, 특히 391.

32. Ford, ed., *Correspondence and Journals of Samuel Blachley Webb*, II, 232. 또한 다음 자료를 참조하라. "Letters of Ebenezer Huntington, 1774~1781", *AHR*, 5(1899~1900), 702~729.

33. *JCC*, II, 94. 영국 체계에 관한 최고의 연구를 보고 싶다면 Norman Baker, *Government and Contractors : The British Treasury and War Supplies, 1775~1783*(London, 1971)을 참조하라. 다음과 같은 연구도 참조하라. David Syrett, *Shipping and the American War, 1775~1783*(London, 1970)은 대서양을 건너는 보급품의 운송에 관한 내용을 다룬다. R. Arthur Bowler, *Logistics and the Failure of the British Army in America, 1775~1783*(Princeton, N.J., 1975)는 대륙군의 보급 활동에 관한 연구다.

34. Bowler, *Logistics*, 122~138.

35. 조지프 트럼불과 대륙군의 보급에 관한 기사에 대해서는 Mark Mayo Boatner III, *Encyclopedia of the American Revolution*(Bicentennial ed., New York, 1976)을 참조하라. Erna Risch, *Quartermaster Support of the Army : A History of the Corps, 1775~1939*(Washington, D.C., 1962)의 1장과 2장은 훌륭하다. 프리먼의 *GW*와 워드의 책에도 산발적인 정보가 담겨 있다.

36. Kenneth Rossman, *Thomas Mifflin and the Politics of the American Revolution* (Chapel Hill, N.C., 1952), 49~50, 56, 107, 여러 곳.

37. *JCC*, VIII, 435~436.

38. 자유민들을 임시 고용인으로 앉히는 일이 많았다. Freeman, *GW*, vols. III~V와 *GW Papers*를 참조하라.

39. Joseph Trumbull to Washington, July 19, 1777, *GW Papers*, Ser. 4, Reel 42.

40. *JCC*, VIII, 433~438.

41. 이런 생각은 *GW Papers*에 실린 워싱턴에게 보내는 편지와 보고를 읽고 이끌어낸 것이다. 특히 다음 자료를 참조하라. T. Mifflin to Washington, March 9, 1777, Ser. 4, Reel 40; Col. Henry Lutterloh to Washington, Dec. 25, 1777, 위의 책, Reel 46.

42. Greene to Washington, April 24, 1779, 위의 책, Reel 57.

43. *JCC*, VIII, 487, 585~607.

44. Mease to Washington, Jan. 6, May 12, 1777, *GW Papers*, Ser. 4, Reel 39, 41.

45. E. James Furguson, ed., *The Papers of Robert Morris, 1781~1784*(5vols, to date, Pittsburgh, Pa., 1973~), I, xix~xx, 372~374.

46. 위의 책, II, 198n, fn. 3.

47. 위의 책, i, 293.

48. 모리스에 관해서는 두 가지 훌륭한 책이 있다. Claence L. Ver Steeg, *Robert Morris : Revolu-tionary Financier*(Philadelphia, 1954); E. James Ferguson, *The Power of the Purse : A History of American Public Finance 1776~1790*(Chapel Hill, N.C., 1961). Ferguson, ed., *Papers of Morris*, II는 요크타운 작전에 모리스가 기여했다는 점을 보여주는 다수의 편지를 담고 있다.

49. 처치에 관해서는 다음 자료를 참조하라. Carl Van Doren, *Secret History of the American Revolution*(New York, 1941).

50. Freeman, *GW*, III, 547~553. 군대의 의료 서비스의 조직에 관해 내가 제시한 설명은 다음과 같은 연구에 기반을 두었다. Howard Lewis Applegate, "The Medical Administrators of the American Revolutionary Army", *Military Affairs*, 25(1961), 1~10 ; Whitfield J. Bell, *John Morgan : Continental Doctor*(Philadelphia, 1965), 특히 chap. 11; John Morgan, *A Vindication of His Public Character*(Boston, 1777); Morris H. Saffron, *Surgeon to Washington : Dr. John Cochron, 1730~1807*(New York, 1977).

51. 앞선 단락에서 주어진 1775년 아메리카의 의사 수에 관한 추정치는 Philp Cash, *Medical Men at the Siege of Boston, April 1775~April 1776 : Problems of the Massachusetts and Continental Armies*[American Philosophical Society, *Memoirs*, 98(Philadelphia, 1973)], 1~5에서 나온 것이다. 18세기 당시의 질병의 개념에 관해 알고 싶다면 Richard H. Shyrock, *Medicine and Society in America, 1600~1860*(New York, 1960), chap. 2를 참조하라.

52. Shyrock, *Medicine and Society*, 50~51.

53. George Washington, General Orders, Aug. 1~Sept. 9, 1778, BR 77, HL; Orders, American Army, Valley Forge, May, 27, 1778, HM 719, I, HL, 같은 책, X. 1781년 8월 28일의 조지 워싱턴의 지시에는 이런 말이 있다. "물에서 적당한 목욕을 하면 건강해지지만, 과도할 경우에는 해롭다. 병사들은 물에 너무 오래 머물러서는 안 될 것이다."

54. Powell, "Bostwick's Memoirs", *WMQ*, 3d Ser., 6(1949), 101; Peale Diary, Jan. 3, 10, 11, 16, 1777, HL.

55. James Thacher, *A Military Journal During the American Revolutionary War, From*

1775 to 1783(Boston, 1823), 306~307. 이 책은 군대 생활과 의료에 관한 귀중한 설명을 제공한다.

56. (New York, 1775). 이 단락에서의 인용은 해당 책의 71에서 가져온 것이다.

57. *The Diaries of George Washington*(Charlottesville, Va., 3vols., 1976~) vol.I의 편집자이자 부편집자인 도널드 잭슨과 도로시 투빅은 바베이도스로 여행을 떠나기 전에 워싱턴이 접종을 받았을 "가능성이 있다"고 말했다.

58. 1721년의 접종 논란에 관한 짧은 설명을 보고 싶다면 다음 자료를 참조하라. Robert Middle-kauff, *The Mathers : Three Generations of Puritan Intellectuals*(Oxford, 1971; reprinted Berkeley : University of California Press, 1999), 354~359.

59. Elizabeth A. Fenn, *Pox Americana : The Great Smallpox Epidemic of 1775~1782*(New York, 2001), 14~15, 28~35, 여러 곳.

60. 위의 책, 47~51.

61. 다음 자료에서 인용했다. Philp Schuyler to G. Washington, August 31, 1776, William Abbot and Dorothy Twobig, eds., *The Papers of George Washington : Revolutionary War Series*(Charlottesvill, Va., 9vols. to date, 1985~1999), VI, 187.

62. 위의 책, VIII, 174.

63. 위의 책, VIII, 248~249, 253, 264, 296~297, 299~300, 306, 317, 323, 여러 곳; Fenn, *Pox Americana*, 98~103.

64. William M. Fowler, Jr., *Rebels Under Sail : The American Navy During the Revolution*(New York, 1976), 17~20.

65. 위의 책, 21~27. 파울러의 훌륭한 책에 많이 의지한 것은 물론 윌리엄 벨 클라크가 쓴 일련의 책에도 의지했다. 그 책들은 다음과 같다. William Bell Clark, *Ben Franklin's Privateers : A Naval Epic of the American Revolution*(Baton Rouge, La., 1956); *George Washington's Navy*(Baton Rouge, La., 1960); *Naval Documents of the Revolution*(5vols. to date, Washington D.C., 1964~).

66. 존 폴 존스에 관한 내 설명은 Samuel Eliot Morison, *John Paul Jones : A Sailor's Biography*(Boston, 1959)와 Fowler, *Rebels Under Sail*, 145~170에서 가져온 것이다.

67. Butterfield et al., eds., *Diary of John Adams*, II, 370~371.

3장 전쟁의 외부

1. 전쟁이 불러온 물리적인 파괴에 대해서는 더 많은 연구가 필요하다. 이 주제에 관한 유용한 정보로는 Broadus Mitchell, *The Price of Independence : A Realistic View of the American Revolution*(New York, 1974)이 있다.

2. Ward, II, 492~495, 626~628 ; Mitchell, *Price*, 275~288.

3. 사라와 조지프 호지킨스에 관해서는 Herbert T. Wade and Robert A. Lively, *This Glorious Cause : The Adventures of Two Company Officers in Washington's Army*(Princeton, N.J., 1958)를 참조하라. 부록의 167~245에는 호지킨스 부부의 편지가 담겨 있다.

4. Wade and Lively, *Glorious Cause*, 185, 187(두 번째 인용한 내용 안의 단어 2개의 철자를 수정하고 구두점을 추가했다).

5. 위의 책, 191~192.

6. 위의 책, 239~240.

7. 위의 책, 220.

8. 메리 피쉬 실리먼에 관한 논의는 Joy Day Buel and Richard Buel, *The Way of Duty : A Woman and Her Family in Revolutionary America*(New York, 1984, paperback edition 1985)에서 드러나는 통찰력 있는 설명을 면밀히 따랐다.

9. William H. Guthman, ed., *The Correspondence of Captain Nathan and Lois Peters, April 25, 1775~February 5, 1777*(Hartford, 1980), 15.

10. 위의 책, 34, 36, 37에서 인용했다.

11. 위의 책, 48.

12. 앞선 내용, 특히《미국인 이야기》1권 8장과 9장을 참조하라.

13. 여기에 기록된 활동에 관한 통찰력 있는 설명을 보고 싶다면 Ronald Hoffman and Peter J. Albest, eds., *Women in the Age of the American Revolution*(Charlottesville, 1989)를 보되, 특히 3~42의 린다 커버가 쓴 에세이를 참조하라. 커버 교수와 메리 베스 노턴 교수가 인용했다고 적어둔 참고문헌은 여전히 그 가치가 크다.

14. 이 사건과 인용에 관해서는 L. H. Butterfield, ed., *Adams Family Correspondence*(Cambridge, Mass., 6vols. to date, 1963~), 295를 참조하라.

15. Elizabeth Cometti, "Women in the American Revolution", *NEQ*, 20(1974), 329~346을 인용했다. 코메티의 훌륭한 글은 리데젤 남작 부인의 경험에 관한 내용을 염려와 동정 속에서 서술하고 있다.

16. James Thacher, *A Military Journal During the American Revolution, From 1775 to 1783*(Boston, 1823), 156~157.

17. Nathanael Greene, General Orders, April 1~July 25, 1781, April 27, 1781, U.S. Army (Continental), Southern Department, HL; Orders, American Army, July 7, 1778, HL, 719, II, 같은 책.

18. Francis Marion Orderly Book, Feb. 15~Dec. 15, 1782, HL.

19. John Andrews to William Barrell, June 1, 1775, Winthrop Sargent, ed., "Letters of John Andrews, 1772~1776", MHS, *procs.*, 8(Boston, 1866), 408.

20. Justin Winsor, ed., *Memorial History of Boston, 1630~1880*(4vols., Boston, 1880~1881), III, 155를 참조하라. 다음 단락에 관해서는 같은 책, 156~159를 참조하라.

21. "Diary of Robert Morton", *PMHB*, 1, 8~10.

22. 전쟁 중 물가 상승에 관한 좀 더 자세한 연구를 보고 싶다면 Anne Bezanson et al., *Prices and inflation During the American Revolution, Pennsylvania, 1770~1790* (Pennsylvania, 1951)을 참조하라.

23. "Diary of Robert Morton", *PMHB*, 1(1877), 8, 10, 23.

24. Henry D. Biddle, ed., *Extracts from the Journal of Elizabeth Drinker, 1759~1807*(Philadelphia, 1889), 63~79. 72("요즘…").

25. John M. Coleman, "Joseph Galloway and the British Occupation of Philadelphia", *Pennsylvania History*, 30(1963), 272~230.

26. Jacob E. Cooke, "Tench Coxe : Tory Merchant", *PMHB*, 96(1952), 52.

27. Biddle, ed., *Journal of Drinker*, 103. 안드레 대위의 미스키안차에 관한 설명은 Henry Steele Commager and Richard B. Morris, eds., *The Spirit of Seventy Six*(Bicentennial ed., New York, 1975), 657~660을 참조하라.

28. 뉴욕 점령에 관한 이 설명은 Oscar Barck, *New York City During the War for Independence* (New York, 1931)에 기반을 두고 있다.

29. Biddle, ed., *Journal of Drinker*, 113.

30. *TJ Papers*, II, 545~553; Dumas Malone, *Jefferson and His Time*(6vols., Boston, 1948~1981), I, 275~280.

31. 투표권에 관해서는 Chilton Williamson, *American Suffrage : From Property to Democracy, 1760~1860*(Princeton, N.J., 1960), 92~137을 참조하라.

32. 고등교육과 독립 혁명에 대해서는 Kenneth Silverman, *A Cultural History of the American Revolution*(New York, 1976)을 참조하라.

33. 국왕파의 수에 관한 가장 면밀한 연구에 대해서는 Paul H. Smith, "The American Loyalists : Notes on Their Organization and Numerical Strength", *WMQ*, 3d Ser., 25(1968), 258~277를 참조하라.

34. 나는 국왕파의 정체성과 위치에 관한 정보를 다음과 같은 책들에서 인용했다. William H. Nelson, *The American Tory*(1961; paperback ed., Boston, 1964); Robert M. Calhoon, *The Royalists in Revolutionary America, 1760~1781*(New York, 1973); Wallace Brown, *The King's Friends : The Composition and Motives of the American Loyalist Claimants*(Providence, R.I., 1966).

35. Adrian C. Lieby, *The Revolutionary War in the Hackensack Valley : The Jersey Dutch and the Neutral Ground*(New Brunswick, N.J., 1962), 19~41, 여러 곳.

36. Calhoon, *Loyalists*, 397~414; Henry J. Young, "Treason and Its Punishment in Revolutionary Pennsylvania", *PMHB*, 90(1966), 294.

37. Young, "Treason", *PMHB*, 90(1966), 294를 참조하라. 306에는 다음 단락에서 논하는 사권(私權) 박탈에 관한 내용이 담겨 있다.

38. Richard D. Brown, "The Confiscation and Disposition of Loyalists' Estates in Suffolk County, Messachusetts", *WMQ*, 3d Ser., 21(1964), 534~550.

39. 위의 책, 549.

40. Beatrice G. Reubens, "Pre-emptive rights in the Disposition of a Confiscated Estate : Philipsburgh Manor, New York", *WMQ*, 3d Ser., 22(1965), 435~456.

41. Staughton Lynd, "Who Should Rule at Home? Dutchess County, New York, in the American Revolution", *WMQ*, 3d Ser., 18(1961), 330~359.

42. Staughton Lynd, *Class Conflict, Slavery, and the United States Constitution*(New York, 1967), 63~77.

43. Mary Beth Norton, *The British-Americans : The Loyalist Exiles in England, 1774~1789*(Boston, 1972), 124에서 인용했다.

44. Pauline Maier, " The Charleston Mob and the Evolution of Popular Politics in Revolutionary South Carolina, 1765~1784", *PAH*, 4(1970), 176.

45. 이 단락과 다음 단락은 Benjamin Quarles, *The Negro in the American Revolution*(Chapel Hill, N.C., 1961), 19~32를 바탕으로 한 것이다.

46. 위의 책, 80.

47. Winthrop D. Jordan, *White Over Black : American Attitudes Toward the Negro, 1550~1812*(Chapel Hill, N.C., 1968), 3~98. 흑인 노예제의 발전에서 노동하는 가난한

자들에 대해 잉글랜드가 보인 태도의 중요성에 관해 훌륭한 논의를 한 책으로는 Edmund S. Morgan, *American Slavery, American Freedom : The Ordeal of Colonial Virginia*(New York, 1975)가 있으니 참조하라.

48. Jordan, *White Over Black*, 345~346.

49. John Richard Alden, *The South in the Revolution, 1763~1789*(Baton Rouge, La., 1957), 346~348.

50. 이 단락에서 논한 문제들에 관해 가장 설득력 있는 주장을 한 것은 William W. Freehling, "The Founding Fathers and Slavery", *AHR*, 77(1972), 81~93이다.

51. John D. Daniels, "The Indian Population of North America in 1492", *WMQ*, 3d Ser., 49(1992), 298~320은 인구 통계학 연구들을 예리하게 검토한다.

52. Colin G. Calloway, *The American Revolution in Indian County*(Cambridge, Eng., 1995), XVI, 1~25; Richard B. White, *The Middle Ground : Indians, Empires, and Republics in the Great Lakes Region, 1650~1815*(Cambridge, Eng., 1991).

53. Calloway, *American Revolution*, 85~107.

54. 이런 태도의 요약에 관해서는 Daniel K. Richter, "Native Peoples of North America and the Eighteenth-Century British Empire", in Peter Mashall, ed., *The Oxford History of the British Empire : The Eighteenth Century*(Oxford, 1998), 347~371을 참조하라. 주 52번에 열거한 화이트와 캘로웨이의 책들 역시 유용하다.

55. Don Higginbotham, *The War of American Independence*(Bloomington, 1971), 319~331을 참조하라. 체로키족에 관해서라면 Calloway, *American Revolution*, 182~212를 참조하라.

56. 그네이든허튼에 대해서는 Higginbotham, *War of American Independence*, 322를 참조하라.

57. 위의 책, 322~325.

58. 이로쿼이족에 관해서는 Daniel K. Richter, *The Ordeal of the Longhouse : The Peoples of the Iroquois League in the Era of European Colonization*(Chapel Hill, 1992)와 Calloway, *American Revolution*, 108~157, 그 외의 책들을 참조하라. 앞서 열거한 히긴보텀의 설명 또한 설리번의 군사작전을 다루고 있다.

59. 이 단락과 다음 세 단락에 관해서는 James H. Merrell, *The Indians New World : Catawbas and Their Neighbors from European Contact Through the Era of Removal*(Chapel Hill, 1989)을 참조하라. 특히 192~225를 참조하라.

60. 위의 책, 215에서 인용했다.

4장 요크타운과 파리

1. Willcox, *Portrait of a General*, 386에서 인용했다.
2. Wickwires, *Cornwallis*, 326~327.
3. Willcox, *Portrait of a General*, 373~376.
4. 콘월리스에게 보내는 클린턴의 많은 편지에 대해서는 다음 자료를 참조하라. Stevens, ed., *Clinton-Cornwallis Controversy*, II.
5. Willcox, *Portrait of a General*, 392~404.
6. Stevens, ed., *Clinton-Cornwallis Controversy*, II, 57~58.
7. Ward, II, 876~877.
8. Wickwires, *Cornwallis*, 347~353.
9. Freeman, *GW*, V, 284~296.
10. 위의 책, 287~288.
11. 이 문단과 바로 앞 문단에 관해서는 위의 책, 309~321을 참조했다.
12. *GW Writings*, XXIII, 101에 나타난 1781년 9월 7일의 편지에서 인용했다. 다른 지시에 관해서는 같은 책 38, 51~63, 98~101, 102~103을 참조하라.
13. 그라스에 관해서는 위의 책, 123~125에 실린 1781년 9월 17일 부분을 참조하라. Willcox, *Portrait of a General*, 414~424도 참조하라.
14. *GW Writings*, XXIII, 136~139, 160~165, 169; Freeman, *GW*, V, 322~344.
15. 마을과 그에 접근하는 법과 관련해서는 Freeman, *GW*, V, 345~350; Ward, II, 887~888 을 참조하라. 동시대의 훌륭한 서술로는 Evelyn M. Acomb, ed., *The Revolutionary Journal of Baron von Closen, 1780~1783*(Chapel Hill, N.C., 1958), 139~141을 참조 하라.
16. Wickwires, *Cornwallis*, 366. 위크와이어스와 워드는 콘월리스가 세운 많은 작은 보루들 에 관해 살펴보고 있다. 중요한 점은 콘월리스의 방비가 완성되지 않았다는 것이다.
17. 워싱턴의 언급에 관해서는 *GW Writings*, XXIII, 210을 참조하라.
18. "Diary of Captain James Duncan... in the Yorktown Campaign, 1781" in William H. Egle, ed., *Pennsylvania Achives*, 2d Ser., 15(Harrisburg, Pa., 1890), 748.
19. 위의 책, 749. 로샹보의 지시에 관해서는 Acomb, ed., *Journal of von Closen*, 146을 참 조하라.
20. Acomb, ed., *Journal of von Closen*, 143~146; Samuel C. Cobb, ed., "Diary of General David Cobb", MHS, *Procs.*, 19(Boston, 1882), 68~69; Ebenezer Denny,

Military Journal(Philadelphia, 1859), 41; Henry P. Johnston, ed., *Memoir of Lieut. Col. Tench Tilbman*(Albany, N.Y., 1876), 104; *GW Writings*, XXIII, 210; Edward M. Riley, ed., "St. George Tucker's Journal of the Siege of Yorktown, 1781", *WMQ*, 3d Ser., 5(1948), 384.

21. "(Steven) Popp's Journal, 1777~1783", *PMHB*, 26(1902), 41을 인용했다("피난처로 용케 도망쳤고"). 다른 두 개의 인용은 "The Doehla Journal", tran. R. J. Tilden, *WMQ*, 2d Ser., 222(1942), 245, 251에서 했다. 이전 세 문단에 서술한 포격전에 관해서는 주 20에 인용한 출처의 설명을 참조하라.

22. 9번 보루에 가한 프랑스의 공격에 관해서는 "Journal of Jean-Baptiste-Antoine de Verger", in Howard C. Rice, Jr., and Anne S. K. Brown, eds., *The American Campaigns of Rochambeau's Army, 1780, 1781, 1783*(2vols., Princeton N.J., 1972), I, 142를 참조하라. 10번 보루에 관한 아메리카의 공격에 관해서는 Hamilton to Lafayette, Oct. 15, 1781, in Syrett and Cook, eds., *Papers of Hamilton*, II, 679~681 을 참조하라.

23. Wickwires, *Cornwallis*, 382~384 ; "Doehla Journal", tr. Tilden, *WMQ*, 2d Ser., 22(1942), 253.

24. Wickwires, *Cornwallis*, 384~385 ; Freeman, *GW*, V, 378~391.

25. John Brooke, *King George III*(New York, 1972), 219~220.

26. 평화 협정에 관해서는 Samuel Flagg Bemis, *The Diplomacy of the American Revolution*(1935; reprinted ed., Bloomington, Ind., 1957)과 Richard B. Morris, *The Peacemakers : The Great Powers and American Independence*(New York, 1965)를 참조하라.

27. Bemis, *Diplomacy*, 194~195.

28. 위의 책, 203 ; Morris, *Peacemakers*, 376~377.

29. Bemis, *Diplomacy*, 259~264에 "예비적이고 조건적인 평화 조항"의 본문이 발췌 인쇄 되어 있다.

30. 평화 축하연을 보도한 두 개의 신문을 보려면 *Gazette of the State of Georgia* (Savannah), May 1, 1783; *Connecticut Gazette*(Hartford), May, 9, 1783을 참조하라.

31. Piers Mackesy, *The War for America, 1775~1783*(Cambridge, Mass., 1965), 4~7.

32. W. W. Abbot, ed., *The Papers of George Washington : Revolutionary War Series* (Charlottesville, 1985, 9vols, to date), 159~162를 참조하라. 인용은 160에서 했다.

33. 1780년 1월 1일에 매사추세츠 전선에서 반란이 일어났다. 다 합쳐 약 100명의 병사가 웨

스트포인트의 부대를 떠나 고향으로 향했다. 그들은 빠르게 귀대했지만, 몇 사람은 처벌을 받았다. 1781년 1월 1일에 펜실베이니아 정규군이 뉴저지 모리스타운에서 반란을 일으켰다. 뉴저지 폼프턴의 뉴저지 정규군도 며칠 뒤 반란을 일으켰다. 펜실베이니아 정규군의 반란은 가담한 병사들이 거의 1000명에 이르렀기에 특히 심각했다. 두 반란은 빠르게 제압됐다. 전말을 알고 싶다면 Carl Van Doren, *Mutiny in January : The Story of a Crisis in the Continental Army*… (New York, 1943)를 참조하라. 펜실베이니아 정규군의 반란에 관해 짧고 참고가 되는 보도로는 *Pennsylvania Gazette*(Phila.), Jan. 24, 1781이 있다.

5장 헌법의 제정을 향해

1. 뉴버그에서의 일을 둘러싼 많은 것이 수수께끼로 남아 있다. "음모"에 관한 가장 훌륭한 연구 중 하나는 Richard H. Kohn, "The Inside History of the Newburgh Conspiracy : America and the Coup d'Etat", *WMQ*, 3d Ser., 27(1970), 187~220이다. 하지만 콘은 이 일과 관련한 호레이쇼 게이츠의 입장을 과장한 면이 있다. 게이츠에 관해서는 Paul David Nelson, "Horatio Gates at Newburgh, 1783 : A Misunderstood Role", 같은 책, 29(1972), 143~151과 같은 책, 151~158에 실린 이에 대한 리처드 H. 콘의 응답을 참조하라.
2. *GW Writings*, XXVI, 226~227.
3. Freeman, *GW*, V, 428~437; *TJ Papers*, VI, 402~414.
4. *GW Writings*, XXVII, 284.
5. *TJ Papers*, VI, 413. 대륙회의에서의 워싱턴에 관한 훌륭한 설명은 Freeman, *GW*, V, 472~477을 참조하라.
6. Burnett, *Continental Congress*, 568.
7. *JM Papers*, VI, xvi~xvii.
8. E. James Ferguson, *The Power of the Purse : A History of American Public Finance, 1776~1790*(Chapel Hill, N.C., 1961), 239~240.
9. Samuel Flagg Bemis, *Pinckney's Treaty : America's Adevantage from Europe's Distress, 1783~1800*(rev. ed., New Haven, Conn., 1960), 44.
10. 이 단락에서 인용한 말과 제이에게 내린 지시에 대해서는 *JM Papers*, IX, 71n, fn. 5, 70, 73n, fn. 13을 참조하라.

11. 제이의 지시에 대한 투표와 미시시피강 탐사에 관한 더 많은 것에 대해서는 Bemis, *Pinckney's Treaty*, 특히《미국인 이야기》1권 3장을 참조했다.

12. *TJ Papers*, VI, 571.

13. 서부의 땅에 관한 정책에 연관된 이 논의는 *TJ Papers*, VI, 517~617과 Merrill Jensen, "The Creation of the National Domain, 1781~1784", *Mississippi Valley Historical Review*, 26(1939), 323~342를 기반으로 작성했다.

14. *TJ Papers*, VII, 145.

15. Merrill Jensen, *The New Nation : A History of the United States During the Confederation, 1781~1789*(New York, 1950), 354~355.

16. 위의 책, 355~356.

17. 위의 책, 358~359.

18. Gordon G. Bjork, "The Weaning of the American Economy : Independence, Maket Changes, and Economic Development", *Journal of Economic History*, 24(1964), 541~560.

19. 위의 책, 여러 곳, 특히 545.

20. 위의 책, 여러 곳.

21. 위의 책, 559; James F. Shepherd and Gray M. Walton, "Economic Change After the American Revolution : Pre- and Post-War Comparisons of Maritime Shipping and Trade", *Exploration in Economic History*, 13(1976), 397~422.

22. 하지만 Rakove, *Beginnings of National Politics*, 354~355에서는 대륙회의가 신문들에 거의 언급되지 않았다는 점을 지적했다.

23. Ferguson, *Power of the Purse*, 3~24.

24. 위의 책, 29~31.

25. 위의 책, 31~45.

26. 위의 책, 46~47.

27. 위의 책, 48~56.

28. 위의 책, 65~66.

29. 위의 책, 220~245, 특히 234~238.

30. 위의 책, 223~229, 여러 곳.

31. 위의 책, 226.

32. Merrill Jensen의 *New Nation*에서는 이 견해를 처음으로 완벽하게 진술한 내용을 제공한다.

33. Ferguson, *Power of the Purse*, 70~81, 172~174.

34. 위의 책, 116~168.

35. 위의 책, 171~179.

36. Irving Brant, *James Madison : The Nationalist, 1780~1787*(Indianapolis, Ind., 1948), 376~378. 매디슨에 대해 인정받는 전기는 Brant, *James Madison*(6vols., Indianapolis, Ind., 1941~1961)이다. 나는 각 권의 제목으로 이 책들을 인용했다.

37. Brant, *Madison : The Nationalist*, 375~376.

38. *TJ Papers*, IX, 206.

39. Syrett and Cooke, eds., *Papers of Hamilton*, III, 689.

40. 1780년대 매사추세츠의 공공 정책에 관해서는 Van Beck Hall, *Politics Without Parties : Massachusetts, 1780~1791*(Pittsburgh, Pa., 1972)을 참조하라. 셰이즈의 반란에 대해서는 Robert J. Taylor, *Western Massachusetts in the Revolution*(Providence, R.I., 1954), 128~167을 참조하라.

6장 1780년대 두 번 태어난 사람의 자녀들

1. Rakove, *Beginnings of National Politics*, 3~62.

2. 위의 책, 164~165.

3. Jack P. Greene, "Society, Ideology, and Politics : An Analysis of the Political Culture of Mid-Eighteenth-Century Virginia" in Richard M. Jelisin, ed., *Society, Freedom, and Conscience : The Comming of the Revolution in Virginia, Massachusetts, and New York*(New York, 1976), 14~76.

4. Edmund S. Morgan, *American Slavery, American Freedom : The Ordeal of Colonial Virginia*(New York, 1975), 295~387.

5. 권리장전에 관해서는 S. E. Morison, ed., *Sources and Documents Illustrating the American Revolution*(2d ed., Oxford, 1929), 149~151을 참조하라.

6. 헌법에 관해서는 *TJ Papers*, I, 377~383을 참조하라. 379에서 인용했다.

7. 위의 책, 292. Merrill D. Peterson, *Thomas Jefferson and the New Nation*(New York, 1970), 97~100은 버지니아 헌법에 관한 제퍼슨의 희망에 대한 설명을 훌륭하게 보여준다.

8. 제퍼슨의 헌법안과 그가 펜들턴에게 한 언급과 관련해서는 *TJ Papers*, I, 337~364,

503~504를 참조하라. 제퍼슨의 편지에 이은 펜들턴의 생각은 같은 책 296~297, 484~485, 488~491을 참조하라.

9. 위의 책, I, 503.

10. William Peden, ed., *Notes on the State of Virginia*(Chapel Hill, N.C., 1955), 120.

11. 한사 상속에 관한 법안과 법 개정에 관한 내용은 *TJ Papers*, I, 560~564를 참조하라.

12. 법 개정에 관한 보이드의 설명은 위의 책, II, 305~324에 있다.

13. 해당 법안들의 목록과 내용을 보려면 위의 책, 329~657을 참조하라.

14. William Peden, ed., *Notes on the State of Virginia*, 138.

15. *TJ Papers*, II, 470~473.

16. 위의 책, 492~507(인용은 497, 498).

17. 위의 책, XI, 152.

18. 위의 책, II, 526~535(인용은 531).

19. 위의 책, XI, 152.

20. 위의 책, II, 527.

21. Peterson, *Jefferson*, 133~134.

22. 인용에 관해서는 위의 책, 134를 참조하라.

23. 매디슨의 "종교 과세에 대한 진정서"에 대해서는 *JM Papers*, VIII, 295~306을 참조하라. 인용은 300에서 했다. 매디슨의 진정서보다 더 중요한 것은 종교 관련 일반 과세 법안이 복음의 정신을 위배했다고 비판한 진정서였을 것이다. 이 진정서는 4899명의 서명을 받았는데, 반대자 대다수를 아우르는 것이었다.

24. *TJ Papers*, II, 546.

25. William Peden, ed., *Notes on the State of Virginia*, 161.

26. 이 단락에서 언급한 사람들에 관한 정보는 다음에서 가져왔다. Eric Foner, *Tom Paine and Revolutionary America*(New York, 1976); David Freeman Hawke, *Paine*(New York, 1974); Richard Alan Ryerson, *The Revolution Is Now Begun : The Radical Committees of Philadelphia, 1765~1776*(Philadelphia, 1978); Brooke Hindle, *David Rittenhouse*(Princeton, N.J., 1964).

27. Gordon S. Wood, *The Creation of the American Republic, 1776~1787*(Chapel Hill, N.C., 1969), 206~222 외에 여러 곳에서, 나는 "상원"과 혼합 정부에 관한 아메리카의 정치사상에 대한 많은 부분을 배웠다. Jackson Turner Main, *The Upper House in Revolutionary America, 1763~1788*(Madison, Wis., 1967)은 1780년대 주 의회에서 상원의 구성에 관한 변화들에 대해 귀중한 정보를 담고 있다.

28. 인용과 펜실베이니아 헌법의 내용에 대해서는 Morison, ed., *Sources and Documents*, 167을 참조하라.

7장 헌법제정회의

1. Irving Brant, *James Madison*(6vols., Indianapolis, Ind., 1941~1961).

2. Washington to Knox, March 8, 1787, in *GW Writings*, XXIX, 171; 같은 책, 193~195, 208~210.

3. 대표단의 목록은 Charles C. Tansill, ed., *Documents Illustrative of the Formation of the Union of American States*(Washington D.C., 1927), 85~86에 있다. 대표단에 대한 윌리엄 피어스의 묘사는 같은 책 96~108에 있는데, 유용하다.

4. Forrest McDonald, *We The People : The Economic Origins of the Constitution* (Chicago, 1958)의 2장과 3장은 대표단에 관한 많은 내용을 담고 있다.

5. 모리스에 관한 이 평가는 헌법제정회의 과정을 읽은 내 판단을 기반으로 한다.

6. Charles Page Smith, *James Wilson*(Chapel Hill, N.C., 1956)은 가장 믿을 만한 전기다.

7. 모리스에 대해서는 Max M. Mintz, *Gouverneur Morris and the American Revolution* (Norman, Okla., 1970)을 참조하라.

8. 다른 종류의 분열을 보려면 McDonald, *We The People*을 참조하라. Irving Brant, *James Madison : Father of the Constitution, 1787~1800*(Indianapolis, Ind., 1950), 55~70 은 특히 유용했다.

9. Brant, *James Madison : Father*, 62, 65 ; Richard P. McCormick, *Experiment in Independence : New Jersey in the Critical Period, 1781~1789*(New Bruswick, N.J., 1950), chap. 9, 여러 곳.

10. *Farrand*, I, 2~13.

11. 위의 책, 18~23 ; 위의 책, III, 593~594.

12. 위의 책, 33~38.

13. 버지니아 안에 관한 논의에 대해서는 위의 책, 45~239를 참조하라(88, 96에서 인용).

14. 위의 책, 235~237.

15. 위의 책, 156, 235.

16. 셔먼의 언급과 관련해서는 위의 책, 48, 133을 참조하라.

17. 위의 책, 48.

18. 위의 책, 242~245; 위의 책, III, 611~616.

19. 위의 책, I, 250.

20. 윌슨의 연설에 대해서는 위의 책, 254~255를 참조하라(253, 254에서 인용).

21. 위의 책, 255, 314~322(매디슨의 연설).

22. 위의 책, 322.

23. 위의 책, 335~344(셔먼의 말은 343에서 인용).

24. 위의 책, 358~360.

25. 위의 책, 383~443.

26. 위의 책, 446~449.

27. 인용에 관해서는 위의 책, 448을 참조하라. 같은 책, 463~465(매디슨), 467(게리)도 참조하라.

28. 예를 들면 위의 책 450(셔먼), 468~469(엘스워스)를 참고하면 된다.

29. 위의 책, 490~492, 500~502(베드퍼드), 484~485(엘스워스)를 참조하라.

30. 위의 책, 468.

31. 위의 책, 447, 482~484.

32. 위의 책, 471~472.

33. 매디슨이 나중에 이 연설에서 자신의 말로 언급하는 부분에 대해서는 Brant, *James Madison : Father*, 85~87을 참조하라.

34. *Farrand*, I, 490~493(베드퍼드와 킹), 510, 511~516을 참조하라.

35. 위의 책, 516.

36. 위의 책, 524~526.

37. 위의 책, 527~529(매디슨), 529~531(모리스), 531~532(베드퍼드)를 참조하라.

38. 위의 책, 550.

39. 위의 책, 548~606 외의 여러 곳, 위의 책, II, 203(게리와 킹의 발의).

40. 위의 책, I, 15~16.

41. 위의 책, 25~27.

42. 위의 책, 29~128, 여러 곳.

43. 위의 책, 74(인용).

44. 위의 책, 85, 95~97.

45. 보고서는 위의 책, 177~189에 있다.

46. 위의 책, 202~203(모리스), 202(디킨슨).

47. 위의 책, 203~204(매디슨), 204~205(프랭클린).

48. Article VII(VI), Sect. 4, 6, 위의 책, 183.

49. 위의 책, 370(메이슨), 372~373(디킨슨), 373(킹), 위의 책, III, 254(핑크니).

50. 위의 책, II, 415(매디슨, 모리스), 위의 책, III, 211~212(마틴), 325(매디슨).

51. 위의 책, II, 367.

52. 위의 책, 497.

53. 위의 책, 515, 527.

54. 위의 책, 547, 553.

55. 위의 책, 644~645(랜돌프). George Athan Billias, *Elbridge Gerry : Founding Father and Republican Statesman*(New York, 1975), 200~205는 이 일과 다른 일에 대한 훌륭한 설명을 제공한다.

8장 비준 : 끝이자 시작

1. 이런 해석은 다양한 책과 연구를 읽고 내가 내린 판단에 근거를 둔다. 헌법 작성에 관해 가장 영향력 있는(그리고 가장 이해에 해를 주는) 해석은 Charles Beard, *An Economic Interpretation of the Constitution of the United States*(New York, 1913)일 것이다.

2. Cecelia M. Kenyon, ed., *The Antifederalists*(Indianapolis, Ind., 1966), 8, 17(Letters of "Centinel"), 43(Pennsylvania Minority), 86(Philadelphiensis)를 참조하라(나는 여기에 나타난 여러 대문자를 소문자로 고쳤다).

3. Charles C. Tansill, ed., *Documents Illustrative of the Formation of the Union of American States*(Washington, D.C., 1927), 1003~1004.

4. Merrill Jensen et al., eds., *Documentary History of the Ratification of the Constitution*(3vols, to date, Madison, Wis., 1976~), II, 159를 참조하라(이 에세이는 또한 케넌이 편집한 *The Anti-federalists*에도 나와 있다).

5. 특히 *Documentary History of the Ratification of the Constitution*, II, 128~640을 참조하라.

6. 위의 책, 182~185.

7. 위의 책, 168.

8. 위의 책, 164~165. 또한 다음 자료를 참조하라. Cecelia M. Kenyon, "Men of Little Faith : The Anti-Federalists on the Nature of Representative Government", *WMQ*, 3d Ser., 12(1955), 3~46.

9. *Federalist*, No. 10.

10. *Federalist*, No. 37, 57을 참조하라. *Federalist*에서 자세히 설명된 인간 본성의 이론에 관한 훌륭한 논의를 보려면 B. F. Wright, "The Federalist on the Nature of Political Man", *Ethics*, 59(1949), 1~31; James P. Scanlon, "The Federalist and Human Nature", *Review of Politics*, 21(1959), 657~677을 참조하라.

11. Federalist, No. 10. 또한 다음 자료를 참조하라. Douglass Adair, "The Tenth Federalist Revisited" and "That Politics May Be Reduced to a Science : David Hume, James Madison, and the Tenth Federalist" in Trevor Colbourn, ed., *Fame and the Founding Fathers : Essays by Douglass Adair* (New York, 1974), 75~106.

12. *Federalist*에 관심이 있는 독자들은 Jacob E. Cooke, Clinton Rossiter, Benjamin F. Wright가 편집한 여러 훌륭한 현대 판본을 읽어볼 것을 권한다.

13. Tansill, ed., *Documents*, 1005.

14. Jensen et al., eds., *Documentary History of the Ratification of the constitution*, I, 345~346.

15. 각 주의 비준 과정에 얽힌 역사를 재구성하며, 나는 Forrest McDonald의 다음과 같은 2개의 책에서 많은 도움을 받았다. *We The People : The Economic Origins of the Constitution* (Chicago, 1958), *E Pluribus Unum : The Formation of the Federal Republic, 1776~1790* (Boston, 1965). 개별 주들에 관한 연구 중에서는 다음과 같은 책들이 특히 귀중하다. Philip A. Crowl, *Maryland During and After the Revolution* (Baltimore, 1943); Richard P. McCormick, *Experiment in Independence : New Jersey in the Critical Period, 1781~1789* (New Brunswick, N.J., 1950) ; Irwin H. Polishook, *Rhode Island and the Union, 1774~1795* (Evanston, Ill., 1969). Jonathan Elliot, ed., *The Debates of the Several State Conventions on the Adoption of the Federal Constitution* (5vols., Philadelphia, 1836~1845)에서도 역시 도움을 받았다. 패트릭 헨리의 두 번째 긴 연설에 나타난 문장도 같은 책, III, 47에서 인용했다.

참고한 주요 도서들의 약어표

AHR	*American Historical Review*
Andrews, **Colonial Period**	Charles M. Andrews, *The Colonial Period of American History*(4vols., New Haven, Conn., 1934~1938)
Bailyn, ***Ordeal of Hutchinson***	Bernard Bailyn, *The Ordeal of Thomas Hutchinson* (Cambridge, Mass., 1974)
BF Papers	Leonard W. Labaree et al., eds., *The Papers of Bebjamin Franklin*(21vols., to date, New Haven, Conn., 1959~)
BG	Boston Gazette
BRC, *Reports*	Boston Records Commission, *Reports of the Boston Records Commissioners*(31vols., Boston, 1876~1904)
Bridenbaugh, ***Cities in Revolt***	Carl Bridenbaugh, *Cities in Revolt : Urban Life in America, 1743~1776*(New York, 1955)
Burnett, ***Continental Congress***	Edmund Cody Burnett, *The Continental Congress*(New York, 1941)

Butterfield et al., *Diary of John Adams*	Lyman H. Butterfield et al., eds., *Diary and Aotobiography of John Adams*(4vols., Cambridge, Mass., 1961)
Channing and Coolidge, eds., *Barrington-Bernard Correspondence*	Edward Channing and Archibald Cary Coolidge, eds., *The Barrington-Bernard Correspondence, 1760~1770*(Cambridge, Mass., 1912)
Copeland, ed., *Correspondence of Edmund Burk*	Thomas W. Copeland, ed., *The Correspondence of Edmund Burk*(10vols., Chicago, 1958~1978)
CSM, *pubs.*	Colonial Society of Massachusetts, *Publications*
"Diary of John Rowe"	"Diary of John Rowe", Massachusetts Historical Society, *Proceedings*, 2d Ser., 10(Boston, 1896), 60~108
EHD	Marrill Jensen, ed., *English Historical Documents*, vol. IX : *American Colonial Documents to 1776*(New York, 1955)
EHR	*English Historical Review*
Farrand	Max Farrand, ed., *The Records of the Federal Convention of 1787*(rev. ed., 4vols., New Haven, Conn., 1966)
Fortescue, ed, *Correspondencd of George the Third*	Sir John Fortescue, ed, *The Correspondencd of King George the Third from 1760 to December 1783*(6vols., London, 1927~1928)
Freeman, *GW*	Douglass Southall Freeman, *George Washington : A Biography*, completed by J. A. Carroll and Mary W. Ashworth(7vols., New York, 1948~1957)
Gipson, *American Loyalist*	Lawrence Henry Gipson, *American Loyalist : Jared Ingersoll*(1920 ; reprint ed., New Haven, Conn., 1971)
Gipson, *British Empire*	Lawrence Henry Gipson, *The British Empire Befor the American Revolution*(15vols., Caldwell, Idaho, and New York, 1936~1970)

GW Papers   George Washington Papers, Library of Congress, Washington, D.C., microfilm, 124 reels

GW Writings   John C. Fitzpatrick, ed., *The Writings of George Washington from the Original Manuscript Sources, 1745~1799*(39vols., Washington D.C., 1931~1944)

HL   Henry E. Huntington Library, Snn Marino, California

HLQ   *Huntington Library Quarterly*

JCC   Worthington C. Ford et al., eds., *Journals of the Continental Congress, 1774~1789*(34vols., Washington D.C., 1904~1937)

Jensen, Founding   Merrill Jensen, *The Founding of a Nation : A History the American Revolution, 1763~1776*(New York, 1968)

JIH   *Journal of Interdisciplinary History*

JM Papers   W. P. Hutchinson, William M. Rachal, and Robert Rutland, eds., *The Papers of James Madison*(12vols, to date, Chicago and Charlottesville, Va., 1962~)

LMCC   Edmund C. Burnett, ed., *Letters of Member of the Continental Cingress*(8vols., Washington D.C., 1921~1936)

Lovejoy, Rhode Island Politics   David S. Lovejoy, *Rhode Island Politics and the American Revolution, 1760~1775*(Providence, R.I., 1958)

McIlwaine and Kennedy, eds., Jour. Va. Burgesses   H. R. McIlwaine and John Pendleton Kennedy, eds., *Journal of the House of Burgesses of Virginia(1619~1776)* (13vols., Richmond, Va., 1905~1915)

MdHM   *Maryland Historical Magazine*

MHS, Colls.   Masatchusetts Historical Society, *Collections*

MHS, Procs.   Masatchusetts Historical Society, *Proceedings*

Morgan, ed., Prologue   Edmund S. Morgan, ed., *Prologue to Revolution : Sources and Documents on the Stamp Act Crisis, 1764~1766*(Chapel

Hill, N.C., 1959)

Morgan and Morgan, *Stamp Act Crisis*	Edmund S. Morgan and Helen M. Morgan, *The Stamp Act Crisis : Prologue to Revolution*(Chapel Hill, N.C., 1953)
NCHR	*North Carolina Historical Review*
NEQ	*New England Quarterly*
PAH	*Perspectives in American History*
Peckham, *Toll*	Howard H. Peckham, ed., *The Toll of Independence : Engagements and Battle Casualties of the American Revolution*(Chicago, 1974)
PMHB	*Pensylvania Magazine of History and Biography*
Rakove, *Biginnings of National Politics*	Jack N. Rakove, *The Beginnings of National Politics : An Interpretive History of the Continental Congress*(New York, 1979)
SCHM	*South Carolina Historical Magazine*
Sheer and Rankin, *Rebels and Redcoats*	George F. Sheer and Hugh F. Rankin, *Rebels and Redcoats* (New York, 1957)
Stedman, *History of the American War*	Charles Stedman, *The History of the Origin, Progress, and Termination of the American War*(2vols., Dublin, 1794)
Stevens, ed., *Clinton-Cornwallis Controversy*	Benjamin Franklin Stevens, ed., *The Campaign in Virginia 1781. An Exact Reprint of Six Pamphlets on the Clinton-Cornwallis Controversy with··· Letters···* (2vols., London, 1888)
Sylett and Cooke, eds., *Papers of Hamilton*	Harold C. Sylett and Jacob E. Cooke, eds., *The Papers of Alexander Hamilton*(26vols., New York, 1961-1979)
TJ Papers	Julian P. Boyd, et al., eds., *The Papers of Thomas Jefferson* (19vols., to date, Princeton, N.J., 1950~)
VG	*Virginia Gazette*(Williamsberg)

VHMB   *Virginia Magazine of History and Biography*

Ward   Christopher Ward, *The War of the Revolution*, ed., John Richard Alden(2vols., New York, 1952)

Wickwires, *Cornwallis*   Franklin B. Wickwires, *Cornwallis : The American Adeventure*(New York, 1970)

Willcox, *Portrait of a General*   William B. Willcox, *Portrait of a General : Sir Henry Clinton in the War of Independence*(New York, 1964)

Willcox, ed., *Clinton's Narrative*   William B. Willcox, ed., *The American Rebellion : Sir Henry Clinton's Narrative of His Campaigns, 1775~1782, With an Appendix of Original Documents*(New Haven, Conn., 1954)

WMQ   *William and Mary Quarterly*

참고문헌에 관한 노트

이 책은 나의 기존 저서들 이외에 다른 역사학자들의 저서에 크게 빚지고 있다. 나는 다음과 같은 학자들의 저서와 논문으로부터 큰 도움을 받았다. 버나드 베일린, 줄리언 P. 보이드, 어빙 브랜트, E. 제임스 퍼거슨, 더글러스 사돌 프리먼, 로렌스 헨리 깁슨, 아이라 D. 그루버, 메릴 젠슨, 포레스트 맥도널드, 피어스 매크시, 에드먼드 S. 모건, 헬렌 M. 모건, 루이스 네이미어, J.H. 플럼, 존 샤이, 크리스토퍼 워드, 프랭클린 B. 위크와이어, 메리 위크와이어, 윌리엄 B. 윌콕스, 기타 많은 학자들. 이런 학자들의 이름을 열거하기는 했지만 그들이 써놓은 저작에 내가 동의한다는 뜻은 아니다. 또한 그들도 내가 이 책에 써놓은 것에 모두 동의하지는 않을 것이라고 본다.

이 책에서 다룬 대부분의 중요한 문제들에 대해서, 나는 18세기의 원천 자료들을 많이 참고했다. 나는 그 자료를 주에서는 언급했으나 이 참고문헌에 관한 노트에서는 언급하지 않는다. 물론 나는 소수의 샘플만 읽었다.

다음에 이어지는 노트에서 나는 내가 주에 언급한 인용 저서들을 되풀이하지 않았으며, 내가 참고한 모든 저서들을 열거하지도 않았다. 미국 혁명에 대해 좀 더 깊이 연구하고자 하는 사람들에게 유익하다고 생각되는 일부 주요 저서들만 언급했다. 이것은 미국 혁명에 관한 충분하고도 만족스러운 참고 문헌 노트는 아니고, 또 그런 노트를 작성할 수도 없다. 주나 이 노트에 언급된 저서들 대부분은 나름대로 참고문헌을 포함하고 있다. 미국 혁명에 관한 문헌 은 방대하며 계속 늘어나고 있다.

W. A. Speck, *Stability and Strife : England, 1714~1760*(Cambridge, Mass., 1977)은 영국 측의 배경을 연구하는 데 좋은 출발점이다. 주에 인용된 저서들 이외에 다음 자료를 참 조하라. H. J. Habakkuk, "England", in A. Goodwin, ed., *The European Nobility in the Eighteenth Century*(London, 1967); J. D. Chambers, *Population, Economy and Society in Pre-Industrial England*(Oxford, 1972). 영국 군중에 대해서는 다음 자료에서 가장 유용하게 연 구됐다. E. P. Thomson, "The Moral Economy of the English Crowd in the Eighteenth Century", *Past and Present 50*(1971). 영국 국교회에 대해서는 탁월한 다음 자료를 참조하 라. Norman Sykes, *Church and State in England in the Eighteenth Century*(Cambridge, 1934). 재정적 변화에 대해서는 다음 자료가 탁월하다. P. G. M. Dickson, *The Financial Revolution*(Oxford, 1967). R. Davis, *A Commercial Revolution : English Overseas Trade in the Seventeenth and Eighteenth Centuries*(London, 1867)는 짧지만 유용하다. 또한 다 음 자료를 참조하라. J. D. Chambers and G. E. Mingay, *The Agricultural Revolution, 1750~1780*(London, 1966); Phyllis Deane, *The First Indurstrial Revolution*(Cambridge, 1965).

미국 혁명의 "시대"를 스케치하는 전기들도 종종 유익한 정보를 제공한다. J. M. Plumb, *Sir Robert Walpole : The Making of a Statesment*와 *Sir Robert Walpole : The King's Minister*(Boston, 1956, 1961)가 훌륭하다. 또한 다음 자료를 참조하라. Reed Browning, *The Duke of Newcastle*(New Haven, Conn., 1975); Ross J. S. Hoffman, *The Marquis : A Study of Lord Rockingham, 1730~1782*(New York, 1973). 주에 언급된 전기들은 특히 유용한데, Basil Williams(피트)와 John Brooke(조지 3세)의 전기가 그러하다.

Edmund S. Morgan and Helen M. Morgan, *The Stamp Act Crisis : Prologue to Revolution*(Chapel Hill, N.C., 1953)과 Bernard Bailyn의 세 저서인 *The Ideological Origins of the American Revolution*(Cambrudge, Mass., 1967), *The Origins of American Politics*(New York, 1968), *The Ordeal of Thomas Hutchinson*(Cambridge, Mass., 1974) 등에서는 독립 선언 이전에 영국의 조치에 저항한 미국의 사상적 토대를 예리하게 분석하고 있다.

아메리카측 저항의 정치적 성향에 대해서는 다음 자료들에 완벽하게 재구성되어 있 다. Merrill Jensen, *The Founding of a Nation : A History of the American Revolution,*

1763~1776(New York, 1968); Robert J. Taylor, *Western Massachusetts in the Revolution*(Providence, R.I., 1954); Charles A. Barker, *The Background of the Revolution in Maryland*(New Haven, Conn., 1940); Jere R. Daniell, *Experiment in Republicanism : New Hampshire Politics and the American Revolution, 1741~1794*(Cambridge, Mass., 1970); Kenneth Coleman, *The American Revolution in Georgia, 1763~1789*(Athens, Ga., 1958); W. W. Abbot, *The Royal Governors of Georgia, 1754~1775*(Chapel Hill, N.C., 1959); David S. Lovejoy, *Rhode Island Politics and the American Revolution, 1760~1776*(Providence, R.I., 1958); Ronald Hoffman, *A Spirit of Dissension : Economics, Politics, and the Revolution in Maryland*(Baltimore, 1973); Oscar Zeiehner, *Connecticut's Year of Controversy, 1750~1776*(Chapel Hill, N.C., 1949); Bernard Mason, *The Road to Independence : The Revolutionary Movement in New York, 1773~1777*(Lexington, Ky., 1966); Larry R. Gerlach, *Prologue to Independence : New Jersey in the Coming of the American Revolution*(New Brunswick, N.J., 1976); Richard M. Jellison, ed., *Society, Freedom, and Conscience : The Coming of the Revolution in Virginia, Massachusetts, and New York*(New York, 1976).

Perry Miller의 "From the Covenant to the Revival" in *Nature's Nation*(Cambridge, Mass., 1967)이라는 논문은 종교와 혁명의 관계를 연구하는 귀중한 출발점이 된다. Alan Heimert, *Religion and the American Mind*(Cambridge, Mass., 1966)는 도발적이다. Edmund S. Morgan, *The Gentle Puritan : A Life of Ezra Stiles, 1727~1795*(New Haven, Conn., 1962); Henry F. May, *The Enlightment in America*(New York, 1976); Ernest Lee Tuveson, *Redeemer Nation : The Idea of America's Millennial Role*(Chicago, 1968); James West Davidson, *The Logic of Millennial Thought : Eighteenth-Century New England*(New Haven, Conn., 1977); Frederick V. Mills, Sr., *Bishops by Ballot : An Eighteenth-Century Ecclesiastical Revolution*(New York, 1978); Carl Bridenbaugh, *Mitre and Sceptre : Transatlantic Faiths, Ideas, Personalities and Politics, 1689~1775*(New York, 1962); Philp Greven, *The Protestant Temperament*(New York, 1977).

혁명의 도래를 이해하는 데 도움을 주는 다른 자료들로는 다음과 같은 저서들이 있다. Carl Bridenbaugh, *Cities in Revolt : Urban Life in America, 1743~1776*(New York, 1955); Gary B. Nash, *The Urban Crucible : Social Change, Political Consciousness, and the Origins of the American Revolution*(Cambridge, Mass., 1979); Jack Greene, *The Quest for Power : The Lower Houses of Assembly in the Southern Royal Colonies, 1689~1776*(Chapel Hill, N.C., 1963); Charles S. Olton, *Artisans for Independence : Philadelphia Mechanics and the American Revolution*(Syracuse, N.Y., 1975); Alison Gilbert Olson, *Anglo-American*

Politics : The Relationship between Parties in England and Colonial America(Oxford, 1973); Roger J. Champagne, *Alexander McDougall and the American Revolution in New York*(Schenectady, N.Y., 1975); Aubrey C. Land, *The Dulanys of Maryland*(Baltimore, 1955) ; Pauline Maier, *From Resistance to Revolution : Colonial Radicals and the Development of American Opposition to Britain, 1765~1776*(New York, 1972); J. R. Pole, *Representation in England and the Origins of the American Republic*(London, 1966); Michael Kammen, *A Rope of Sand : The Colonial Agents, British Politics, and the American Revolution*(Ithaca, N.Y., 1968); David Ammerman, *In the Common Cause : American Response to the Coercive Acts of 1774*(Charlottesville, Va., 1974); Richard D. Brown, *Revolutionary Politics in Massachusetts : The Boston Committee of Correspondence and the Towns, 1772~1774*(Cambridge, Mass., 1970).

Douglas Southall Freeman, Christopher Ward, Piers Mackesy, John Richard Alden, William B. Willcox, Franklin B. and Mary Wickwire, Ira D. Gruber, John Shy 등 의 훌륭한 저작들은 영국과 아메리카의 전쟁을 이해하는 데 필수적이다. Page Smith, *A New Age Now Begins : A People's History of the American Revolution*(2vols., New York, 1976) 은 군사작전에 관한 훌륭한 설명을 제공한다. Mark M. Boatner III, *Encyclopedia of the American Revolution*(Bicentennial ed., New York, 1976)은 전쟁에 관해 쓰여진 가장 유용 한 저서다. Charles Royster, *A Revolutionary People at War : The Continental Army and American Character, 1775~1783*(Chapel Hill, N.C., 1979)은 전쟁의 장교와 병사들에 관해 사 려 깊게 평가했다. 또한 다음 자료를 참조하라. Jonathan G. Rossie, *The Politics of Command in the American Revolution*(Syracuse, N.Y., 1975); Jonathan R. Dull, *The French Navy and American Independence : A Study of Arms and Diplomacy, 1774~1787*(Princeton, N.J., 1975); Don Higginbotham, *The War of American Independence : Military Attitudes, Policies, and Practice, 1763~1780*(New York, 1971); Eric Robson, *The American Revolution in Its Political and Military Aspects*(London, 1955); Theodore G. Thayer, *Nathanael Greene : Strategist of the American Revolution*(New York, 1960); M. F. Treacy, *Prelude to Yorktown, the Southern Campaigns of Nathanael Greene*(Chapel Hill, N.C., 1963).

위에 언급된 저서들은 영국의 군대와 군사 전략에 관해 많은 정보를 제공한다. 보급군 수 에 대해서는 다음 두 책이 중요하다. R. Arthur Bowler, *Logistics and the Failure of the British Army in America, 1775~1783*(Princeton, N.J., 1975); Norman Baker, *Government and Contractors : The British Treasury and War Supplies, 1775~1783*(London, 1971). 아메리카에 서의 영국군의 활동에 관한 다른 면에 대해서는 다음 자료를 참조하라. George A. Billias, ed.,

George Washington's Opponents(New York, 1969); J. E. D. Binney, *British Public Finance and Administration, 1774~1792*(Oxford, 1959); David Syrett, *Shipping and the American War, 1775~1783*(London, 1970). Paul H. Smith, *Loyalists and Redcoats : A Study in British Revolutionary Policy*(Chapel Hill, N.C., 1964)는 특별히 가치 있는 저서다.

혁명의 외교술에 대해서는 다음 자료들이 핵심 저서다. Samuel Flagg Bemis, *The Diplomacy of the American Revolution*(Washington, D.C., 1935, and Bloomington, Ind., 1957); Richard B. Morris, *The Peacemakers : The Great Powers and American Independence*(New York, 1965) ; Felix Gilbert, *To the Farewell Address : Ideas of Early American Foreign Policy*(Princeton, N.J., 1961); Lawrence S. Kaplan, ed., *The American Revolution and "A Candid World"*[(Kent, Ohio), 1977]에 있는 James H. Hutson and William C. Stinchcombe 의 논문들.

전쟁 중 또는 전쟁 직후의 사회, 아메리카의 경제, 정치 등은 서로 관련되어 있는 주제들이다. Merrill Jensen의 여러 책들은 연구의 출발점을 제공하지만 조심스럽고 유보적인 마음으로 읽어야 한다. *The Articles of Confederation*(Madison, Wis., 1940; paperback ed., 1959); *The New Nation : A History of the United States during the Confederation, 1781~1789*(New York, 1950); *The American Revolution within America*(New York, 1974). John Fiske가 1780 년대를 명명한 용어인 "위기의 시대"를 논한 Jensen의 저작을 읽은 독자들은 다음 자료도 도움이 된다고 생각할 것이다. Edmund S. Morgan' "Conflict and Consensus". chapter 6 in *The Challenge of the American Revolution*(New York, 1976). Jackson Turner Main도 내부 혁명을 다룬 여러 권의 귀중한 저작을 써냈다. *The Antifederalist : Critics of the Constitution, 1781~1788*(Chapel Hill, N.C., 1961); *The Social Structure of Revolutionary America*(Princeton, N.J., 1965); *Political Parties before the Constitution*(Chapel Hill, N.C., 1973). Jack N. Rakove, *The Beginnings of National Policies : An Interpretive History of the Continental Congress*(New York, 1979) 또한 가치 있다.

혁명 중의 여성들을 사려 깊게 평가한 책들로는 다음 자료를 참조하라. Mary Beth Norton, *Liberty's Daughters : The Revolutionary Experience of American Women, 1750~1800*(Boston and Toronto, 1980); Linda K. Kerber, *Women of the Republic : Intellect Ideology in Revolutionary America*(Chapel Hill, N.C., 1980). 인디언에 관해서는 다음 자료를 참조하라. Barbara Graymont, *The Iroquois in the American Revolution*(Syracuse, N.Y., 1972); James H. O'Donnell III, *Southern Indians in the American Revolution*(Knoxvill, Tenn., 1973). 흑인에 관해서는 다음 자료를 참조하라. Winthrop D. Jordan, *White Over Black : American Attitudes Toward the Negro, 1550~1812*(Chapel Hill, N.C., 1968); Edmund S. Morgan,

American Slavery, American Freedom : The Ordeal of Colonial Virginia(New York, 1975); Benjamin Quarles, *The Negro in the American Revolution*(Chapel Hill, N.C., 1961); William M. Wiecek, *The Sources of Antislavery Constitutionalism in America, 1760~1848*(Ithaca, N.Y., 1977); Duncan J. Macleod, *Slavery, Race and the American Revolution*(Cambridge and New York, 1974).

법률에 관한 질문은 혁명이 전개되는 모든 과정에 개입되어 있다. James H. Kettner, *The Development of American Citizenship, 1608~1870*(Chapel Hill, N.C., 1978)은 훌륭한 연구서 이다. 또한 다음 자료를 참조하라. Morton J. Horwitz, *The Transformation of American Law, 1780~1860*(Cambridge, Mass., 1977); John Philip Reid, *In a Defiant Stance*(University Park, Pa., 1977); John Philip Reid, *In Defiance of the Law*(Chapel Hill, N.C., 1981).

1780년대의 국제론에 대해서는 다음 자료를 참조하라. Forrest McDonald, *We The People : The Economic Origins of the Constitution*(Chicago, 1958). 다른 관점을 제시하는 자료는 다음과 같다. E. James Ferguson, *The Power of the Purse : A History of American Public Finance, 1776~1790*(Chapel Hill, N.C., 1961); Gordon S. Wood, *The Creation of the American Republic, 1776~1787*(Chapel Hill, N.C., 1969). 《연방주의자 논집》을 대체할 자료 는 없다. 그러나 국제론을 연구하는 학자에게는 Douglass Adair, in Trevor Colbourne, ed., *Fame and the Founding Fathers*(New York, 1974) 속의 논문들이 도움이 된다. Garry Wills, *Explaining America : The Federalist*(New York, 1981)는 고무적이고 통찰력이 있다.

참고문헌에 관한 노트 1982~2004년

이 책이 1982년에 출간된 이래 혁명의 모든 과정에 대한 다수의 새로운 저서들과 논문들이 마치 홍수가 난 것처럼 쏟아져 나왔다. 다음에 제시하는 자료들은 필연적으로 불완전할 수밖에 없다. 이 노트는 혁명 시대의 전사(全史)를 다룬 저서들에서 시작해, 혁명의 시기적 단계를 추적하고, 그 과정에서 중요한 문제와 주제들에 대해 특별히 신경을 썼다. 나는 여기저기에서 초판에 반드시 포함시켜야 했으나 그렇게 하지 못한 책들을 언급했다. 그런 분야의 책들은 너무 많아서 일일이 다 거명하지 못하는 것이 유감이다.

일반적인 연구와 논문 : Edmund S. Morgan, *Inventing the People : The Rise of Popular Sovereignty in England and America*(New York, 1988)는 혁명의 역사에서 1차적 중요성을 가진 주제에 관해 많은 통찰과 독창적 시각을 제시한다. *To Begin The World Anew : The Genius and Ambiguities of the American Founders*(New York, 2003)에 들어 있는 Bernard Bailyn의 멋진 논문들은 좀 더 범위가 넓은 주제를 다룬다. Bailyn, *Faces of Revolution : Personalities and Themes in the Struggle for American Independence*(New York, 1990)도 마찬가지로 도발적이다. 혁명 운동이 일으킨 변화들의 '급진적' 측면을 신선한 시각으로 바라본 책은 Gordon Wood, *The Radicalism of the American Revolution*(New York, 1992)이다. 이 책은 Wood

의 *Creation of the American Republic*과 함께 읽어야 한다. (앞의 '참고문헌에 관한 노트' 참조).
Theodore Draper, *A Struggle for Power : The American Revolution*(New York, 1996)은 가
치가 있다. John Ferling, *Setting the World Ablaze : Washington, Adams, Jefferson and the
American Revolution*(New York, 2000).

18세기 혁명의 포괄적 비교 검토를 위해서는 다음 자료를 참조하라. R. R. Palmer,
*The Age of Democratic Revolution : A Political History of Europe and America,
1760~1800*(2vols., Princeton, N.J., 1959, 1964). Ronald Hoffman and Peter J. Albert가 편
집한 시리즈인 *Perspectives on the American Revolution*(Charlottesville, Va., 1981~)은 외
교, 노예제, 군대의 역사, 남부의 오지, 평화의 조성, 여자, 경제, 종교와 입헌주의 등 각각
의 주제를 다루지만 함께 살펴보면 혁명의 문제들을 폭넓게 관찰한다. Jack P. Greene,
Interpreting Early America : Historiographical Essays(Charlottesvill, Va., 1996)는 영국의 식
민지와 혁명에 관한 역사 문헌의 문제에 집중하지만 그런 사건들 자체에 대해서도 중대한 논
의를 포함하고 있다. 그 외에 가치 있는 논문들로는 다음 자료를 참조하라. P. J. Marshall,
The Oxford History of the British Empire : The Eighteenth Century(Oxford, 1998); Jack
P. Greene and J. R. Pole, *The Blackwell Encyclopedia of the American Revolution*
(Oxford, 1991).

영국측 배경 : Paul Langford의 다음 두 책은 정치와 사회에 대하여 많은 것을 알려준
다. *A Polite and Commercial People : England, 1727~1783*(Oxford, 1989); *Public Life and
the Propertied Englishman, 1689~1798*(oxford, 1994). 재무 - 군사 상태에 대해서는 다음 자
료가 큰 도움을 준다. John Brewer, *The Sinews of Power : War, Money and the English State,
1688~1783*(Cambridge, Mass., 1990) 영국의 상인과 대서양 공동체에 대한 신선하면서도 예리
한 설명은 다음 자료를 참조하라. David Hancock, *Citizens of the World : London Merchants
and the Integration of the British Atlantic Community, 1735~1785*(Cambridge, 1995). 위에
서 인용한 P. J. Marshall의 제국 관련 책자도 영국에 관해 많은 정보를 포함하고 있다. 또한 다
음 자료를 참조하라. Elijah H. Gould, *The Persistence of Empire : British Political Culture in
the Age of the American Revolution*(Chapel Hill, N.C., 2000); Kathleen Wilson, *The Sense of
the People : Politics, Culture, and Imperialism in England, 1715~1785*(Cambridge, 1985).
Linda Colley, *Britons : Forging the Nation, 1707~1837*(New Haven, Conn., 1992)은 영국
의 국가적 정체성을 다룬 소중한 연구서다. John Brewer, *The Pleasures of the Imagination :
English Culture in the Eighteenth Century*(Chicago, Ill., 1997)는 문화의 여러 측면들을 폭넓게
다룬다. 영국 지도자들을 다룬 최근의 전기로는 다음의 것이 뛰어나다. Philp Lawson, *George

Grenville : A Political Life(Oxford, 1984); N. A. M. Rodger, *The Insatiable Earl : A Life of John Montagu 4th Earl of Sandwich*(London, 1993); Peter D. C. Thomas, *John Wilkes : A Friend to Liberty*(Oxford, 1996).

혁명적 운동 1763~1776년 : 이것은 많이 연구된 주제다. 이 시기의 여러 측면을 다룬 유익한 연구서로는 다음과 같은 것들이 있다. John L. Bullion, *A Great and Necessary Measure : George Grenville and the Genesis of the Stamp Act, 1763~1765*(Columbia, Mo., 1982); Peter D. G. Thomas, *The Townshend Duties Crisis : The Second Phase of the American Revolution, 1767~1773*(Oxford, 1987); Peter D. G. Thomas, *Tea Party to Independence : The Third Phase of the American Revolution, 1773~1776*(Oxford, 1991); Malcolm Freiberg, *Prelude to Purgatory : Thomas Hutchinson in Provincial Massachusetts Politics, 1760~1770*(New York, 1990); Edward Countryman, *A People in Revolution : The Revolution and Political Society in New York, 1760~1790*(Baltimore, Md., 1981); John E. Selby, *The Revolution in Virginia, 1775~1783*(Willamsburg, Va., 1988); Ann Fairfax Withington, *Toward a More Perfect Union : Virtue and the Formation of American Republics*(Oxford, 1991); Paul A. Gilje, *The Road to Mobocracy : Popular Disorder in New York City, 1763~1834*(Chapel Hill, N.C., 1987); Richard L. Bushman, *King and People in Provincial Massachusetts*(Chapel Hill, N.C., 1985); William Pencak, *War and Politics in Provincial Massachusetts*(Boston, 1981); David Hackett Fischer, *Paul Revere's Ride*(Oxford, 1994); Pauline Maier, *American Scripture : Making the Declaration of Independence*(New York, 1997). 이 책은 다음 책들과 함께 읽어야 한다. Carl Becker, *Declaration of Independence*(1922); Jerrilyn Greene Marston, *King and Congress : The Transfer of Political Legitimacy, 1774~1776*(Princeton, N.J., 1987).

혁명을 지지하는 영국인들에 대해서는 다음 자료를 참조하라. John Sainsbury, *Disaffected Patriots : London Supporters of Revolu-tionary America, 1769~1782*(Kingston and Montreal, Canada, 1987). 더 폭넓은 연구로는 James Bradley, *Popular Politics and the Ameri-can Revolution in England : Petitions, the Crown and Public Opi-nion* (Macon, Ga., 1986)을 참조하라.

혁명가들의 전기 : 혁명 지도자들을 연구한 책은 많은데 그중에서도 다음과 같은 것들이 있다. Edmund S. Morgan, *Benjamin Franklin*(New Haven, Conn., 2002)은 훌륭한 연구서다. H. W. Brands, *The First American : The Life and Times of Benjamin Franklin*(New York, 2000); Walter Isaacson, *Benjamin Franklin : An American Life*(New York, 2003);

Robert Middlekauff, *Benjamin Franklin and His Enemies*(Berkeley, Calif., 1996); Garry Wills, *Cincinnatus : George Washington and the Enlightenment*(Garden City, N.Y., 1984); Paul Longmore, *The Invention of George Washington*(Berkeley, Calif., 1984); Richard Brookhiser, *Founding Father : Rediscovering George Washington*(New York, 1996); Don Higginbotham, ed., *George Washington Reconsidered*(Charlottesvill, Va., 2001)는 여러 역사가의 논문을 모은 것이다. John Ferling의 다음 두 책은 아주 뛰어나다. *The First of Men : A Life of George Washington*(Knoxville, Tenn., 1988)과 *Setting the World Ablaze : Washington, Adams, Jefferson, and the American Revolution*(New York, 2000). John Adams는 바로 위의 책에 잘 다루어져 있다. Ferling은 John Adams에 대해 다음과 같은 독자적 저서도 냈다. *John Adams : A Life*(Knoxville, Tenn., 1992). 또한 다음 자료를 참조하라. David McCullough, *John Adams*(New York, 2001)는 스케일이 크고 아름답게 쓰여진 책이다. Joseph Ellis, *Passionate Sage : The Character and Legacy of John Adams*(New York, 1993)는 훌륭한 소책자다. Ellis, *Founding Brothers*(New York, 2001)와 *American Sphinx : The Character of Thomas Jefferson*(New York, 1997)은 자극적이기는 하지만 미흡한 연구서다. Jefferson에 대한 연구서는 많지만 그중에서도 다음 자료가 뛰어나다. Herbert E. Sloan, *Principle and Interest : Thomas Jefferson and the Problem of Debt*(New York, 1995); Peter S. Onuf, *Jefferson's Empire : The Language of American Nationhood*(Charlottesville, Va., 2000)는 귀중한 논문 모음집이다.

지명도가 떨어지는 지도자들에 대한 책으로는 다음 자료를 참조하라. John Keane, *Tom Paine : A Political Life*(Boston, 1995); Milton Flower, *John Dickinson : Conservative Revolutionary*(Charlottesville, Va., 1983); Keith Krawezynski, *William Henry Drayton : South Carolina Revolutionary Patriot*(Baton Rouge, La., 2001); Stanley E. Godbold and Robert H. Woody, *Christopher Gadsden and the American Revolution*(Knoxville, Tenn., 1983). Ronald Hoffman, *Princes of Ireland, Planters of Maryland : A Carroll Saga, 1500~1782*(Chapel Hill, N.C., 2000)는 내용이 풍부하고 통찰력 넘치는 연구서다.

전쟁 : Piers Mackesey(1964), Don Higginbotham(1971), Russell Weigley(1977)의 연구서가 나온 이래 1982년부터 개괄적인 연구서는 나오지 않았다. 그렇지만 1급의 연구서들은 많이 있는데 다음과 같다. Jeremy Black, *War for America : The Fight for Independence, 1776~1783*(New York, 1991); Stephen Conway, *The War of American Independence*(London, 1995); John Buchanan, *The Road to Guilford Courthouse : The American Revolution in the Carolinas*(New York, 1997); Walter Edgar, *Partisans and*

Redcoats : The Southern Conflict that Turned the Tide of the American Revolution(New York, 2001); John Resch, Suffering Soldiers(Amherst, Mass., 1999); Stephen Brumwell, Redcoats : The British Soldier and War in the Americas, 1755~1763(Cambridge, 2002)은 혁명 전의 영국 군인들의 사회사를 다룬 귀중한 연구서다. 또한 다음 자료를 참조하라. Charles P. Neimeyer, America Goes to War : A Social History of the Continental Army(New York, 1996). Neimeyer는 다음 자료와 함께 읽어야 한다. Sylvia R. Frey, The British Soldier in America : A Social History of Military Life in the Revolutionary Period(Austin, Tex., 1981); Lawrence Delbert Cress, Citizens in Arms : The Army and Militia in American Society to the War of 1812(Chapel Hill, N.C., 1982); Richard M. Ketchum, Saratoga : Turning Point of America's Revolutionary War(New York, 1997); Don Higginbotham, George Washington and the American Military Tradition(Athens, Ga., 1985); John R. Galvin, The Minute Men : The First Fight : Myths and Realities of the American Revolution(Washington, D.C., 2d revised ed., 1989). Caroline Cox, A Proper Sense of Honor : Service and Sacrifice in George Washington's Army(Chapel Hill, 2004) 등은 대륙군에 대한 우리의 사고방식을 크게 바꾸어놓을 것이다. David Hackett Fischer, Washington's Crossing(New York, 2004)은 훌륭한 연구서다.

미국의 사회

대규모 연구서들 : 사람들의 이민과 이동은 위기의 시절에 계속됐다. Bernard Bailyn의 다음 두 저서는 사회의 큰 윤곽을 명확하게 파악하는 데 도움을 준다. The Peopling of British North America : An Introduction(New York, 1985); Voyagers to the West(New York, 1986). Bernard Bailyn and Philp D. Morgan, Strangers Within the Realm : Cultural Margins of the First British Empire(Chapel Hill, N.C., 1991)는 혁명에 관련된 논문들을 모은 것이다. Jacqueline Barbara Carr, After the Siege : A Social History of Boston, 1775~1800(Boston, 2004)은 혁명 과, 한 주요 도시에서의 혁명의 여파를 다룬 훌륭한 연구서다. T. H. Breen, The Marketplace of Revolution(New York, 2004)은 아메리카 내의 소비활동을 독립과 연결시켜서 살펴본 저서다.

종교 : Patricia U. Bonomi, Under the Cope of Heaven : Religion, Society, and Politics in Colonial America(New York, 1986)는 종교와 혁명에 관해서 한 장만 할애하고 있지만 전반적으로 이 주제를 이해하는 데 도움이 된다. Charles W. Akers, Divine Politician : Samuel Cooper and the American Revolution in Boston(Boston, 1982)은 한 보스턴 목사의 혁명 활동을 다룬 멋진 연구서다. John K. Nelson, A Blessed Company : Parishes, Parsons and Parishioners in Anglican Virginia, 1660~1776(Chapel Hill, N.C., 2001)은 버지니아 정부

와 영국 국교의 권력을 다룬 수정주의적 저서다. 좀 더 폭넓은 연구서로는 다음 자료를 참조하라. Christine Leigh Heyrman, *Southern Cross : The Beginnings of the Bible Belt*(New York, 1997). 영국 국교주의와 제국주의적 정서에 대해서는 다음 자료를 참조하라. Peter M. Doll, *Revolution, Religion, and National Identify : Imperial Anglicanism in British North America, 1745~1795*(Madison, Wis., 2000). 혁명이 뉴잉글랜드의 가톨릭과 종교적 관용에 미친 영향에 대해서는 다음 자료를 참조하라. Charles P. Hanson, *Necessary Virtue : The Pragmatic Origins of Religious Liberty in New England*(Charlottesville, Va., 1998).

경제 : 연구의 출발점은 John J, McCusker and Russell R. Menard, *The Economy of British America, 1607~1789*(Chapel Hill, N.C., 1985)이다. Richard Buel, Jr., *In Irons : Britain's Naval Supremacy and the American Revolutionary Economy*(New Haven, Conn., 1998)는 전쟁과 경제를 다룬 최근 저서들 중 가장 중요한 것이다. 다음 저서도 중요하다. Thomas M. Doerflinger, *A Vigorous Spirit of Enterprise : Merchants and Economic Development in Revolutionary Philadelphia*(Chapel Hill, N.C., 1986). Ruth Wallis Herndon, *Unwelcome Americans : Living on the Margins in Early New England*(Philadelphia, Penn., 2001)는 1750~1800년의 가난한 사람들의 삶을 재구성했다. Bruce Mann은 다음 저서에서 법률과 대중의 태도를 다루었다. *Republic of Debtors : Bankruptcy in the Age of American Independence*(Cambridge, Mass., 2002). Ronald Hoffman et al., eds., *The Economy of Early America : The Revolutionary Period, 1763~1790*(Charlottesville, Va., 1988)은 귀중한 논문들을 모아놓은 것이다. John J. McCusker, *Rum and the American Revolution*(New York, 1989)은 이와 관련된 중요한 주제를 다룬다.

여성 : Ronald Hoffman and Peter J. Albert, eds., *Women in the Age of the American Revolution*(Charlottesville, Va., 1989)은 해당 분야의 석학들의 다양한 논문들을 한데 묶어 훌륭한 출발점을 제시한다. Joy Day Buel and Richard Buel Jr., *The Way of Duty : A Women and Her Family in Revolutionary America*(New York, 1984)는 정보가 많고 읽기에 재미있다. 또한 다음 자료도 참조하라. Lisa Norling, *Captain Ahab Had a Wife : New England Women and the Whalefishery, 1720~1870*(Chapel Hill, N.C., 2000).

노예제 : Philp D. Morgan, *Slave Counterpoint : Black Culture in the Eighteenth-Century Chesapeake and Low County*(Chapel Hill, N.C., 1998)와 Ira Berlin, *Many Thousands Gone : The First Two Centuries of Slavery in North America*(Cambridge, Mass., 1998)는 혁

명 시대 이상의 범위를 다루지만 혁명을 이해하는 데 큰 도움을 준다. 흑인의 저항에 대해서는 다음 자료를 참조하라. Sylvia R. Frey, *Water from the Rock : Black Resistance in a Revolutionary Age*(Princeton, N.J., 1991)는 완벽하면서도 통찰력 넘치는 책이다.

인디언 : Colin G. Galloway, *The American Revolution in Indian County : Crisis and Diversity in Native American Communities*(Cambridge, 1995)는 최근에 나온 자료들 중 출발점이 되는 저서다. 그 외의 훌륭한 저서로는 다음과 같은 것들이 있다. Richard White, *The Middle Ground : Indians, Empires, and Republics in the Great Lakes Region, 1650~1815*(Cambridge, 1991); James K. Merrell, *The Indian's New World : Catawbas and Their Neighbors from European Contact Through the Era of Removal*(Chapel Hill, N.C., 1989); Daniel K. Richter, *The Ordeal of the Longhouse : The Peoples of the Iroquois League in the Era of European Colonization*(Chapel Hill, N.C., 1992).

국왕파 : 국왕파에 관한 최근의 연구서들은 국왕파의 신념과 사상이 복잡함을 보여준다. 그중에서도 다음 저서들이 중요하다. Sheila L. Skemp, *William Franklin : Son of a Patriot, Servant of a King*(Oxford, 1990)과 Janice Potter, *The Liberty We See : Loyalist Idealogy in Colonial New York and Massachusetts*(Cambridge, Mass., 1983). 또한 다음 자료도 참조하라. Jack P. Greene, ed., *The American Revolution : Its Character and Limits*(New York, 1987)에 실려 있는 Robert Calhoon의 멋진 논문이 있다. Calhoon은 아메리카에서 달아나지 않은 불평불만자들이 사회 내로 재통합되는 과정을 날카롭게 논의하고 있다. 앞의 참고문헌 노트에 소개되지 않은 연구서들로는 다음과 같은 것들이 있다. Carol Berkin, *Jonathan Sewall : Odyssey of an American Loyalist*(New York, 1974); John E. Ferling, *The Loyalist Mind : Joseph Galloway and the American Revolution*(University Park, Penn., 1977); Ann T. Zimmer, *Jonathan Boucher : Loyalist in Exile*(Detroit, Mich., 1978). Bernard Bailyn(*Thomas Hutchinson*), Wallace Brown(*King's Friends*), Robert Calhoon(*Loyalists in Revolutionary America*), William K. Nelson(*American Tory*), Mary Beth Norton(*British Americans*) 등은 각주에 인용되어 있는데 아직도 기준을 제시하는 책들이다.

1787년의 헌법제정과 입헌주의 : 1780년대를 다룬 최근의 저서로, Richard B. Morris, *The Forging of the Union, 1781~1789*(New York, 1987)는 입헌주의 운동에 대해 포괄적인 개관을 제시한다. 헌법제정회의에 관해서는 다음 자료를 참조하라. Carol Berkin, *A Brilliant Solution : Inventing the American Constitution*(New York, 2000). 이 책은 대륙군

과 초창기 민족주의 운동의 상관관계를 다룬 독창적 저서다. E. Wayne Carp, *To Starve the Army at Pleasure : Continental Army Administration and American Political Culture, 1775~1783*(Chapel Hill, N.C., 1984)은 훌륭한 가치가 있다. Jack N. Rakove, *Original Meanings : Politics and Ideas in the Making of the Constitution*(New York, 1986)은 필독서다. Rakove, *James Madison* and *the Creation of the American Republic* (Glenview, Ill., 1990)은 훌륭한 소(小) 전기다. 포괄적인 설명을 원한다면 다음 자료를 참조하라. Lance Banning, *The Sacred Fire of Liberty : James Madison and the Founding of the Federal Republic*(Ithaca, N.Y., 1995). 다음 자료에는 헌법과 헌법제정에 관한 중요 논문들이 들어 있다. Richard Beeman, Stephen Botein, and Edward C. Carter, II, eds., *Beyond Confederation : Origins of the Constitution and American National Identity*(Chapel Hill, N.C., 1987). 이 논문집은 1987년에 나온 누 번째 논문집과 비교해봐야 한다. Leonard W. Levy and Dennis J. Mahoney, eds., *The Framing and Ratification of the Constitution*(New York, 1987). Levy와 두 학자는 헌법에 관해 훌륭한 (학문적) 참고자료를 편집했다. *Encyclopedia of the American Constitution*은 4권으로 된 큰 책인데 2권으로 묶여 나왔다(New York, 1986). 이 책은 식민지 시대부터 1985년까지 미국 입헌주의의 멋진 역사를 다룬다. 또 다른 가치 있는 포괄적 저서는 Jack P. Greene, *Peripheries and Center : Constitutional Development in the Extended Politics of the British Empire and the United States, 1607~1788*(Athens, Ga., 1986)이다. 또한 다음 자료도 참조하라. Forrest McDonald, *Novus Ordo Seclorum : The Intellectual Origins of the Constitution*(Lawrence, Kan., 1985) ; Donald Lutz, *The Origins of American Constitutionalism*(Baton Rouge, La., 1988) ; Morton White, *Philosophy, The Federalist and the Constitution*(New York, 1987). 비준과 그 직후의 시기를 다룬 최근의 두 연구서는 다음과 같다. Saul Cornell, *The Other Founders : Antifederalism and the Dissenting Tradition in America, 1788~1828*(Chapel Hill, N.C., 1999); David J. Siemers, *Ratifying the Republic : Antifederalists in Constitutional Time*(Stanford, Calif., 2002).

넓은 범위 : 이 참고문헌 노트에 언급된 책들 중 많은 책이 그들에 부여된 소제목보다 더 넓은 범위의 의미를 가지고 있다. 또 많은 다른 책이 미국 혁명과 직접적인 관련은 없으나 미국 혁명과 중요한 연결 관계를 가지고 있다. 여기서는 그런 책들을 다음과 같이 소수만 제시해보았다. Ralph Lerner, *Revolutions Revisited : Two Faces of the Politics of the Enlightenment*(Chapel Hill, N.C., 1994); Ruth Bloch, *Visionary Republic : Millennial Themes in American Thought, 1756~1800*(Cambridge, Mass., 1985); David Brion Davis, *Revolutions : Reflections on American Equality and Foreign Liberations*(Cambridge, Mass., 1990).

사진 제공

1장

후미장전식 소총 ⓒNational Park service

길포드 법원 청사 전투 재연행사 ⓒTamar Hayardeni

2장

그리즈월드 요새 민병대의 저항 ⓒIt'sOnlyMakeBelieve

매사추세츠주 민병대 소집 ⓒScience History Images/Alamy Stock

대륙회의의 병사 모집 포스터 ⓒHistory and Art Collection/Alamy Stock Photo

3장

보스턴을 파괴하는 영국군 ⓒBridgeman Images

스톡브리지의 선교센터 ⓒGridge

5장

대륙회의가 발행한 특별 증서 ⓒEric P.Newman Numismatic Education Society

세금 징수원을 공격하는 셰이즈 ⓒwmpetro

6장

버지니아 권리장전 채택 ⓒthe Library of Virginia

8장

헌법 제정 축하연 ⓒPictorial Press Ltd/Alamy Stock Photo

수록된 사진 중 일부는 노력에도 불구하고 저작권자를 확인하지 못하고 출간하였습니다.
확인되는 대로 최선을 다해 협의하겠습니다. 퍼블릭 도메인은 별도 표기하지 않았습니다.

미국인 이야기 3

2022년 1월 17일 초판 1쇄 찍음
2022년 1월 21일 초판 1쇄 펴냄

지은이 로버트 미들코프
옮긴이 이종인

단행본 총괄 차윤석
편집 석현혜 장윤혁
마케팅 김세라 박동명 정하연 이유진
제작 나연희 주광근
표지 디자인 황일선
본문 디자인 디자인서가
지도 이승정
사진 북앤포토
인쇄 영신사

펴낸이 윤철호
펴낸곳 ㈜사회평론
등록번호 10-876호(1993년 10월 6일)
전화 02-326-1182(마케팅), 02-326-1543(편집)
주소 서울시 마포구 월드컵북로6길 56 사평빌딩
이메일 editor@sapyoung.com

ISBN 979-11-6273-203-8 03940

미국인 이야기 시리즈

미국인 이야기 시리즈는 미국 현대사까지 이어집니다.